紫微算病

許永安 著

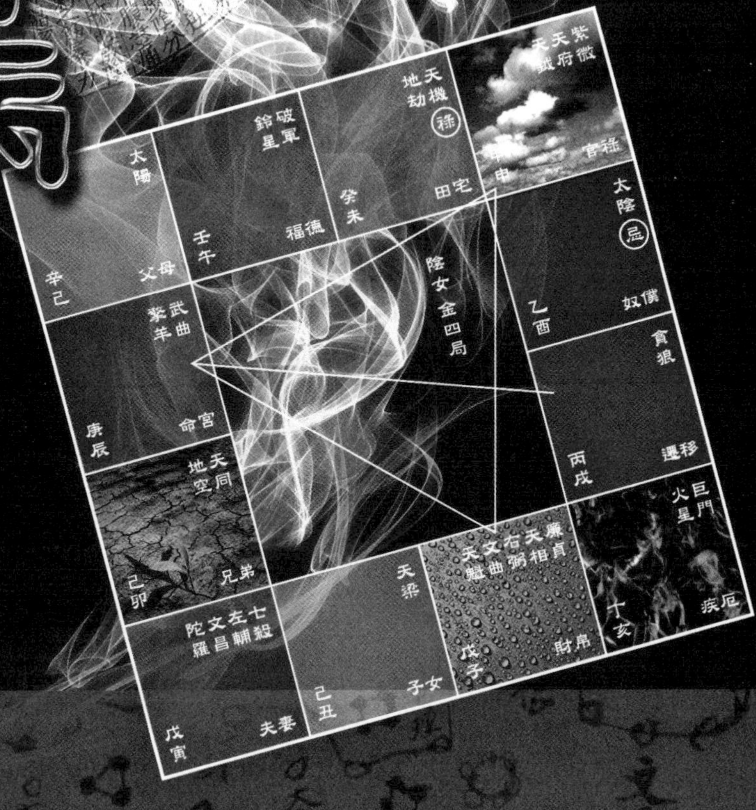

太陽
辛巳 父母
破軍 鈴星
壬午 福德
天機 地劫 祿
癸未 田宅
紫微 天府 天鉞
甲申 官祿
太陰 忌
乙酉 奴僕
貪狼
丙戌 遷移
巨門 火星
丁亥 疾厄
廉貞 天相 右弼 文曲 天魁
戊子 財帛
天梁
己丑 子女
七殺 左輔 文昌 陀羅
戊寅 夫妻
天同 地空
己卯 兄弟
武曲 擎羊
庚辰 命宮
陰女金四局

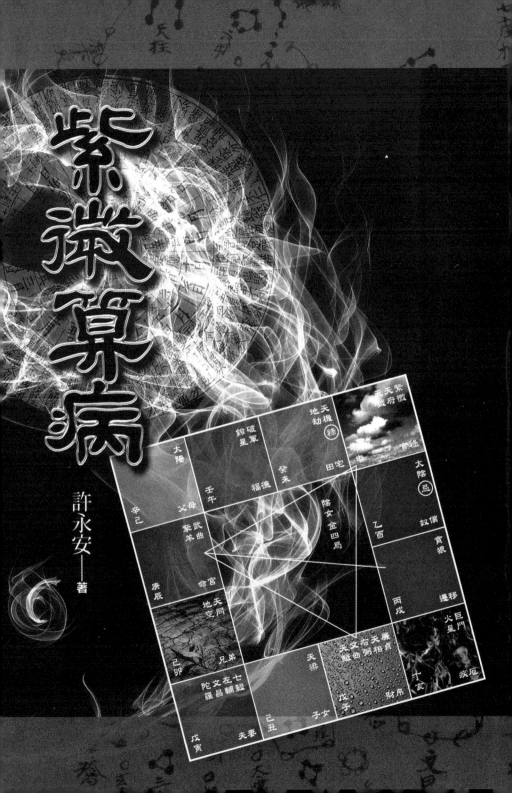

自序

進入兩千年的二十一世紀，由於地球生態所出現的危機，人們開始在思考如何改變及度過這最混亂的時期，而今面對石油危機所發明的氫汽車、空氣車、太陽能車、鈦汽車、加水車、電動汽機車，乃至未來的磁能發動車等，將使得燃料油及空污所造成的環境荷爾蒙，可以得到大大的改善。除此之外，尚有陽光、空氣、水資源、廢水排放、食安、土地酸化、水土保持、災害防治等等問題，都期待著政府相關部門能勇於展現利民的措施。

以上是生態環境的威脅，在心態環境上，普世價值觀也無端的在被扭曲中，「道德」是檢視社會進化與否的指標，顯然地，人們在極端物化的薰陶之下，心為物役變成了一種常態，物質生活與心靈進化之間，形成陰陽失衡狀態，儘管如此，在社會的各個角落裡，總還有一群為提升社會身心靈淨化而在默默付出的人們，寶瓶時代意謂著在二〇一二年瑪雅曆法之後的新時代來臨。

生活在這過渡時期的地球人，由於群體共業所感召的禍患與災難，已然在承受當中，因此，到目前為止，災害與疾病的控制，無不牽涉到每個人的生命及財產安全，似乎這一切尚在不確定因素的努力當中。因此，對於所謂事件的預防性控管，在現今的時代裡，仍然是一門大眾所欲求知的顯學「風險管理學」。

《紫微斗數》在這方面已然形成它的獨特性、科學性、生活與實用性的風險管理學。這一套工具——《紫微斗數》便成為一種人人皆可觸及的生命探測學，透過雲端網路只要輸入出生資料及虛擬個人名稱，即時顯現個人專屬的紫微命盤，從命盤的宮位將人生分為十二個領域，命宮是宿命所帶來的人格特質、健康狀態及禍福吉凶的訊息，疾厄宮是坐息、飲食、工作、勞動及依流行病學所感召的健康狀態，命宮是宿命，疾厄宮是倚緣所生的際遇狀態，遷移宮是個人在外運勢發展的訊息狀態，命宮由前後兩個宮位拱著，父母與兄弟姐妹的親子及手足情緣的能量強弱，關係著個人一生的師長、老闆以及同事友人的運勢呈象，所以說，疾厄宮與父母宮有因果相依的關係。福德宮是屬於情緒心理的宮位，也是精神層面的潛意識宮位，福德宮與個人的財運息息相關，尚有其他相對宮位皆為相互依附的道理存在，若能解開這十二個宮位的密碼，即可能透過訊息的傳遞，進而達到個人風險管理的預防性目的。

本書的重點雖放在命遷疾父福財等六宮，但也將四化星及飛星四化的連動涉入狀態，大幅度的編寫這方面的內容，書中更添加了六吉星「昌曲左右魁鉞」在十二宮位的論述，嘗試著使本書能觸及生命活動的各個領域。書中引用醫學典籍及陰陽五行論述，但仍以《黃帝內經・素問》做為本書的依據經典。書中尚佐以《易經卦象》以及《奇門遁甲》的時空方位學，皆為輔助性的說明，至於書中所提及的各種對治方略僅供參考，萬萬不可執一為是。本書後段提供了七十則虛擬的案例，在盤面解析上著重在飛星四化的變化原理，因為其中含有不確定因素的邏輯規則。

本書雖名為《紫微算病》，在實際論述上也相當廣泛，歷時數年才得以完稿，由於個人學識及能力有限，稿中細細尋來，似有未能盡意之處，唯願能以拋磚引玉的心情，帶動生命預測學方面的研究發展。

許永安・謹識於高雄

目錄

自序 …… 2

第一章 緒論

一、重啟生命預測學的現代意義 …… 16
二、預防醫學的重要性 …… 24

第二章 易學紫微斗數

一、紫微斗數與宿命結構 …… 32
二、紫府星系陣列入十二宮的邏輯 …… 38
三、紫微斗數盤面一百四十四種格局結構圖解 …… 42
四、紫微斗數十二宮位的含意與作用 …… 44
五、盤面三方四正的說明 …… 52
六、四馬地與四墓、四旺之地 …… 54
七、盤面時間變數與環境因素 …… 57
八、大限怎麼看？ …… 59

九、流年如何推？…………63
十、忌煞相夾與拱扶的格局？…………65
十一、忌煞同宮或對沖的格局…………69
十二、祿權科忌同宮或相對應的格局…………71
十三、化科解除化忌的危難…………73
十四、吉星化難呈祥…………77
十五、雙星同宮的主輔關係…………82
十六、陰陽五行生剋的論理…………86
十七、重要星性的五行分類…………91
第三章　宮位無主星
◎宮位無主星怎麼辦？…………95
第四章　三個重要的宮位
一、命宮的訊息場…………100
二、疾厄宮不可忽視…………104
三、福德宮怎麼說？…………105

第五章　命、疾、父三宮的連動關係
一、命宮與疾厄宮的連動效應……107
二、命宮與遷移宮的連動效應……111
三、疾厄宮與父母宮的連動效應……114
四、父母宮的重要性……117
第六章　談福德宮與財帛宮
◎福德宮與財帛宮的連動效應……121
第七章　五行屬「木」的星系算病
一、天機星……127
二、貪狼星……138
第八章　五行屬「火」的星系算病
一、太陽星……151
二、廉貞星……160
三、火星……166
四、鈴星……172

五、地劫……176
六、地空……179
七、天魁……183
八、天鉞……186
九、恩光……202
十、天刑……205
第九章　五行屬「土」的星系算病
一、紫微星……215
二、天府星……223
三、天梁星……229
四、左輔星……235
第十章　五行屬「金」的星系算病
一、武曲星……244
二、七殺星……263
三、文昌星……272
四、擎羊星……310

五、陀羅星……316

第十一章　五行屬「水」的星系算病
一、天同星……322
二、太陰星……333
三、貪狼星……348
四、巨門星……366
五、破軍星……390
六、天相星……413
七、文曲星……433
八、右弼星……474

第十二章　四化星的時空作用
一、四化星是什麼？……497
二、生年四化星與運程走向……518

第十三章　各種格局案例略解
◎命宮

一、紫微、天府坐命宮（寅位）……529
二、天同、巨門坐命宮（未位）……531
三、文昌、文曲坐命宮（丑位）……533
四、太陽坐命宮（巳位）……534
五、太陽坐命宮（子位）……535
六、天梁坐命宮（子位）……536
七、天機、巨門坐命宮（卯位）……537
八、文曲坐命宮（戌位）……538
九、七殺坐命宮（戌位）……539
十、巨門坐命宮（子位）……540
十一、太陽坐命宮（巳位）……541
十二、紫微狼貪坐命宮（酉位）……542
十三、太陽坐命宮（戌位）……543
十四、命宮無主星（辰位）……544

◎遷移宮

十五、廉貞、天府坐遷移宮（辰位）……545
十六、天同、巨門坐遷移宮（丑位）……546

十七、天機、天梁坐遷移宮（戌位）……547
十八、天機、太陰坐遷移宮（寅位）……548
十九、武曲、天相坐遷移宮（寅位）……549

◎疾厄宮

二十、貪狼坐疾厄宮（寅位）……550
二十一、天同坐疾厄宮（辰位）……551
二十二、太陽、天梁坐疾厄宮（卯位）……552
二十三、武曲、七殺坐疾厄宮（酉位）……553
二十四、天機、巨門借入疾厄宮（酉位）……554
二十五、天機、天梁坐疾厄宮（辰位）……555
二十六、七殺坐疾厄宮（午位）……556

◎父母宮

二十七、破軍坐父母宮（寅位）……557
二十八、破軍坐父母宮（亥位）……558
二十九、巨門坐父母宮（午位）……559
三十、紫微、破軍坐父母宮（未位）……560
三十一、七殺坐父母宮（子位）……561

◎夫妻宮

三十二、太陽、巨門坐夫妻宮（申位）……………………562
三十三、太陰坐夫妻宮（戌位）……………………563
三十四、地空坐夫妻宮（寅位）……………………564
三十五、寡宿坐夫妻宮（戌位）……………………565
三十六、孤辰坐夫妻宮（寅位）……………………566
三十七、天同坐夫妻宮（卯位）……………………567
三十八、巨門坐夫妻宮（午位）……………………568
三十九、天梁坐夫妻宮（午位）……………………569
四十、太陰坐夫妻宮（卯位）……………………570
四十一、巨門坐夫妻宮（午位）……………………571

◎官祿宮

四十二、太陽、巨門坐官祿宮（申位）……………………572
四十三、紫微、天相坐官祿宮（辰位）……………………573
四十四、無主星在官祿宮（寅位）……………………574
四十五、紫微、貪狼坐官祿宮（卯位）……………………575
四十六、紫微、貪狼坐官祿宮（卯位）……………………576

四十七、武曲、七殺坐官祿宮（卯位）……577
四十八、七殺坐官祿宮（辰、天羅位）……578

◎子女宮

四十九、太陽坐子女宮（亥位）……579
五十、武曲、破軍坐子女宮（巳位）……580
五十一、武曲、破軍坐子女宮（取用神）……581
五十二、天機、巨門在子女宮（卯位）……582
五十三、貪狼、廉貞坐子女宮（亥位）……583

◎田宅宮

五十四、廉貞、火鉞坐田宅宮（申位）……584
五十五、地劫坐田宅宮（申位）……585
五十六、巨門坐田宅宮（辰位）……586
五十七、貪狼坐田宅宮（子位）……587
五十八、地空、天空坐田宅宮（丑位）……588

◎財帛宮

五十九、貪狼坐財帛宮（寅位）……589
六十、擎羊坐財帛宮（午位）……590

六十一、廉貞坐財帛宮（申位）…… 591
六十二、空劫坐財帛宮（巳位）…… 592
六十三、天梁坐財帛宮（丑位）…… 593

◎福德宮

六十四、紫微、天府坐福德宮（寅位）…… 594
六十五、太陰、太陽坐福德宮（丑位）…… 595
六十六、天同、巨門坐福德宮（未位）…… 597
六十七、無主星在福德宮（亥位）…… 598
六十八、太陽、天梁坐福德宮（卯位）…… 599

◎兄弟宮、僕役宮

六十九、太陽、太陰—兄宮弟、僕役宮 …… 601
七十、破軍、武曲、天相—兄弟宮、僕役宮 …… 602

第十四章　日常能做的一些事

一、喝好水——生命的泉源 …… 604
二、養生的祕訣——泡腳、踩地、曬太陽 …… 606
三、專注呼吸與六字訣吐納法 …… 607

四、敬順長輩的好處……608
五、愛語與人的好處……610
六、每日一善的好處……612
七、轉化宿命的祕訣……613

第十五章　知時知量—處世應對的智慧

一、乾卦—飛龍在天……615
二、坤卦—牝馬利貞……621
三、地山謙卦……626
四、知時知量的智慧……629

附錄

備急千金要方、養性……637
相關參考表……643
後記……648

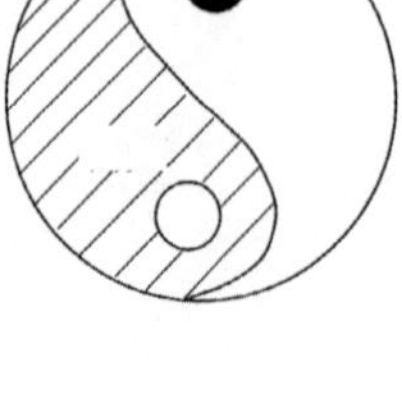

第一章

緒論

一、重啟生命預測學的現代意義

⊙不可思議的生命潛能

自古以來，對於變化莫測的天，以及生命活動所倚賴的地理和居住環境變數，幾千年來所發展出來的各種預測學不計其數，禍福吉凶的呈象，一直都是人類想要預知的話題，至於，在人類與動物之間來比較兩者預知能力優劣的話，顯然地，人類對自我以及感知生命活動範圍的能力，遠遠不及動物的本能，甚至，在面臨危機的因應上，也常有聽天由命的無奈感，動物在這方面的求生能力，有其獨到之處，身為人類的我們，在知識所及之處，往往也無法想像動物世界的生存機制為何？譬如動物的冬眠現象，像有些蟲蛇蛙類為因應寒冬大雪的來臨，有的會啥一口土，找個安全的地方，然後進入冬眠狀態，到了驚蟄的節氣，春雷震醒了冬眠的動物，一切生命的活動又開始展現生機。人類則不然，除非有定力高超的人物進入甚深的禪定之中，才可能做到這一點，古來有很多這方面的記載，近代虛雲和尚有這方面的入定經驗，虛雲和尚是禪宗的一代宗師，他有相當的禪定功夫。他經常打坐，有時候一坐就是十天半個月的，出定後往往覺得才幾分鐘的時間而已。虛雲和尚平日生活很清苦，有一次，在過年時，他在自己的小茅棚裡煮芋頭，一邊煮，一邊在旁邊打坐。坐著坐著……有人到茅棚來看老和尚，向他拜年，看到地和尚正入定著，就拿引磬在他耳邊輕敲一下，請老和尚出定，出定後看到有人來，老和尚就說：「你們來得正好，我剛煮了些芋頭，大家一起吃。」在場的人往鍋裡一看，芋頭都長毛發霉了。

難得一見的墨西哥帝王斑蝶，在每年秋末的時候，為了準備度過嚴寒的冬季，這些斑蝶就會聚集起來，其數量通常達到數億隻以上，從北美洲飛行數千英哩抵達中美洲墨西哥的斑蝶幽谷越冬，這種每年以空前絕後的大遷移活動，可以想像成一幅世界級的奇觀，實在令人不可思議，墨西哥總統維桑特・福克斯為了宣示對自然景觀維護的決心，在二〇一一年十一月二十八日宣布帝王斑蝶為「人類的財產」，並著手實施保護蝴蝶越冬的計畫。台灣也有大量帝王斑蝶越冬的遷移活動，因此，越冬型的蝴蝶幽谷，目前全世界只有三個國家有這種景觀。

⊙生物具有活命的本能

北美洲的蟬在孵化及幼年時期，都是在土裡度過的，在成長的過程中，以植物根部的汁液為食，因此，常被人們視為害蟲。蟬從幼蟲到完整的發育，會在土中生活長達十七年之久，在當年的春夏之際才離開地面，爬到樹上羽化成嗡嗡叫的蟬。野生的母貓剛生育小貓時，若被人發現藏處，母貓就會把小貓叼走，帶到安全的地方去，因此，在巷道裡偶爾會看到母貓叼小貓過馬路的感人畫面。小狗生病或不舒服的時候，有的會去咬一些草咀嚼。貓受傷時，也會用舌頭去舔自己的傷口。人若受到撞擊或跌傷的剎那，通常不宜馬上起來，或者立刻去移動他，只要他本身的反應機制回復過來時，就可能減少摔傷的後遺症。在自然界的野生動物也是如此，譬如鹿、馬、牛、羊象等，一旦生出小寶寶時，在短時間內，新生命就得學會站立甚至行走，這是保命的基本潛能，所以，弱者在自然界的存活率上，顯然是較低的。

有鳥類王者尊稱的老鷹，牠的壽命是鳥類中最長的，通常可以活到七十年那麼長，不過當老鷹活到四十歲時，牠翅膀上的羽毛開始變得厚重，這使得牠在飛翔時更為吃力，喙也變得又長又彎，幾乎要碰到胸膛了，爪子老化得更嚴重，因此，老鷹別無選擇得找個安全的處所，來啄磨牠的喙，使喙可以重獲新生，再進行拔爪、拔毛的痛苦過程，這當中需要長達一百五十天的痛苦轉化過程，等到新的羽毛與爪子長出來了，老鷹有如重獲新生一般，再次過著另一個三十年展翅飛翔的歲月。

也有一種很奇特的鳥，為了越冬，牠們成群結隊的飛行數萬里渡過海洋，能夠讓牠們成功遷徙的最重要工具，就是嘴上所銜著的小樹枝，在飛越海洋的過程中，累了就把嘴上的樹枝扔到水面上休息，餓了就站在樹枝上捕魚，如此動物奇觀是難以令人想像的。剛要破繭而出的蝴蝶，如果以人為方式去剪開那繭的話，牠的生命韌度就會相對的削弱。

人類發展史已有長久的歷程，因此，在維護生命活動方面的經驗累積頗為豐富，也比其他動物來得優勢，尤其在面對生存環境的變數上，其調節控制與療癒的能力，仍然是最為優勢有利的，人類的經驗可以傳承，而傳承可以透過記錄累積下來，代代相傳而不衰，甚至，還能從已知的經驗中去創造、變化和突破，這無非是在追求一個共同的目標，那就是「幸福」。

⊙幸福是人類共同的追求與想望

西方有名的現代心理學家馬斯洛(Maslow.1968)，在研究人類生命發展的過程中，整理出一套有系統且合乎於人類生心理需求架構的理論，其中被廣為引用的「需求層次論」，至今仍普遍存在著。在左列圖表中，生理需求為生命存在的最基本要件，如此往上提升則發展的層次愈往精神統一方向走，馬斯洛需求層次論的重點，在於他標示出生命最基本的生理需求與高層次的精神發展，這兩者恰好形成兩個對比，也可以說形成了一個陰陽兩極的太極圖。

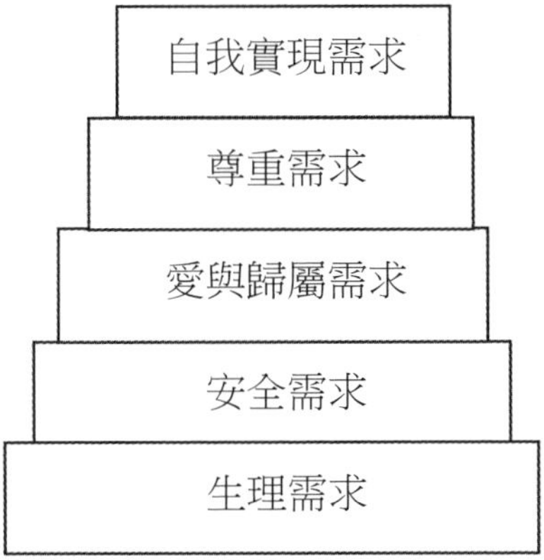

馬斯洛需求層次論

陰陽太極圖

有想望就有主動追求的動機，因此，個體在生命活動過程中，不外乎禍福盛衰運勢，這其中包含從基本的生理需求，一步一步的往上提升境界，進而去達成所謂生命終極目標——「自我實現需求」，或者可以說對生命領悟達到某種程度的瞭解，以及精神層面的統一。

在現實生活狀態裡，生理的需求與精神層面兩者，往往存在相對的矛盾，也可能從中達到身心統一的平衡，但這目標似乎離我們太遙遠了，不過，人們並沒有因為困難而放棄這方面的追求，自古以來的聖哲們，提供了我們最佳的典範，讓我們隨著他們走過的足跡前進，「幸福」就是人類共同的追求與想望。

現代物質文明與科技進步的迅速發展，人們的注意力開始偏向於物質層次的需求，卻忽視了精神層面的平衡，所謂的「幸福感」漸漸形成矛盾現象，人們的身心狀態一旦失衡，生理或心理層面都可能出現問題，身體方面的不適感，或者是精神方面的空虛，都可能減損個人向著幸福感邁進的動力。在《列子・說符篇》楊朱有提到對生命意義的看法：

楊子之鄰人亡羊，既率其黨，又請楊子之豎子追之。

楊子曰：「噫！亡一羊，何追者之眾？」

鄰人曰：「多歧路。」既反，問：「獲羊乎？」

曰：「亡之矣！」曰：「奚亡之？」

曰：「歧路之中，又有歧路焉，吾不知所之，所以返也。」

楊子戚然變容，不言者移時，不笑者竟日……。

文中大意是說：楊朱的鄰居走失了一隻羊，找來一些人幫忙，楊朱的學生豎子也加入尋羊的行列，楊朱就很納悶地說：「奇怪！走失了一隻羊，怎麼如此驚動大家去尋找呢？」幫忙尋找的人回報說：「路上的岔路太多了，岔路中又有岔路，既然追不到羊，大家就回來了。」楊朱問他們說：「羊追到了嗎？」「走失了，找不到了，因為岔路太多的緣故，所以，不知往哪條路去追才對，只好放棄了。」楊朱聽後臉色呈現出憂愁的樣子，過了好久都不說話，整天看不到他的笑容……。

「歧路亡羊」典故暗示著人們對物質的過度追求，卻忽略了自己對生命意義的探索，一些周遭事物把我們的注意力分散了，遮蔽了我們對心靈成長與提升的洞察力。

⊙本書的重點

在每個人終其一生的時光裡，「吉凶盛衰」呈現生命曲線的向度，人是群居互動的生物體，因此，個體為尋求符合屬於自己需求的部分，勢必會在個體與群體之間，產生一連串複雜活動的因果關係。若採用《紫微斗數》的學術論點，來詮釋人一生所需面對的幾個重點，那麼，可將其區分為十二個領域的重要活動。每一個領域裡都有它的際遇因緣與特殊性，也都有各自必須面對問題與因應的智慧，這十二領域也稱之為「人生十二宮的活動現象」，每個宮中的星性組合結構，呈現了個體在生命活動中的起伏狀態，這些呈象也正如生命預測學所強調的：「分析個人在時空環境下運勢順逆的走向，進而從所預測的訊息裡，尋求突破與因應方略，以及如何順著個人的優勢及特質加以充分發揮。不管面臨順逆之境，在成功與失敗兩者之間，都將是一場生命中的嚴峻考驗，到底要將逆境視為揮之不去的痛苦，或者視為人生歷練過程的補湯，這就看要用什麼心態來面對人生了。同樣的，在順境中通常也隱藏禍福的變數，所謂的「福中禍所伏，禍中福所倚」有它的重要含意。然而，禍福吉凶呈象通常是「不定數的」，往往可以透過個人的修練來轉化它，《了凡四訓》明確的提供了我們如何面對問題，以及如何化難呈祥的參考……。

◎紫微斗數十二個領域的呈象結構圖：

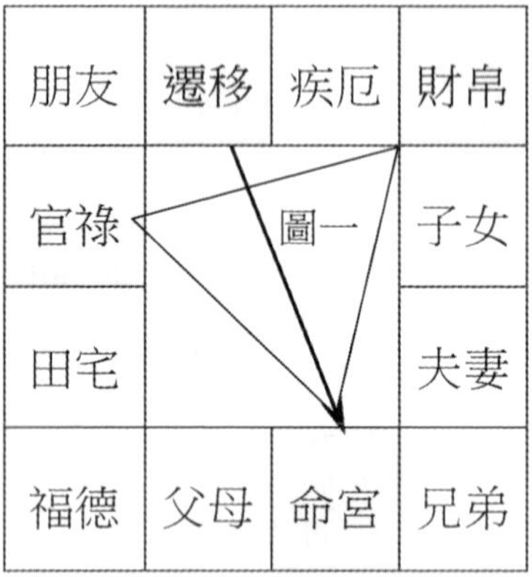

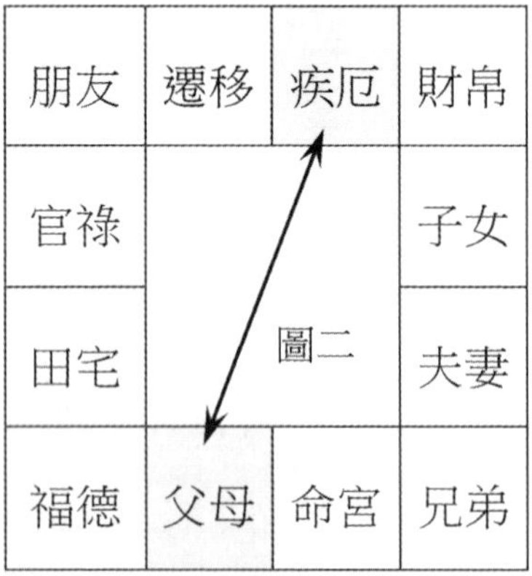

右圖一——在三角形及箭頭所指之處即個人「命宮」所在，**命宮、遷移宮、官祿宮、財帛宮**這四個宮位是三方四正的重要結構，對人一生的活動具有重要意義及指標，這種盤面十二宮所分布的結構符合生命活動的領域。譬如說：要瞭解個人身體健康狀況為何？可從兩個宮位來分析，第一是「命宮」屬於個人出生時空健康狀態的宿命。第二是「疾厄宮」屬於生命活動所感召健康行運的走向，這兩個宮位都有明顯的訊息隱含其中，只要能將密碼解讀出來，即可從預測的訊息裡，尋求如何面對問題與改善之道。

如圖二的疾厄宮與對宮的父母宮，這兩個宮位雖然遙遙相對，但彼此之間卻關係密切，這到底是什麼原因呢？因為，個人生命結構體來自於父母的基因，有遺傳的因素在其中，所以說，**與父母的親情緣分，關係著個人在際遇中所感召健康狀態的呈象。**以上圖例來說明《紫微斗數》在這方面的演繹邏輯，同樣的，也可藉此理論來推演每個人在其一生的運勢走向。由於《紫微斗數》的發明，在生命預測學的領域裡，對人類做出了重大的貢獻，且有利於人們應用這些預測工具來探索未知的領域，並從中瞭解風險管理的重要性。

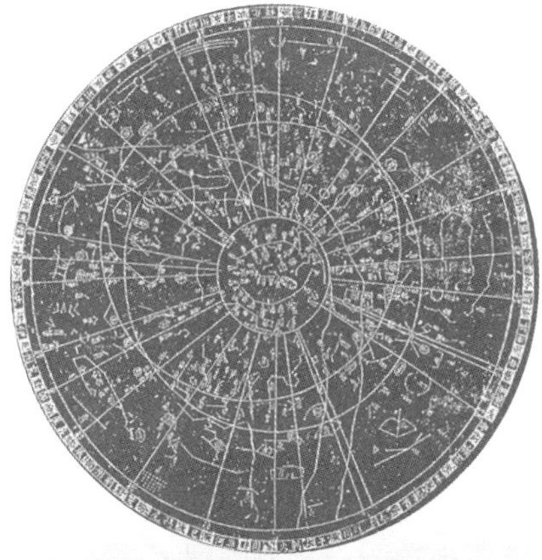

二、預防醫學的重要性

《預防醫學》這個名詞在古老的時代就已經被廣泛應用在日常生活中了，只是名稱不同而已，眾多醫經裡的祖師爺《黃帝內經》早就提出預防醫學的概念，而且還有詳實記載如何實施及應用方法等等。如：

《黃帝內經・四氣調神大論篇》

春三月，此為發陳（註一）。天地俱生，萬物以榮，夜臥早起，廣步於庭，被髮緩形，以使志生，生而勿殺，予而勿奪，賞而勿罰，此春氣之應，養生之道也。逆之則傷肝，夏為寒變，奉長（註二）者少。

夏三月，此為蕃秀。天地氣交，萬物華實，夜臥早起，無厭於日，使志勿怒，使華英成秀，使氣得泄，若所愛在外，此夏氣之應，養長之道也。逆之則傷心，秋為痎瘧，奉收者少，冬至重病（註三）。

秋三月，此謂容平，天氣以急，地氣以明，早臥早起，與雞俱興，使志安寧，以緩秋刑，收斂神氣，使秋氣平，無外其志，使肺氣清，此秋氣之應，養收之道也。逆之則傷肺，冬為飧泄（註四），奉藏者少。

冬三月，此為閉藏。水冰地坼，無擾乎陽，早臥晚起，必待日光，使志若伏若匿，若有私意，若已有得，去寒就溫，無泄皮膚，使氣亟奪。此冬氣之應，養藏之道也。逆之則傷腎，春為痿厥（註五），奉生者少。

※註：

一、發陳：季節更替，再現生機。

二、奉長：在春天的季節做好養生，有助於度過炎熱的夏天。

三、重病：反覆發病。

四、飧泄：指水穀不分消化不良，在寒季來臨時所產生的瀉泄之象。

五、痿厥：手足軟弱無力。

這一篇《四氣調神大論》提及四季的起居坐息及養生方法，闡述了春生、夏長、秋收、冬藏四時氣候季節變化的適應之道，內容簡明易於瞭解，所以說「預防醫學」在古老年代的人們就已經很注重了，更何況現代醫學蓬勃發展的今天，哪有不注重的道理？以下也有一段預防勝於治療的引述：

《黃帝內經・四氣調神大論篇》

是故聖人不治已病治本病，不治已亂治本亂，此之謂也。夫病已成而後藥之，亂已成而後治之，譬猶渴而穿井，鬥而鑄錐，不亦晚乎。

懂得養生之道的人，不主張有了病才去治療，而是注重在尚未發病之前，就能夠加以預防，這道理就好比一個國家在未出亂子之前，就能夠防範未然一樣。假使有人已經患病了，才去找治療的方法，如同口渴的人才想到要去挖井，比如遇到戰爭的時候，才想到要去準備武器，若是那樣的話，豈不是太晚了嗎？

這段內容提到了預防勝於治療的積極性與重要性，至於**「養生」**一詞在《黃帝內經》及《列子・楊朱篇》裡就有談及養生和預防疾病方面的問題。在道家方面，修練神仙術者也稱之為養生道法或攝生術。有藥王稱號的唐・孫思邈先生，在其一生中著述了兩部重要的醫典，《千金異方》與《備急千金要方》流傳至今，對傳統醫學的研究做出極大的貢獻，兩部醫典中，除了應急的要方外，還有談及醫理及診察方面的論症，其中有關於預防醫學方面的著述，佔有非常重要的比例，尤其專論「養性」的篇幅特別精彩，令人玩味，若將其中道理套用到現代人們日常生活中的話，總有吻合之處，想必古來至今，有關養生的原理應是大同小異的。

《孫思邈・千金異方卷十二・養性》

……慎勿床上仰臥，大凶。臥伏地，大凶。飽食伏地，大凶。以匙箸擊盤，大凶。大勞行房室露臥，發癲病。醉勿食熱。食畢摩腹能除百病。熱食傷骨，冷食傷肺。熱無灼唇，冷無冰齒。食畢行步踟躕則長生，食勿大言。大飽血脈閉。臥欲得數轉側。冬溫夏涼，慎勿冒之，大醉神散越，大樂氣飛揚，大愁氣不通。久坐傷筋，久立傷骨。

除了注重身體的養生之外，古來至今也強調個人精神作用的重要性，尤其對占夢方面的解讀與預防對治，也有很多的典籍記載可供參考，在《列子・周穆王篇》裡有提及醒時與做夢方面的徵象，其中記載「醒時的八種徵候」與「夢的六種徵候」等。

《列子・周穆王篇》

覺有八徵，夢有六候。奚謂八徵？一曰故，二曰為，三曰得，四曰喪，五曰哀，六曰樂，七曰生，八曰死。此者八徵，形所接也。奚謂六候？一曰正夢，二曰蘁夢，三曰思夢，四曰寤夢，五曰喜夢，六曰懼夢。此六者，神所交也。不識感變之所起者，事至則惑其所由然，識感變之所起者，事至則知其所由然。知其所由然，則無所怛。

人在醒著的時候，他的精神或思想狀態有八種徵象可以觀察。至於在做夢的時候，也有六種徵象可以去推理夢境所要表達的意義。所謂八種徵候是指醒時的精神狀態，第一：「想起舊的往事」。第二：「想要有所作為」。第三：「想要有所獲得」。第四：「想到有所失落的時候」。第五：「想到悲哀的事」。第六：「想到快樂的事」。第七：「想到生的事」。第八：「想到死的事」。這八種想的作用，主要是由於人的形體與環境有所接觸所致。

做夢的六種徵候，第一：「正常生活的夢」。第二：「受到驚嚇的夢」。第三：「日有所思，夜有所夢」。第四：「白天經歷以致晚上所做的夢」。第五：「因太過興奮而做的夢」。第六：「因擔心害怕而做的夢」。以上這六種徵候是由於我們的精神與生活環境接觸所產生的交感作用。

若不瞭解身體接觸外界所產生的精神交感作用是幻化的，那麼，這種種幻化現象一旦出現之後，我們就會有所疑惑，因為不知道身心交感所生起精神變幻的道理。而能瞭解身心交感所產生精神作用的人，在種種徵候出現的時候，就知道精神作用的原理，凡是瞭解這些道理的人，他們的日常生活就會自在，不會有所擔心或害怕。

預防醫學需要普及「生理」及「心理」兩方面，才能算是完整的預防醫學，若只偏重於身體方面的調理，則有捨本逐末的遺憾，這會將身心拆解成兩個不相干的體系，進而忽視了身心本是一體的重要性。《金匱要略》這本醫典的代表作，即開宗明義指出「上工治未病」，詮釋預防勝於治療的重要性，此論點與《黃帝內經》是互相吻合的。至於《黃帝內經》中也有極大篇幅在闡述有關「情志」的養生法。

《黃帝內經・靈樞・本神篇》

心怵惕思慮則傷神，神傷則恐懼自失……。
脾憂愁而不解則傷意，意傷則悗亂……。
肝悲哀動中則傷魂，魂傷則狂忘不精……。
肺喜樂無極則傷魄，魄傷則狂……。
腎盛怒而不止則傷志，志傷則喜忘其前言……。

心臟的運作若常處在恐懼警覺，或者過度思慮的狀態時，就會有心神耗損以及恐懼時無法自主的現象。脾臟的運作，若常處在憂愁的狀態而化解不開的話，就會產生煩惱，思緒紊亂。肝臟的運作，若常處在悲哀的痛苦中，就會損傷人的意志，進而產生神魂顛倒的現象。肺藏的運作功能，若常處在喜樂無度的狀態時，就會對依形體而存在的精神有所損傷。腎臟的功能，若常處在經常動怒的狀態下，就會對智力有所損傷，進而影響到記憶的問題，甚至，剛講過的話，一下子就忘了……。

《黃帝內經》裡提到**喜怒憂思悲恐驚——七情**，為七種情緒反應的精神狀態，喜通心，怒通肝，憂傷肺，悲思通脾，恐通腎，驚通心與肝，所以，七種情緒的反應如果太過的話，就會傷及五臟六腑，若是因七情引起的內傷，在治療方面就要耗費相當長的時間來調濟。與此論點相呼應的資料也是在《黃帝內經・素問・舉痛論》裡：「……百病生於氣也，怒則氣上，喜則氣緩，悲則氣消，恐則氣下，寒則氣收，炅則氣洩，驚則氣亂，勞則氣耗，思則氣結……」。

※註：炅：音讀窘：火光，引伸為發熱。

綜上所述，在預防醫學領域裡，生理與心理兩個層面的是需要兼顧的，而且兩者互相依附，心理方面若逢遇重大的打擊，影響身體健康非常明顯。譬如因「地震症候群」所帶來的創傷，有時候會在內心裡面烙下難以消除的印記，抑鬱難解的心情，也可能導致身體的健康出現問題，或者形成所謂的「創傷症候群」。

或者有些人本來是健健康康的，但由於個人的生活習慣過為拘謹，很在意周遭的起居活動，「潔癖」是一種因心理性強烈執著所衍生出來的強迫性行為，也有所謂的「慮病症候群」，老是覺得自己哪裡不對勁，把焦點集中在自己身上，卻忽略了周遭還有很多美好的事物等著我們去分享。至於，在身體健康方面，有些人忽視養生之道的重要性，以為自己還年輕，所以，就無度揮霍年輕的本錢，到頭來卻感召一身的毛病，時下的人們坐息顛倒，飲食不知節制，享樂無度……就是最好的寫照，人的身體一旦出現狀況，在心情上也會相對的被影響，這是生理影響心理的一體兩面。

本書在下一個章節起，將以《紫微斗數》的學術立場，來探討「預防醫學」的可行性，但其主要關鍵還是在於個人出生時空的密碼。《紫微斗數》可將個人出生的年月日時透過解碼，排出專屬個人的命盤，這張唯個人僅有的命盤具有特殊性，盤面分布了個人一生運勢起落的變數，尤其在**命**

宮、疾厄宮透露明顯的訊息，可從中解讀出個人宿命的結構，以及在生命活動過程中，因際遇所感召的健康問題，所以，就有宿命與際遇感召的兩種訊息預測。《紫微斗數》可在命、疾兩宮做比較及分析異同之處，並從中尋求因應與改善之道。另外，**福德宮**是我們精神、情緒心理和福報多寡所反應出來的宮位，可從宮中結構解讀訊息，以及盤面的盛衰起伏走向，**「命宮」**、**「疾厄宮」**、**「福德宮」**這三個宮位是本書論述的重點。

命宮——宿命的主結構。

疾厄宮——際遇所感召的能動結構。

福德宮——精神層面與福報多寡的結構。

下一章「易學紫微斗數」將敘述如何解碼的程序，內容簡單也不複雜，主要目的在於訴求學紫微斗數並沒有如你 想像的那麼難，只要能掌握其中要點，也就能從中解讀一些訊息出來，做為個人預防醫學及風險管理的參考。至於，有關**「如何排盤」**的問題，讀者可從雲端尋找排盤的網站來練習，或找適合自己使用的排盤軟體。

第二章

易學紫微斗數

一、紫微斗數與宿命結構

據傳《紫微斗數》創始人源自於唐末宋初的「陳摶」，號稱希夷先生，也有山中宰相的尊稱，希夷先生觀天之象，將星宿羅列與分布規則，進一步模擬諸星特性，依據每一個人出生年月日時的密碼，將其時空落點經過演繹、換算、解碼排列出「紫微斗數命盤」，每一張命盤都有它的獨特性，不同時間點出生的人，就有個別差異的人格特質與際遇，甚至，在彼人活動過程，他所面臨禍福盛衰運勢的程度也有所不同。

《紫微斗數》的陣列盤面圖，將每個人一生的活動，分布排列成十二個宮位，宮位與宮位之間都有它的關聯性與結構性的邏輯，其目的在於透過盤面解碼，尋求如何趨吉避凶及進退之道，運勢旺的宮位可乘勢進取，然居於弱勢宮位需施行**善補其過之法**，如此則能進退得宜，這如同把握了陰陽互為消長但也有互相平衡的對治之道。

《紫微斗數》十二宮位名稱有本質上的定義，也能將所居宮位延伸到生活面向的比量活動上。不過，十二宮位的排列及分布邏輯，主要以**命宮**為基礎點，由**命宮**做為中心點延伸出一切的活動，以下用圖表說明宮位排列的原理。

如圖——命宮左右的兩個宮位，分別是**父母宮**與**兄弟宮**，這意謂著每個人早期的生命活動，離不開父母與兄弟的親緣，在少子化的社會，**兄弟宮**可以延伸為在交友狀態裡，有經常往來的友人或合作夥伴。**父母宮**除了自己的父母外，也包括親友之間的長輩、師長、職場主管或老闆，甚至自己創業當老闆也屬於這宮位所論述的範疇。

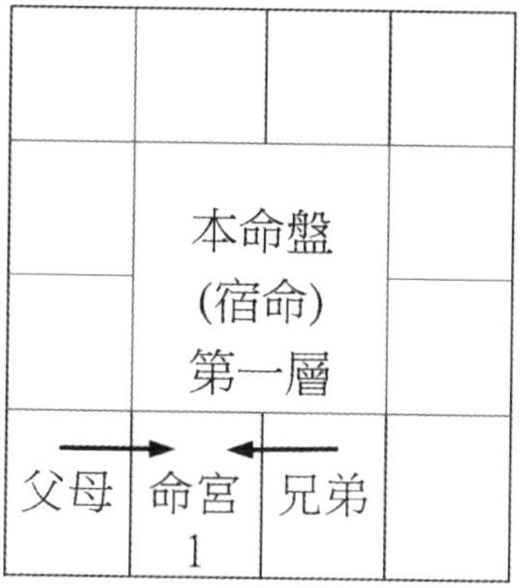

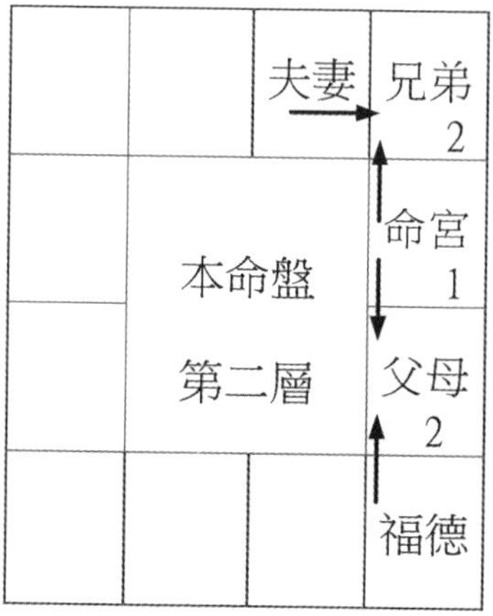

所謂宿命的**第一層結構**，主要是命宮被父母、兄弟兩宮所環抱的宿命，**第二層結構是以父母、兄弟兩宮位一前一後發展出來**，以下逐層來敘述之。

由命宮演繹出**第三層結構**的生命活動，主要以夫妻宮、福德宮為聯結的共業結構。兩性的結合在彼此心理上必有所交感之處，宮中星性組合的感情發展狀態，會呈現訊息。因此，可將**命宮、夫妻宮、福德宮**這三個宮位做個聯結，那就是「個人的婚姻狀態，關係著精神層面悅意與否，婚姻生活幾乎佔了人生大部分的光陰，影響生理與心理層面甚鉅，不可小覷。（見圖解第三層）

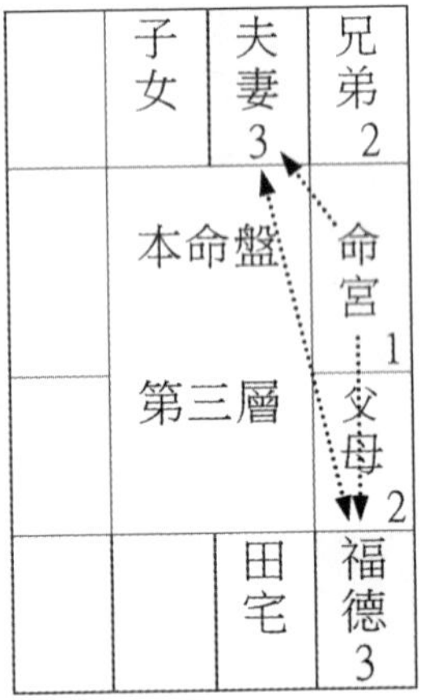

第四層結構是：**命宮、子女宮、田宅宮**的密切關係，代表結婚後與子女的親情緣分，以此開展家庭運勢走向，這三個宮位之間有相生或相剋的格局，這要看宮中的星性組合而定，因此，家運所呈現的盛衰狀態，可從中解讀訊息，並尋求因應與改善之道。

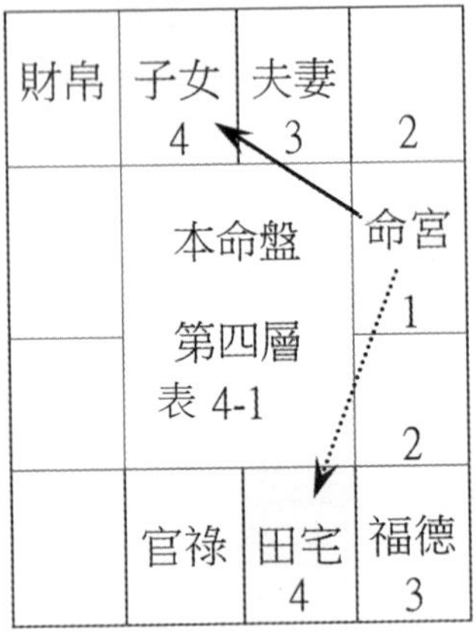

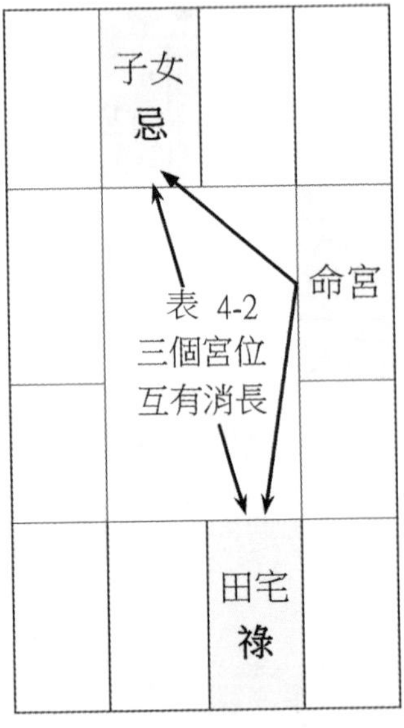

例表4-2子女宮有化忌星，表示在帶引子女成長的過程頗為辛勞，然**田宅宮**有**「祿星」**生扶**子女宮**添加吉氣，能以家中福分蔭及子女，使子女在物質生活方面無憂，家中的氣氛也和樂融融，唯子女日後與家人較有聚少離多的現象，可見第四層結構不可等閒視之。

第五層結構是：**命宮、財帛、官祿**三個宮位之間的聯結關係，針對個人一生所賴以維生的物資，基本上是由工作及事業營運所獲取的報酬，進一步將財物應用在日常所需的層面上，因此，**命、財、官**在《紫微斗數》的盤面結構上是極為重要的，也稱為「三方」，若把**遷移宮**也列入，則形成「三方四正」。如表5-2所示。

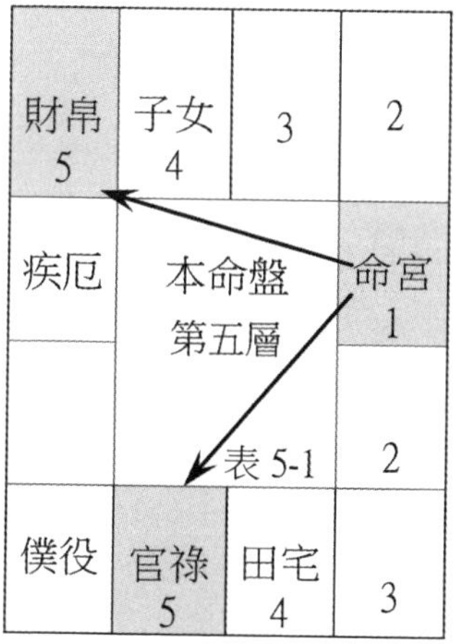

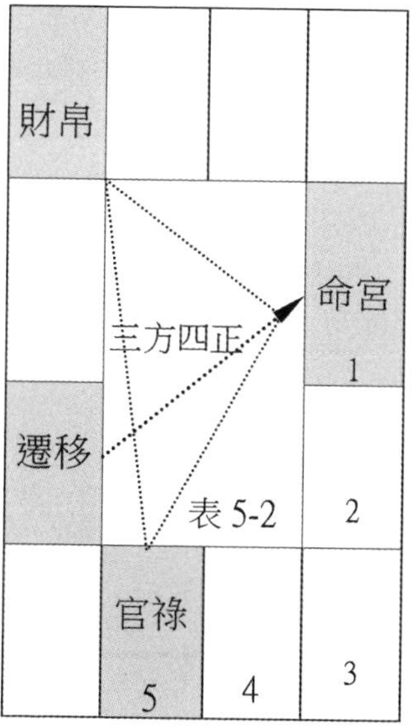

第六層結構是：**命宮、疾厄宮、僕役宮**三個宮位的關係，這意謂著：每個人的飲食坐息與勞動狀態，影響身體健康程度以及在人事往來上的運勢走向。人是群居的社會結構體，人與人之間的往

來是很密集的，由於個體的人格特質有其差異性，所以，在人事往來之間，也就有盛衰運勢的呈象，俗語說：「好友如沐春風，如遇及時雨。損友如冤親債主，避之唯恐不及。」

《黃石公素書》

同聲相應，同氣相感，同類相依，
同義相親，同難相濟，同道相成。

《第六層結構圖》

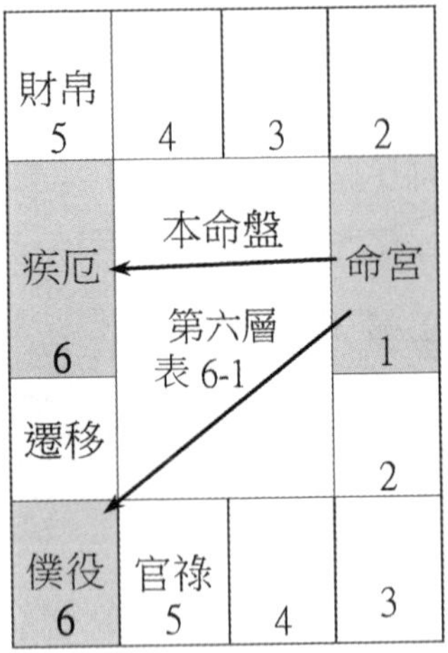

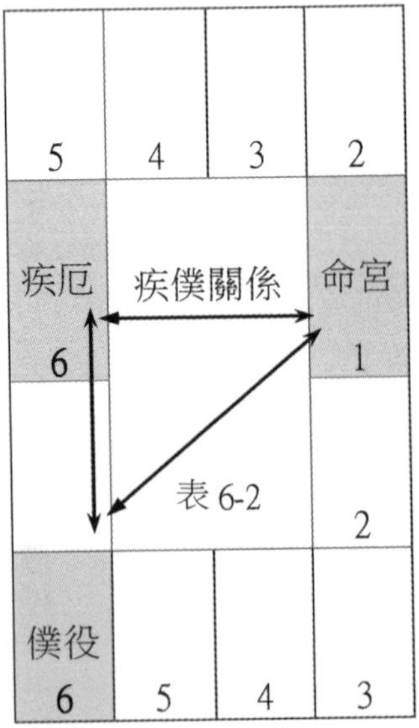

第七層結構是：**命宮**與**遷移宮**的關係，這一層命遷相對的位置，也稱為本命的基礎架構，命、遷是個人運勢盛衰的主結構，人是生命的活動體，有行動就有時間與環境的條件，在時空向度交叉作用之下，形成吉凶悔咎的波動。

外在環境對於個人運勢發展有利與否，可從盤面裡的訊息推演如何因應及改善之道，這就好像先瞭解個人的優趨以及風險走向的程度，再決定如何採取行動一般，如此的話，往往可避免無謂的損失或無妄之災，相對的，也就能建立危機管理機制，所以，**遷移宮**可說是極其重要的宮位，關係著主結構運勢的盛衰程度。

《第七層—命遷結構例圖》

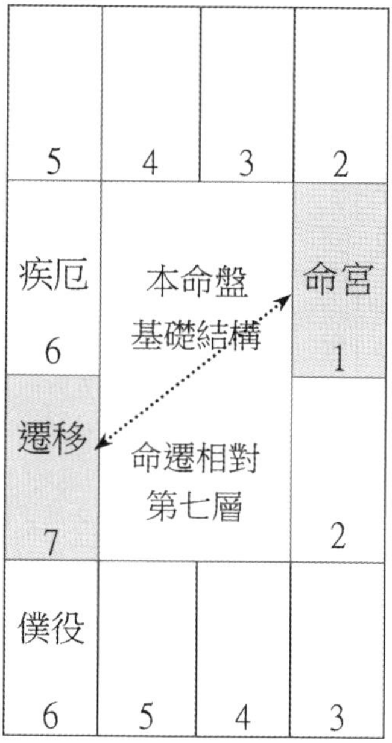

以上主要以七種體例的邏列方式來說明「宿命的分布狀態」，涵蓋人一生的活動過程，至於整個盤面星系的陣列走向，以及一百四十四種基本盤是如何建立的，在下一章有詳細的說明。

二、紫府星系陣列入十二宮的邏輯

紫微、**天府**兩個星系入陣的順逆走向，構成在命宮的可能格局計有一百四十四種，再由基本盤面的十二宮加入「四化星」、「六吉星」、「七煞星」還有其他相關的星座相續入位，總之，以**紫府星系**為主的甲級星座，具有帶動及活化盤面的主導性，也因此而開展個體生命活動的多樣性，進而完成此生的使命。

《紫微星系有六個星座》

紫微。天機。太陽。武曲。天同。廉貞。

《天府星系有八個星座》

天府。太陰。貪狼。巨門。天相。天梁。七殺。破軍。

紫微星系與天府星系各以一順一逆的走向，分別列陣入十二個宮位，為了說明這兩種星系的走向原理，以下用一個口訣來說明其中的奧祕之處：

《紫微星系以逆行列陣入宮——背訣》

紫微天機逆，隔一宮位陽武同，再過三宮廉貞坐。

《天府星系以順行列陣入宮——背訣》

天府對準紫微位，府陰貪巨相梁殺，再過四宮坐破軍。

以上兩個口訣就把紫府十四星入陣的邏輯講明了，以下搭配圖表來說明。

◎紫微、天府在寅申兩宮的體例：

太陽 巳	破軍 午	**天機** 未	天府 **紫微** 申
武曲 辰	紫府在申 體例 1 整合		太陰 酉
天同 卯			貪狼 戌
七殺 寅	天梁 丑	天相 **廉貞** 子	巨門 亥

巨門 巳	**廉貞** 天相 午	天梁 未	七殺 申
貪狼 辰	紫府星系 體例 2 整合 (演繹-2-2) （以此類推）		**天同** 酉
太陰 卯			**武曲** 戌
紫微 天府 寅	**天機** 丑	破軍 子	**太陽** 亥

以上採「寅、申」兩宮體例來做「紫府星系」盤面一順一逆的推演，若要進一步論及紫府星系的陣列邏輯，可以採用盤面圖解的方式來說明，便可一目了然。只要能掌握其中要領的話，每每接觸過的命盤，你便能輕易推演盤中星性組合與結構格局，以下將紫府星系入陣的規則以圖解方式來說明。

※紫府星系走向的對應原理・圖1~圖6：

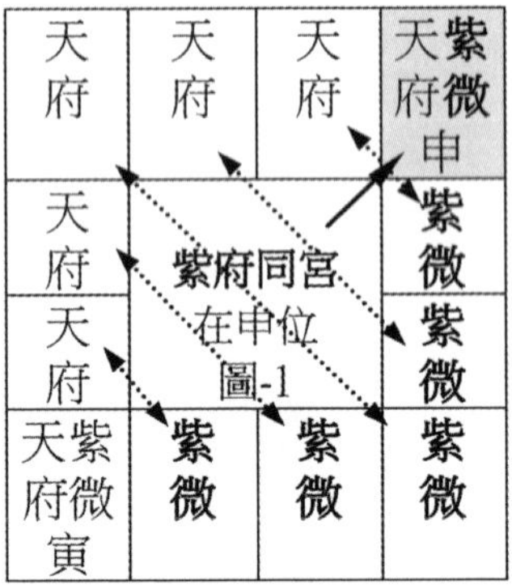

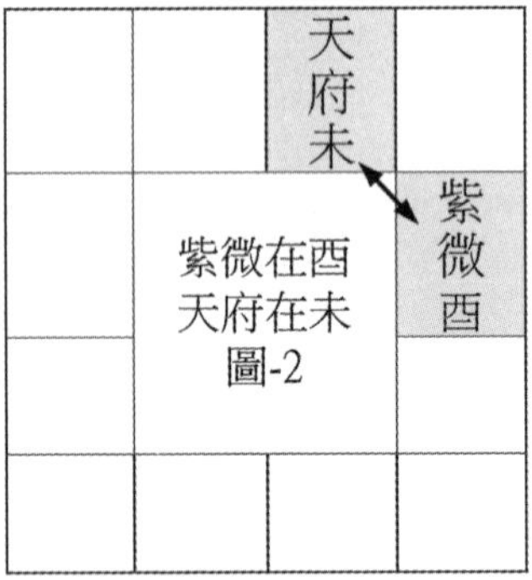

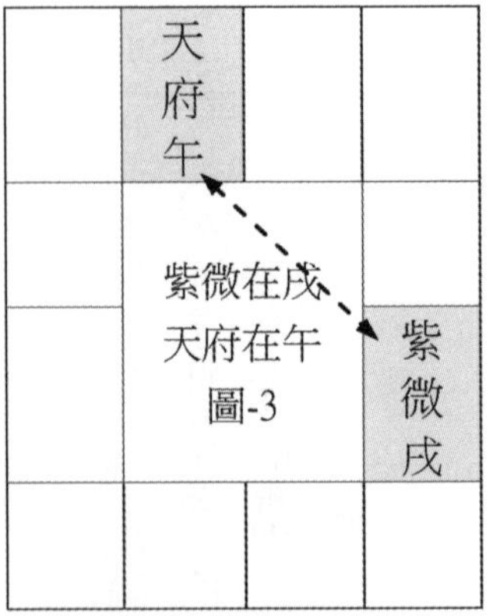

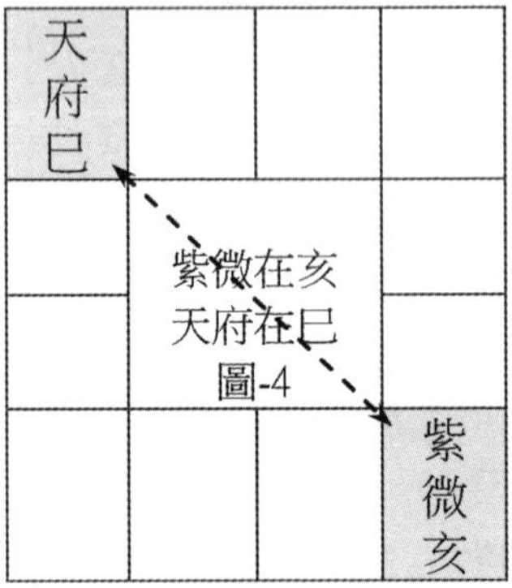

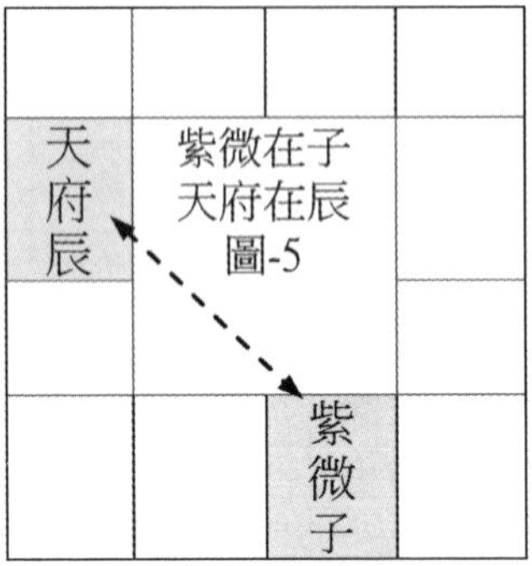

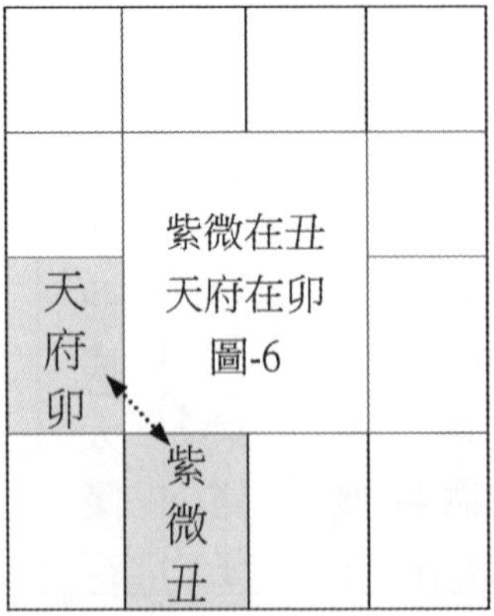

※紫府星系走向的對應原理・圖7~圖12

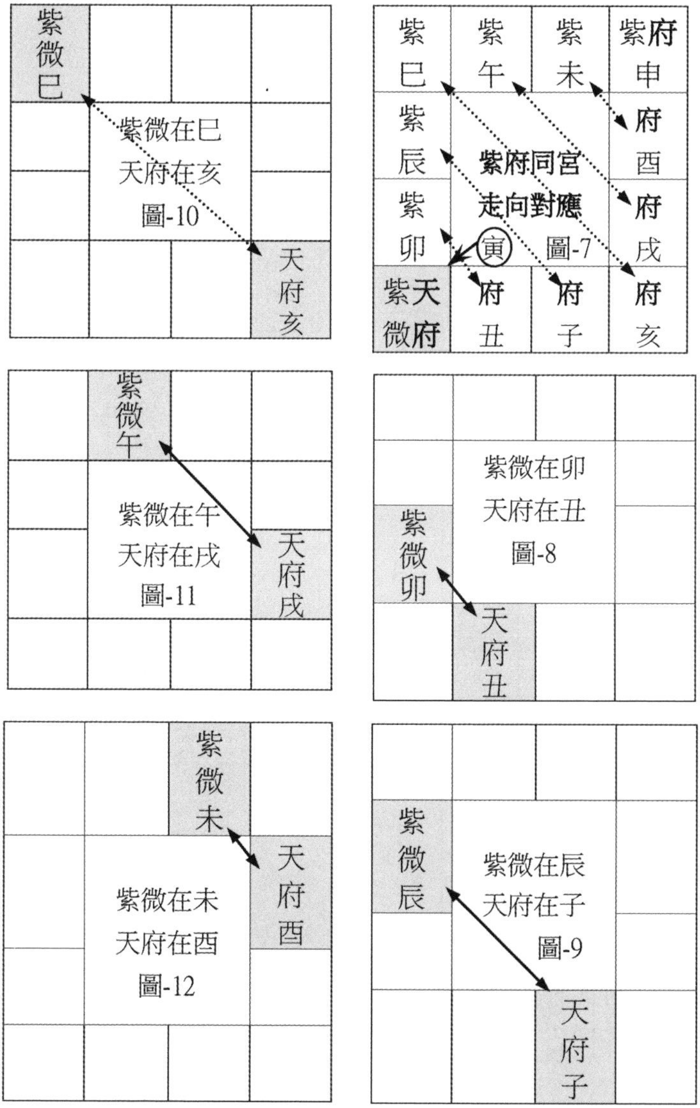

巨門 +3	天相 +4 廉貞 0	天梁 +3	七殺 +4
貪狼 +4			天同 0
太陰 -2	A-1 表		武曲 +4
天府 +4 紫微 +3	天機 -2	破軍 +4	太陽 -2

貪狼 -2 廉貞 -2	巨門 +3	天相 +2	天梁 -2 天同 +3
太陰 -2			七殺 +3 武曲 +1
天府 +2	A-2 表		太陽 -1
	破軍 +3 紫微 +4	天機 +4	

太陰 -2	貪狼 +3	巨門 -1 天同 -1	天相 +4 武曲 +2
天府 +4 廉貞 +1			天梁 +2 太陽 0
	A-3 表		七殺 +4
破軍 +2		紫微 0	天機 0

天府 +2	太陰 -1 天同 -2	貪狼 +4 武曲 +4	巨門 +4 太陽 +2
			天相 -2
破軍 -2 廉貞 0	A-4 表		天梁 +4 天機 +1
			七殺 0 紫微 +3

天同 +4	天府 +3 武曲 +3	太陰 -1 太陽 +2	貪狼 0
破軍 +3			巨門 +4 天機 +3
	A-5 表		天相 +2 紫微 +2
廉貞 +4		七殺 +3	天梁 -2

武曲 0 破軍 0	太陽 +3	天府 +4	太陰 +1 天機 +2
天同 0			貪狼 +1 紫微 +3
	A-6 表		巨門 -2
	七殺 +4 廉貞 +1	天梁 +4	天相 +2

七殺 紫微 0 +3			
天機 天梁 +1 +4			破軍 廉貞 -2 0
天相 -2	B-4 表		
巨門 太陽 +4 +3	貪狼 武曲 +4 +4	太陰 天同 +4 +3	天府 +2

太陽 +3	破軍 +4	天機 -2	天府 紫微 +2 +3
武曲 +4			太陰 +3
天同 0	B-1 表		貪狼 +4
七殺 +4	天梁 +3	天相 廉貞 +4 0	巨門 +3

天梁 -2	七殺 +3		廉貞 +4
天相 紫微 +2 +2			
巨門 天機 +4 +3	B-5 表		破軍 +3
貪狼 0	太陰 太陽 +4 -1	天府 武曲 +4 +3	天同 +4

	天機 +4	破軍 紫微 +3 +4	
太陽 +3			天府 +3
七殺 武曲 +3 +1	B-2 表		太陰 +3
天梁 天同 +4 +1	天相 +4	巨門 +3	貪狼 廉貞 -2 -2

天相 +2	天梁 +4	七殺 廉貞 +4 +1	
巨門 -2			
貪狼 紫微 +1 +3	B-6 表		天同 0
太陰 天機 +3 +2	天府 +4	太陽 -2	破軍 武曲 0 0

天機 0	紫微 +4		破軍 +2
七殺 +4			
天梁 太陽 +4 +4	B-3 表		天府 廉貞 +4 +1
天相 武曲 +4 +2	巨門 天同 -1 -1	貪狼 +3	太陰 +4

四、紫微斗數十二宮位的含意與作用

本章理論可應用並延伸到大限、流年、流月的推理。

⊙命宮

命宮是人生運勢發展最重要的關鍵，通常我們所說的宿命，也就是指這一個宮位，**命宮**裡的星性組合包涵著人格特質與運勢盛衰走向，以及顯示**先天體質的健康狀態**，俗語說：「命好不怕運來磨」就是最好的寫照，凡是命宮格局好的人，在彼一生禍福吉凶狀態裡，通常有逢凶化吉的好機運，即使逢遇失勢的流年時，也能逢遇好緣來助，進而突破障礙，再現生機。因此，凡命宮格局美的人處處有善緣，無論待人接物或處事應對上，常能左右逢源。

假如命宮星性組合不美者，人生總免不了挫折的煩惱，也較為缺少善緣的輔助，因此，在彼人運勢發展上，凡事得靠己力，以自強不息為惕勵之道，即可能轉化宿命的束縛。假如**遷移宮**有化忌星或落陷煞星，在外的生命活動會將作用帶入**命宮**，進而增添面對人事物的困擾。同樣的，命宮的人格特質與健康狀態，也會將它帶到外面的活動上。若能學習對挫折適應的容忍力，將有效的激勵自己在逆境中成長，當然了，若能瞭解**命遷宮**的某些缺點時，只要有心去改善的話，就能找到對治的方法從中突破困難，過著悅意的生活。

命宮不美還是有其他好宮位來輔助的，所以說，凡事沒有絕對好與絕對壞的命盤，關鍵在於：「世事沒有絕對的好，也沒有如你想像中的那麼差」。人一生中的運勢通常是好壞參半的，俗語說：

「禍中福所依，福中禍所伏」，這要看每個人用什麼樣的態度去經營他的人生，只要能掌握自己的優勢去善加發揮，將會是無往不利的，然在自己弱點的部分，若能去「善補其過」的話，那離人生所想要成就的目標也就近了。

⊙兄弟宮

兄弟宮代表著個人與兄弟姐妹相處的運勢，但在少子化的時代來說，這個宮位可將意義延伸為：「凡與個人往來較為密切的友人，或在事業、工作上的夥伴、股東」。此宮位可從星性組合的結構裡，推演有關個人：（一）手足之間情分的親疏？（二）往來友人的運勢？這兩項論點的優劣與否，影響著**僕役宮**的人事狀態。譬如：兄弟宮中有化祿、化科坐鎮，祿科星會將吉氣匯入到對宮的僕役宮，助長在外人事的活絡度，使得本身的人際資源有左右逢源的好運勢。

兄弟宮若不美的話，個人在人事往來上，往往較為缺乏助緣，顯得勢單力薄或者有失落感。俗語說：「在家靠父母，出外靠朋友」，若能在這個領域善加經營的話，便能積聚正面的能量，有利於日後運勢的發展。

⊙夫妻宮

夫妻宮代表兩性相處以及婚後感情的發展狀態，宮中星性結構隱含伴侶情緣及運勢走向的訊息，此宮位若美的話，不但兩性相處融洽，且會將本宮位的吉氣匯入「官祿宮」，對個人事業及工作上有助長增益的效應。

⊙子女宮

※代表以下呈象：

一、個人與子女的親情關係。
二、以子女為命宮來推理其運勢呈象——以子女宮立太極的用神論。
三、兩性肌膚之親的融洽度。
四、子女與家運發展的消長狀態。

子女宮位若美的話，可將吉氣匯入到**田宅宮**，增添家庭的喜氣，使運勢欣欣向榮。假使有忌煞星在「子女、田宅」任何一宮的話，對子女及家庭的經營與發展，就會受到某種程度的考驗，所以，得發揮善巧方便的智慧，來引導子女走向善的境地。

⊙財帛宮

財物是維持生命所需的物質基礎，**財帛宮**代表個人經濟能力的強弱狀態，影響著個人在物質生活方面的幸福指數，此宮星性組合的呈象，具有影響**福德宮**的作用力，**財**、**福**兩宮雖然遙遙相對，但彼此有互相扶助或形成牽制的局面。因此，有關個人對財物的認知價值觀，以及如何理財運用的訊息，都隱藏在財帛宮裡，不可忽視。

⊙疾厄宮

疾厄宮屬於個人**後天**健康狀態的呈象，至少有下列五項要點：

一、有關起居坐息與健康狀態的呈象。
二、日常行動與身體健康的關聯性—包括際遇的感召程度。
三、個人飲食習慣與身體健康的關係。
四、有關工作勞動與健康狀態的呈象。

五、個人患病與醫藥緣分的福報關係。

本書論述著重在疾厄宮、命宮、福德宮，書中各章節有多篇幅與案例探討的相關理論。

⊙遷移宮

人生運勢的發展與在外行動順利與否息息相關，**遷移宮**為命盤三方四正的重要宮位，在十二宮中，命宮的對宮「遷移宮」與宿命結構具有重大的影響力，至於，在每一個大限的運勢發動，也離不開三方四正的結構，即使推論到「流年運勢」也是如此。

盤面上的三方四正，三方是指**「財帛、官祿、遷移」**就像一把箭拉起弓來射入**命宮**，對個人的生命活動形成作用，運勢的順逆成敗與**遷移宮**結構及星性組合息息相關，**遷移宮**所展現的行動狀態可歸納如下：

一、在外禍福盛衰的運勢呈象。

二、為人處事及行動力的具體表現。

三、人際往來以及人脈資源的運勢。

四、面對風險管理及危機處理的因應能力。

五、觀察及領悟世事的敏感程度。

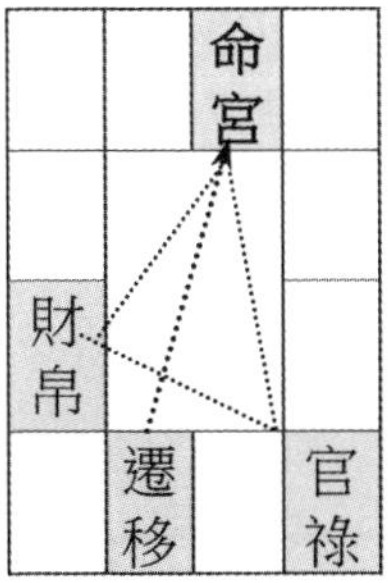

⊙僕役宮

僕役宮通稱為「一般人事往來」的宮位，此宮位與**兄弟宮**有所不同，卻也有彼此共通之處，僕役、兄弟兩宮為對角宮，兩個宮位的任何一個宮位，若有落陷煞星、化忌、陰煞的話，其格局會形成忌煞沖的牽制現象。若僕役或**兄弟宮**星性不美的話，宜於人際往來上保守因應、低調應事、謹慎決策，如此將能遠離無端禍患或財物損失。

僕役宮是往來人際的重要宮位，宮中星性的呈象，可預測個人在職場上人事運作得力與否，以及是否擁有人脈資源的訊息。

⊙官祿宮

官祿宮也稱為事業宮，在求學時期的主要重點是學業，因此，在學生時代讀書運就以「官祿宮」代表學業運勢強弱的呈象。在進入職場後，**官祿宮**就以事業為主要的運勢走向，可從宮中結構及星性組合解讀訊息。譬如工作運勢的順逆呈象，個人專業特色的發揮程度，也可瞭解職場有否助緣來達成工作或事業上的企圖。

官祿宮為命盤面上三方四正的重要結構，此宮位除了基本盤以外，還有大限十年的**宮祿宮**運勢，至於，在流年的推演上，也可從**官祿宮**以及飛星涉入狀態來解析密碼，往往能從中尋求如何改善之法，有利於個人在工作上的發展與突破，所以說，盤面上每個宮位是隨著時間向度以及環境變化因素而有順逆成敗的呈象。

⊙田宅宮

田宅宮可界定三種意義的呈象，第一種是「家庭運勢」。第二種是「求學時代在學校及學習場所的運勢呈象」。第三種是「就業的工作場所、辦公室作業的運勢呈象」。以上三種定義是可以相通的。所以，根據田宅宮的結構狀態，可從中瞭解彼人田宅運勢的盛衰程度，有關田宅宮的推論法也適用於大限、流年等。

田宅宮也關係著個人婚後的家庭運勢，以及子女的幸福度，田宅屬重要宮位，雖然沒有列入三方四正裡，但宮位結構及星性組合的特性不可忽視。若子女宮有化忌星、落陷煞星、陰煞的話，這忌煞星威力一旦沖入**田宅宮**的話，往往會影響家運或工作場所的成敗與盛衰。

⊙福德宮─有以下兩項重要領域：

一、**攸關個人財物福報的多寡**。

二、**個人精神層面的領域**─包括「思維、創造力、價值觀、定力的展現、面對挫折的調適能力、潛能激發或領悟某種道理的能力、擁有財物與心靈生活之間的關聯性、精神層面的能量」。以上諸多含意皆適用於**福德宮**星性組合，以及飛星涉入狀態的詮釋，這在命盤、大限、流年的預測推理是相通的。

在《紫微斗數》領域裡，也有提及移宮換位的「**用神理論**」，因此，**福德宮**雖代表個人精神領域與福報多寡，也具有隔代傳承的意思，因為，以父母宮立太極為**父母的命宮**時，**福德宮**即形成彼人以父母所立命宮的父母宮，所以說，福德宮是祖父母的宮位，福德宮與祖父母的宮位重疊，具有重要的代表意義。綜上所述，**培植我們現在的德行，有益於子孫未來的福報**。身為父母者，若要培植子女的福報，可以適度引導子女常與祖父母互動，不但可促進隔代之間的親情融合，也有助於增長子女福報的具體做法。

※福德宮取用神例解：

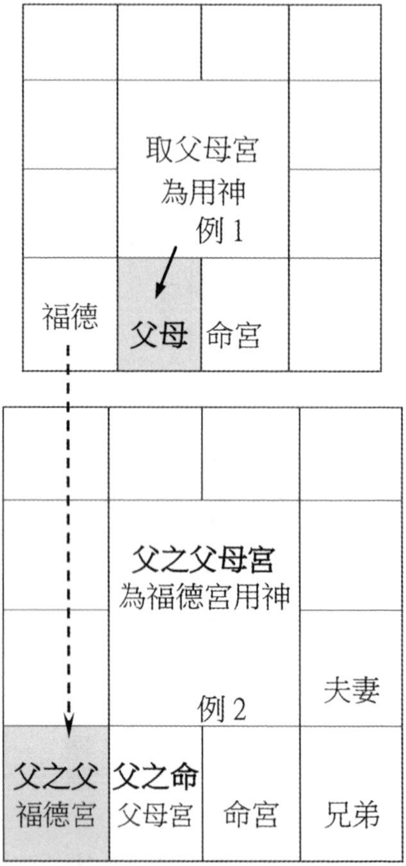

⊙父母宮—有下列六個領域的詮釋角度：

一、個人與父母的親情緣分。

二、與父母親同輩者也可稱為父母宮。

三、求學過程或值得向他學習的師長。

四、在職場上的主管或老闆。

五、適時出現的貴人。

六、自立創業者，官祿宮的父母宮就是老闆的宮位—取用神論。

我們可從父母宮的特性，加入飛星涉入狀態來解讀它所隱含的訊息，若此宮位不美的話，可從中尋求改善之道以擺脫宿命的束縛。**父母宮**的對宮為**疾厄宮**，這兩宮雖然遙遙相對，但兩者有互相助長以及彼此牽制的作用力。舉例來說，疾厄宮中若有化忌星、落陷煞星、陰煞時，這忌煞威力會沖入**父母宮**使其能量銳減，影響人生運勢的發展，尤其在師長、主管、老闆緣分的呈象特別明顯，所以，當得留意這宮位的影響力。

◎福德宮取用神：例1~2說明：

本命盤「福德宮」又為個人「祖父母」的宮位，同一個宮位有雙重性的代表意義，這是以「取用神」的斗數推論法，主要的演繹邏輯是以「父母宮」為父母親的命宮所在位，在重新安立十二宮位後，父母宮的父母宮位就是彼人祖父母的宮位，也就是說「以父母宮為命宮用神所建立的父母命宮—以父母宮立太極為用神」，祖父母的宮位恰好與個人的「福德宮」重疊，這意謂著個人財物福報及情緒心理狀態，與祖父母的能量波動有密不可分的隔代聯結關係，只要檢視這宮位結構及星性組合條件、四化星、飛星涉入狀態等，即可從中解讀訊息來因應。

五、盤面三方四正的說明

盤面三方四正結構若要細分的話，則有六個層面的交集狀態，分別是：「本命盤、大限盤、流年盤、流月盤、流日盤、流時盤」，若要預測任何一層的盤面訊息，就得定出三方四正的「箭位」，所謂的箭位就好像一把弓箭由外往裡射，射向命宮的三方就是：「財帛宮、官祿宮、遷移宮」，三方四正可以說是盤面結構的定位，一張命盤若沒有定出三方四正，總覺得命盤上好像缺了什麼似的。

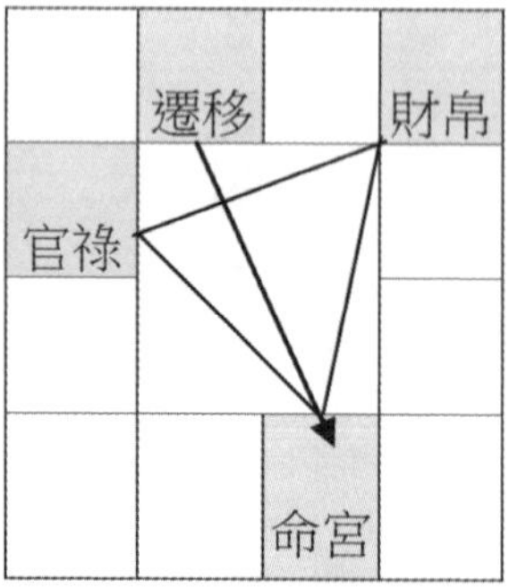

三方四正的基本結構並非一成不變的，隨著時空的流動，十二個宮位也如輪子旋轉一般，每轉動一個宮位，大限、流年、流月、流日、流時的盤面隨之變動，其他宮位也依序入陣，如下例解說明：

◎大限命宮與三方四正圖例：陽男大限歲數順時走向

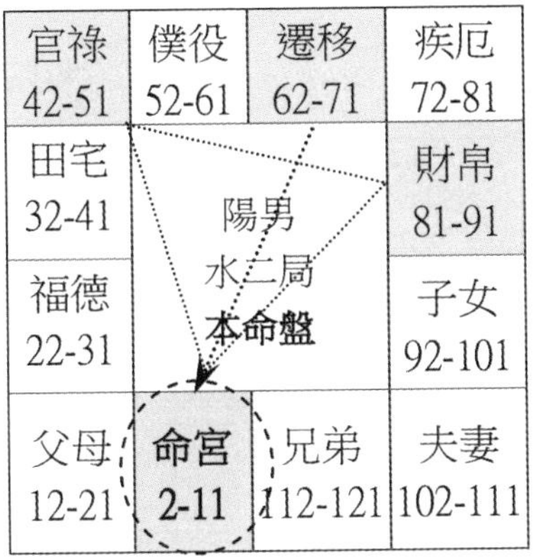

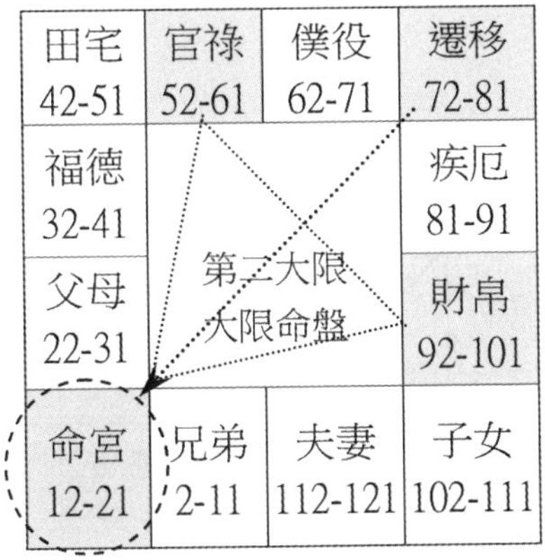

應用以上大限走向的原理，凡陽年生男、陰年生女，其大限歲數的走向是以順時鐘方向走的。至於，陰年生男、陽年生女，其大限走向的歲數是採逆行方向走的。（註：陽年：甲、丙、戊、庚、壬年。陰年：乙、丁、己、辛、癸年。）

每年的年盤會轉動稱之為「流年盤」，只要依當年的「地支」是什麼，就可以在年盤上定出命宮的位置，其他宮位就入陣了。（註：比如 2020 年盤命宮在子位。2025 年盤命宮在巳位。或可直接對照萬年曆。）總之，三方四正有輪轉的特性，逢流月、流日、流時也依此類推而定出十二宮位。

六、四馬地與四墓、四旺之地

「**四馬地**」意謂著有四匹馬在跑動的位置，在盤面上稱之為四個有「**奔波勞碌**」的宮位，巧合的是「天馬星」也佈列在四馬地的其中一個宮位。每個人的基本盤會有四個宮位進入四馬地的位置，這意謂著：「凡落入四馬地的宮位，具有操勞、煩心、好動、難以清閒的呈象」，因此，若能瞭解四馬地坐哪四個宮位時，即能從中找到改善與因應之道，以下用圖例來說明。（命宮、田宅、僕役、子女四宮在寅申巳亥位—四馬地）

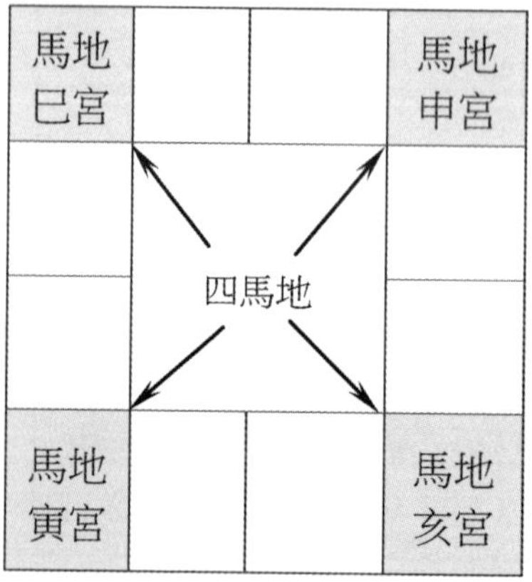

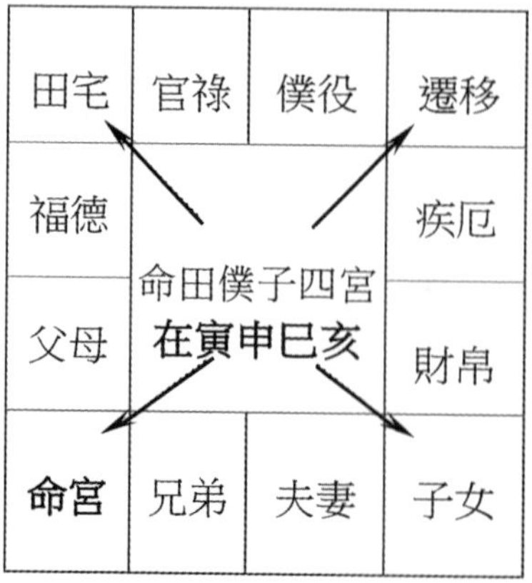

「**四墓地**」布列在「辰戌丑未」四個宮位，「墓地」有「受囚、困住」之意，四墓地所在的宮位，較為缺乏生氣與活潑的能動性，因此，在辰戌丑未四個宮位的基本盤，可以延伸到大限、流年、流月盤來推論。以下舉例圖解來說明。

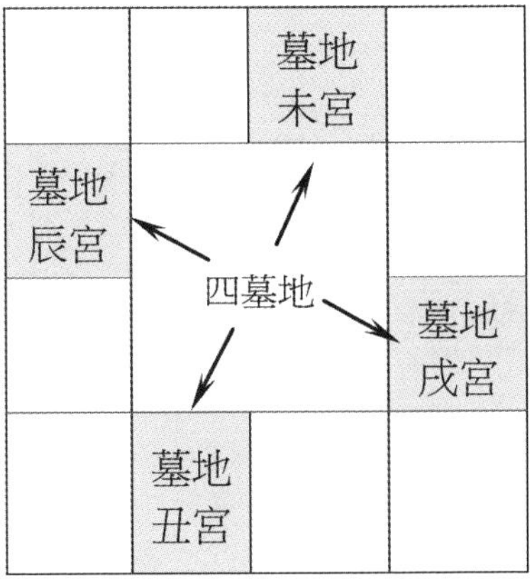

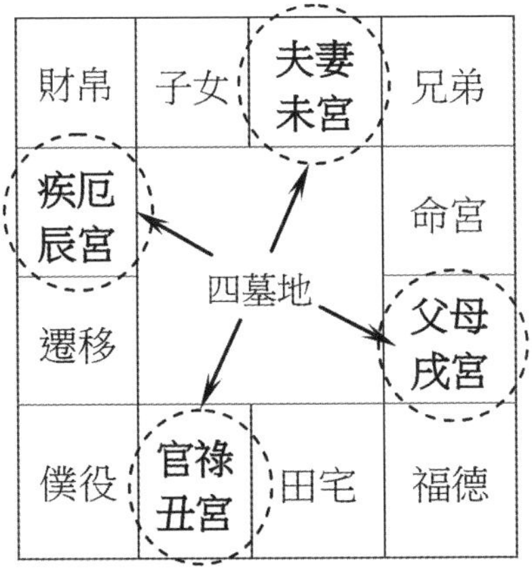

四墓之地所在的宮位為受囚缺乏生氣之處，凡受囚之宮須審視宮中星性組合的特性，以及飛星涉入狀態，即可從中尋求改善之法，使運勢生起正面的效應。所以說，不要一味的被四墓這個名詞困住，其實「四墓宮位」有其積極性的意義，人生唯有知道自己的弱點所在，從**善補其過**加強自我成長的惕勵，往往能超越宿命的束縛。

「**四旺地**」是指盤面有四個宮位坐落在「子午卯酉」，「旺」有生機、活潑、好動、循環不息等積極含意，凡坐落四旺之地的宮位，往往具有積極企圖與作為的動能，至於，這四個宮位的盛衰呈象，還得端詳宮中星性組合及結構，飛星涉入狀態、前後宮位生剋的格局來綜合推論。左例以四旺地結構輔以圖例說明。

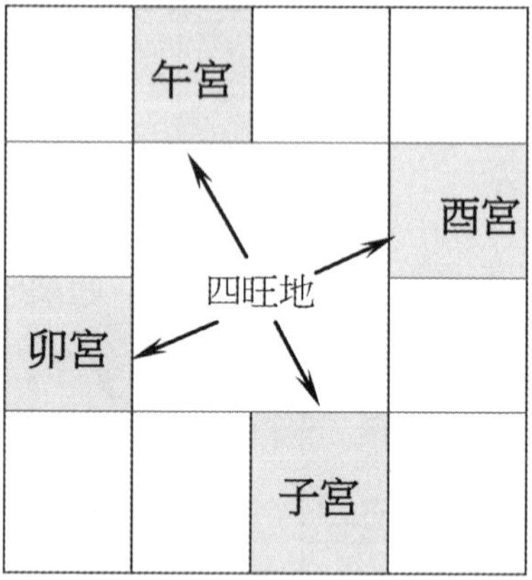

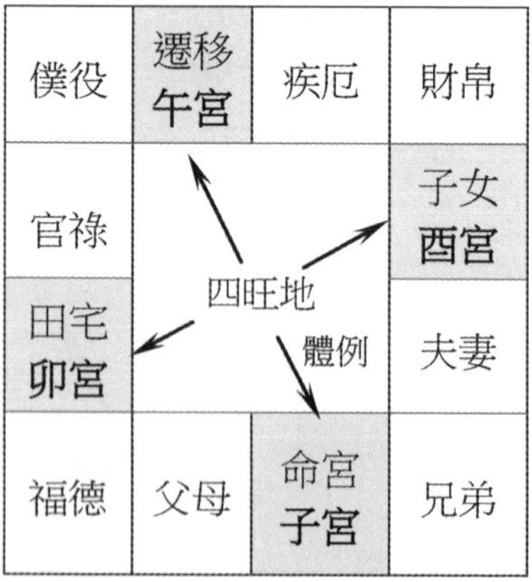

四旺地顧名思義具有正向的特質，若宮中星性組合又美的話，人生運勢在順遂旺盛之時，當得以「物極必反、盈滿為戒」，《易經》六十四卦裡，「地天泰」是指人生得意的卦象，但緊接的是「天地否」隨後而至，「泰極轉否」在說明事物沒有恆常不變的道理，成功與失敗之間僅有一線之隔而已，「否極泰來」是從事物發展的另一個角度來看的。

七、盤面時間變數與環境因素

瞭解盤面上結構與佈陣邏輯是有助益的，至於在「時間變數」以及「環境因素」兩種向度的領域，關係著人生運勢的盛衰成敗走向，它往往存在於時空條件的法則裡，有「時間的流動」就有相應於事件的「環境因素」，兩者互相依附不可分離，廣義來說至少有以下幾項重點：

一、本命盤—個人出生的時空落點。
二、大限的走向—盤面移宮換位。
三、流年、流月、流日、流時的走向。
四、十二宮佈列的變動狀態。
五、宮位天干與地支的羅列狀態。
六、四化（時間變數）與宮位配置（環境因素）的交易變化關係。

人在生命活動的展現上，掌握有利時空點是很重要的，所謂掌握有兩個方面的詮釋，第一種是：「**運勢順遂時積極與進取的能動性。**」第二種是：「**運勢在低潮時期，能穩定按捺不住的情緒以度過難關。**」以下用圖解來說明兩種因素的結構邏輯。

◎基本盤的時間變數與環境因素：

丁	戊	己	庚
丙	(體例) **時間變數** 宮中天干		辛
乙			壬
甲	乙	甲	癸

⇩

巳	午	未	申
辰	**環境因素** 宮中地支		酉
卯			戌
寅	丑	子	亥

◎大限盤的時間變數與環境因素：

僕役 55-64 丁	遷移 65-74 戊	疾厄 75-84 己	財帛 85-94 庚
官祿 45-54 丙	土五局 **第二大限** **15-24** **時間變數**		子女 95-104 辛
田宅 35-44 乙			夫妻 115-114 壬
福德 25-34 甲	父母 15-24 乙	命宮 5-14 甲	兄弟 115-124 癸

↓

官祿 55-64 巳	僕役 65-74 午	遷移 75-84 未	疾厄 85-94 申
田宅 45-54 辰	第二大限 命宮在丑 宮位環境		財帛 95-104 酉
福德 35-44 卯			子女 115-114 戌
父母 25-34 寅	**命宮** **15-24** 丑	兄弟 5-14 子	夫妻 115-124 亥

八、大限怎麼看？

大限盤的論述僅次於本命盤，《紫微斗數》的演繹重點在基本盤，個人出生的時空落點即成立宿命結構，命盤上共有十二個大限，每個大限管十年，無論大限走到哪裡，大限命宮就會跟著移動，其他宮位相繼入位，只要把三方四正定位就成為大限盤了。

大限走向有順行及逆向兩種，這是什麼原因呢？原來每個人因出生年的不同，而有順逆不同的大限走向。

一、凡逢「甲、丙、戊、庚、壬」年出生者，稱為**陽年**生人。

二、若逢「乙、丁、己、辛、癸」年出生者，稱為**陰年**生人。

⊙陰陽年生人：

一、陽年生人的「男性」為得陽之正位，大限走向順行。

二、陰年生人的「女性」為得陰之正位，大限走向順行。

三、陰年生人的「男性」為處陰之位，大限走向逆行。

四、陽年生人的「女性」為得陽之位，大限走向逆行。

※綜合整理：

◎大限順行：陽男、陰女。◎大限逆行：陰男、陽女。

◎大限順行及逆向走勢圖解：

僕役 55-64	遷移 65-74	疾厄 75-84	財帛 85-94
官祿 45-54	性別：男	陽年生	子女 95-104
田宅 35-44	（陽男）	土五局	夫妻 115-114
福德 25-34	父母 15-24	命宮 5-14	兄弟 115-124

順行

僕役 55-64	遷移 65-74	疾厄 75-84	財帛 85-94
官祿 45-54	性別：女	陰年生	子女 95-104
田宅 35-44	（陰女）	土五局	夫妻 115-114
福德 25-34	父母 15-24	命宮 5-14	兄弟 115-124

順行

僕役 75-84	遷移 65-74	疾厄 55-64	財帛 45-54
官祿 85-94	性別：女	陽年生	子女 35-44
田宅 95-104	（陽女）	土五局	夫妻 25-34
福德 105-114	父母 115-124	命宮 5-14	兄弟 15-24

逆行

僕役 75-84	遷移 65-74	疾厄 55-64	財帛 45-54
官祿 85-94	性別：男	陰年生	子女 35-44
田宅 95-104	（陰男）	土五局	夫妻 25-34
福德 105-114	父母 115-124	命宮 5-14	兄弟 15-24

逆行

大限十二宮的重疊密碼隱含在本命盤裡，「**雙宮重疊現象**」是大限走向與基本盤交互作用的運勢重疊呈象，茲以圖例來說明。

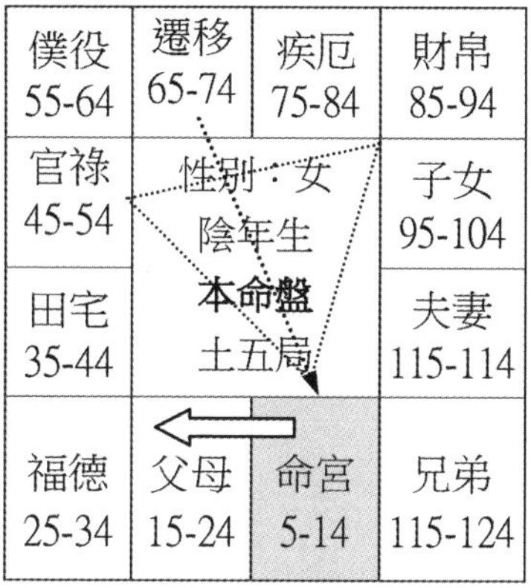

圖一

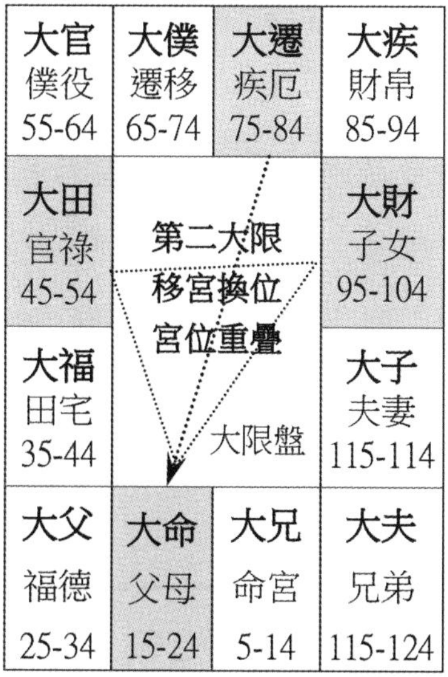

圖二

※圖二—第二大限走到本命盤的父母宮，本命父母宮即成為大限命宮所在，因此，大限走向順行，形成兩層宮位重疊現象。（圖例為陰女—大限順行）

一、**大限命宮**與本命父母宮重疊。

二、**大限父母宮**與本命福德宮重疊。

三、**大限福德宮**與本命田宅宮重疊。

四、**大限田宅宮**與本命官祿宮重疊。

五、**大限官祿宮**與本命僕役宮重疊。

六、**大限僕役宮**與本命遷移宮重疊。

七、**大限遷移宮**與本命疾厄宮重疊。

八、**大限疾厄宮**與本命財帛宮重疊。

九、**大限財帛宮**與本命子女宮重疊。

十、**大限子女宮**與本命夫妻宮重疊。

十一、**大限夫妻宮**與本命兄弟宮重疊。

十二、**大限兄弟宮**與本命宮重疊。

凡是與大限重疊的宮位都有其存在的特殊意義，比如：圖中第二大限與本命父母宮重疊，這意謂著：「走到第二大限時，個人運勢仍以依賴父母親的行運為主，父母宮也可將其範圍延伸到學校的師長、老闆、主管、貴人、長輩」。若大限命宮結構及星性組合為美的話，彼人在此行運將會得到如上對象的關愛照顧，無往不利。

又譬如第二大限兄弟宮與本命宮重疊，這意謂著：「彼人在此大限十年與兄弟姐妹、同學、友人互動的情誼，往往能從宮位重疊狀態看出一些端倪。」其他雙宮重疊的部分，以此類推。至於，第二大限內的夫妻宮與子女宮，若尚未結婚的話可視之為「閑宮」，「閑」也是「閒」著不用的意思。

九、流年如何推？

流年是「時間變數」裡的一部分，由基本盤即可推出當年的流年盤，一旦確立流年命宮的位置，其餘十一個宮位就可以相繼入位，再把三方四正定位即成流年盤。不過，需要留意的是每個年份均有當值的四化星，四化星會進入相應的十二宮位，「**化祿、化權、化科、化忌**」在流年運勢呈象扮演著重要的角色，在後面的章節裡，將有詳細論述「四化星」所代表的意義，以下說明兩種流年推演的簡要方式：

一、對照萬年曆。

二、用換算的公式帶入，即可找出當年天干與地支進入的宮位為流年命宮所在。

※天干數：甲1、乙2、丙3、丁4、戊5、己6、庚7、辛8、壬9、癸10。

※地支數：子1、丑2、寅3、卯4、辰5、巳6、午7、未8、申9、酉10、戌11、亥12。

◎流年天干：當年（農曆年）加八除以十，餘數則為當年的天干位。

◎流年地支：當年（農曆年）除以十二，餘數則為當年的地支位。

※流年換算例解：（二〇二五年～二〇二七年）

◎當年**天干**換算舉例：
2025 年＝(114 年＋8)÷10
＝...2＝乙年干
◎當年**地支**換算舉例：
2025 年＝112 年÷12
＝...餘 6＝巳年支(蛇年)
※流年干支＝乙巳年

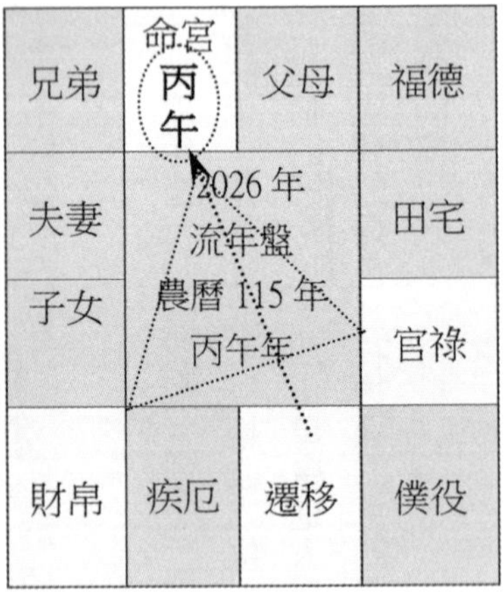

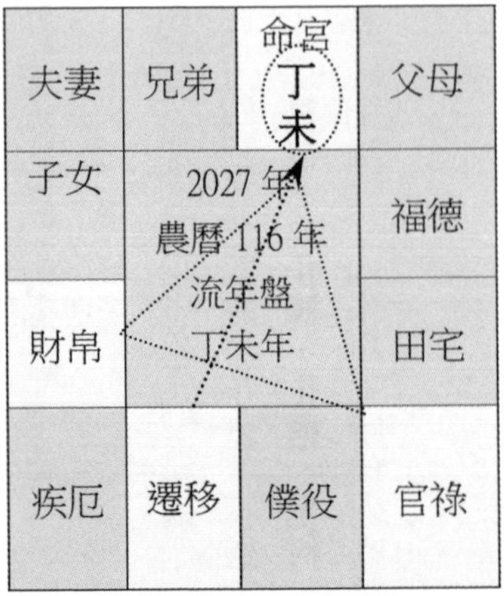

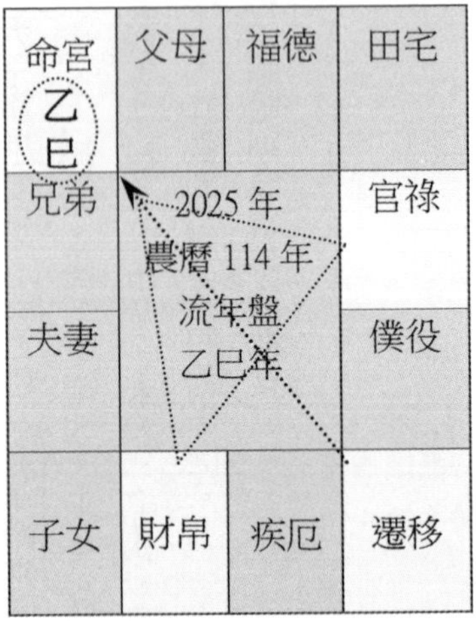

十、忌煞相夾與拱扶的格局？

命盤十二宮位彼此緊臨羅列，這意謂著：「宮位與宮位之間，具有前後、左右、上下宮位的呼應關係」，各個宮位裡的星性組合雖有盛衰成敗呈象，但凡看盤宜就整體結構來分析解讀更多的訊息。因此，每一個宮位都有它的鄰居，而這些鄰居們是善意或干擾個人的運勢發展呢？「宮」若有一前一後的好宮來相扶持，那麼，個人的運勢發展，往往有好緣來成就自己。相反的，若前後宮有化忌、落陷煞星、陰煞、空劫相夾的話，此宮位的運勢有如受到牽制或拖累一般。俗語說：「夾命」就有這樣的意思。當然盤面上不只有相夾命宮的格局而已，從基本面來說，每宮都有被夾擊與被拱扶的格局，人終其一生的生命活動裡，往往是盛衰成敗摻雜其中的。

「夾宮」格局需要有條件的配合才能成立，「生扶」的格局也是如此，「夾宮」需要有忌煞相夾，才能形成對本宮的威脅。「生扶」有化祿、化科或六吉星在前後扶持該宮能順利的發展，生氣盎然並有欣欣向榮之象。

※夾宮的忌煞星群：（請見詳解）

一、化忌星。（可對照書後所附的四化星對照表）

二、落陷煞星與空劫煞：擎羊、陀羅、火星、鈴星、地空、地劫、陰煞。

※拱宮的吉格星群：（請見詳解）

一、化祿星、化科星。

二、六吉星：文昌、文曲、左輔、右弼、天魁、天鉞。

◎忌煞夾宮例解：

武曲 0 科 破軍 0 權 **命宮** 巳	**太陽忌** 父母 午	天府 4 福德 未	天機 2 太陰 1 田宅 申
鈴星 -2 天同 0 兄弟 辰	甲年生人 命宮被忌煞夾擊		紫微 3 貪狼 1 官祿 酉
夫妻 卯	例解		巨門 -2 僕役 戌
子女 寅	廉貞 1 祿 七殺 4 財帛 丑	天梁 4 疾厄 子	天相 2 遷移 亥

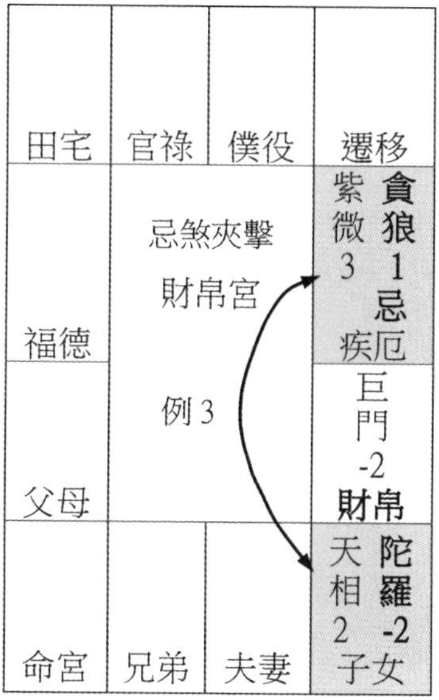
田宅
官祿
僕役
遷移
福德
忌煞夾擊
財帛宮
紫微 3
貪狼 1 忌
疾厄
例 3
巨門 -2
財帛
父母
命宮
兄弟
夫妻
天相 2
陀羅 -2
子女

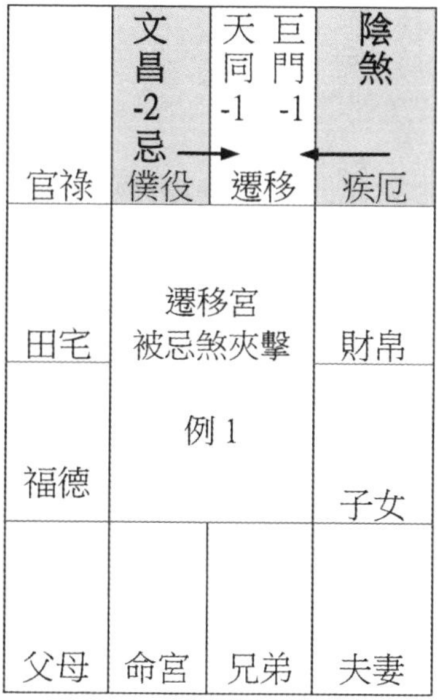
官祿
文昌 -2 忌
僕役
天同 -1
巨門 -1
遷移
陰煞
疾厄
田宅
遷移宮
被忌煞夾擊
財帛
例 1
福德
子女
父母
命宮
兄弟
夫妻

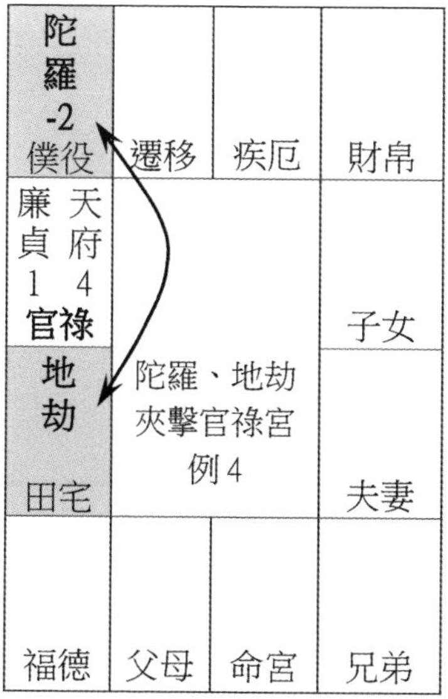
陀羅 -2
僕役
遷移
疾厄
財帛
廉貞 1
天府 4
官祿
子女
地劫
田宅
陀羅、地劫
夾擊官祿宮
例 4
夫妻
福德
父母
命宮
兄弟

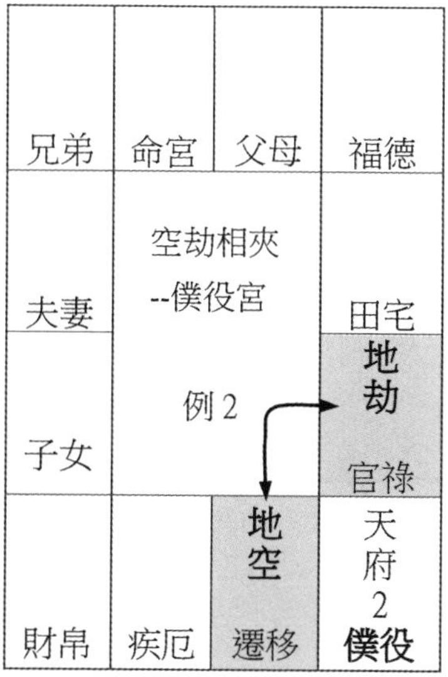
兄弟
命宮
父母
福德
空劫相夾
--僕役宮
夫妻
田宅
例 2
地劫
官祿
子女
財帛
疾厄
地空
遷移
天府 2
僕役

◎吉星拱宮格局例解：

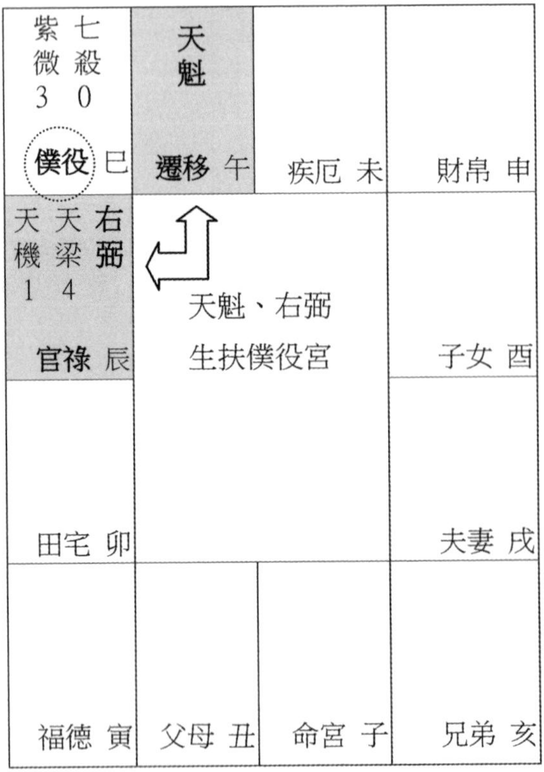

◎說明：圖中**遷移宮**「天魁」，**官祿宮**「右弼」均屬於六吉星系，因此，遷移宮與官祿宮一前一後扶持「僕役宮」，這使得「僕役宮」的勢力得到助長。顯然的，此人於人際往來上常有好緣，且有助人的雅量。

十一、忌煞同宮或對沖的格局

忌煞同宮的格局通常是指：「在同一個宮位裡有化忌星、陰煞、落陷煞星同宮」，這忌煞星具有強化牽制的作用。

※七煞：落陷羊陀火鈴、地空、地劫、陰煞。

※十個值年的化忌星：

甲年：太陽化忌。乙年：太陰化忌。丙年：廉貞化忌。丁年：巨門化忌。
戊年：天機化忌。己年：文曲化忌。庚年：天同化忌。辛年：文昌化忌。
壬年：武曲化忌。癸年：貪狼化忌。

形成「**忌煞同宮**」格局需要有條件性的，凡是化忌星所在的宮位，又有落陷煞星（羊陀火鈴）或空劫陰煞與其同宮的話，就會形成忌煞同宮格局。彼宮位就易顯露人生運勢的弱點或障礙，因此，可以推理忌煞同宮的位置，往往是呈象最明顯的宮位。至於，此宮位的忌煞會將其能量衝擊對宮，進一步牽制了對宮的運勢發展。（附註：所謂的對宮共有下列六種組合：子午、丑未、寅申、卯酉、辰戌、巳亥。）

※忌煞同宮或對沖例解：

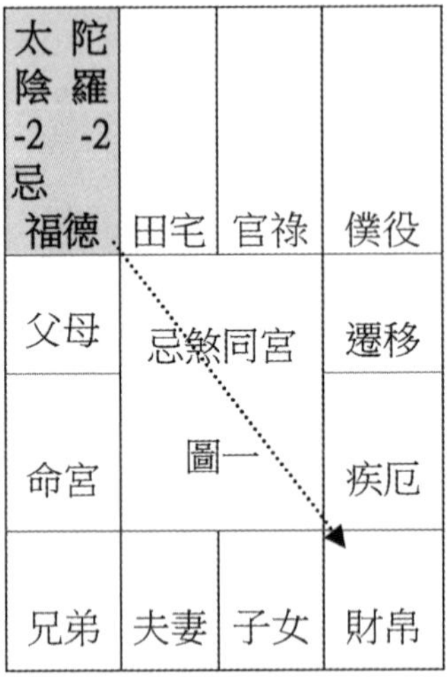
太陰 -2 忌
陀羅 -2
福德
田宅
官祿
僕役
父母
忌煞同宮
遷移
圖一
命宮
疾厄
兄弟
夫妻
子女
財帛

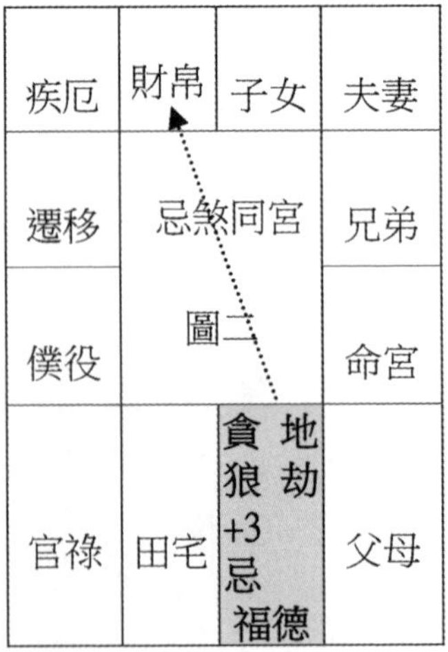
疾厄
財帛
子女
夫妻
遷移
忌煞同宮
兄弟
圖二
僕役
命宮
官祿
田宅
貪狼 +3 忌
地劫
福德
父母

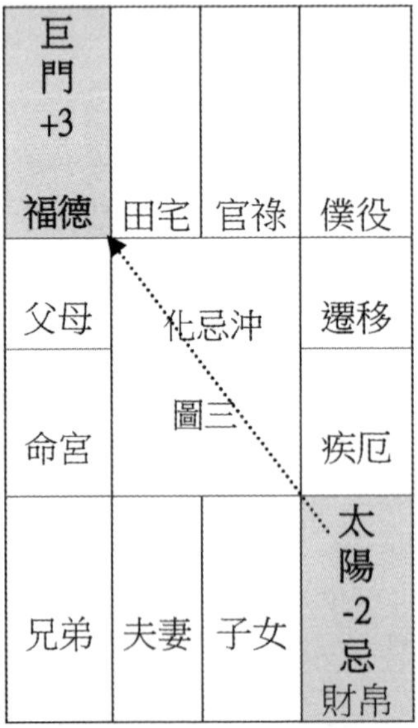
巨門 +3
福德
田宅
官祿
僕役
父母
化忌沖
遷移
圖三
命宮
疾厄
兄弟
夫妻
子女
太陽 -2 忌
財帛

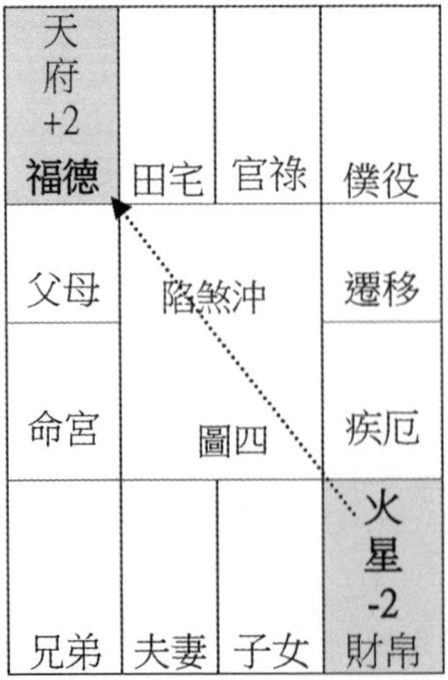
天府 +2
福德
田宅
官祿
僕役
父母
陷煞沖
遷移
命宮
圖四
疾厄
兄弟
夫妻
子女
火星 -2
財帛

十二、祿權科忌同宮或相對應的格局

「祿權科忌同宮格」需要有相應的條件才能成立，在彼宮有四化星中的任何兩個組合，均可稱之為「四化同宮格」，或本宮有四化星之一，對宮也有一顆四化星，如此即成為四化對應格局，在本宮或對宮相應的四化狀態，共有下列七種組合的解讀方式：

一、**祿隨忌走**—先順後逆，先得後失。

二、**祿隨權走**—想要有所獲得，積極企圖，勞碌奔波。

三、**祿隨科走**—擁有物質條件，進一步想追求高層次心靈生活。

四、**權隨科走**—忙忙碌碌的背後，想擁有悠閒或超然物外的生活品質。

五、**權隨忌走**—奔波忙碌當中，成就有限，或有空忙一場之憾。

六、**科科隨緣**—能隨順因緣，凡事不強求的智者。

七、**科解忌厄**—從挫折與困境當中，知時知量，領悟人生的道理。

如上七種解讀四化同宮或兩宮互相對應時，可應用以上論述原則來解開四化交集的密碼，如此，即能從訊息的顯示裡，尋求改善及因應之道，活出積極快樂的人生。以下用圖解來輔助如上所列述的格局，讀者可延伸您的想像力，應用在其他宮位格局的變化上。

※例解—祿權科忌同宮及相對應的格局：

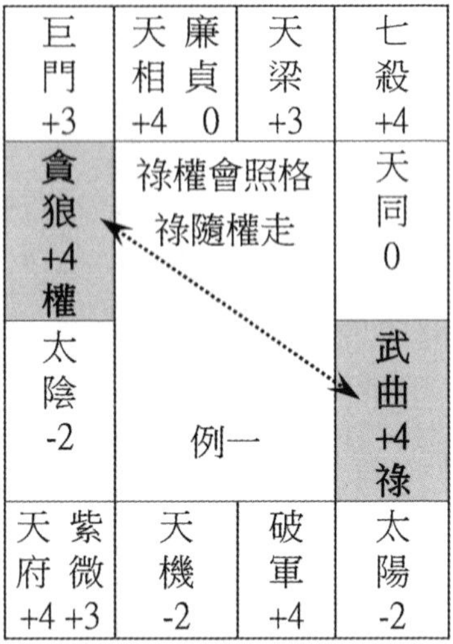
巨門 +3
天相 +4 廉貞 0
天梁 +3
七殺 +4
貪狼 +4 權
祿權會照格
祿隨權走
天同 0
太陰 -2
例一
武曲 +4 祿
天府 +4 紫微 +3
天機 -2
破軍 +4
太陽 -2

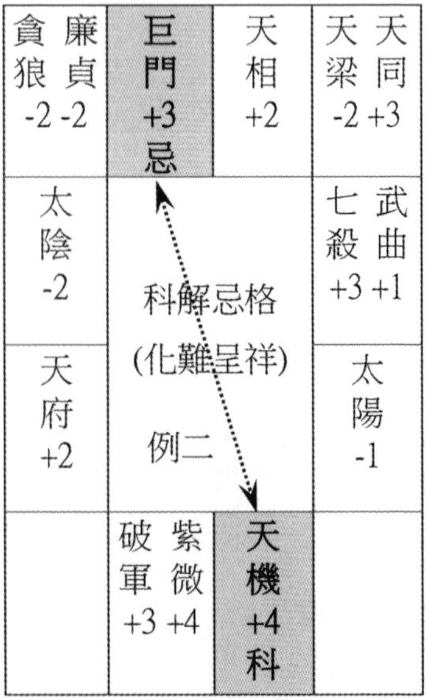
貪狼 -2 廉貞 -2
巨門 +3 忌
天相 +2
天梁 -2 天同 +3
太陰 -2
科解忌格
(化難呈祥)
七殺 +3 武曲 +1
天府 +2
例二
太陽 -1
破軍 +3 紫微 +4
天機 +4 科

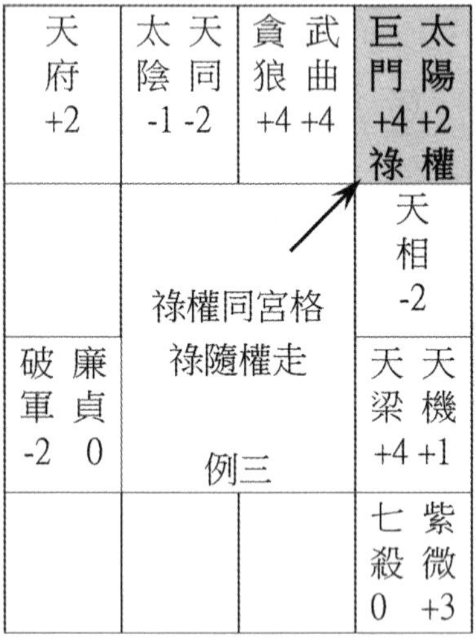
天府 +2
太陰 -1 天同 -2
貪狼 +4 武曲 +4
巨門 +4 祿 太陽 +2 權
天相 -2
祿權同宮格
祿隨權走
破軍 -2 廉貞 0
天梁 +4 天機 +1
例三
七殺 0 紫微 +3

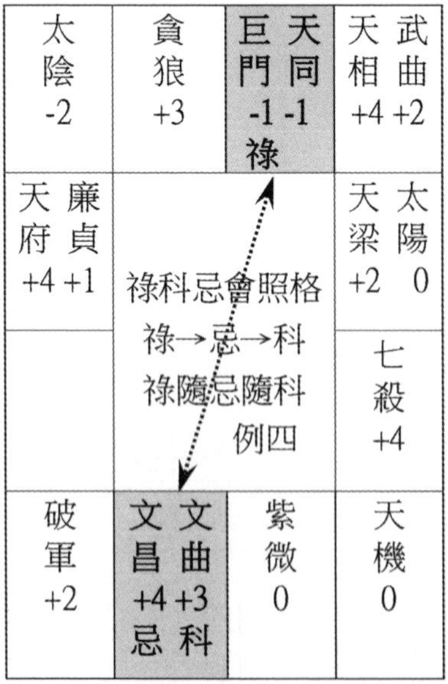
太陰 -2
貪狼 +3
巨門 -1 天同 -1 祿
天相 +4 武曲 +2
天府 +4 廉貞 +1
祿科忌會照格
祿→忌→科
祿隨忌隨科
天梁 +2 太陽 0
七殺 +4
例四
破軍 +2
文昌 +4 忌 文曲 +3 科
紫微 0
天機 0

十三、化科解除化忌的危難

在十天干的「祿權科忌」裡，各有十個流年所輪值的四化星，在本命盤、大限、年月日時盤裡，若見化忌星所在的宮位，往往易感召困擾或常逢挫折的考驗，雖然如此，若有化科星、六吉星與其同宮或在對宮的話，對化忌星具有化難呈祥的作用。

◎十個天干「化忌星」輪值序列：

甲年：太陽化忌。乙年：太陰化忌。丙年：廉貞化忌。丁年：巨門化忌。
戊年：天機化忌。己年：文曲化忌。庚年：天同化忌。辛年：文昌化忌。
壬年：武曲化忌。癸年：貪狼化忌。

◎十個天干「化科星」輪值序列：

甲年：武曲化科。乙年：紫微化科。丙年：文昌化科。丁年：天機化科。
戊年：右弼化科。己年：天梁化科。庚年：太陰化科。辛年：文曲化科。
壬年：左輔化科。癸年：太陰化科。

「化科星」對「化忌星」雖有化解危難的作用，但在十個化科星裡所發揮的能量也有其強弱程度的區分，茲將「化忌」與「化科」作用的能量以等級分配供予參考，讀者可以發揮自己的想像力，將其應用在命盤分析上。

◎化忌星能量等級的分配：（強→弱）

太陽	1
太陰	2
武曲	3
巨門	4
貪狼	5
天機	6
廉貞	7
天同	8
文昌	9
文曲	10

◎化科星能量等級的分配：（強→弱）

天梁	1
左輔	2
右弼	3
紫微	4
文昌	5
文曲	6
天機	7
太陰	8
武曲	9

化科既然能化解「化忌」所面臨的危難，當能也有化解「七煞星」所面臨的威脅，所謂的七煞星是「羊陀火鈴、空劫、陰煞」，當羊陀火鈴處在落陷宮位即符合陷煞的條件。至於，得地陀羅星本身化氣為「暗忌」，不管陀羅得地或落陷都喜化科、六吉星來化解憂患及危難，地空、地劫、陰煞，在某些古本紫微斗數裡未有得地與落陷的區分，因其所產生的負作用明顯，所以本書自然列為煞星群中。「化科星」是「忌煞」的剋星，至於「六吉星」也有同樣解厄的作用，以下將「化科、忌煞同宮或對沖」的制煞原理以例解來說明。

◎科忌煞同宮或對沖例解說明：

天梁 -2	七殺 +3		廉貞 +4
天 紫 相 微 +2 +2	丁年生人 流年：丁 科忌同宮 科解忌局 例 1		
巨 天 門 機 +4 +3 忌 科			破軍 +3
貪狼 0	太 太 陰 陽 +4 -1	天 武 府 曲 +4 +3	天同 +4

貪 廉 狼 貞 -2 -2	巨門 +3 忌	天相 +2	天 天 梁 同 -2 +3
太陰 -2	丁年生人 流年：丁 科忌交會 科解忌局 例 2		七 武 殺 曲 +3 +
天府 +2			太陽 -1
	破 紫 軍 微 +3 +4	天機 +4 科	

天府 +2	太 天 陰 同 -1 -2 科 忌	貪 武 狼 曲 +4 +4	巨 太 門 陽 +4 +2
	庚年生人 流年：庚 科忌同宮 科解忌局 例 3		天相 -2
破 廉 軍 貞 -2 0			天 天 梁 機 +4 +1
			七 紫 殺 微 0 +3

	天機 +4	破 紫 軍 微 +3 +4	陀羅 -2
太陽 +3	己年生人 流年：己 科煞交會 科解煞局 例 4		天府 +3
七 武 殺 曲 +3 +1			太陰 +3
天 天 梁 同 +4 +1 科	天相 +4	巨門 +3	貪 廉 狼 貞 -2 -2

天機 0
地空
地劫
紫微 +4
破軍 +2
七殺 +4
癸年生人
流年：癸
陰科解空劫
例 7
太陽 +4
天梁 +4
廉貞 +1
天府 +4
武曲 +2
天相 +4
天同 -1
巨門 -1
貪狼 +3
太陰 +4 科

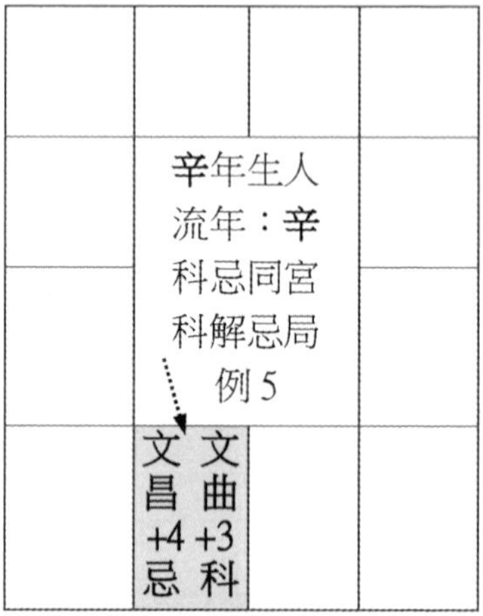
辛年生人
流年：辛
科忌同宮
科解忌局
例 5
文曲 +3 科
文昌 +4 忌

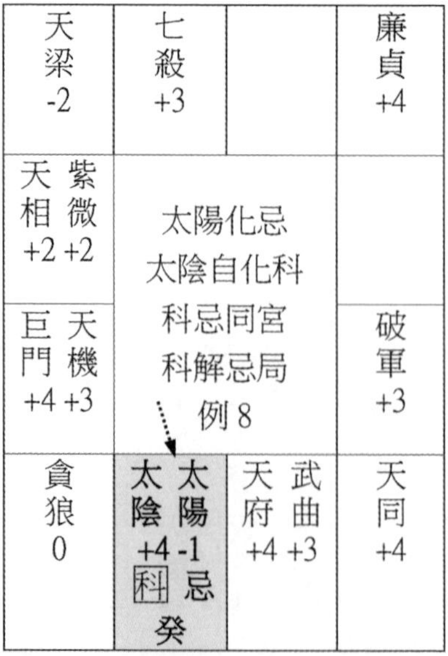
天梁 -2
七殺 +3
廉貞 +4
紫微 +2
天相 +2
太陽化忌
太陰自化科
科忌同宮
科解忌局
例 8
天機 +3
巨門 +4
破軍 +3
貪狼 0
太陽 -1 忌
太陰 +4 科
癸
武曲 +3
天府 +4
天同 +4

太陰 -2
貪狼 +3
天同 -1
巨門 -1
武曲 +2
天相 +4
廉貞 +1
天府 +4
甲年生人
或流年甲
太陽化忌
天梁自化科
(科解忌局)
例 6
太陽 0 忌
天梁 +2 科
己
梁 陽
借
七殺 +4
破軍 +2
巨 同
借
紫微 0
天機 0

十四、吉星化難呈祥

《紫微斗數》具有代表性的重要星座，「紫府星系共有十四個」，「六煞星」、「陰煞」、「六吉星」等，這些頗具特色的星座，若再加上四化星的「祿權科忌」，那麼，可以統合盤面上三十一個星座為解讀個人行運的重要依據。「紫府星系」為甲級星系，除了有得地與落陷之分外，需得加上四化、六吉、七煞，以及飛星四化作用來做綜合性分析，才能從中判讀運程的走勢。然盤面宮位的交叉作用，通常包含著：「福中禍所伏，禍中福相倚」的道理。

如前篇述及化科能解化忌所帶來的危難，凡忌煞星所在的宮位，往往有吉星會照來緩解所面臨的困境。因此，我們可以說：「在每人命盤所呈現宮位的星性組合狀態裡，存在著三優一劣的格局，這三優是四化中的化祿、化權、化科，而化忌是呈現劣局干擾的所在」。再來是七煞星，落陷的羊陀火鈴及空劫陰煞，也須化科、六吉星的降臨來化解困境。所以，從命盤種種格局來看人們一生的行運過程，往往在危難中充滿著生機，在厄運境地裡培養如何因應及解除困境的智慧。所以說，化科星及六吉星所臨之處，皆能發揮逢凶化吉的效力，能走出困境的人，往往具有極為強韌的生命度。俗語說：路是無限的寬廣。超越宿命的關鍵在於改變個人思維角度及習慣領域。「觀念轉個彎，生命無限寬」，有山窮水盡就有柳暗花明的時候，這是基於物極必反的陰陽道理來論述的。以下就六吉星進入宮位狀態來說明它們的作用。

※六吉星：文昌星、文曲星──坐落十二宮位的佈陣狀態：

文昌 +4 巳	文昌 -2 午	文昌 +1 文曲 +4 未	文昌 +2 申
文昌 +2 辰	**文昌星**坐落宮位及曜度	丑未同宮	文昌 +4 酉
文昌 +1 卯	圖一		文昌 -2 戌
文昌 -2 寅	文昌 +4 文曲 +3 丑	文昌 +2 子	文昌 +1 亥

◎生逢丙年或流年丙者，文昌化科。
◎生逢辛年或流年辛者：文曲化科。

文曲 +4 巳	文曲 -2 午	文昌 +1 文曲 +4 未	文曲 +2 申
文曲 +2 辰	**文曲星**坐落宮位及曜度	丑未同宮	文昌 +4 酉
文曲 +3 卯	圖二		文曲 -2 戌
文曲 0 寅	文昌 +4 文曲 +3 丑	文曲 +2 子	文曲 +4 亥

文昌、文曲所在宮位即使落陷，在該宮或對宮均有化難呈祥的助力，若又逢文昌、文曲化科年時，吉助能量會更加旺盛。

※六吉星：左輔、右弼──坐落十二宮位的佈陣狀態：

左輔 巳	左輔 午	**左輔 右弼** 未	左輔 申
左輔 辰	**左輔入陣** 宮位圖解 丑未同宮 圖一		左輔 酉
左輔 卯			左輔 戌
左輔 寅	**右弼 左輔** 丑	左輔 子	左輔 亥

右弼 巳	右弼 午	**左輔 右弼** 未	右弼 申
右弼 辰	**右弼入陣** 宮位圖解 丑未同宮 圖二		右弼 酉
右弼 卯			右弼 戌
右弼 寅	**右弼 左輔** 丑	右弼 子	右弼 亥

◎生逢戊年或流年戊者：右弼化科。
◎生逢壬年或流年壬者：左輔化科。

左輔、右弼吉助能量旺盛，無論坐任何宮位，均能發揮化難呈祥的作用。

※天魁、天鉞——坐落在十二宮位的佈陣狀態：

淤

巳	天魁 午	未	申
辰	**天魁**分布宮位圖解		酉
天魁 卯	圖一		戌
寅	天魁 丑	天魁 子	天魁 亥

天鉞 巳	午	天鉞 未	天鉞 申
辰	**天鉞**分布宮位圖解		天鉞 酉
卯	圖二		戌
天鉞 寅	丑	子	亥

天魁、天鉞不論分布在哪個宮位，皆能發揮吉助力與消解危難的作用。

※六吉星入陣化解危難例解：

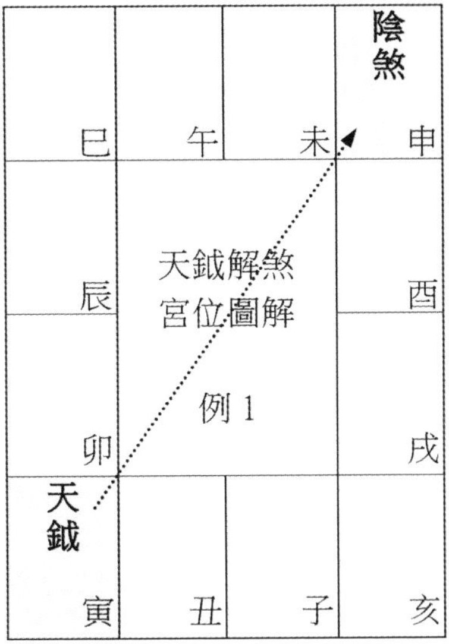

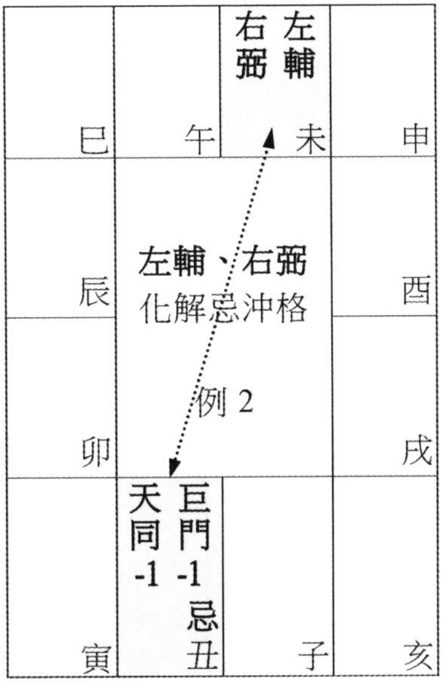

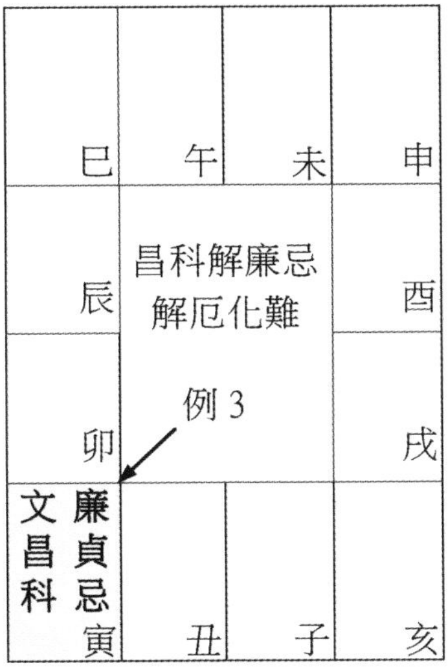

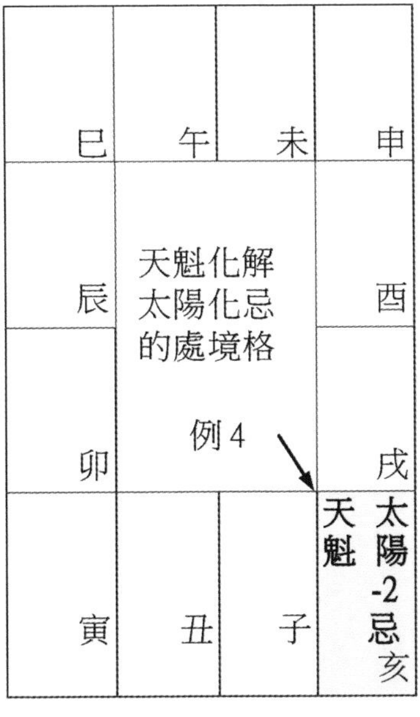

十五、雙星同宮的主輔關係

《紫微斗數》基本陣列共有十二個盤局，每個盤局有十二宮的分布，每個宮位都可能成為命宮，因此，十二個盤乘以十二宮的交互變化共有一百四十四局，各個命盤都有「雙星同宮」的格局，所謂「雙星同宮」是以甲級星的紫府星系為盤面主星，所以，有必要區分雙星同宮的主輔關係，如此將能掌握主星與輔星在君臣之間的特色。

譬如「天同、天梁」坐申宮者，這種格局即符合雙星同宮狀態，但要如何區分主輔關係呢？該宮有地支以及星性所具的五行屬性，在三者之間形成相生、相剋、比和的作用，即能找出宮中雙星的主輔關係，「主」有帶頭之意，「輔」為其次的特性，輔星的特性無法強過主星，因此，在雙星同宮的論述上，通常將主星的描述列為重點。

※舉例說明：

◎天同：水。　◎天梁：土。　申宮：金。

◎思維：天梁土生申宮金↓金宮生天同水。

◎邏輯：一路相生，生他者先洩氣，土↓金↓水＝天同為主星。

◀以下將十二類基本盤的雙星主輔關係，做出對照圖表。

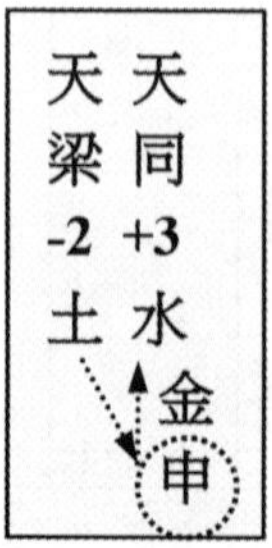

※紫府入陣雙星同宮主輔對照表：（圖中以●代表主星。○代表輔星）

表1

巨門 +3	●廉貞 0 ○天相 +4 午	天梁 +3	七殺 +4
貪狼 +4	表1		天同 0
太陰 -2			武曲 +4
○紫微 +3 ●天府 +4 寅	天機 -2	破軍 +4	太陽 -2

表2

●廉貞 -2 ○貪狼 -2 巳	巨門 +3	天相 +2	●天同 +3 ○天梁 -2 申
太陰 -2	表2		○武曲 +1 ●七殺 +3 酉
天府 +2			太陽 -1
	●紫微 +4 ○破軍 +3 丑	天機 +4	

表3

太陰 -2	貪狼 +3	●天同 -1 ○巨門 -1 未	○武曲 +2 ●天相 +4 申
○廉貞 +1 ●天府 +4 辰	表3		○太陽 0 ●天梁 +2 酉
			七殺 +4
破軍 +2		紫微 0	天機 0

表4

天府 +2	●天同 -2 ○太陰 -1 午	○武曲 +4 ●貪狼 +4 未	○太陽 +2 ●巨門 +4 申
	表4		天相 -2
●廉貞 0 ○破軍 -2 卯			○天機 +1 ●天梁 +4 戌
			○紫微 +3 ●七殺 0 亥

太陽 +3	破軍 +4	天機 -2	○天府 +2 ●紫微 +3 申
武曲 +4	表7		太陰 +3
天同 0			貪狼 +4
七殺 +4	天梁 +3	●天相 +4 ○廉貞 0 子	巨門 +3

天同 +4	○天府 +3 ●武曲 +3 午	○太陰 -1 ●太陽 +2 未	貪狼 0
破軍 +3	表5		○巨門 +4 ●天機 +3 酉
			○天相 +2 ●紫微 +2 戌
廉貞 +4		七殺 +3	天梁 -2

	天機 +4	○破軍 +3 ●紫微 +4 未	
太陽 +3	表8		天府 +3
●七殺 +3 武曲 +1			太陰 +3
○天梁 +4 ●天同 +1 寅	天相 +4	巨門 +3	●貪狼 -2 ○廉貞 -2 亥

○武曲 0 ●破軍 0 巳	太陽 +3	天府 +4	○太陰 +1 ●天機 +2 申
天同 0	表6		●貪狼 +1 ○紫微 +3 酉
			巨門 -2
	●七殺 +4 ○廉貞 +1 丑	天梁 +4	天相 +2

天梁 -2	七殺 +3		廉貞 +4
○天相 +2 ●紫微 +2 辰	表 11		
○巨門 +4 ●天機 +3 卯			破軍 +3
貪狼 0	○太陰 +4 ●太陽 -1 丑	○天府 +4 ●武曲 +3 子	天同 +4

天相 +2	天梁 +4	●七殺 +4 ○廉貞 +1 辰	
巨門 -2	表 12		
●貪狼 +1 ○紫微 +3 卯			天同 0
○太陰 +3 ●天機 +2 寅	天府 +4	太陽 -2	●破軍 0 ○武曲 0 亥

天機 0	紫微 +4		破軍 +2
七殺 +4	表 9		
●天梁 +4 ○太陽 +4 卯			●天府 +4 ○廉貞 +1 戌
●天相 +4 ○武曲 +2 寅	○巨門 -1 ●天同 -1 丑	貪狼 +3	太陰 +4

●七殺 0 ○紫微 +3 巳			
○天機 +1 ●天梁 +4 辰	表 10		○破軍 -2 ●廉貞 0 酉
天相 -2			
○巨門 +4 ●太陽 +3 寅	●貪狼 +4 ○武曲 +4 丑	●太陰 +4 ○天同 +3 子	天府 +2

十六、陰陽五行生剋的論理

日月運行形成白天與黑夜，日月也代表**陽與陰可觀察得到的現象**，有陰陽就成立時間與空間向度的條件，現象界所呈現的生與滅，也是陰陽之間所「交互摩盪」的結果，這個世界上既有陰陽的作用，一切事物的演化必然有其**相生、扶助、相剋及比和的種種條件**，陰陽五行理論早在幾千年前，智者們已從天地之間交互作用的觀察，歸納並衍生出一套精密的陰陽五行理論，進而將其運用在人們的所有活動上。

《黃帝內經》是運用陰陽理論最具體的醫學寶典，《奇門遁甲》也是運用陰陽之理，將太陽、月亮與地球之間的關係，將其演化出一套精密的「磁場方位學」。《易經》是將陰陽學發揮最為淋漓盡致的哲學之母，在六十四卦的符號裡，能組成一個卦的基本因子就是陰與陽的兩個符號，在卦中六爻的排序上，具體的展現了陰與陽之間的磨盪關係。至目前為止，以上三種深奧的學問仍為現代人所應用，並且被系統化、邏輯化、科學化、生活化。

事物存在的本身就是陰陽最具體的象徵，聖哲們將萬事萬物的屬性歸納成五種狀態（木火土金水），而這五種均離不開陰陽的體性與作用，譬如：樹木的生長代表生機與繁榮，有生發與生生不息之意，「木性」為這類型的代表屬性。火有向上燃燒以及擴展的特性，其溫度可高到能熔解世間的一切事物，火也代表光明，太陽所展現的種種特性，也被歸類在「火性」的領域裡。「**土**」為大地萬物所賴以存在的最大物質，大地具有承載萬物的特性，在《易經・坤卦》有這樣的記載：

象曰：地勢坤。君子以厚德載物。

金性具有收斂、聚集、肅殺之象徵含意，金性所屬器物有剛韌的特質，而人類的性格也有五行之分，剛毅、自我、主觀意識強烈的人，往往具有「金性」的特質，雖然在人事物的表現作用有所不同，但其體性是存在的。水性具有柔弱、流動不拘、隨圓就方的多變性，水可滋潤萬物，太過的話也會造成氾濫的危險，萬事萬物有水的體性，也就有其所產生的作用，人事物均同此理。

五行「木火土金水」為陰陽兩極最具體的呈現，凡人一生的活動過程，離不開五行的作用，自古以來無數的智者，早已將這些學問代代的流傳下來，至今為止，我們的生活還是離不開陰陽五行。同樣的，我們還能善加應用這套學問來解決生活面上的種種問題，不論在開發、創造、企業管理、磁場空間方位學、風險與危機處理等等，陰陽學已是一套非常具體的應用學。

事物的存在依緣起而有，既是依緣而起的事物，那麼，事物存在的本質，就非由單一元素所組成，亦即是說：「事物無法以單一因子而獨立的存在」，木火土金水為事物存在元素的組合，譬如：茂盛的樹木需要依存土地及水的養分成長。但更需要太陽（火）的光合作用，樹木的結實與否與其體質上的收斂（金性）程度有關。

因此，樹木的發展到了夏季就有欣欣向榮的作用，其質地也較鬆，到了秋季因節氣的關係，大氣中充滿了收斂與聚集之氣，所以樹木的質密度也就相對的紮實。可見，木火土金水的五行特性，或多或少的組成條件，分布在種種事物裡。

即使面對人們所要處理的事務也是如此，事情有向陽面發展的，當然也有向陰走向的一面。陽也可代表是明顯的，陰有隱密發展的導向。一陰一陽之間往往存在三種異同的狀態：

一、五行之間的相生，互相助長的狀態。

二、五行之間產生對立與貪生忘剋。

三、五行之間比和的協調狀態。

◀以下就五行之間的互動狀態以圖解方式來說明它們的重要性。

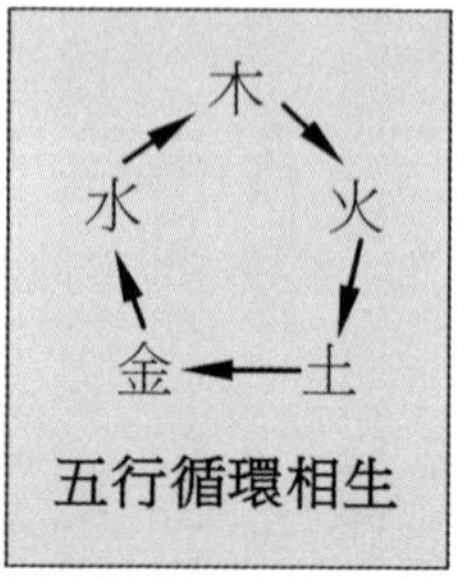

五行循環相生

五行相剋

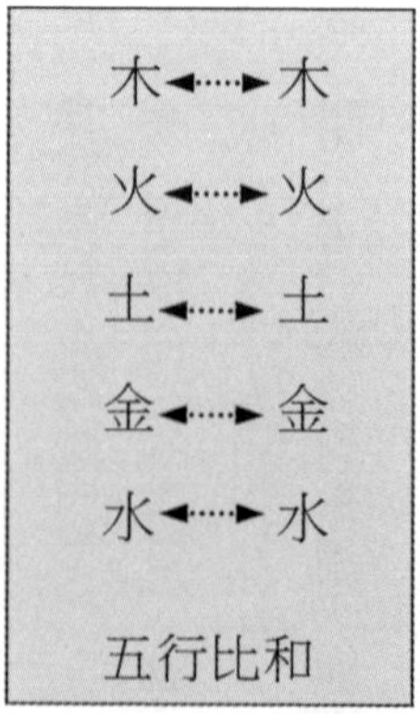

五行比和

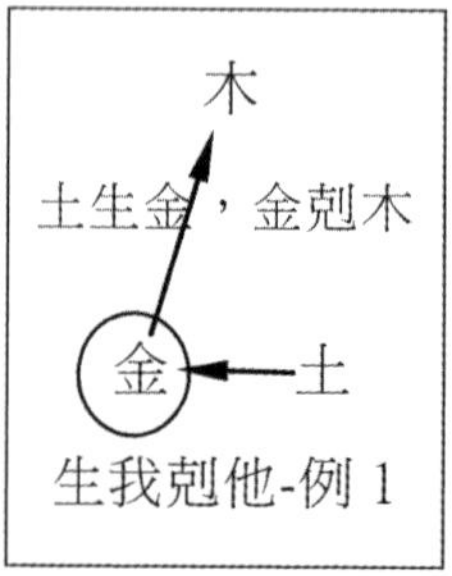

生我剋他-例 1

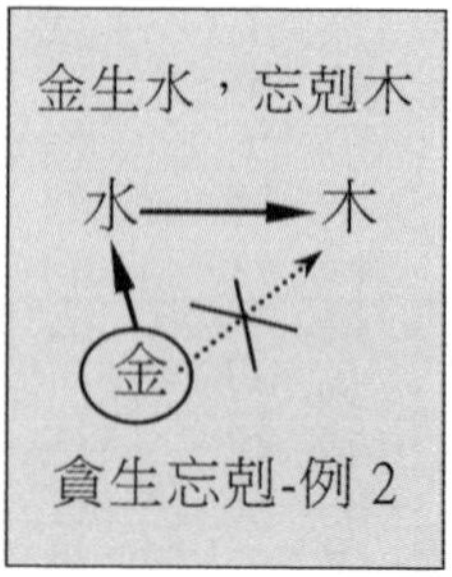

貪生忘剋-例 2

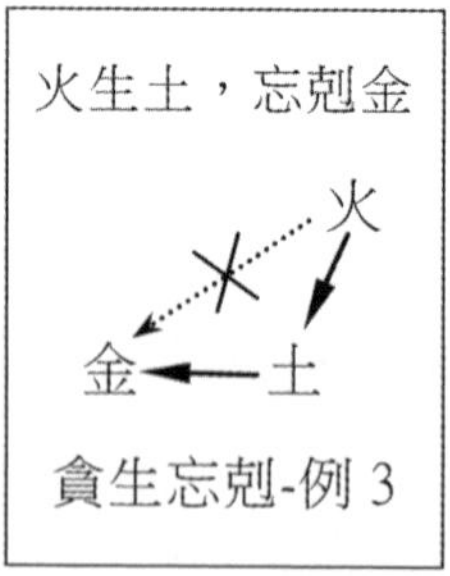

貪生忘剋-例 3

※五行應象歸類表：

五行	木	火	土	金	水
方位	東	南	中	西	北
季節	春	夏	長夏	秋	冬
氣候	風	熱	濕	燥	寒
品類	草木	火	土	金	水
五畜	雞	羊	牛	馬	豬
五穀	麥	黍	稷	穀	豆
五音	角	徵	宮	商	羽
五色	青	赤	黃	白	黑
五味	酸	苦	甘	辛	鹹
五臭	臊	焦	香	腥	腐
五臟	肝	心	脾	肺	腎
腑屬	膽	小腸	胃	大腸	膀胱
九竅	目	舌	口	鼻	陰
五體	筋	脈	肉	皮毛	骨
五聲	呼	嘯	歌	哭	呻
五志	怒	喜	思	憂	恐
病變	握	憂	噦	咳	慄
病位	頸項	胸脇	脊	肩背	腰股

如表五行應象的歸類，若能熟悉其中內容，便能進一步從《紫微斗數》諸多星性的陰陽屬性裡，探知相關的訊息，尤其在個人身體健康狀態的宿命、大限、流年等，均可應用五行體性的邏輯來分析命盤的走勢。本書中的論述著重在個人的「命宮—宿命健康的基本結構」，「疾厄宮—生命活動

所感召的健康狀態」，「福德宮—情緒心理與精神展現的狀態」，「命宮、疾厄宮、福德宮」這三宮的盛衰呈象，往往與對宮結構有密不可分的關係。因此，書中既論及命宮之處，當得述及遷移宮的運勢走向，疾厄宮與父母宮彼此有親密關係，福德宮與財帛宮也是。以上諸宮均有相生、相剋、比和及貪生忘剋的種種格局，總結而論，本書對於下列六宮的生命活動及運勢走向輔以範例來說明。

一、命宮—遷移宮的連動關係。

二、疾厄宮—父母宮的連動關係。

三、福德宮—財帛宮的連動關係。

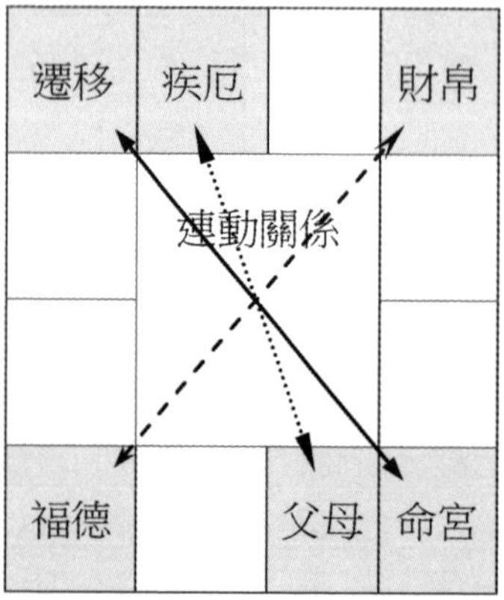

十七、重要星性的五行分類

《紫微斗數》盤面重要的星座有三十一顆星：

紫府星系——十四顆。七煞星。六吉星。四化星。

※紫微星系：

紫微。天機。太陽。武曲。天同。廉貞。

※天府星系：

天府。太陰。貪狼。巨門。天相。天梁。七殺。破軍。

※七煞星系：

擎羊。陀羅。火星。鈴星。地空。地劫。陰煞。

※六吉星系：

文昌。文曲。左輔。右弼。天魁。天鉞。

※值星四化入陣：

◎化祿星。

◎化權星。

◎化科星。

◎化忌星。

※星性五行分類對照表：

◎紫微星系：

紫微：陰土。　天機：陰木。　太陽：陽火。　武曲：陰金。　天同：陽水。　廉貞：陰火。

◎天府星系：

天府：陽土。　太陰：陰水。　貪狼：陰水。（本體陰水、化氣為陽木）

巨門：陰水。　天相：陽水。　天梁：陽土。　七殺：陰金。　破軍：陰水。

◎七煞星系：

擎羊：陽金。　陀羅：陰金。　火星：陽火。　鈴星：陰火。

地空：陰火。　地劫：陽火。　陰煞：（陰水）。

◎六吉星系：

左輔：陽土。　右弼：陰水。　文昌：陽金。　文曲：陰水。　天魁：陽火。　天鉞：陰火。

◎其他：

祿存：（陰土）。　天馬：（陽火）。　紅鸞：（陰水）。　天喜：（陽水）。

孤辰：（陽火）。　寡宿：（陰火）。　天哭：（陽金）。　恩光：（陽火）。

天空：（陽火）。　天貴（陽土）。

※星性五行歸類表：

木	火	土	金	水
天機	太陽	紫微	武曲	天同
貪狼	廉貞	天府	七殺	太陰
	火星	天梁	擎羊	巨門
	鈴星	左輔	陀羅	天相
	地空	祿存	文昌	破軍
	地劫	天貴	天哭	右弼
	天魁			文曲
	天鉞			紅鸞
	天馬			天喜
	孤辰			陰煞
	寡宿			
	恩光			
	天空			

◎備註：貪狼——本體屬陰水、化氣為陽木。

第三章

宮位與主星

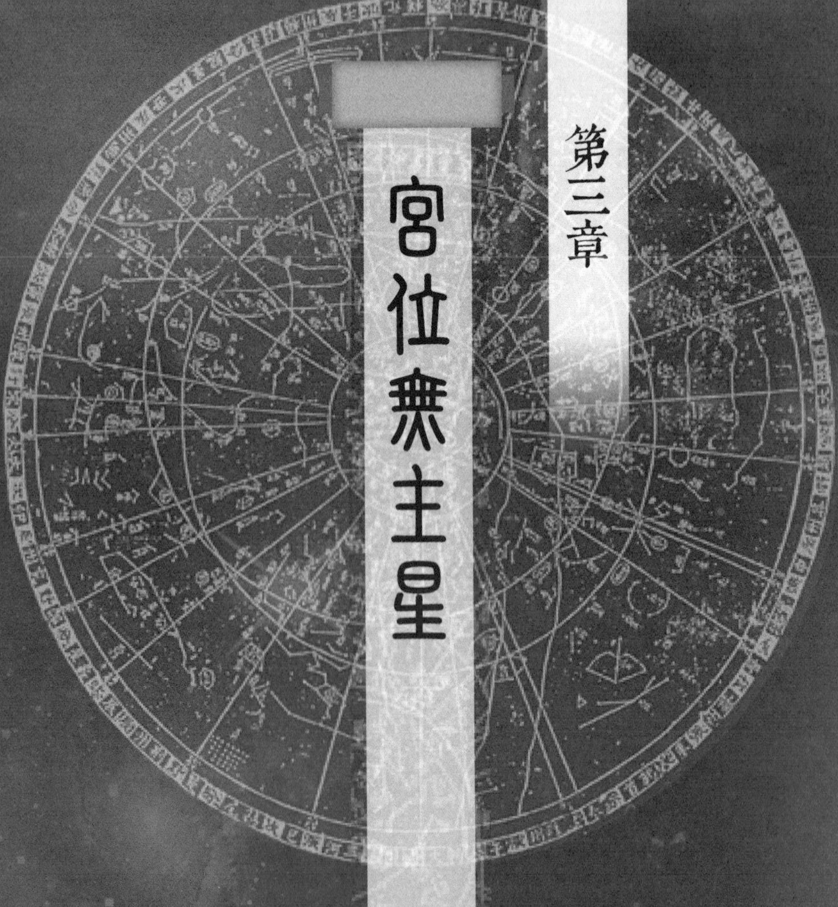

宮位無主星怎麼辦？

所謂「**宮位無主星**」是指在十二宮的任何一個宮中，沒有「紫府星系」的甲級星入陣，因此，需要藉助對宮的甲級星入本宮來論斷，基本盤面的主要結構共有十二局，除了紫微、天府在寅申宮的「紫府同宮格」外，其餘十局均有宮中缺乏主星入列的格局，這兩種「紫府同宮格」可以左列圖解來說明。

第一局：紫府同宮在**寅**，十二宮主星均勻分布。

第二局：紫府同宮在**申**，十二宮主星均勻分布。

巨門 +3	天相 +4 廉貞 0	天梁 +3	七殺 +4
貪狼 +4	紫府在寅		天同 0
太陰 -2	第 1 局		武曲 +4
天府 +4 紫微 +3 寅	天機 -2	破軍 +4	太陽 -2

太陽 +3	破軍 +4	天機 -2	**天府 +2 紫微 +3 申**
武曲 +4	紫府在申		太陰 +3
天同 0	第 2 局		貪狼 +4
七殺 +4	天梁 +3	天相 +4 廉貞 0	巨門 +3

※第三局到第六局圖解：

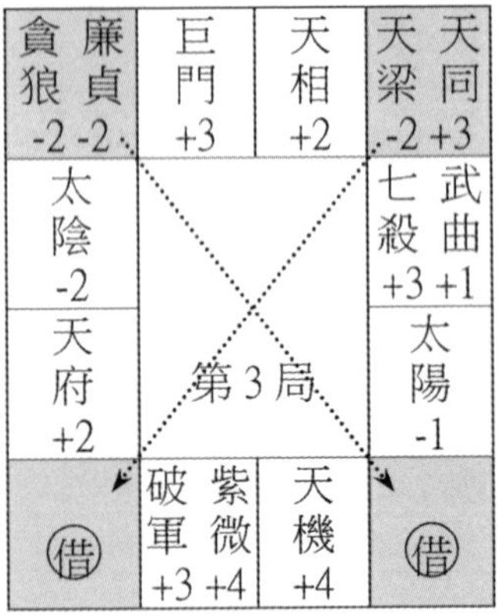
貪狼 -2 廉貞 -2
巨門 +3
天相 +2
天梁 -2 天同 +3
太陰 -2
七殺 +3 武曲 +1
天府 +2
第3局
太陽 -1
借
破軍 +3 紫微 +4
天機 +4
借

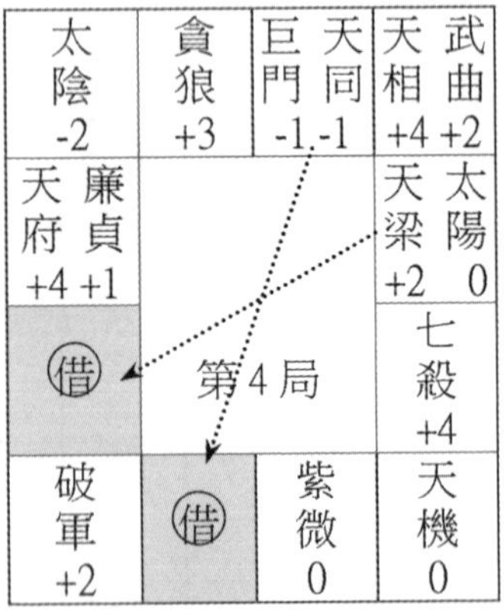
太陰 -2
貪狼 +3
巨門 -1 天同 -1
天相 +4 武曲 +2
天府 +4 廉貞 +1
天梁 +2 太陽 0
借
第4局
七殺 +4
破軍 +2
借
紫微 0
天機 0

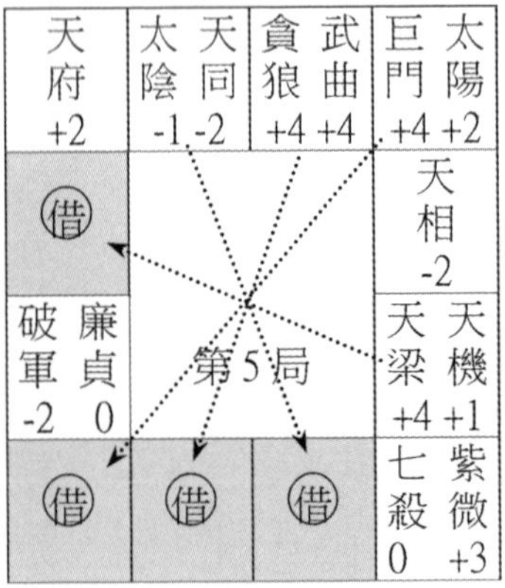
天府 +2
太陰 -1 天同 -2
貪狼 +4 武曲 +4
巨門 +4 太陽 +2
借
天相 -2
破軍 -2 廉貞 0
第5局
天梁 +4 天機 +1
借
借
借
七殺 0 紫微 +3

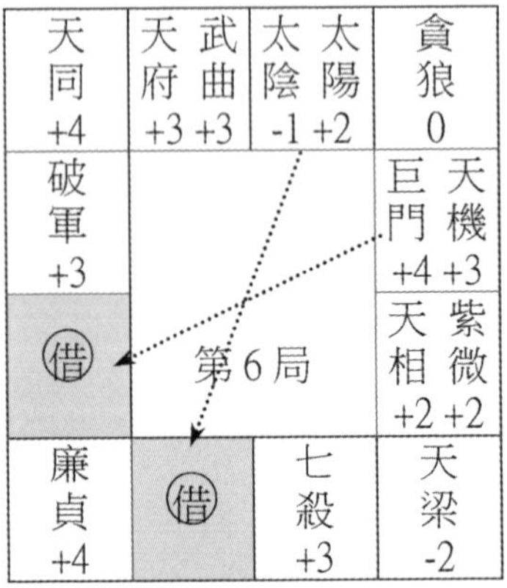
天同 +4
天府 +3 武曲 +3
太陰 -1 太陽 +2
貪狼 0
破軍 +3
巨門 +4 天機 +3
借
第6局
天相 +2 紫微 +2
廉貞 +4
借
七殺 +3
天梁 -2

※第七局到第十局圖解：

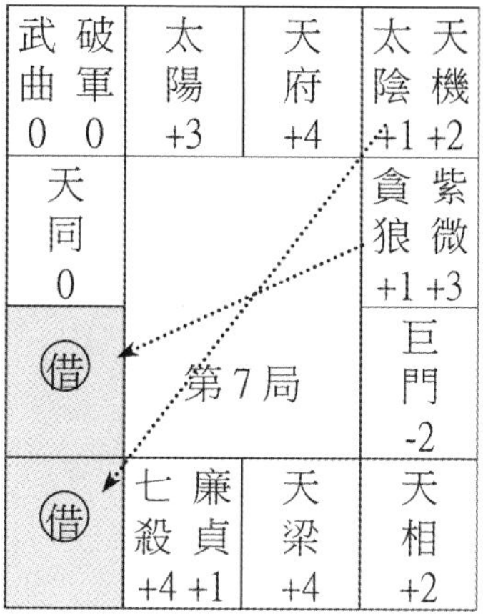

破軍 0
武曲 0
太陽 +3
天府 +4
天機 +2
太陰 +1
天同 0
借
紫微 +3
貪狼 +1
第7局
巨門 -2
借
廉貞 +1
七殺 +4
天梁 +4
天相 +2

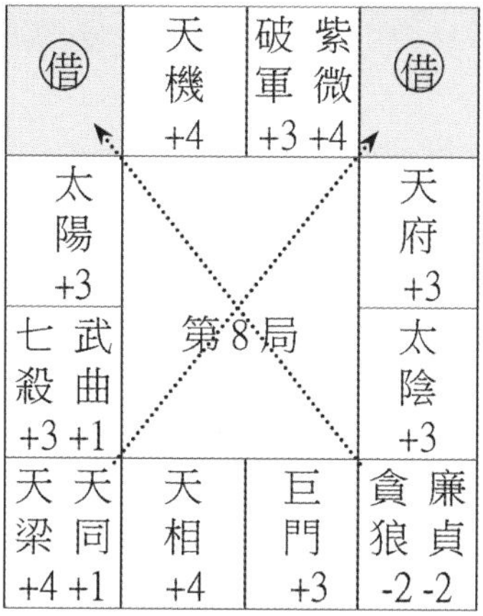

借
天機 +4
紫微 +4
破軍 +3
借
太陽 +3
天府 +3
第8局
武曲 +1
七殺 +3
太陰 +3
天同 +1
天梁 +4
天相 +4
巨門 +3
廉貞 -2
貪狼 -2

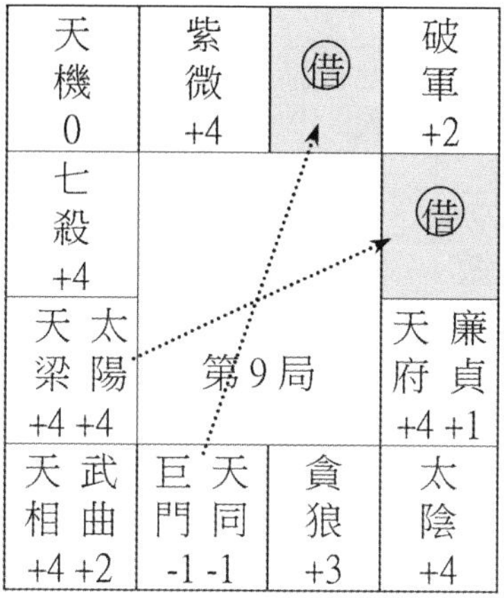

天機 0
紫微 +4
借
破軍 +2
七殺 +4
借
太陽 +4
天梁 +4
第9局
廉貞 +1
天府 +4
武曲 +2
天相 +4
天同 -1
巨門 -1
貪狼 +3
太陰 +4

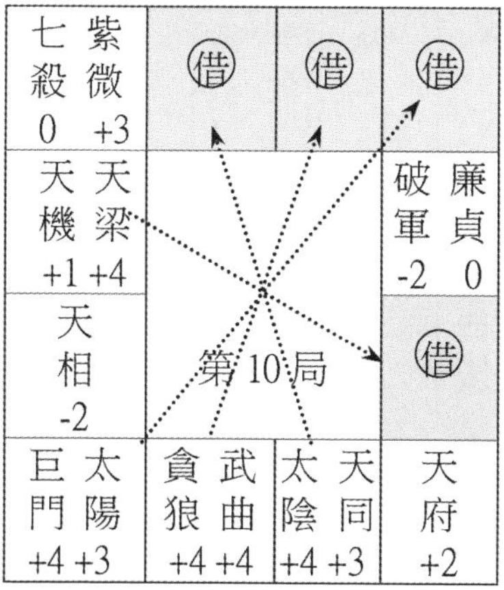

紫微 +3
七殺 0
借
借
借
天梁 +4
天機 +1
廉貞 0
破軍 -2
天相 -2
第10局
借
太陽 +3
巨門 +4
武曲 +4
貪狼 +4
天同 +3
太陰 +4
天府 +2

※第十一局到第十二局圖解：

天梁 -2	七殺 +3	㊀借	廉貞 +4
紫微 +2 天相 +2			㊀借
天機 +3 巨門 +4	第 11 局		破軍 +3
貪狼 0	太陽 -1 太陰 +4	武曲 +3 天府 +4	天同 +4

天相 +2	天梁 +4	廉貞 +1 七殺 +4	㊀借
巨門 -2			㊀借
紫微 +3 貪狼 +1	第 12 局		天同 0
天機 +2 太陰 +3	天府 +4	太陽 -2	武曲 0 破軍 0

以上十局宮中無主星的盤陣，讀者可對照命盤，若見宮中無主星，均可借對宮的主星入位，如此便能完整推理盤面的訊息，在往後的章節裡，所有述及命盤的部分，均以此類推。

第四章

三個重要的宮位

一、命宮的訊息場

命宮是生命活動的總訊息場，舉凡人格特質與一生盛衰成敗的際遇，都含藏在命宮裡，若能解開命宮的密碼，即可從個人的優勢或弱點中尋求改善之道，進一步透過自我惕勵的淬煉來超越宿命，雖然有點難度，但只要有堅忍的毅力與智慧來超越它，往往有達到個人所想望成就的可能。「命宮密碼」有以下多項特性：

一、宿命健康狀態的訊息。

二、人格特質的展現。

三、生命活動所感召的吉凶盛衰成敗狀態。

四、個人運勢發展機制的總開關。

五、四化星旺衰佈列對命宮運勢的影響。

六、命宮四化飛出引動生命活動的旺衰呈象。

七、它宮四化飛入命宮，引響運勢旺衰的程度。

八、命宮諸星的相生、比和、相剋、貪生忘剋所現起的旺衰狀態。

九、命宮所坐干支與諸星入列磁場的旺衰程度。（**天干**：時間流動對個人所產生的干擾現象。**地支**：生命活動受到環境條件的支配。）

十、**遷移宮**具有影響命宮的作用力。

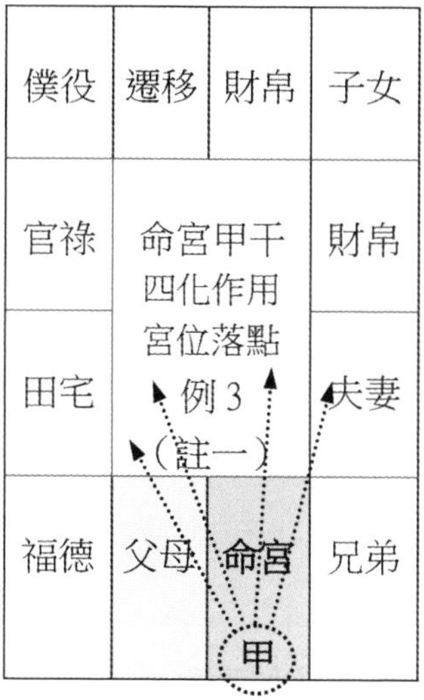
僕役
遷移
財帛
子女
官祿
命宮甲干
四化作用
宮位落點
例 3
（註一）
財帛
田宅
夫妻
福德
父母
命宮
甲
兄弟

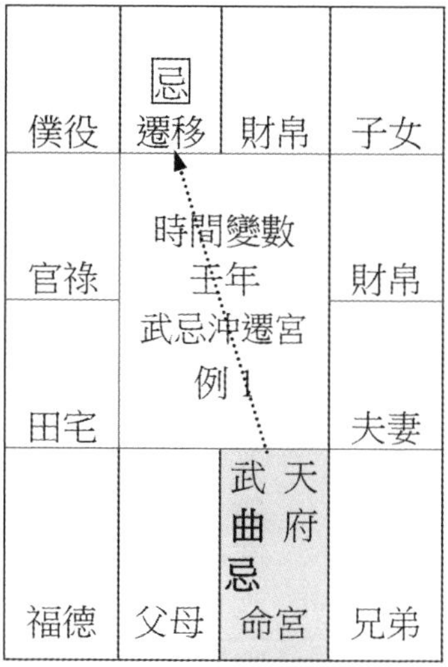
僕役
忌
遷移
財帛
子女
官祿
時間變數
壬年
武忌沖遷宮
例 1
財帛
田宅
夫妻
福德
父母
武曲忌
天府
命宮
兄弟

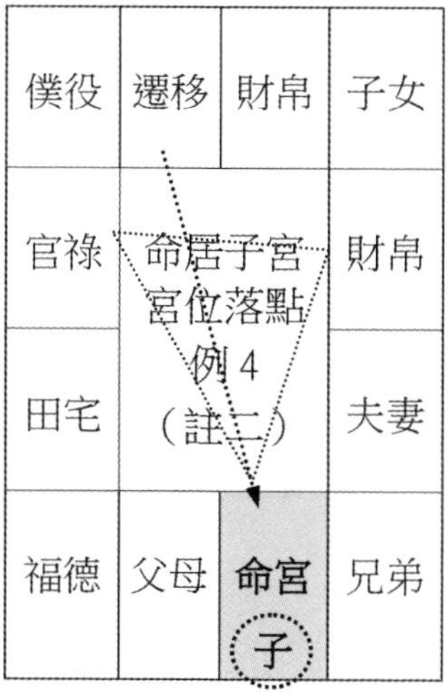
僕役
遷移
財帛
子女
官祿
命居子宮
宮位落點
例 4
（註二）
財帛
田宅
夫妻
福德
父母
命宮
子
兄弟

父母
福德
田宅
官祿
貪狼
命宮
時間變數
壬年
武忌在遷宮
沖擊命宮
例 2
僕役
武曲忌
遷移
兄弟
夫妻
子女
財帛

※註一：命宮—甲子位：甲干四化飛星：廉貞化祿。破軍化權。武曲化科。太陽化忌。

※註二：命宮地支的環境因素：（羅盤方位圖）

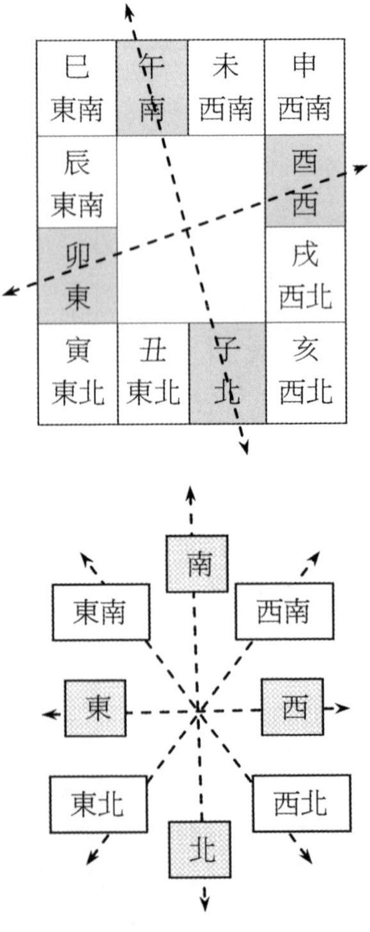

盤面地支八方位圖解

◀宮位所在地支是方位的配置，如圖右盤面十二宮計有八個方位，綜合如下：

子宮：北方。　午宮：南方。

卯宮：東方。　酉宮：西方。

丑寅：東北。　未申：西南。

辰巳：東南。　戌亥：西北。

※命宮結構的涉入作用：

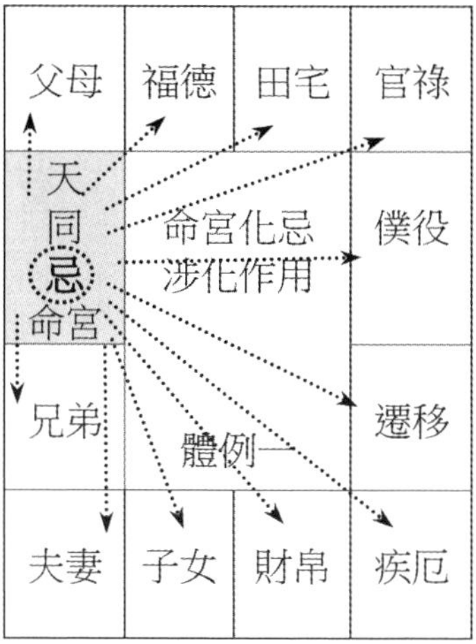

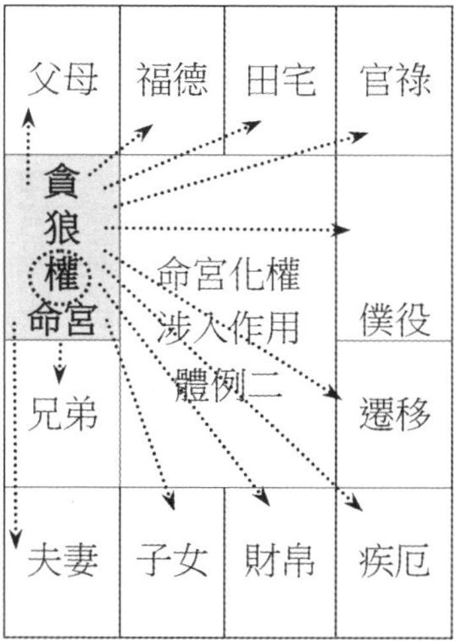

※體例二：

命宮化權者有「勞碌、主觀、忙不得閒」的含意，因此，由命宮化權分化到其他宮，不管面對哪一個宮位的狀況，均有上述之意。比如：命宮化權涉入夫妻之間的互動，個人的意識與作為會較為強勢，若涉入官祿宮的工作運勢，也有忙不得閒或過度勞累之象。若涉入遷移宮時，彼人的活動力旺盛，在人際往來上也有擅長周旋的特色，常為眾人注目的焦點。同理可以類推**命宮**若坐化祿、化科、化忌分別涉入其他十一宮的作用。

二、疾厄宮不可忽視

命宮隱含著個人健康狀態的宿命密碼，**疾厄宮**是第二個受命宮引動的活動訊息場，簡要地說：「**疾厄宮**屬於生命活動所感召的勞動、飲食、坐息、健康狀態」，比如說：有人看起來雖然很勞碌，但身體卻很健康，有些人即使做些輕鬆的工作，但身體卻覺得很耗氣，有些人因工作的緣故，久而久之形成了職業病。受到空污危害者，或常處於憂悲心態的人，在身體上往往會反應出肺經所屬臟腑的問題。所以，在諸多五行屬金的星便會落入疾厄宮或命宮，這種對於健康狀態的預測，主要是依五行星性來判斷的。**命宮**是宿命的主要結構，在大限、流年月日時也可同理應用。

疾厄宮星性組合與結構性的旺衰問題，若與**命宮**來比較的話，它是較容易對治的，因為，**命宮**的宿命結構若不美的話，不易突破重圍，就好像有重兵把守一樣，有如被困在重重的圍籬裡。針對**疾厄宮**的部分，在後面章節裡再來論述。

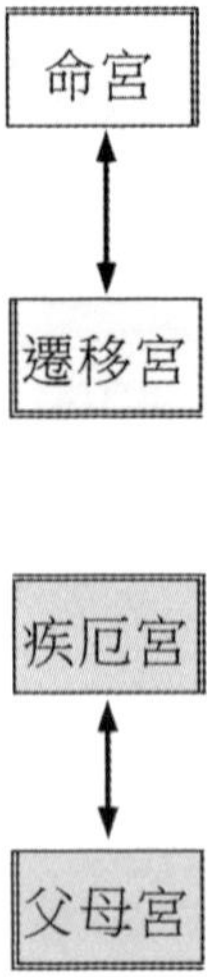

三、福德宮怎麼說？

※福德宮就廣義來說具有下列代表意義：

一、個人福報的多寡。（指物質或金錢的回饋）
二、精神層面或情緒表達的面向。
三、價值觀取向的意識表示。
四、面對壓力及調適挫折的耐受程度。
五、人際魅力的顯隱作用。（比如：淺緣或深緣）
六、面臨危機處理的穩定力程度。
七、腦內指紋的潛意識層面。

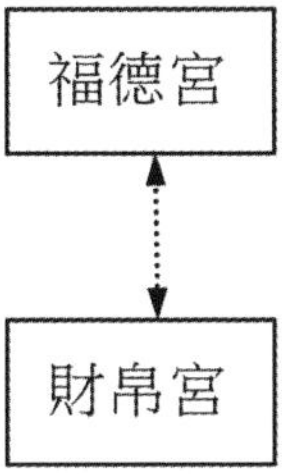

福德宮有如上多項的意義表述，因此，可以總結的說：「福德宮歸屬於心理層面的問題，命宮則屬於生命活動運勢主體展現的層面，疾厄宮歸屬於際遇所感召的健康狀態問題」，這三個重要的宮位密不可分，唯其對宮也會影響本宮運勢發展，所以，每兩個宮位為一組的盛衰、生剋、沖擊及結構狀態，在推理上是很重要的。

一、命宮↔遷移宮。　二、疾厄宮↔父母宮。　三、福德宮↔財帛宮。
四、夫妻宮↔官祿宮。　五、子女宮↔田宅宮。　六、兄弟宮↔僕役宮。

第五章

命、疾、父三宮的連動關係

一、命宮與疾厄宮的連動效應

命宮為一生運程發展的主結構層面，若以「先天後天論」來說明命宮與疾厄宮的關係時，那麼，可以將命宮比喻為「先天論—宿命論」，疾厄宮則為「後天論—際遇感召論」。命宮運勢的強弱旺衰程度，由每人出生的時空落點決定了命盤結構。疾厄宮的後天論則與「坐息、勞動、飲食、養生、就醫」有密切關聯。但如何看出命宮與疾厄宮兩者的連動關係呢？要解開這個問題的關鍵至少有以下幾種推理：

一、命宮與疾厄宮兩者結構性的關聯程度。（例一：命宮坐落陷太陽，疾厄宮中又有廉貞化忌，兩星皆屬火，因此，彼人有屬火臟腑方面的問題。）

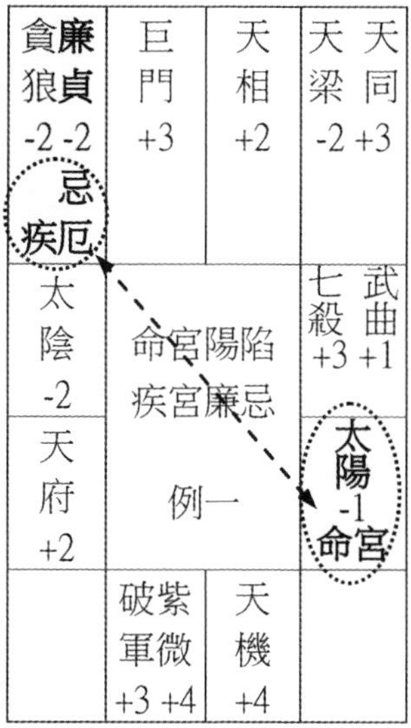

二、命宮與疾厄宮之間的飛星連動關係。（例二）

三、疾厄宮與命宮之間的飛星連動關係。（例三）

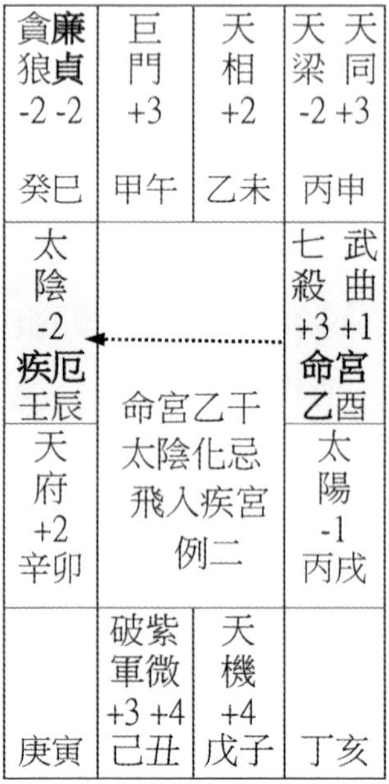

此格局易感召太陰屬水的疾患。

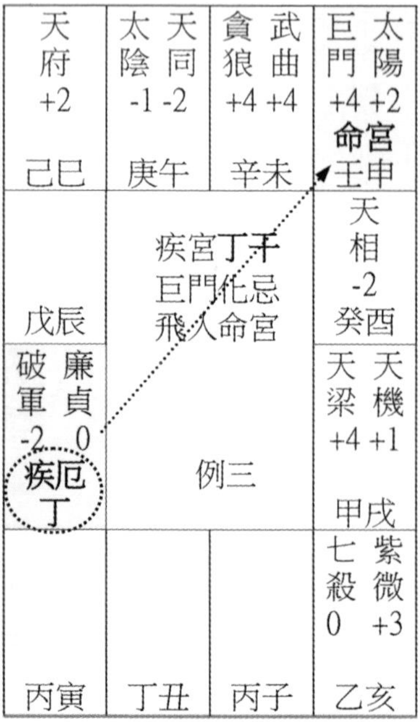

在後天生命活動的際遇因緣裡，易感召巨門屬水的疾患。

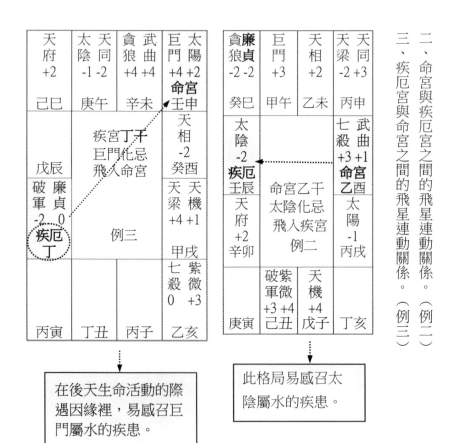

四、命宮自化忌。（例四）

五、疾厄宮自化忌。（例五）

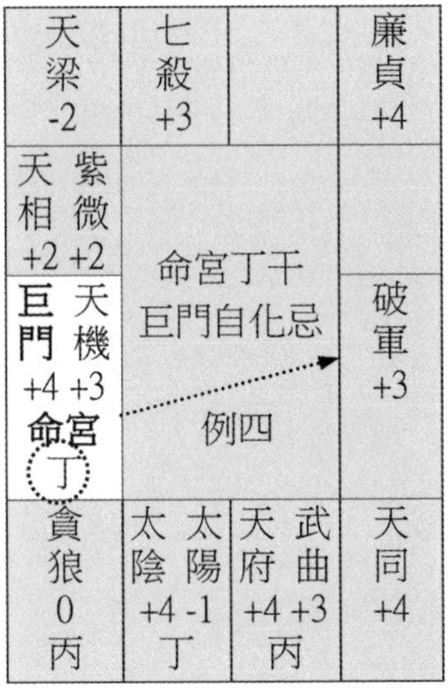

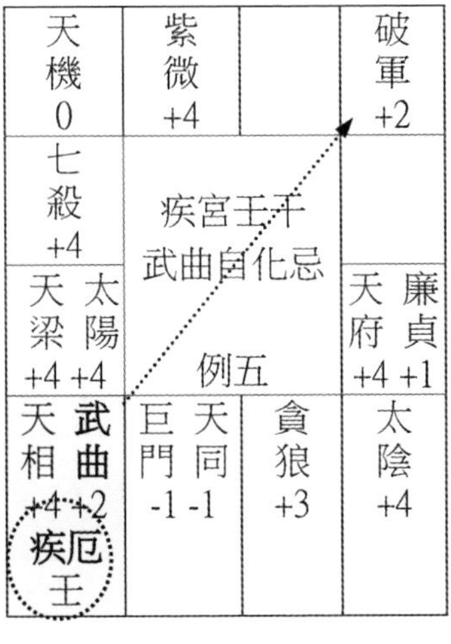

※命宮與疾厄宮總結：

命疾兩宮要分明，命宮宿命重養生，
疾宮感召重調節，綜合五項來論說，
一者命疾宮結構，生剋比和可推理。
二者命忌飛疾宮，甚勿忽視尋對治。
三者疾忌飛命宮，養生保健來改善。
四者命宮自化忌，一切行動循常道。

五者疾宮自化忌，勞動坐息要注重。
命疾若欲使調和，應有毅力來施行，
常將善行來迴向，隨閒隨忙念佛好，
心善事事皆向善，善因自有善回應，
如人種樹勤守護，於日月中有增長。

二、命宮與遷移宮的連動效應

命宮是盤面主結構所在，但生命活動的展現需要有時空條件來配合，因此，凡有所行動必有外在的吉凶運勢，包括成敗、得失、盛衰程度的週期，無不與遷移宮的運勢走向有關，遷移宮結構若美的話，可將外在的旺勢帶入命宮，強化個人生命機轉以及逢凶化吉的助力。同樣的，命宮若不美的話，也會將弱勢的部分帶到遷移行動上。所以，命遷一線的影響力不可忽視，而三方四正宮位正是維持生命重心的所在。至於四化星的「祿權科忌」，以及飛星四化涉入的種種狀態，均會影響命宮與遷移宮運勢的旺衰程度。

※命宮與遷移宮化忌的連動關係：

一、命宮化忌沖遷移宮。（例1）

二、遷移宮化忌沖命宮。（例2）

三、命宮化忌飛入遷移宮。（例3）

四、遷移宮化忌飛入命宮。（例4）

五、命宮坐干自化忌。

六、遷移宮坐干自化忌。

七、落陷羊陀火鈴、地空、地劫、陰煞在命宮或遷移宮形成擊刑之勢。

※命宮與遷移宮的化忌連動例解：

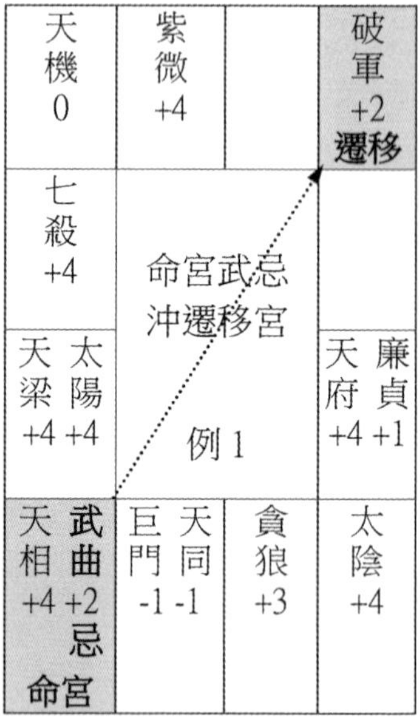

王年或逢流月日時王，即符合武曲化忌在命宮的條件。

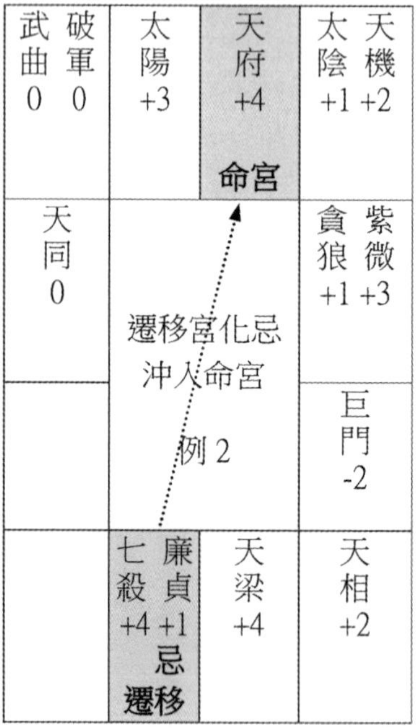

丙年或逢流月日時，即符合廉貞化忌在命宮的條件。

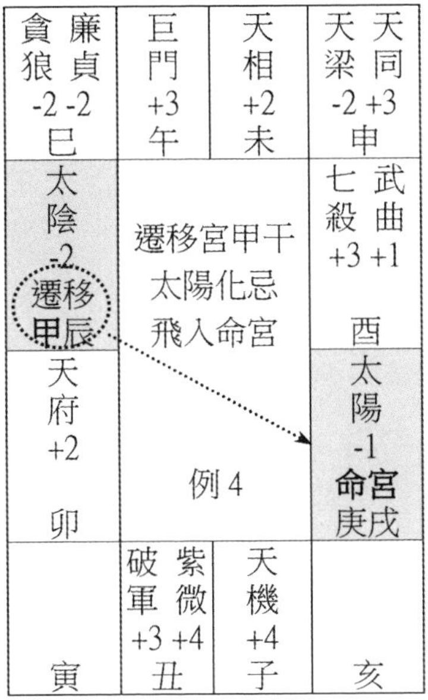
貪狼 廉貞
-2 -2
巳
巨門
+3
午
天相
+2
未
天梁 天同
-2 +3
申
太陰
-2
遷移
甲辰
遷移宮甲干
太陽化忌
飛入命宮
七殺 武曲
+3 +1
酉
天府
+2
卯
例 4
太陽
-1
命宮
庚戌
寅
破軍 紫微
+3 +4
丑
天機
+4
子
亥

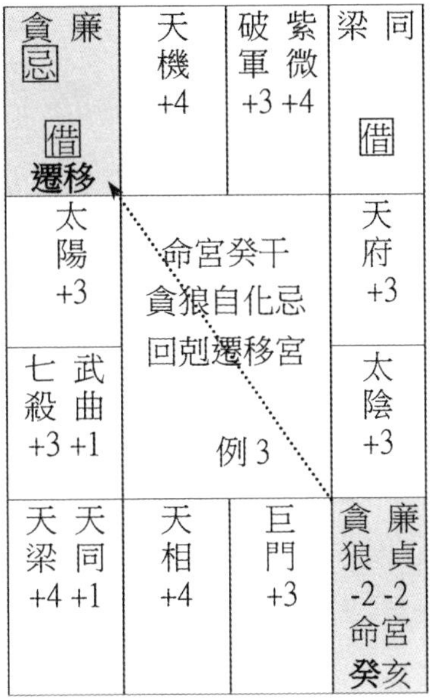
貪 廉
忌
借
遷移
天機
+4
破軍 紫微
+3 +4
梁 同
借
太陽
+3
命宮癸干
貪狼自化忌
回剋遷移宮
天府
+3
七殺 武曲
+3 +1
例 3
太陰
+3
天梁 天同
+4 +1
天相
+4
巨門
+3
貪狼 廉貞
-2 -2
命宮
癸亥

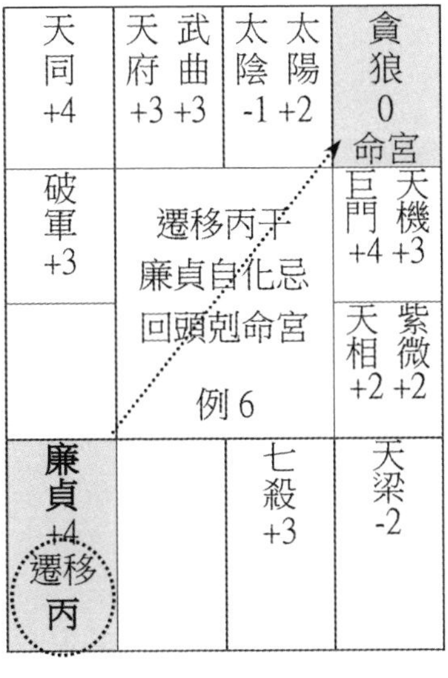
天同
+4
天府 武曲
+3 +3
太陰 太陽
-1 +2
貪狼
0
命宮
破軍
+3
遷移丙干
廉貞自化忌
回頭剋命宮
巨門 天機
+4 +3
天相 紫微
+2 +2
例 6
廉貞
+4
遷移
丙
七殺
+3
天梁
-2

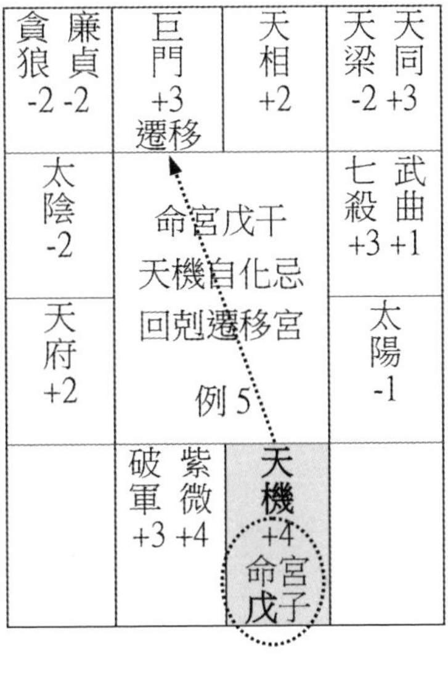
貪狼 廉貞
-2 -2
巨門
+3
遷移
天相
+2
天梁 天同
-2 +3
太陰
-2
命宮戊干
天機自化忌
回剋遷移宮
七殺 武曲
+3 +1
天府
+2
例 5
太陽
-1
破軍 紫微
+3 +4
天機
+4
命宮
戊子

三、疾厄宮與父母宮的連動效應

疾厄宮與父母宮具有連動效應的因果關係，父母宮本為父母親運勢發展的宮位，但本宮的盛衰狀態與個人飲食、勞動、坐息、養生、就醫等息息相關，命宮的前後兩宮為兄弟宮與父母宮，這兩宮是個人生命活動所賴以生存的基礎團隊，當個體成為獨立且有自主性時，父母宮也轉換為師長、主管、老闆、貴人的角色。在人生的職場生涯上，要看你扮演哪一種角色而定，若你是創業的老闆或是上班族，這兩宮若不美的話，往往會影響個人的運勢走向。以下有數項原則可解讀這方面的訊息。

※疾厄宮與父母宮化忌的連動效應：

一、疾厄宮與父母宮化忌互沖。（例1~2）

二、父母宮自化忌回頭剋命宮。（例3）

三、疾厄宮自化忌回頭剋父母宮。（例4）

四、父母宮、疾厄宮化忌互飛。（例5~6）

五、父、疾任何一宮有落陷羊陀火鈴，地劫、陰煞可形成牽制與沖擊之格。

六、父、疾任何一宮前後有忌煞相夾，形成夾擊之格。

※疾厄宮與父母宮連動效應：

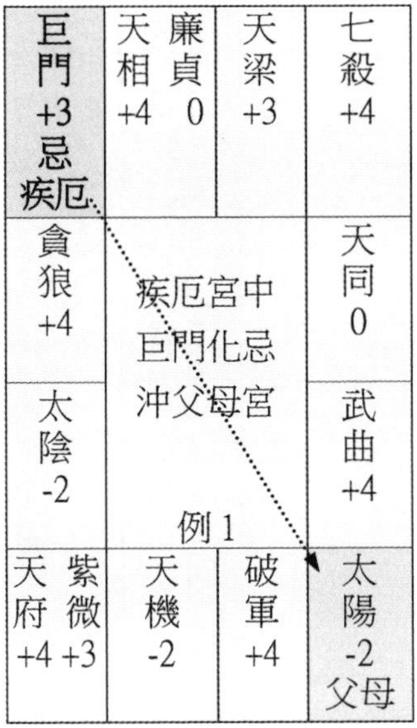
巨門 +3 忌 疾厄
天相 廉貞 +4 0
天梁 +3
七殺 +4
貪狼 +4
天同 0
疾厄宮中
巨門化忌
沖父母宮
太陰 -2
武曲 +4
例 1
天府 紫微 +4 +3
天機 -2
破軍 +4
太陽 -2 父母

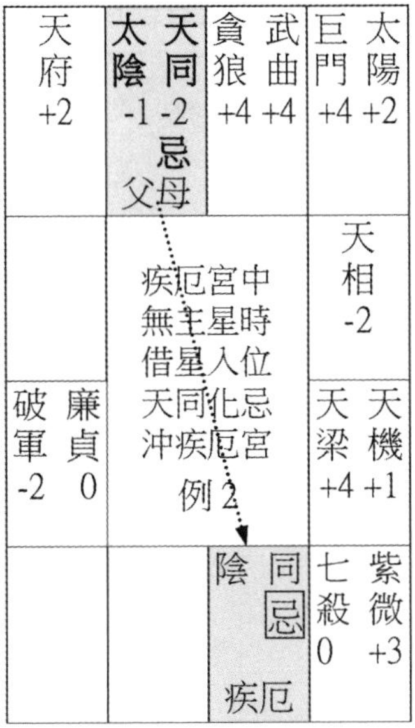
天府 +2
太陰 天同 -1 -2 忌 父母
貪狼 武曲 +4 +4
巨門 太陽 +4 +2
天相 -2
疾厄宮中
無主星時
借星入位
天同化忌
沖疾厄宮
例 2
破軍 廉貞 -2 0
天梁 天機 +4 +1
陰 同 忌 疾厄
七殺 紫微 0 +3

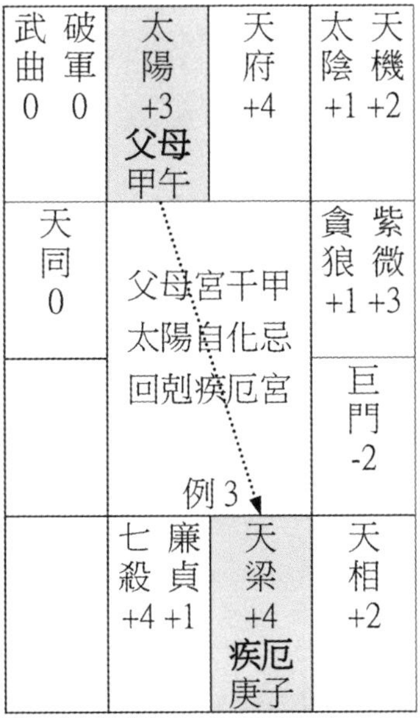
武曲 破軍 0 0
太陽 +3 父母 甲午
天府 +4
太陰 天機 +1 +2
天同 0
貪狼 紫微 +1 +3
父母宮干甲
太陽自化忌
回剋疾厄宮
巨門 -2
例 3
七殺 廉貞 +4 +1
天梁 +4 疾厄 庚子
天相 +2

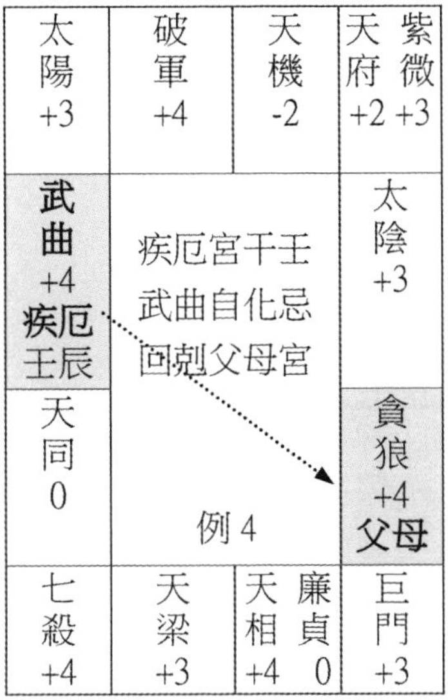
太陽 +3
破軍 +4
天機 -2
天府 紫微 +2 +3
武曲 +4 疾厄 王辰
太陰 +3
疾厄宮干王
武曲自化忌
回剋父母宮
天同 0
貪狼 +4 父母
例 4
七殺 +4
天梁 +3
天相 廉貞 +4 0
巨門 +3

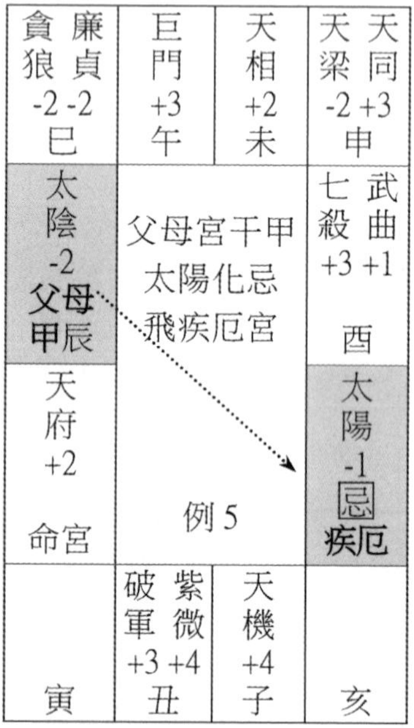
貪狼 -2 廉貞 -2 巳
巨門 +3 午
天相 +2 未
天梁 -2 天同 +3 申
太陰 -2 父母 甲辰
父母宮干甲
太陽化忌
飛疾厄宮
七殺 +3 武曲 +1 酉
天府 +2 命宮
例 5
太陽 -1 忌 疾厄
破軍 +3 紫微 +4 丑
天機 +4 子
寅
亥

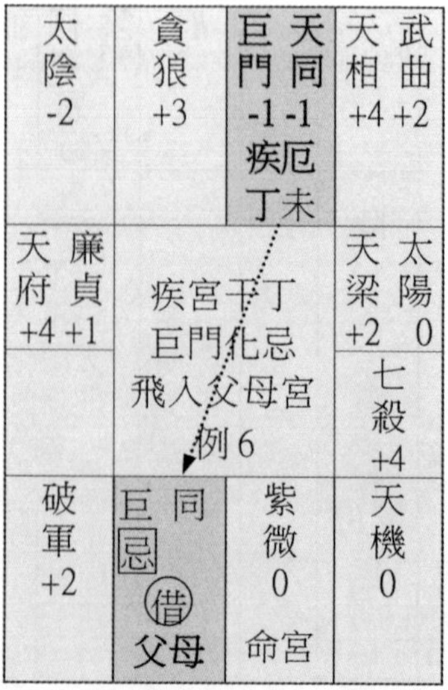
太陰 -2
貪狼 +3
巨門 -1 天同 -1 疾厄 丁未
天相 +4 武曲 +2
天府 +4 廉貞 +1
疾宮干丁
巨門化忌
飛入父母宮
例 6
天梁 +2 太陽 0
七殺 +4
破軍 +2
巨 同 忌 借 父母
紫微 0 命宮
天機 0

四、父母宮的重要性

父母宮是個人生命依託的重心，命宮的結構狀態需要前後兩個宮位來拱扶，如此在日後的運勢發展裡，往往常逢貴人或受人蔭照而無往不利。父母宮若美的話，除了受父母庇蔭照顧外，就連師長、主管、老闆、長者、貴人緣分也會特別的好，若是創業者，你自己就是老闆等同父母宮。（註：以父母宮為經營者的命宮**用神論**。）父母宮若不美的話，將會影響到這方面的運勢發展，即使你當了老闆也會很辛苦，諸多不順及煩擾之事，往往會給自己帶來衝擊。

父母宮的對宮為疾厄宮，若父母宮有忌煞沖入疾厄宮的話，如左推理：

一、身體偶有碰撞的刑傷或隱疾之患。
二、勞動後的體力狀態，常有氣虛、疲累或提不起精神來。
三、往往帶有疾厄宮星性五行所感召的疾患。
四、生命活動常處於動態當中，總是忙碌不堪或坐息失調。
五、進入自己人生的運程時期，與父母親常有聚少離多之象。
六、想要奉養父母或照顧上，在付出過程能力有限或難言之隱。

※例解1~2：

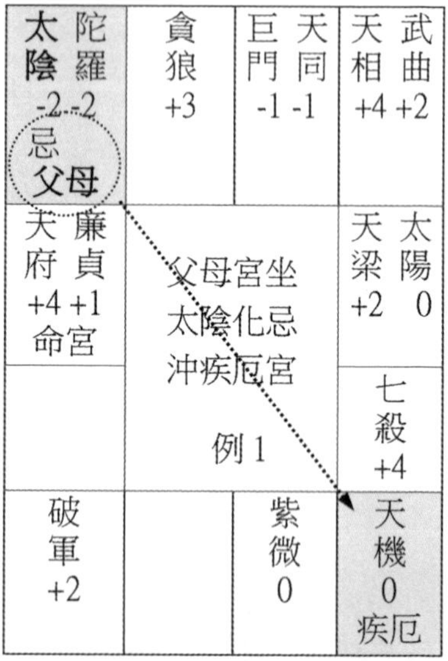

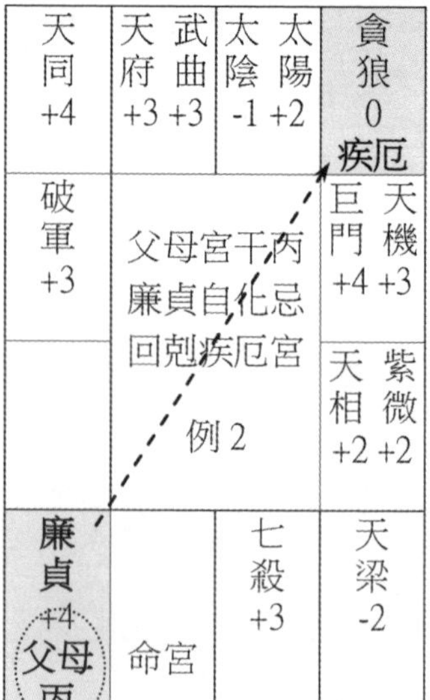

父母宮尚有逢遇六吉星來化解疾厄宮所受到的沖擊，若以六吉星進入宮位的吉氣來分析其能量等級，左列圖表僅供參考。

◎能量由強至弱以1至3等級劃分。

六吉星	天魁	天鉞	左輔	右弼	文曲	文昌
能量等級	1	1	2	2	3	3

※祿權科忌坐父母宮增益或沖擊疾厄宮的簡意分析：

一、父母宮**化祿**：對子女的生活需求甚為注重，能盡其所能的給予。

二、父母宮**化權**：關愛子女生活起居，但帶有強勢主導的威權，這是因為父母在意子女的緣故，所以把化權歸類為吉性的領域。

三、父母宮**化科**：關愛子女且個性較為開放隨順，因此，不太會介入或干涉子女的日常活動，但在子女有需求或逢遇困難之際，通常能謀慮解決子女所面臨的問題。

四、父母宮**化忌**：與父母較少閒話家常，或者也常有聚少離多之象，另一方面，彼人的坐息行動易感召疲累、氣虛或有莫名的不適感、隱疾等。

第六章

談福德宮與財帛宮

福德宮與財帛宮的連動效應

財帛宮代表生命活動所需的物資及錢財，缺乏財物資源的人，在生活品質上難以有所提升，進而造成個人精神層面的壓力及困擾。福德宮與財帛宮雖然遙遙相對，但兩宮有密切的連瑣效應。整體來說，社會是一個由財產組合而成的經濟體，日常生活離不開對錢財的應用與支配，擁有愈強勢經濟實力的人，往往就愈容易擴張他處理事務的權力，這個遊戲規則從古至今仍然沿續著。可見，財物薄弱者，在面對家族、生活面、社會及人際往來等等，帶來或多或少的壓力，俗語說：「人為財死，鳥為食亡」，對照現代全人類的求生存方式，卻是個很好的寫照。

想要賺大錢的人，雖然要付出相當的代價，但對處於窮困境地的人來說，只能面對生存的無奈，毫無掙脫的力量。因此，不管有錢人或窮苦的人，都有他們各別的煩惱，這是人類共同的心性，我們需要真實的去面對這種存在狀態，進而從中尋求可以平衡身心的改善之道。「福德宮」指的是每個人與生俱來的心理—精神層面。「福德」兩字有財物福報的意思，至於個人的價值觀取向也屬於此領域，福德宮通常有兩個重要呈象，來應證我們的人生。

一、物資或錢財福報的多寡。

二、情緒心理的價值取向及精神層面。

※福德宮、財帛宮—交互影響作用：

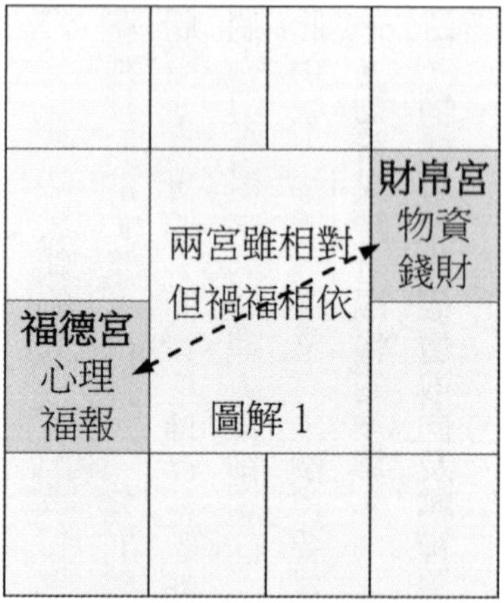

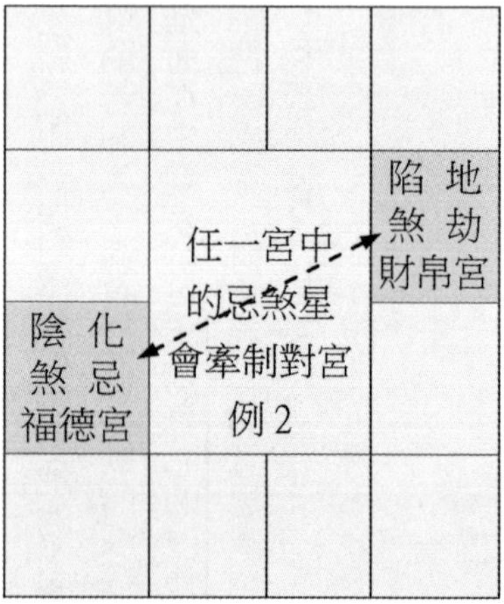

◀**福德、財帛**任一宮坐化忌星，或有陷地羊陀火鈴空劫煞，此格局會影響對宮的運程，頻添為財辛苦心也受累的負擔。（例2）

◀**福、財**任一宮若有化祿、吉星坐鎮，將會助長該宮及生扶對宮，堪稱是好的格局。

一、**化祿**：獲得實際資源或財物福報。（例3~1，例3~2）

二、**化權**：為財辛勞，忙不得閒，費盡心思。（例4~1，例4~2）

三、**化科**：對財物觀念較為豁達，喜追求內心的超越與自在感。（例5）

四、**得地**：羊陀火鈴入任何一宮，賺錢的企圖心強，花費也多。（例6）

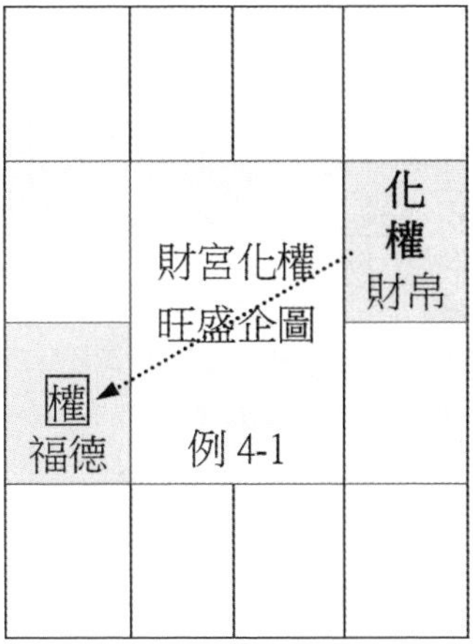
化
權
財帛
財宮化權
旺盛企圖
權
福德
例 4-1

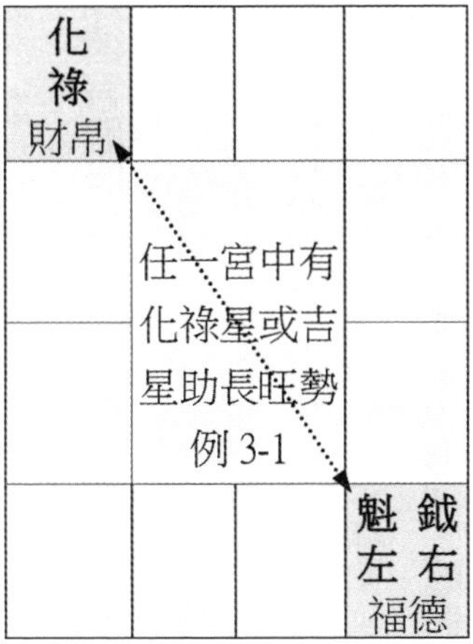
化
祿
財帛
任一宮中有
化祿星或吉
星助長旺勢
例 3-1
魁 鉞
左 右
福德

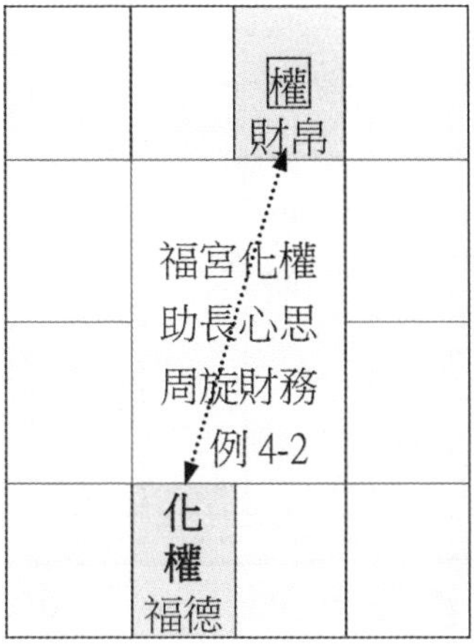
權
財帛
福宮化權
助長心思
周旋財務
例 4-2
化
權
福德

魁 鉞
左 右
財帛
任一宮中有
化祿星或吉
星助長旺勢
例 3-2
化
祿
福德

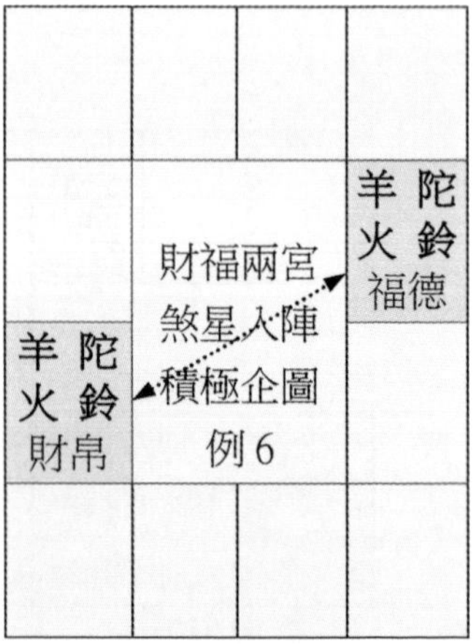

如上以圖解方式說明福德與財帛宮之間的交互作用，也可能形成四化連動效應，以下例解的「化忌連動」論理可以此類推。

※福德宮與財帛宮的化忌連動效應：

一、福德宮自化忌回頭剋財帛宮。（圖一）

二、財帛宮自化忌回頭剋福德宮。（圖二）

三、福德宮化忌飛入財帛宮。（圖三）

四、財帛宮化忌飛入福德宮。（圖四）

五、落陷**羊陀火鈴、地空、地劫、陰煞**坐福德或財帛宮。

※福德宮與財帛宮連動負面效應圖解：

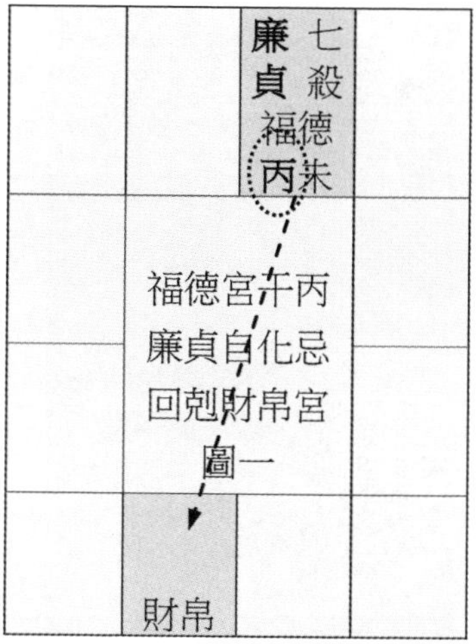

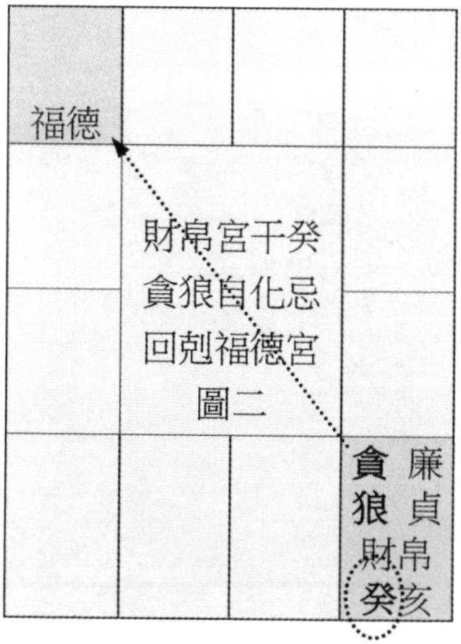

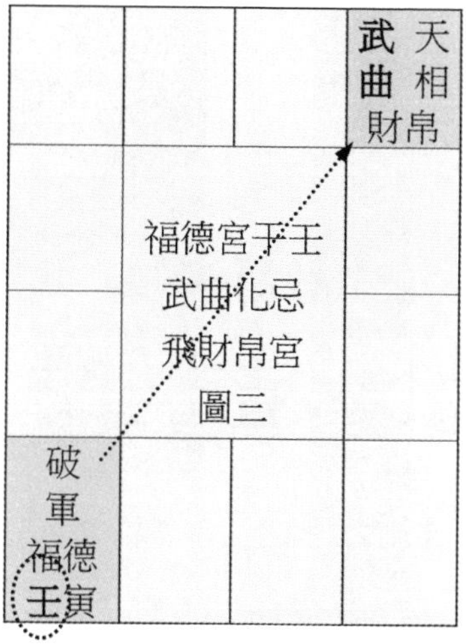

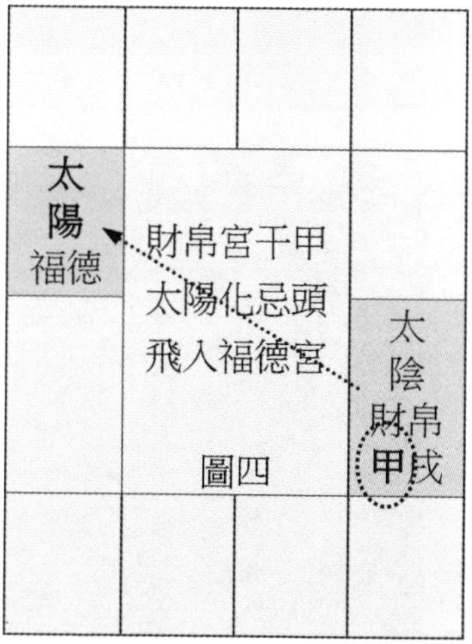

第七章

五行屬「木」的星系算病

一、天機星

天機星五行屬「木」，在《紫微斗數》眾多星座裡，屬木的代表星座很少，本書將「天機星」及「貪狼星」歸納在木系的領域裡，天機顧名思議為「機智善巧」，在六親宮代表著：思維活絡—腦動、創意、開發、有慈善心、口才流利—辯才、籌謀方略的擬定執行，都有很好的表現，是一個智多星。天機星雖然活潑好動但也能守靜得宜，若宮位美的話，則外現悠閒頭腦思慮清明，凡事以謀定而後動為其特色。若該宮位不美，則呈現心思紊亂，遇事優柔寡斷，想得多做得少，且與現實有所差距，同樣的星座因得地、落陷的星象也就有其差異性。

※天機星入陣十二宮分布圖：

天機	天機	天機	太陰 天機
天梁 天機	天機星入陣（圖一）		巨門 天機
巨門 天機			天梁 天機
太陰 天機	天機	天機	天機

機 0	機 +4	機 -2	機 +2
機 +1	天機星曜度（圖二）		機 +3
機 +3			機 +1
機 +2	機 -2	機 +4	機 +0

天機星進入十二宮有得地與落陷的區分，若所在宮位或對宮有「化祿、化權、化科」、六吉星來生扶，**天機**的能量就會得到助長。若本宮或對宮有化忌、陷地—羊陀火鈴、地空、地劫、陰煞的話，天機的能量將會相對減弱或帶來牽制的效應。

一、天機在**命宮**—宿命健康呈象。
二、天機在**福德宮**—精神—情緒心理、物質資源的福報。
三、天機在**疾厄宮**—飲食、坐息、勞動、就醫或際遇所感召的健康狀態。

以上論理可延伸到大限、流年的推理上，以下進一步說明宮與宮之間相生相剋的原理，來說明**天機**在命遷、福財、疾父六宮所形成連動效應的建議：

一、命宮天機坐戊干自化忌—宜自立自強。（例一）
二、遷移宮天機坐戊干化忌回頭剋—宜審慎應事。（例二）
三、福德宮天機坐戊干自化忌—宜調節情緒及心理壓力。（例三）
四、財帛宮天機坐戊干自化忌回頭剋—應保守理財。（例四）
五、疾厄宮天機坐戊干自化忌—要坐息有常。（例五）
六、父母宮戊干飛入疾厄宮天機位—加強與父母的互動。（例六）

※天機星化忌連動效應例解：

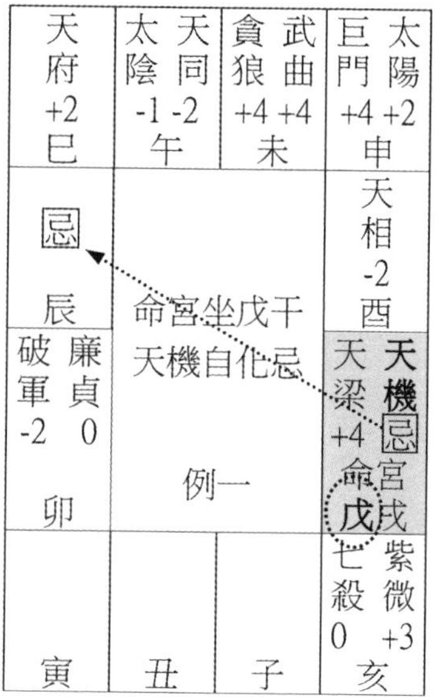

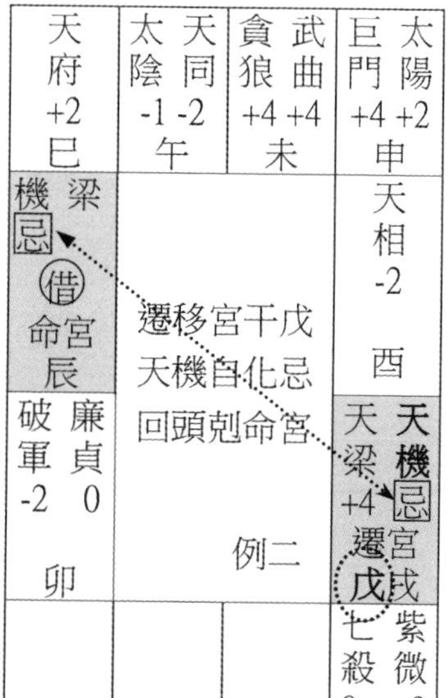

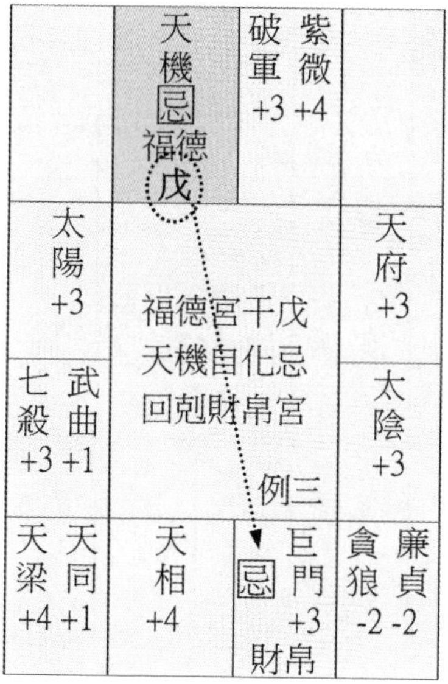

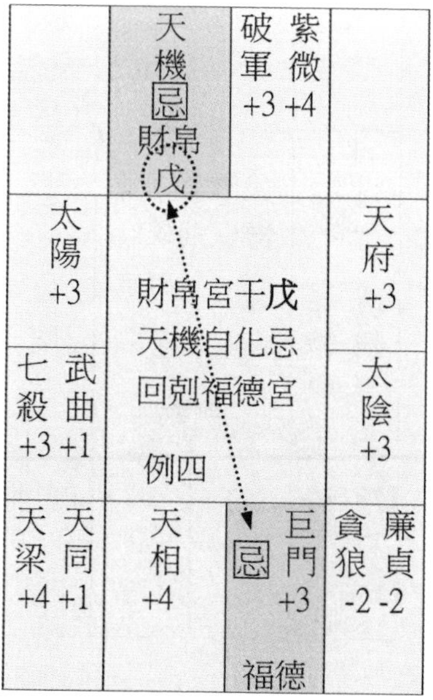

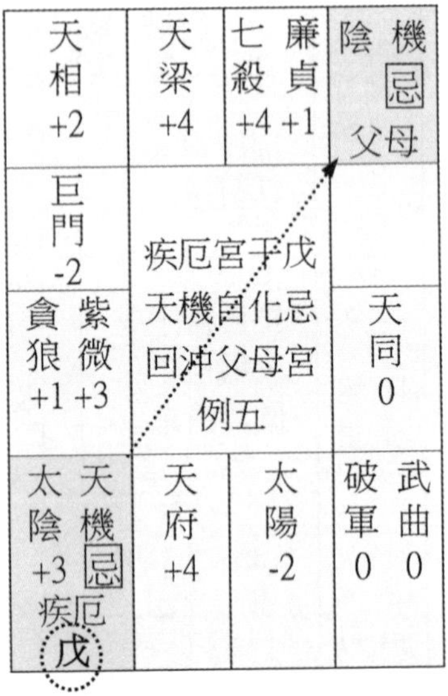

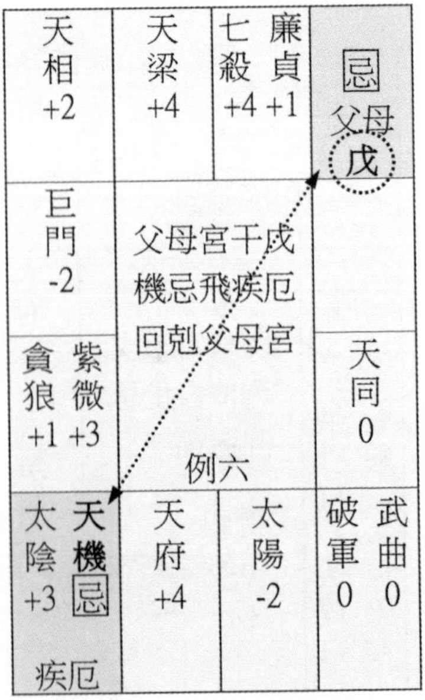

⊙天機星四化入十二宮簡意及呈象：（本命、大限、流年皆適用）

壹、天機化祿入十二宮—資源、物資、財源、利益、好處能量的分配。

一、天機化祿入六親宮（命宮、父母宮、兄弟宮、夫妻宮、子女宮、僕役宮—）

思維細膩，機智善巧，體貼他人。

二、天機化祿入財帛宮—擅長理財，周旋運用。

三、天機化祿入疾厄宮—飲食之福，喜食蔬果。

四、天機化祿入遷移宮—機智善謀，廣結善緣。

五、天機化祿入官祿宮—處事細心，恪守職責。

六、天機化祿入田宅宮—心思在宅，利家為樂。
七、天機化祿入福德宮—思維創意，行善積德。

貳、天機化權入十二宮—支配力、動能、掌控權、主觀意志、勞碌能量的分配。

一、天機化權入六親宮—機智靈敏，主觀視事。
二、天機化權入財帛宮—擅長謀略，周旋財務。
三、天機化權入疾厄宮—活力旺盛，坐息不調。
四、天機化權入遷移宮—應事善謀，貫徹意志。
五、天機化權入官祿宮—通權達變，常出奇策。
六、天機化權入田宅宮—心思細膩，好理家事。
七、天機化權入福德宮—心思繁雜，定力不足。

參、天機化科入十二宮—才華、智慧、隨順、冥冥中助緣、逢凶化吉的能量分配。

一、天機化科入六親宮—善於籌謀，創意巧思。
二、天機化科入財帛宮—機智創意，獲利在斯。
三、天機化科入疾厄宮—遇良醫藥，善調自身。
四、天機化科入遷移宮—創意才智，為人慈善。
五、天機化科入官祿宮—創意才智，籌謀利眾。
六、天機化科入田宅宮—居處求知，學識淵博。
七、天機化科入福德宮—探索事物，創思出眾。

肆、天機化忌入十二宮—挫折、囚困、煩惱、窘境能量的分配。

一、天機化忌入六親宮—自尋煩惱，自以為是。
二、天機化忌入財帛宮—思違常理，財來財去。
三、天機化忌入疾厄宮—肝膽筋骨，神經傳導。
四、天機化忌入遷移宮—自以為是，懷才不遇。
五、天機化忌入官祿宮—主觀意識，判斷有誤。
六、天機化忌入田宅宮—家韻未濟，坐息顛倒。
七、天機化忌入福德宮—思維難展，自尋煩惱。

五行屬「陰木」的天機星，在人體相應於「肝膽臟腑」，因此，凡有關於肝膽的臟腑理論，可應用到《紫微斗數》的算病預測學。凡是**命宮**、**疾厄宮**、**福德宮**中，若有天機、貪狼入宮者，皆適用以下所引用《內經》的相關篇幅來推論之。

《黃帝內經・陰陽應象大論篇》

東方生風，風生木，木生酸，酸生肝，肝生筋，筋生心，肝主目。其在天為玄，在人為道，在地為化，化生五味，道生智，玄生神。神在天為風，在地為木，在體為筋，在藏為肝，在色為蒼（註一），在音為角（註二），在聲為呼，在變動為握，在竅為目，在味為酸，在志為怒。

怒傷肝，悲勝(註三)怒；風傷筋，燥勝風；酸傷筋，辛勝酸。

意譯別解：由於地球磁場運轉的緣故，古人所發明「指南針」對地球方位的界定是往南極看的，以坐北朝南為既定的磁場方位。東方是風起的方位具有「能動性」，其**能動性**遇緣即起，因為風有流動不定的特性，對萬物的生長扮演著激發的要素，凡有生機屬木的物類，皆需依賴風的流動性而得以順利生長，人們透過天氣運行對「風」的觀察，就大地物類與風行摩盪效應，將這現象及理論應用到人們身體的運作機制上。由於「**風行的體性**」帶有**酸的用性**，所以，將帶有生機屬木的物類，進而延伸歸類為帶有酸性的作用，並以人體臟腑的肝臟歸屬於入酸的器官，**肝臟具有能運行體內風動的特性**（肝經的循行經絡），肝臟在常態運作之下，能使神經傳導及筋骨關節得到壯實。肝臟的機能良好，人的心臟運作功能也就相對的得到助長（肝木生心火）。肝臟有它開竅的部位，眼睛是肝臟顯現在外的竅，因此，可透過觀察人的眼睛機能，來推論彼人肝臟的健康狀態。

由於**風性的運行**特別玄妙，人生存於天地之間，也有神奇奧妙的變化之處，有人把它稱之為「道」，這道具有周流不居的特性。當這風性對大地生起作用時，就有化生一切生物與種種氣質轉化的「能化性」。它化生五種主要的味道，這五味是「酸苦甘辛鹹」。由於人法天、天法地、地法自然，自然是道的一部分。既然如此，人類也一樣擁有如天地道法運行的智慧。這「能動能化的風性」既然是如此的玄妙，有人就把這種風的變化莫測稱之為「神」。

綜上論之，可把東方緣起的風性，歸納為：「風生草木及一切物類，在人體相應於筋骨，在臟腑來講，相應於肝臟膽腑，在顏色上則以蒼天的「青色」為代表色。在音律表現上，則以**角樂**為五行屬木的歸類。至於，風性相應人體呼吸之間，想必睡覺打呼的呼也與其相通才是。在身體活動能量方面，則展現在能握的動力上。肝開竅在眼睛，飲食帶酸的食物，會將能量帶到肝臟。從情緒方面顯露出來的行為是「怒」，「怒」字是「奴」和「心」兩字的組合，將**怒**字解意為：「人是情緒的奴隸，只要一動怒，就很難控制自己的情緒」。動不動就發怒的人，他的肝臟機能會因情緒作用而有所損傷。像這種常動怒傷肝的人，可以採用較為悲情的方式來引導及渲洩彼人易怒的情緒，這是應用以「**悲金來剋制怒木**」的實際做法。

如果有人受風侵襲，或喜歡當面吹風，若產生筋骨不適時，可引導彼人以「燥、悶」的方法來療癒風傷的疾患，這種療癒原理也是基於「燥金剋風木」來延伸的。若論及喜歡吃酸食而且吃得過度的人，那麼，過度的酸食就會對筋肉有所損傷，若有這樣的患者，可以建議他吃些「辛味」的東西，用辛味屬金的特性來剋制食酸過度所產生的疾患，以上所說種種對治的道理，基本上是基於剋之以平衡的陰陽之道。

◎註：

一、「**蒼**」：蒼者為青天之色，在奇門遁甲的九宮陣裡，以「三碧」為東方，「四綠」屬東南方，東方既有能動的風性，所以「青、綠」均可為其代表色。

二、**在音為角**：在音樂的表現上為「角樂—屬木」，因此，凡具木性之樂歸納為「角樂」，一般也通稱為「木樂」。比如：用木所製成的蕭笛、葫蘆絲、巴烏、排蕭…等樂器演奏出來的音聲及其韻味，均可將其歸納在「角樂」的領域裡，聆賞悠揚動聽的角樂，可透過聽覺將木性作用分配到肝膽臟腑、筋骨關節、神經系統的放鬆，進一步調理肝臟的機能。

《木樂・角樂》

常聽到的「絲竹之樂」帶有悠揚、輕快、放鬆、深遠、飄逸、原野的空曠感，這種絲竹樂器帶有「木」的屬性與特色，「木樂」能調和人們的情志，使情緒穩定而不躁動，當你聆賞絲竹之樂的同時，請嘗試著把心意投入其中，你將會體驗到一種寧靜與自然之美，五行「木屬」的絲竹之樂其音繚繞，令人如置身於廣大原野或彷彿在寧靜的森林裡一般，所以說，絲竹之樂悠揚輕脆，可緩和我們平日所累積的壓力與情緒。

《角樂・木樂》經耳傳入人體臟腑的肝膽二經，它可調和情緒上的易怒之氣，所以，在選擇木樂的曲目時，不可過於高亢。自古以來的儒家、道家、養生家們，對吹奏樂器的笛蕭總有其獨到之處。

◀木樂特性：

自然之音，仁者所好，聲音悠揚，以喻其志，

仁者人心，慈心對境，不起瞋怒，木樂屬之。

三、勝：此處所指的是基於制之以平衡的道理。

※附註一：奇門九宮相應方位及表色陣列圖：（太陽與地球磁場方位學）

4綠 東南 膽	9紫 南 心	2黑 西南 脾
3碧 東 肝	5黃 中宮	7赤 西 肺
8白 東北 胃	1白 北 腎	6白 西北 大腸

天機星屬於動態的星座，因此，也以「**腦動**」的屬性將其歸納在五行中的「木」，腦動時神經元便跟著運作，天機若處於落陷或有忌煞星侵臨的宮位時，神經傳導的運作機能則有神傷的傾向，筋骨關節也易於緊繃。若有類似格局者，應當要做好養生保健的調理，以及練就對挫折調適的能力。

每日「子時」的經絡運行到「膽經」，「丑時」循行到「肝經」，子丑兩個時辰的四小時是調理「肝膽」機能最好的時辰，所以，在進入凌晨子時最好放下身邊的事務，準備讓身體進入休息及睡眠狀態，肝膽能在這最好的調理時段補充能量。

時辰	經絡	臟腑	卦象	主色	主味	五神	失調	開竅	機能
子時	膽經	膽	巽風	綠	酸	魂	暈眩	眼睛	筋骨關節
丑時	肝經	肝	震雷	青	酸	魂	暈眩	眼睛	筋骨關節

※附註二：紫微十二宮與奇門九宮、羅盤相應方位圖解：

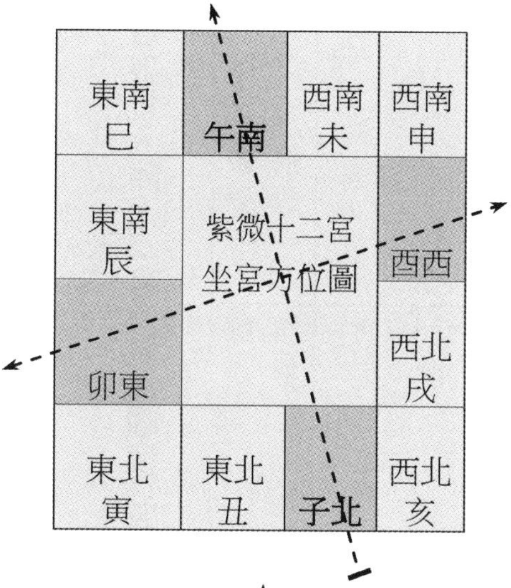

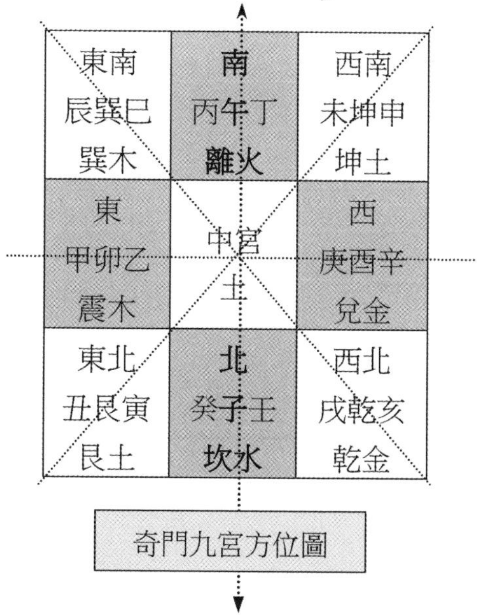

二、貪狼星

貪狼星五行體性屬水，化氣為「陽木」，五陰屬「臟」，五陽相應於「腑」，陽木為「膽腑」所屬，凡「膽經」循行的經絡皆與「膽腑」的運作機制有關，陽木也屬於筋骨關節、凡四肢活動提握跑跳走等均屬之。

※貪狼星入陣十二宮及星性曜度分布圖：

廉貞貪狼	貪狼	武曲貪狼	貪狼
貪狼	貪狼入陣圖（圖一）		紫微貪狼
紫微貪狼			貪狼
貪狼	武曲貪狼	貪狼	廉貞貪狼

貪 -2	貪 +3	貪 +4	貪 0
貪 +4	貪狼星曜度（圖二）		貪 +1
貪 +1			貪 +4
貪 0	貪 +4	貪 +3	貪 -2

陽木相應於人體主「膽經及其經絡、神經傳導、四肢、筋骨關節等」，若命宮、疾厄宮有忌煞星同坐或由對宮沖入者，偶有四肢碰跌擦傷的現象。若有「化科」、「天魁、天鉞、地空、左輔、右弼」在命、疾或由對宮會入，應是逢凶化吉的格局。有關貪狼星化氣為陽木的輔助資料，今摘錄《內經》相關內容的引述：

《黃帝內經．金匱真言論篇第四》

東方青色，入通於肝，開竅於目，藏精於肝，其病發驚駭，其味酸，其類草木，其畜雞，其穀麥，其應四時，上為歲星，是以春氣在頭也，其音角，其數八，是以知病之在筋也，其臭臊。

◎附註說明：此段原文與前篇天機星屬木的論述，雖是兩說但其意義有相通之處。

凡「癸年」生者必有「貪狼化忌」入盤面的其中一宮，若逢流年為「癸年」時，「貪狼化忌」也會進入相應的宮位，**本書論述的重點在於「命、遷」、「福、財」及「疾、父」六宮**，因此，若本命、大限、流年有貪狼化忌坐落在以上六個宮位時，即可能成立下列幾種化忌連動的效應。（子女—田宅。兄弟—僕役。夫妻—官祿宮。可以比量推理）

▼命宮、遷移宮貪狼化忌例解：

一、命宮貪狼化忌或逢流年「癸」坐命宮者。（例一）

二、遷移宮坐貪狼化忌沖命宮。（例二）

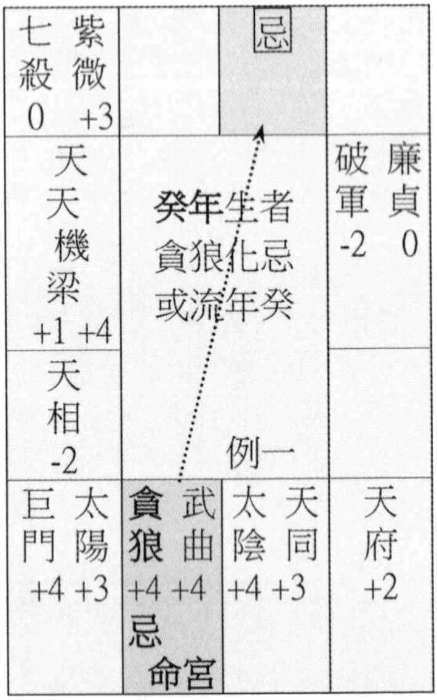

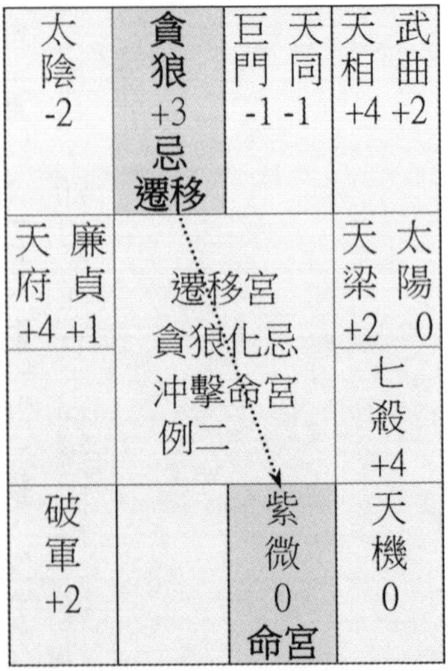

◀**貪狼**入命宮、疾厄、福德三宮，若形成自化忌格局，至少有下列條件才能成立：

一、**命宮**或**遷移宮**自化忌形成回頭剋。

二、**疾厄宮**或**父母宮**自化忌形成回頭剋。（例三）

三、**福德宮**或**財帛宮**自化忌形成回頭剋。（例四）

◀右列三種自化忌的條件，可有下列三種解讀方式：

◎說明一—命宮為主要的活力動線。

◎說明二、疾厄宮為際遇感召的動線。

◎說明三、福德宮為精神領域及面對壓力的心理動線。

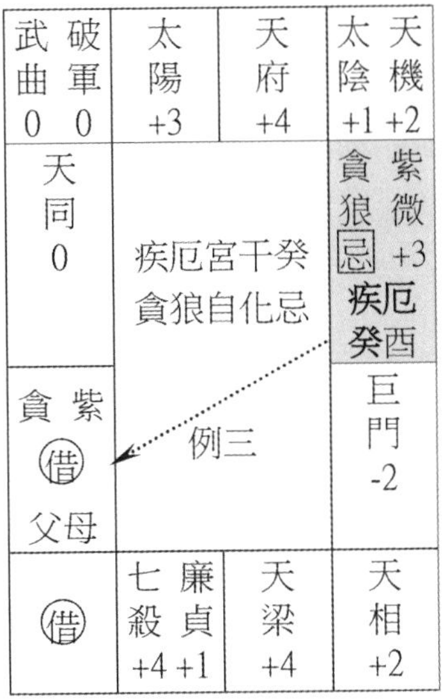

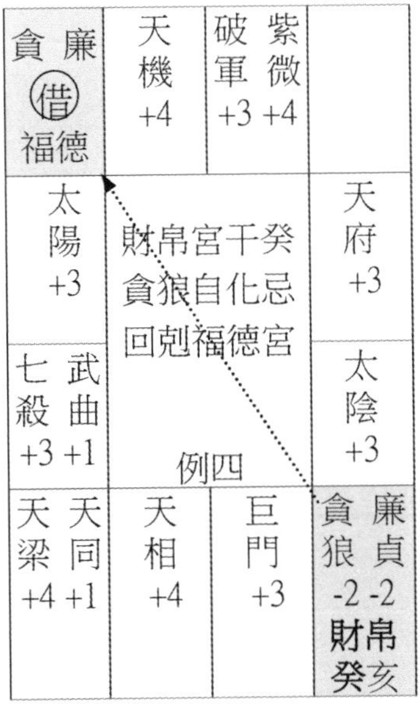

綜合「天機」與「貪狼」兩星的論述有其共通特點，那就是五行同屬於「木」，兩星的差別在於「陰木、陽木」，因此，在《紫微算病》論述裡，將天機、貪狼兩星歸類於「屬木星系」裡，以兩星屬木及化氣來推理個人的運勢走向。至於，天機、貪狼兩星的「化祿」、「化權」、「化科」「化忌」所呈現的變化現象，將在「案例解析」章節中說明。

命宮、疾厄宮、福德宮為生命存在且重要的生理與心理活動，這三個宮位若論其**四化及飛星**所產生的連動效應時，命遷、疾父、福財等三組相對的宮位，均有互相影響的作用。「化科」有消解困境的吉祥能量。「化祿」有助長飲食之福及獲得財物方面的好處。「化權」易造成勞煩瑣事的忙碌現象。「化忌」所在宮位具有牽制的效應，往往是造成運勢阻滯的主因。以下將命遷、疾父、福財三組產生**化忌、飛星**連動的組成條件列為參考。

一、「命遷、疾父、福財」任何一組逢生年、大限、流年貪狼化忌者。
二、命宮或遷移宮自化忌形成回頭剋格局。（例一）
三、命宮化忌飛入遷移宮，或遷移宮化忌飛入命宮。（例二）
四、疾厄宮或父母宮自化忌形成回頭剋格局。（例三）
五、疾厄宮與父母宮化忌互飛。
六、福德宮或財帛宮自化忌形成回頭剋格局。
七、福德宮與財帛宮化忌互飛。
八、命宮、疾厄宮、福德宮，彼此形成化忌互飛狀態。
九、「命、疾、遷」任何一宮有陷煞、地劫、陰煞同坐且沖入對宮。（例四）

▲右列條件的第九項，雖不屬於化忌範圍，但因忌煞所坐宮位具有明顯的牽制作用。

◎煞星的五行分類及化氣：

一、**擎羊**：陽金—化氣為刑。
二、**陀羅**：陰金—化氣為暗忌。
三、**火星**：陽火—化氣為殺。
四、**鈴星**：陰火—化氣為殺。
五、**地空**：陰火—化氣為空出。
六、**地劫**：陽火—化氣為耗損。
七、**陰煞**：陰水—化氣為隱晦。

※如圖例解：

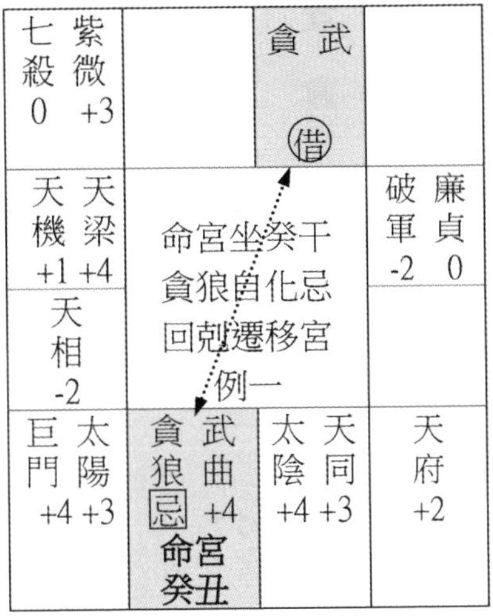

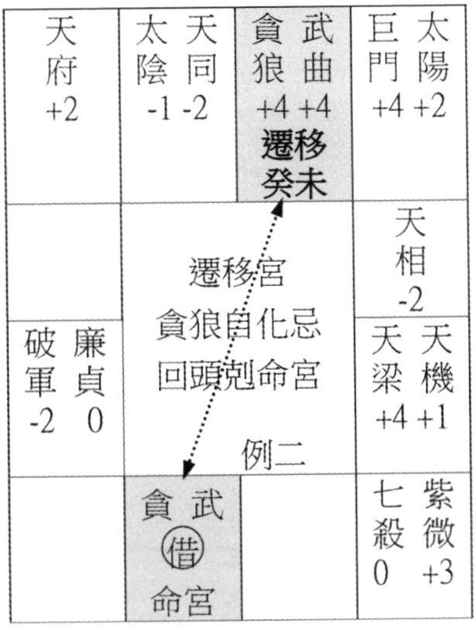

◎說明：

例一：命宮坐「癸丑」貪狼自化忌，此局為命宮自化忌。

例二：遷移宮坐「癸未」貪狼自化忌，此局為遷移宮自化忌。

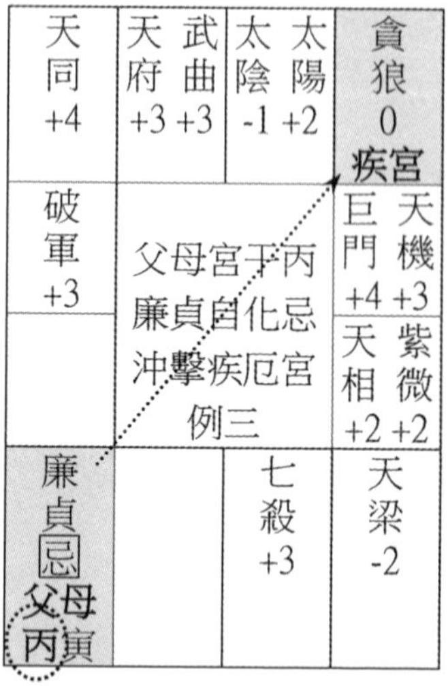

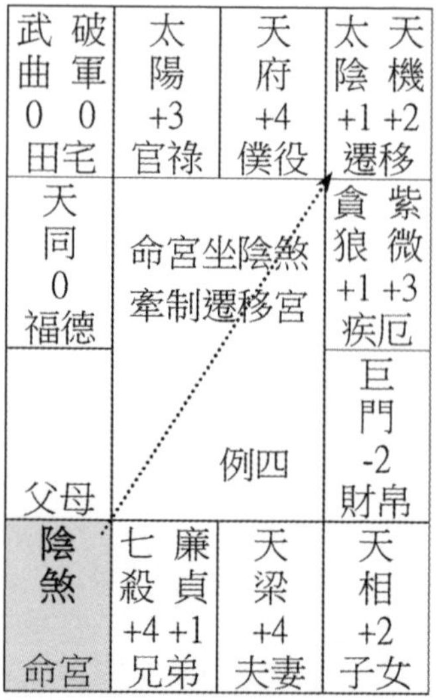

例三：父母宮坐「**丙干**」**廉貞自化忌**，此局形成自化忌沖疾厄宮。

例四：命宮坐陰煞，形成隱沖遷移宮的牽制格局。

⊙貪狼星四化入十二宮簡意及呈象：（本命、大限、流年皆適用）

壹、貪狼化祿入十二宮：

一、貪狼化祿入六親宮—才華出眾，趨向時尚。

二、貪狼化祿入財帛宮—理財有方，財物常隨。

三、貪狼化祿入疾厄宮—食遍四方，當須節制。

四、貪狼化祿入遷移宮—才華出眾，摩登時尚。

五、貪狼化祿入官祿宮—掌握時尚，應變有道。

六、貪狼化祿入田宅宮—熱鬧氣氛，裝扮居家。
七、貪狼化祿入福德宮—裝扮悅意，擁財為樂。

貳、貪狼化權入十二宮：

一、貪狼化權入六親宮—主觀意志，積極企圖。
二、貪狼化權入財帛宮—心思敏銳，周旋財務。
三、貪狼化權入疾厄宮—活力旺盛，坐息失調。
四、貪狼化權入遷移宮—才藝雙全，眾所注目。
五、貪狼化權入官祿宮—隨順趨勢，變通應事。
六、貪狼化權入田宅宮—忙於公務，統理家務。
七、貪狼化權入福德宮—心思在財，企圖大業。

參、貪狼化忌入十二宮：

一、貪狼化忌入六親宮—人緣侷限，姻緣路艱。
二、貪狼化忌入財帛宮—欲計大利，貪得反失。
三、貪狼化忌入疾厄宮—飲食坐息，肝腎失調。
四、貪狼化忌入遷移宮—人際侷限，才華難展。
五、貪狼化忌入官祿宮—心想願違，事業起伏。
六、貪狼化忌入田宅宮—家務繁雜，需整屋宅。
七、貪狼化忌入福德宮—孤芳自賞，心事誰知。

誠如《內經》所述及五行屬木的特性裡，其中有提到關於情緒方面的載文：「…在地為木，在體為筋，在藏為肝……在味為酸，**在志為怒，怒傷肝……**」同樣的，《內經》裡也有一段與此相呼應的論述：

《黃帝內經・陰陽應象大論篇第五》

以天地為之陰陽，陽之汗，以天地之雨名之。陽之氣，以天地之疾風名之。暴氣象雷（註），逆氣象陽。故治不法天之紀，不用地之理，則災害至矣。

意譯別解：如以天地自然所產生的現象來比擬人身體上的陰陽，那麼，人身上所發散出來的汗水，就好像天下起雨來。而人們身體上所展現「**氣**」的生命動能，這種陽氣就好比天地颳起了強風一般。人一旦突然動怒，這種**暴怒之氣**，就好比天上打起雷來。

因此，常動怒的人，身體就有如一把火往上升，凡是逆上之氣，這就好比炙熱的火在燒烤大地一般。總之，調養身體的道理就像我們觀察大自然的道理一樣，若是違背了自然的法則，那麼，疾病就有隨時發生的可能了。

◎註：暴氣象雷：五行屬木相應於肝臟，當處於亢奮狀態時，在情緒的表現上就會有所變化，而能夠直接觀察到的是「怒氣」。《易經》在八卦的分類中，「震卦」屬木，震為雷，雷動則木動，木動則肝風動，肝主筋，因此，將暴戾之氣比喻成突如其來的雷動之象，其本質上與《內經》所述是相通的。「肝者，將軍之官，謀慮出焉……」，指出五行屬「木」乃是主將之官，它是一切謀劃訴諸執行的源頭，所以，凡盤面上的「天機、貪狼」，可應用《易經、內經》裡的相關理論來應證之。

⊙四氣調神論：

天地四時的運行以「春季」為生機蓬勃發展的時序，「夏季」為生長最旺盛的季節。「秋季」則萬物進入收斂的季節。「冬季」為閉藏以待生機的到來。四季有其運行之序，因此，在養生與保健方面，《內經》也有這方面的記載：

《四氣調神大論篇第二》

春三月，此謂發陳，天地僅生，萬物以榮，夜臥早起，廣步於庭，被發緩形，以使志生，生而勿殺，予而勿奪，賞而勿罰，此春氣之應，養生之道也。逆之則傷肝，夏為寒變，奉長者少。

夏三月，此謂曹秀，天地氣交，萬物華實，夜臥早起，無厭於日，使志無怒，使華英成秀，使氣得泄，若所愛在外，此夏氣之應，養長之道也。逆之則傷心，秋為痎瘧，奉收者少，冬至重病。

秋三月，此謂容平，天氣以急，地氣以明，早臥早起，與雞俱興。使志安寧，以緩秋刑，收斂神氣，使秋氣平，無外其志，使肺氣清，此秋氣之應，養收之道也。逆之則傷肺，冬為飧泄，奉藏者少。

冬三月，此謂閉藏，水冰地坼，無擾乎陽，早臥晚起，必待日光，使志若伏若匿，若有私意，若已有得，去寒就溫，無泄皮膚，使氣亟奪，此冬氣之應，養藏之道也。逆之則傷腎，春為疲厥，奉生者少。

⊙總整理──天機星、貪狼星：

◎五行：天機陰木。貪狼陽木。
◎臟腑：陰木在臟為肝。陽木在腑為膽。
◎五臟：能量儲存與指揮運作系統。
◎延伸部位：頭部、眼睛（視力）、四肢、筋骨關節、神經傳導。
◎九竅：眼目。
◎五神：肝藏魂。
◎五德：仁—調和。
◎五志：怒—怒傷肝。
◎對治：當處於亢奮狀態時，宜激發其悲心流露，或以悲情事件引導，以挫其易怒的情緒，進而產生同理心，這是應用金剋木的道理。
◎所傷：肝（膽）腎不調、暈眩、頭痛、耳鳴、眼睛不適、精神亢奮萎靡、筋骨關節緊繃或小抽搐、四肢碰傷、胃腸不適、月經或小便不利、睡眠品質及坐息失調、煩躁的情緒起伏。
◎五色：青（綠）。
◎五味：酸。
◎五氣：臊。
◎五體：筋。
◎五聲：呼。
◎病變：握。

◎病位：頸項。
◎氣候：風。
◎月份：春季。農曆—一、二、三月。
◎卦象：震卦。巽卦。
◎八卦方位：震東、巽東南。
◎奇門：震為雷卦位—傷門。巽為風卦位—杜門。
◎奇門數與表色：三碧。四綠。
◎奇門九星：天衝星。天輔星。
◎羅盤：正東方—甲卯乙位。東南方—辰巽巳位。
◎相剋：木剋土。
◎相生：水生木。
◎生剋含意：
一、生我者水：水生木象，腎、膀胱臟腑的正常運作，有助肝膽的運行。
二、我生者火：木生火象，肝膽正常運作可助長心臟及小腸的運行。
三、剋我者金：金剋木象，肺經運作若失調時，將會牽累肝膽的運行。
四、我剋者土：木剋土象，肝膽若處於失衡狀態時，易引起飲食失調或有消化不良及脾胃之患。

第八章

五行屬「火」的星系算病

一、太陽星

太陽星是一顆具足熱能的星座，五行屬「陽火」，相應於人體的心臟與小腸，其經絡歸屬於小陽經與心經絡形成臟腑相依的運作機能，心竅在舌，下行走小腸主消化系統，太陽星入陣十二宮，在命宮、疾厄宮時，也代表「心臟、頭部、眼睛、舌部、心血循環、小腸、髮色……等」。以下是太陽星入陣十二宮的圖解。

※太陽星入陣十二宮及星性曜度分布圖：

太陽	太陽	太陰 太陽	太陽 巨門
太陽	太陽入陣圖（圖一）		天梁 太陽
天梁 太陽			太陽
太陽 巨門	太陰 太陽	太陽	太陽

陽 +3 巳	陽 +3 午	陽 +2 未	陽 +2 申
陽 +3 辰	太陽星曜度（圖二）		陽 0 酉
陽 +4 卯			陽 -1 戌
陽 +3 寅	陽 -1 丑	陽 -2 子	陽 -2 亥

太陽星所入陣的十二宮中，若有下列化忌格局者，當要審慎因應並從中尋求改善之道，左列條件主要針對「**命宮、遷移宮**—人生全面運勢發展的總機關」、「疾厄宮、父母宮—際遇感召與宿命遺傳傾向」、「**福德宮、財帛宮**—精神層面與物質生活面的福報因緣」，如左列化忌連動的條件及格局：

一、凡逢「甲年」出生者，太陽化忌會進入十二宮的相應宮位，並將化忌宮位的煞氣沖入對宮，給對宮造成某種程度的壓力與牽制效應。

二、命宮或遷移宮太陽化忌沖對宮。

三、命宮或遷移宮的太陽星坐甲干：太陽自化忌回頭剋對宮。（例一）

四、命宮或遷移宮某星自化忌回頭剋對宮。（例二）

五、父母宮或疾厄宮太陽化忌沖對宮。

六、疾厄宮或父母宮的太陽星坐甲干：太陽自化忌回頭剋對宮。

七、財帛宮或福德宮太陽化忌沖對宮。

八、福德宮或財帛宮的太陽星坐甲干：太陽自化忌回頭剋對宮。

九、命宮與疾厄宮化忌互飛。（例三）

十、命、疾、福三宮彼此化忌互飛，形成化忌連動效應。（例四）

※命、疾、遷化忌連動例解：

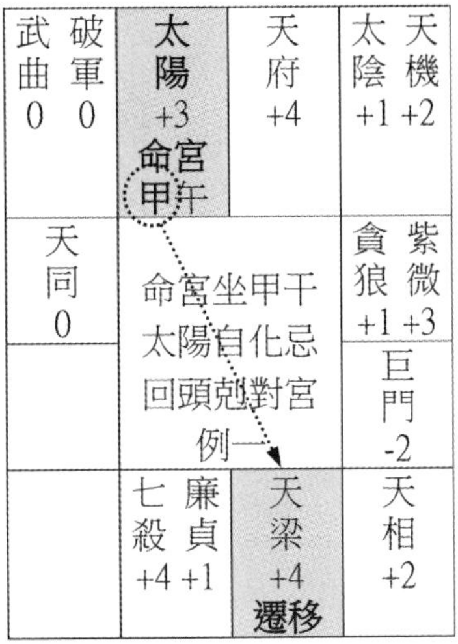
武曲 0
破軍 0
太陽 +3
命宮
甲午
天府 +4
太陰 +1
天機 +2
天同 0
貪狼 +1
紫微 +3
命宮坐甲干
太陽自化忌
回頭剋對宮
例一
巨門 -2
七殺 +4
廉貞 +1
天梁 +4
遷移
天相 +2

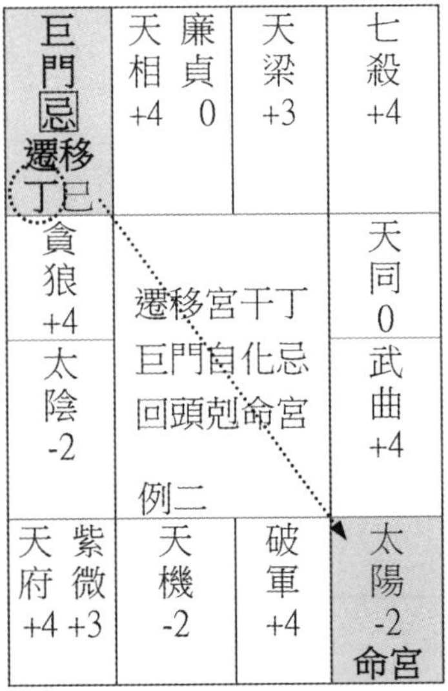
巨門 忌
遷移
丁巳
天相 +4
廉貞 0
天梁 +3
七殺 +4
貪狼 +4
遷移宮干丁
巨門自化忌
回頭剋命宮
例二
天同 0
太陰 -2
武曲 +4
天府 +4
紫微 +3
天機 -2
破軍 +4
太陽 -2
命宮

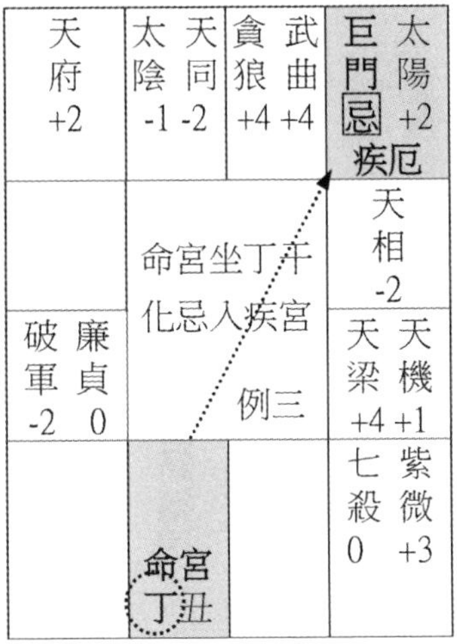
天府 +2
太陰 -1
天同 -2
貪狼 +4
武曲 +4
巨門 忌
太陽 +2
疾厄
命宮坐丁干
化忌入疾宮
例三
天相 -2
破軍 -2
廉貞 0
天梁 +4
天機 +1
七殺 0
紫微 +3
命宮
丁丑

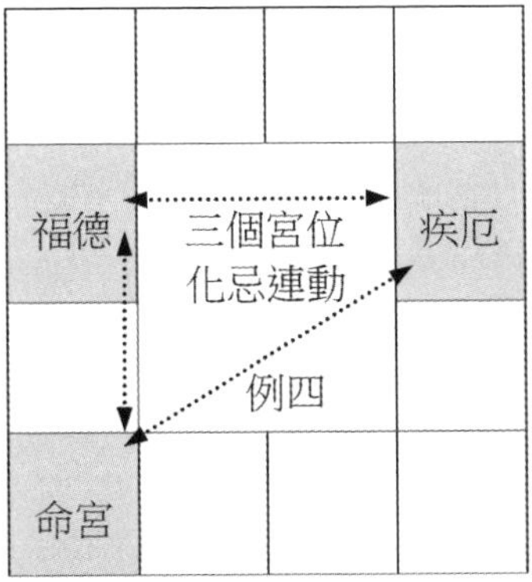
福德
三個宮位
化忌連動
例四
疾厄
命宮

命宮、疾厄宮、福德宮，若盤面格局符合上述的化忌及連動條件時，只要能在日常生活中實踐養生保健，以及情緒心理層面的調養功夫，仍能改善化解的。以下摘錄《內經》有關五行屬火來應證「太陽星」的論述：

《黃帝內經．金匱真言論篇第四》

南方赤色，人通於心，開竅於舌，藏精於心，故病在五藏，其味苦，其類火，其畜羊，其穀黍，其應四時，上為熒惑星，是以知病之在脈也，其音徵（註），其數七，其臭焦。

意譯別解：南方氣候光明豔麗，因此，以紅色來做為八個方位的「南方—主赤色」，紅色相應於人體臟腑的心臟，心開竅在舌，可從舌頭所呈現的徵象來看心竅的運作機能。心臟為蘊藏生命活動的能量中心，心臟也是攝受生命功能及調節體溫的控制室。所以，心臟若有所病變，其他的臟腑也會跟著出現問題。飲食苦味入心，並以火的暖性來維持心臟及其經絡的運作。在音樂表現上以**徵音—火樂**來代表活躍特質，我們所聞到的燒焦味道，就是火性功能所產生的作用。

◎註：

「**其音徵**」：徵音屬五行音樂中的「火樂」，火有向上燃燒的特性，同理推之「火樂」相應於人體的心臟及其經絡。音樂演奏屬火性的「鼓」可說是最具代表性的樂器，一首好聽的曲子，鼓在樂團演奏當中，它佔舉足輕重的地位。「火樂」顧名思議，就是說：「它可以振奮人的心情使之歡愉」，俗語說歡欣鼓舞，表明了鼓的節奏性帶有舞動人心產生快感的特性，尤其聽到鼓的快節奏時，讓人也想跟著節拍舞動起來。現代的西洋音樂，由於能夠抓住「快節奏」的特性，所以，人們經常採用「打擊樂器」來促進樂曲的活潑性，因此，BASS或鼓節奏的搭配就顯得非常重要。這種採火性向上的演奏方式，會把聽眾們帶引到一種亢奮、跳躍、歡愉、放鬆、較無拘束的境地，這種類似火性音樂的創作風格，恰好相應於目前時下的青少年潮流。

自古以來，「**鼓**」在戰場上本來就是作戰的工具之一，「擊鼓進攻」、「鳴金收兵」，鼓與銅鑼是戰場上很重要的兩種器具。「鼓—打擊樂器」的另類作用可以「激勵和振奮人心」。但它也能「亂人心性」，若沉醉過度的話，往往會伴隨著其他的負面效應，甚至後果令人難以想像。

打擊樂器—鼓節奏的音律可以調節樂曲使人生起活潑快樂的情緒，或者也可以火的剛烈、散發的炙熱特性，演奏出令人血脈賁張、亢奮、放鬆、心思迷亂的情緒反應，若是過度的話也會令人產生煩躁和不安感。所以，在聆聽火樂時，得依五行生剋原理來選擇適當的音樂。凡是好聽愉悅的火樂都有共同特色，賞心悅耳的曲子，有時候可以應用到「情志療法」，對身心的調節具有正面的提升作用，所以，從「徵—火樂」的特性說來，如下整理成幾項重點：

一、火性之樂帶動人的「心情」，讓聆聽者的情緒產生愉悅或躁動的反應。

二、火樂可調合樂曲，讓曲子在急緩抑陽頓挫之間產生活躍與輕快感。

三、火樂為「陽性之樂」，可調和憂鬱及緊張的情緒，來抒緩心情。

四、火樂入「心」，故可引動體內的血液循環系統，使其平衡或賁張。

五、適度聆聽火樂，可刺激腸胃納受及消化功能，這是「以火生土」的情志療法理論，也可以火樂來對治因「憂鬱」所引起的煩悶憂悲。

火性之樂，若音高亢，其音激昂，鼓動人心，

意氣風發，動感具足，若音不止，前後相續，漸漸薰習，若成習性，神智受引，心智難行。火性之樂，調節得當，賞心悅耳，帶動心氣，血行通暢，心情愉悅，調和情緒，激勵心志，行動積極，個性開朗，知行合一，神思難測。

太陽星的光芒與熱能帶給大地無限的生機，太陽如同宇宙中的大火球，在《紫微斗數》的領域裡，將其陰陽五行歸類於「陽火」。在《內經》也有一段以陰陽理論來講述四季時節陽氣在大地運行的載文：

《黃帝內經 ‧ 陰陽離合論篇第六》

陽予之正，陰為之主，故生因春，長因夏，收因秋，藏因冬，失常則天地四塞。陰陽之變，其在人者，亦數之可數。

意譯別解：萬物的生長有了生命力的**陽氣**，陰氣得到助長使其成形並且生生不息，所以說，萬物發生皆秉承著春天季節的生氣，來自於夏天火氣的助長使其茁壯。至於，萬物的收成總在於秋天收斂的季節，到了萬物應該要閉藏的時候，乃是因為進入寒冷冬季的緣故。假如天地之間四季陰陽失調的話，氣候就會無常，一切萬物的生長收藏也會跟著失序，觀察這種天地陰陽變化的道理，把它應用在人類的話，其實都是相通的，有理可以遵循的。

《黃帝內經 ‧ 靈蘭祕典論篇第八》

心者，君主之官也，神明出焉……小腸者，受盛之官，化物出焉。

意譯別解：心就好比是一個國家的君王，人的意識與思想活動的精神狀態，都是從「心」做出發點的。由於心臟與小腸的運作機制是一體的，好比君臣之間的關係一樣，彼此合作無間。所以說，心為臟，小腸腑。小腸是經過胃的納受及消化後，再經過運作化生食物的營養，得以滋潤全身。

※臟腑相依・君臣關係簡化表解：

臟	經絡	腑	經絡
肝	肝經	膽	膽經
心	心經	小腸	小腸經
脾	脾經	胃	胃經
肺	肺經	大腸	大腸經
腎	腎經	膀胱	膀胱經

⊙易經──離為火卦的處世哲學：

離為火 ䷝ 為《周易上經第三十卦》，**坎卦**與**離卦**為一對陰陽交錯的卦象，坎卦有重重險難之意，人生不如意事十有八九，若有失策之時，運勢往往呈現舉步維艱的窘境，唯有從危機與困境中找到一線生機，進而看見光明的未來。離者麗也，☲離中虛也，意謂著為人處世最好是虛懷若谷，凡事不可過度張揚，否則背後潛伏著重重的危機與險難，只要走到勢盡之時，物極必反，悔之莫及。

䷜ 坎為水─重重險難，危機四伏，舉步維艱。

䷝ 離為火─突破困境，光明在望，虛懷若谷。

⊙典故援引─石崇與王愷爭豪：

石崇是富可敵國的晉朝商人，他經常與王愷鬥富為樂，彼此都想盡辦法用華麗貴重的物品來裝飾車馬服飾，當政晉武帝是王愷的外甥，所以，經常會資助王愷。有一次，晉武帝把一座高兩尺左右的珊瑚樹賞賜給王愷，由於造型非常的奇特，簡直是世上罕見的寶物，王愷便興沖沖的拿給石崇欣賞。石崇看後，隨即用一把鐵如意把這座貴重無比的寶物打碎，王愷一看覺得有點驚訝與惋惜，心想石崇應是嫉妒自己的寶物，當下聲音及臉色變得很嚴肅。石崇說：「打碎了它不值得遺憾，現在賠你一個就是了。」。於是就叫手下把自己收藏的珊瑚樹全拿出來，其中有三、四尺高的珊瑚枝幹分布及其姿態更為稀有，可與王愷相比的就有六、七座之多，王愷看了以後，神情落寞，若有所失。

由於石崇在生活上的奢侈，以及愛炫富的性格，無形中得罪了不少人，因此，就有一些人在俟機落井下石，有一首描述石崇被害的詩是這樣寫的：

譬若金鱗放碧漪，暗遭羅網四邊圍，
思量無計翻身出，命到泉關苦獨悲。

◀**意譯別解：**
譬如把金魚放在湖裡本可悠遊自在，怎知早已被人在四周佈下了羅網，縱使費盡了心力，卻找不到可以脫身的方法，最後還是得孤苦哀痛面對悽慘的下場。此詩隱喻石崇為人快意，禍從口出惹來滅門災禍，所以說「明哲保身」，為人還是低調一點的好。

⊙離卦的處世哲學：

䷝離為火卦：

◎卦辭：離，利貞，亨。畜牝牛，吉。

◎**略解：**心地光明行於正道，為人含蓄低調，只要能堅守這樣的美德，不論面對任何事情，都會有好結果的。所以說，涵養柔順的德性，就像那柔順的母牛一般，所到之處是吉祥的。

二、廉貞星

廉貞星五行屬「陰火」，化氣為「因」，陰火相應於人體的心臟，其經絡歸屬於心經，小腸為腑與心臟相呼應，由於**廉貞**帶囚的體性，所以，不論它坐落在哪個宮位會由其體性發揮作用，也就是說：「凡命、遷宮、疾、父宮、福、財宮有**廉貞**入陣時，在運勢、健康、財務，或情緒心理方面需要有改善的方法來化解受囚的處境。」**廉貞**在四化中只有「化祿、化忌」，運勢的盛衰狀態往往只有一線之隔，以下將廉貞入陣十二宮的分佈狀態以圖解說明。

※廉貞星入陣十二宮及星性曜度分佈：

廉貞 貪狼	廉貞 天相	廉貞 七殺	廉貞
廉貞 天府	廉貞入陣圖（圖一）		廉貞 破軍
廉貞 破軍			廉貞 天府
廉貞	廉貞 七殺	廉貞 天相	廉貞 貪狼

廉 貪 -2 -2 巳	廉 0 午	廉 +1 未	廉 +4 申
廉 +1 辰	廉貞星曜度（圖二）		廉 0 酉
廉 0 卯			廉 +1 戌
廉 +4 寅	廉 +1 丑	廉 0 子	廉 貪 -2 -2 亥

想要解開廉貞的密碼，若能將其陰陽五行屬性及其化氣歸類出來，便能應用體性與作用原理來推理所延伸出來的效應。以下摘錄《內經》五行屬「火」的相關載文：

《黃帝內經・陰陽應象大論篇第五》

南方生熱，熱生火。火生苦，苦生心，心生血，血生脾，心主舌。其在天為熱，在地為火，在體為脈，在藏為心，在色為赤，在音為徵，在聲為笑，在變動為憂，在竅為舌，在味為苦，在志為喜。喜傷心，恐勝喜。熱傷氣，寒勝熱。苦傷氣，鹹勝苦。

◀意譯別解：

南方是屬於氣候炎熱的方位，由於氣溫較高的緣故，所以，熱氣當中帶有火性，若將火性比喻五味的話，那麼，飲食苦味則入於人體的心臟，心臟好比是帶動血液運行的馬達，能夠使體內血液運行順暢。屬於脾胃的土則得火性血行助長，心開竅在舌，通常可觀察一個人舌頭的肌理紋路、色澤、舌苔來瞭解彼人心臟運作機能。在氣象則顯現為炎熱，大地的呈象就是火，相應於人體的是脈絡，內臟就是心，在五色以紅（赤、紫）來表示它的顏色。在樂曲展現上將其歸屬於「火樂」。在聲音的呈現是笑聲，在負面情緒上會出現憂愁的現象，心開竅在舌，五味是苦味，在正面情緒的反應上是喜樂。若有人突然遇到驚喜的事，這高興過頭了，血脈一旦亢奮不止的話，就有傷及心臟運作的威脅，這是過喜傷心的道理。這時候，若有人能運用五行相剋道理來制衡的話，就可以運用恐懼害怕的事來克制過喜產生的禍患。若有人受熱氣所傷（中暑），可引導彼人採用寒氣來對治（譬如：

吹冷氣）。若有人飲食苦味過度了，心氣就會有所耗損，這時可以建議彼人吃點鹹的東西來對治，以上所說的對治之法都是基於相剋原理來應用的，主要是使亂序的狀態回到平衡點上。

廉貞星入陣十二宮，只有在「巳、亥」兩個宮位是落陷的，貪狼星也與其同坐，形成雙星同宮的陷地格局，因此，若有類似盤局者，在運勢走向方面得要有調適挫折的能力，在身體健康及心理方面也要有很好的養生與保健作為，如此則可避免感召身心不適的困擾或煩惱。

※廉貪同宮格：

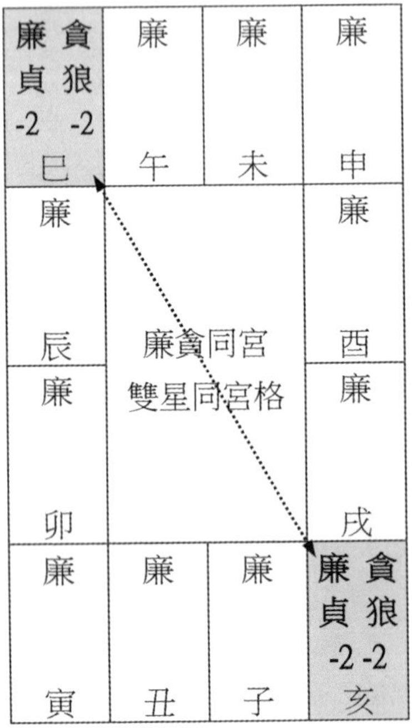

心臟開竅在舌為君主、小腸腑為臣屬，在《內經》也有進一步說明心之臟腑的相關載文，這些論述將是《紫微算病》的重要理論基礎。

《黃帝內經．六節藏象論篇第九》

心者，生之本，神之變也，其華在面，其充在血脈，為陽中之太陽，通於夏氣。

◀意譯別解：

心是維持生命的根本，舉凡神情與智慧的變化皆出其中，在榮華的顯色上表現在顏面，因此，觀看一個人臉部氣色、表情及膚色，可以直探心臟機能的旺衰狀態，在運行功能上則分布在全身的血脈，心臟主血脈，臟腑分配在身體上半部，心主火，具有維持體溫的恆定功能，所以，為臟腑中的陽中之陽，從四時運行來論，心與夏季節氣是相通的。

※**廉貞星**入十二宮盤局的化忌連動效應，有下列數項可成立的條件：

一、丙年生或逢流年丙者，廉貞化忌進入盤面相應的宮位。（例一）

二、任一宮位廉貞坐「丙干」，形成廉貞自化忌回頭剋對宮。（例二）

三、父母宮坐「丙干」化忌飛入疾厄宮廉貞位，形成回頭剋父母宮格局（例三）。

四、任一宮坐丙干，化忌飛入命、疾、福的廉貞位，此局為影響生心理健康狀態勢的主要因素。

五、財帛宮或福德宮廉貞坐丙干，形成廉貞自化忌沖剋對宮。（例四）

六、命宮或福德宮化忌互飛，此為身心狀態受制的格局。

七、任一宮坐**丙干**化忌飛入廉貞所在宮位，**丙宮**即為囚困廉貞宮位的主要因素。

※舉例圖解：

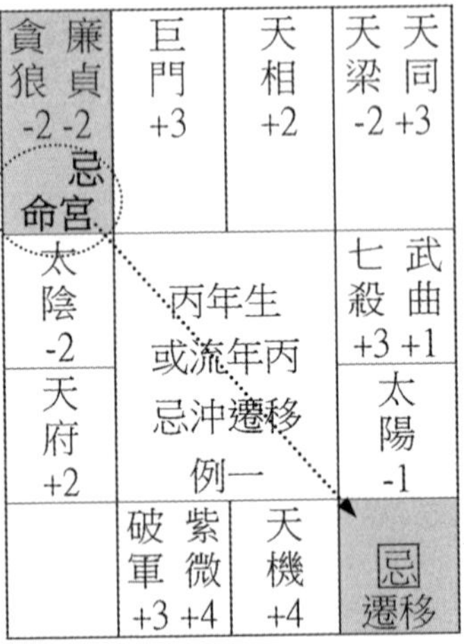
廉貞 -2 貪狼 -2
忌
命宮
巨門 +3
天相 +2
天同 +3 天梁 -2
太陰 -2
天府 +2
丙年生
或流年丙
忌沖遷移
例一
武曲 +1 七殺 +3
太陽 -1
紫微 +4 破軍 +3
天機 +4
忌
遷移

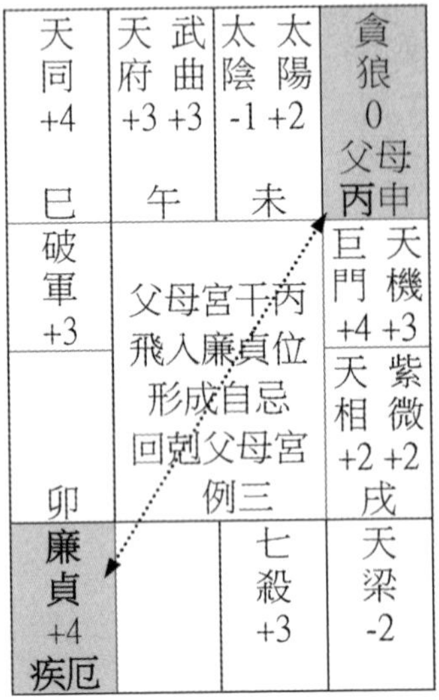
天同 +4
巳
武曲 +3 天府 +3
午
太陽 +2 太陰 -1
未
貪狼 0
父母
丙申
破軍 +3
卯
父母宮干丙
飛入廉貞位
形成自忌
回剋父母宮
例三
天機 +3 巨門 +4
紫微 +2 天相 +2
戌
廉貞 +4
疾厄
七殺 +3
天梁 -2

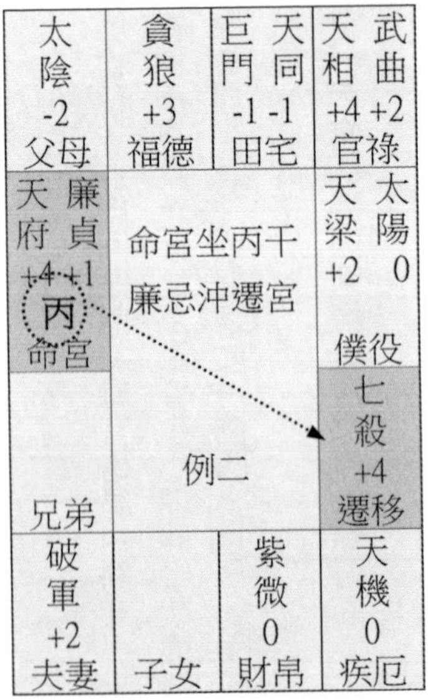
太陰 -2
父母
貪狼 +3
福德
天同 -1 巨門 -1
田宅
武曲 +2 天相 +4
官祿
廉貞 +1 天府 +4
丙
命宮
命宮坐丙干
廉忌沖遷宮
太陽 0 天梁 +2
僕役
兄弟
例二
七殺 +4
遷移
破軍 +2
夫妻
子女
紫微 0
財帛
天機 0
疾厄

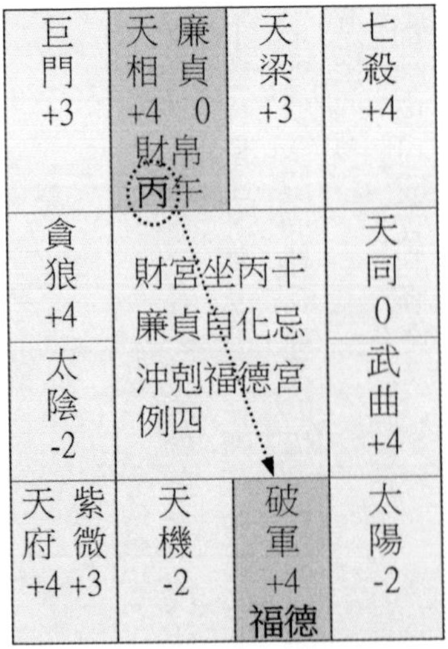
巨門 +3
廉貞 0 天相 +4
財帛
丙午
天梁 +3
七殺 +4
貪狼 +4
財宮坐丙干
廉貞自化忌
沖剋福德宮
例四
天同 0
太陰 -2
武曲 +4
紫微 +3 天府 +4
天機 -2
破軍 +4
福德
太陽 -2

◎易經的處世哲學—天火同人與火天大有

䷌天火同人卦，為人光明正大與人相處和而無違，彼人由於得人和的緣故，所以，資源綿延不絕，體現了䷍火天大有的吉應卦象。

◎䷌天火同人卦：

卦辭：同人于野，亨，利涉大川，利君子貞。

象曰：天與火，同人；君子以類族辨物。

◎䷍火天大有卦：

卦辭：大有，大亨。

象曰：火在天上，大有。君子以竭惡揚善，順天休命。

三、火星

火星五行屬「陽火」，化氣為殺，火星顧名思義為「能量散發如火」，火星的能量與太陽有其差異之處，太陽的光芒與熱能由晨曦初起，每時每刻都在移動，太陽的能量在「巳時」早上十一點時達到最旺之勢，《易經》在卦象上稱此時辰為「乾卦」䷀乾卦六爻均為陽爻，在六十四卦裡只有乾卦為極陽之卦，因此，太陽的能量進入「午時」起，就會漸減其威力，所謂的午後一陰生為「天風姤」，到了申時太陽進入夕陽西沉時刻。所以，由早上「寅時－雷天大壯」起至「申時－天地否」為太陽能量由初起到達日落，太陽的能量是有強弱之分的。

火星散發能量的特殊之處，在於每天十二個時辰，也就是二十四小時當中，其能量是持續散發不減，**火星**的光芒與熱能具有爆發性能量，這能量的釋放有兩種旺衰面向：

一、火星旺地宮位，彼宮能量有增強效應。

二、火星陷地宮位，彼宮能量會有所減損。

火星五行屬「陽火」，相應人體心臟及小腸，「陰火－心臟，陽火－小腸」，可將其解讀為：「**心經**與**小腸**經循行器官及其運作功能，兩者是屬君臣關係，臟腑相依」。**火星**除了與**心臟**、**小腸**相應之外，**火星**也代表相關的運作機能：

一、血液循環及淋巴系統。

二、心竅在舌，相應舌部的相關疾患。

三、火燄向上，代表頭部的相關疾患。

四、眼睛的相關疾患。（註：眼為火之精，心也開竅在眼）

五、心臟與血行運作機能。（如：三高—血壓、血脂、血糖，白髮，心悸，胸悶等疾患）

六、小腸消化的運作機能。

※火星入陣十二宮及曜度構圖解：

火星 巳	火星 午	火星 未	火星 申
火星 辰	火星入陣		火星 酉
火星 卯	圖一		火星 戌
火星 寅	火星 丑	火星 子	火星 亥

火星 +2 巳	火星 +4 午	火星 +1 未	火星 -2 申
火星 -2 辰	火星曜度		火星 +2 酉
火星 +1 卯	圖二		火星 +4 戌
火星 +4 寅	火星 +2 丑	火星 -2 子	火星 +1 亥

火星顧名思義為極陽之火，表現在行為上的徵象為：動能、積極、剛毅、堅持與執著，為火氣最旺之星。在八綱辨症的「**陰陽表裡寒熱虛實**」，若將其濃縮歸納只有「陰陽」在其中交叉變化而已，火星為陽火相應於身體變化「外熱內虛—陽氣往外散發」，或有關頭部、眼睛及血循方面的問題，甚至在三陽經絡也與其相關。

凡火星坐命宮者，當要檢視火星的曜度而定，火星處於得地或陷地有很大的差別，如圖二列出火星入陣的曜度表，「申子辰」三個宮位火星落陷，處於陷地火星的宮位會將其煞星之氣沖到對宮，造成彼宮的壓力。得地火星雖然陽氣十足，但本體化氣為殺的緣故，因此，在能量展現上，不管得地或落陷總有「先旺後衰」的呈象，在每個宮位當可以此推理之。在**命宮**、**疾厄宮**有火星者，可得知彼人活動力旺盛，執行動能強。唯美中不足的是能量難以持盈保泰。所以，在心力付出上往往有過勞之患。火星若坐**福德宮**，往往令人心緒躍動或有精神亢奮，以及穩定力不足的現象。以下將火星入「**命宮、疾厄宮、福德宮**」所牽動的現象來說明：

一、**火星**喜與地空同宮或在對宮相會，具有異於常人的思維及領悟力。俗語說：「**火空則發**」，地空可激發火星的能量，進而化解火星的殺氣，具有逢凶化吉的作用。

二、**火星**可化解陰煞的威脅，但須得符合以下兩個條件：第一、火星得地與陰煞同宮。第二、火星得地與對宮陰煞相會，以上是逢凶化吉的格局。（圖 1~1，圖 1~2）

三、火星入**命宮**、**福德宮**者，彼人心思敏捷、領悟力強，具有開發潛能的爆發力。

四、火星入**疾厄宮**與心臟、小腸、眼睛、頭部、血循淋巴、齒骨、坐息、飲食有關。

五、火星落陷與化忌、陰煞同宮或對宮相沖，易造成擊刑效應，頻添困擾。（圖 2~2）

六、火星與化祿同宮或對宮相會，則有食祿與財物方面的發福現象。（圖 3-2）

七、火星與化權同宮或對宮相會，生活步調及做事重效率，但易感召過度勞累之患。

八、火星與化科同宮或對宮相會，常有逢凶化吉的際遇，智慧超群。

※火星化解陰煞的體例圖解：

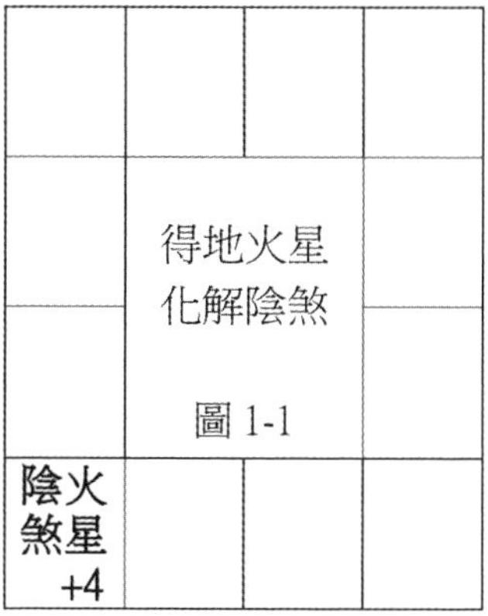

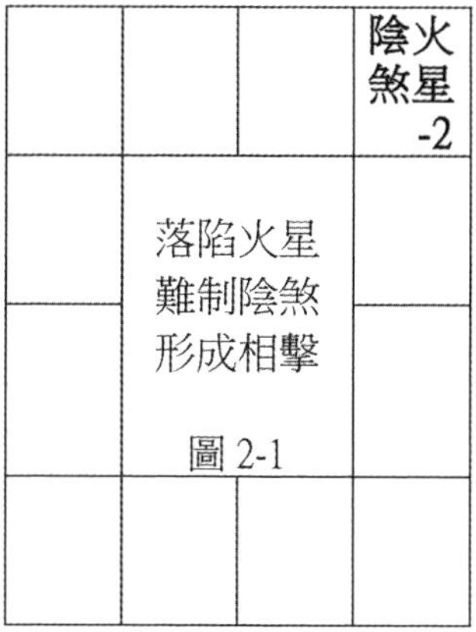

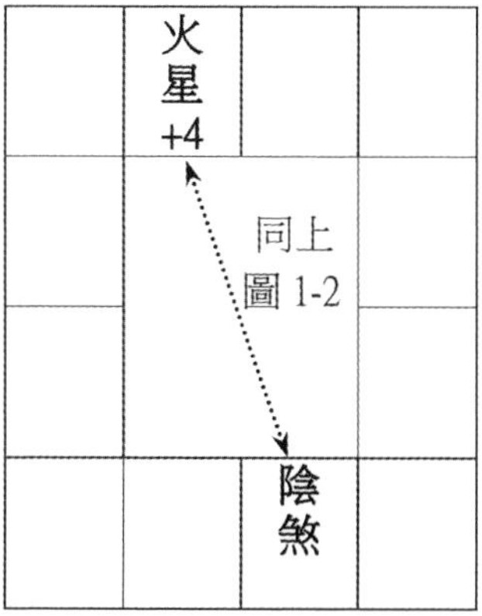

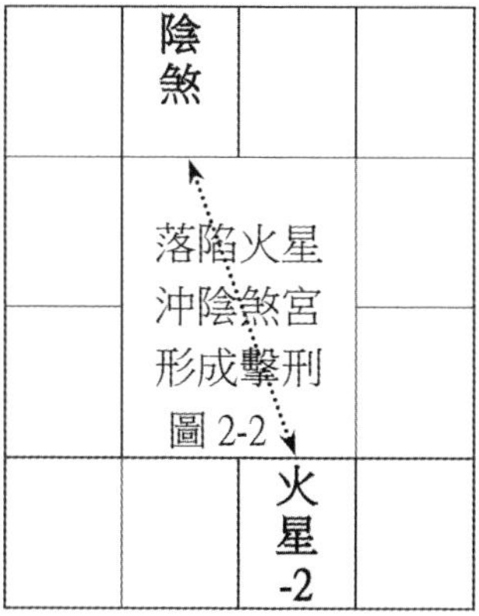

※火星與化忌同宮、相沖的格局：

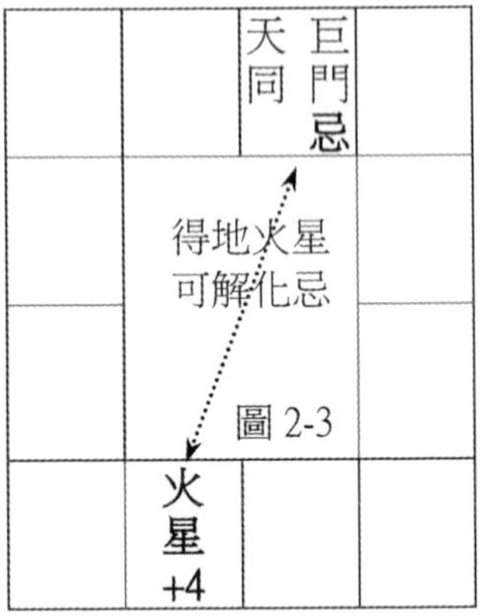

※火星與化祿交會的格局：

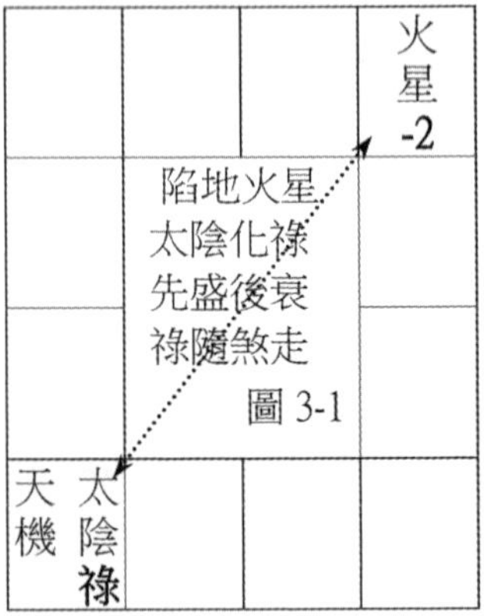

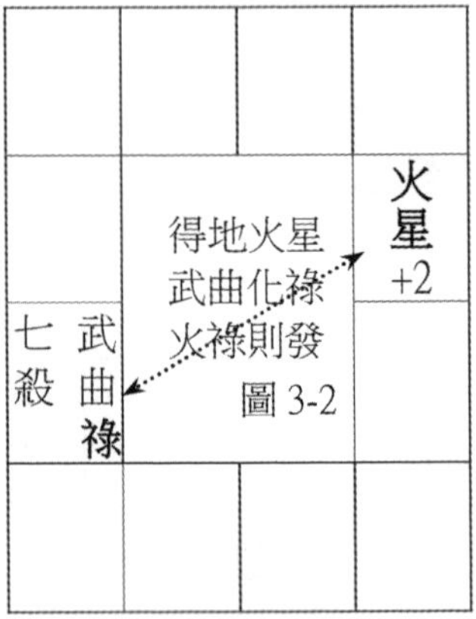

※火星與地空交會的格局：

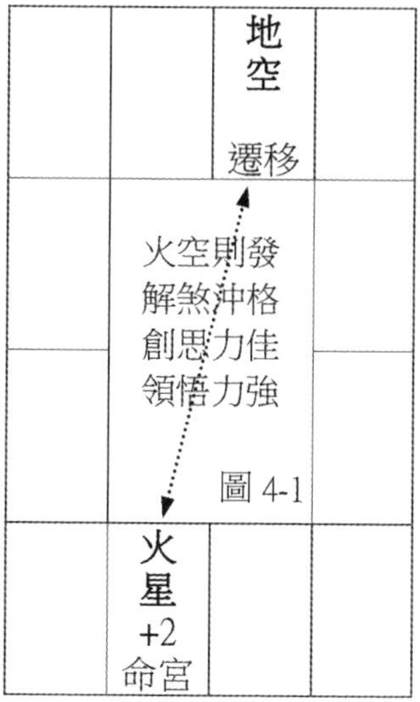

圖 4-1

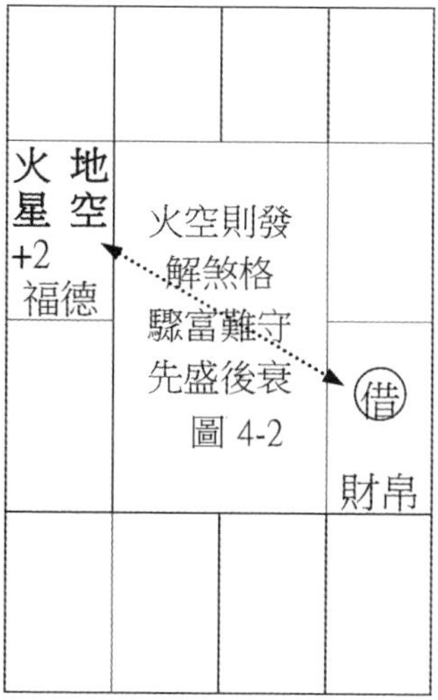

圖 4-2

◎註：「**火星與地空**」

丑宮得地火星與未宮地空兩星雖遙遙相對，但彼此具有交集爆發的能量，形成**火空則發格局**。或者火星與地空同宮的格局，也可化解本宮及對宮不利於我的威脅。

火星在封神榜中的代表人物是「哪吒」，故事中的哪吒雖刻骨還父，但最終還獲得了蓮花化身的神通，腳踏風火輪即是火星的最佳代言人。因此，得地火星所入的宮位具有逢凶化吉的呈祥特色，若是落陷火星所入的宮位，則彼宮位為不美，人生經歷波折較多，但不經一番風雨，焉能煉得如哪吒般的蓮花化身呢？

四、鈴星

鈴星五行屬「陰火」，與「陽火」為臟腑君臣相依，如前篇已有詳述，但**鈴星**屬於七煞系列的星群，**鈴星**進入十二宮陣列有得地與落陷之分，**鈴星**化氣為「殺」與火星同類為火，「殺」有「煞」之意，也有因沖擊而形成「擊刑」之意，以下將鈴星陣列以圖示來說明。

※鈴星入陣十二宮結構圖解：

鈴星 巳	鈴星 午	鈴星 未	鈴星 申
鈴星 辰	鈴星坐落宮位圖解		鈴星 酉
鈴星 卯	（圖一）		鈴星 戌
鈴星 寅	鈴星 丑	鈴星 子	鈴星 亥

鈴星 +2 巳	鈴星 +4 午	鈴星 +1 未	**鈴星 -2 申**
鈴星 -2 辰	鈴星坐落宮位曜度		鈴星 +2 酉
鈴星 +1 卯	基本陣列圖（圖二）		鈴星 +4 戌
鈴星 +4 寅	鈴星 +2 丑	**鈴星 -2 子**	鈴星 +1 亥

◎註：**申子辰**三個宮位為鈴星落陷之處。

凡見鈴星落陷的宮位，往往會造成該宮位星性之間相擊的壓力，或者將其殺氣沖入對宮，形成擊刑的格局，以下將十二宮形成六組吉凶禍福盛衰相依的體例來說明。

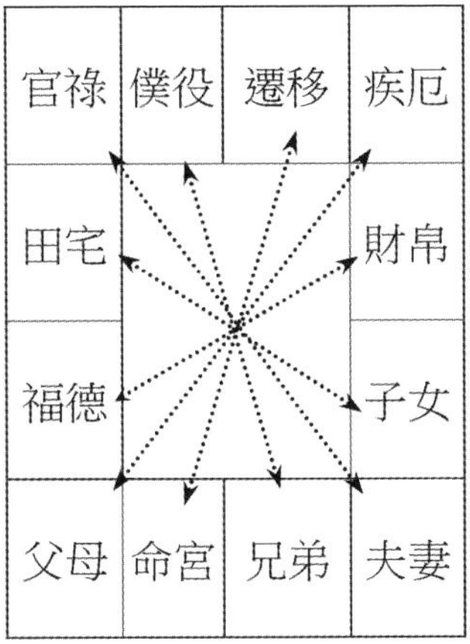

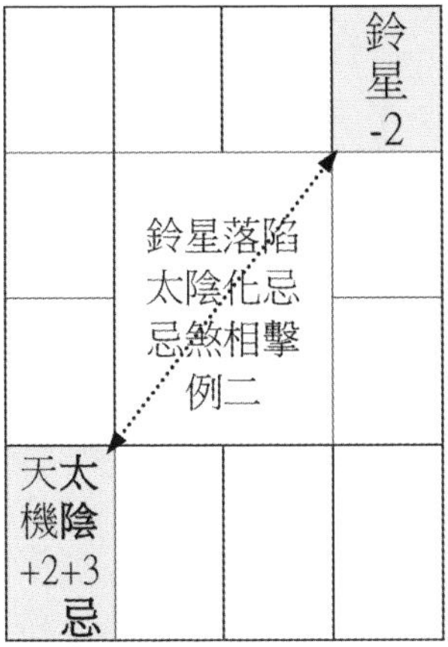

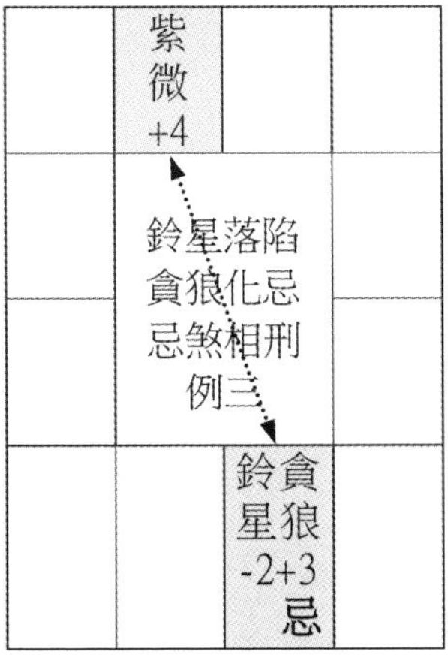

凡**命宮**坐鈴星之人，彼人個性耿直剛毅，尤其在說話表達或溝通方面，具有直言不諱的特色，唯此性格易招致周遭人的微詞、不信或疏遠，往往導致人際相處的初善終惡現象。在身體方面，因鈴星化氣為殺之故，所以，身上帶有一些傷痕或舊疤，這意謂著：「命坐鈴星者在日常生活舉動上，較易感召刑傷的緣故」。以下將鈴星入「**命遷宮、疾父宮、福財宮**」六個宮位的變化呈象簡要歸納。

鈴星入彼人命宮，審視得地與落陷，
得地性情且剛直，直言不諱有特色，
積極企圖有效率，只是勞碌難得閒。
申子辰位鈴星陷，直言招忌終須記，
人際初善易終惡，兩字須記為愛語。
不論得地或陷地，鈴星化其氣為殺，
人生運勢盛後衰，若有陷煞忌同坐，
或陷煞忌在對宮，兩宮相沖為擊刑，
命遷相刑浪裡行，福財先得而後失，
父母宮中師長運，也主職場老闆運，
貴人運勢有缺失，白手起家頗辛苦。
鈴星命疾屬陰火，陰火心臟主血循，

心竅在眼也主頭，小腸為腑與相依，
陰火身體為內熱，飲食宜當善調濟，
坐息有常無違逆，凡事節制可對治，
日常應用養生法，調理得當身心怡。

《黃帝內經・六節藏象論篇》

草生五味，五味之美，不可勝極。嗜欲不同，各有所通。天食人以五氣，地食人以五味。五氣入鼻，藏於心肺，上使五色修明，音聲能彰。五味入口，藏於腸胃，味有所藏，以養五氣，氣和而生，津液相成，神乃自生。

◀意譯別解：大地所生出的植物在顏色分類上有五種，五色的變化光彩絢麗，窮極一生都看不完。各種植物所化生的五味，嚐也嚐不盡，由於人們對色味的喜好不同，因此，在攝取飲食中的營養來滋養身體，雖有個人的偏好。不過，色味的體用是能通達到身體各臟腑的。大自然提供五氣給人類，大地所生出的植物供給人們五味。五氣的流動經鼻吸入，貯藏在心肺做為化生的工廠。心的顯色在顏面上的色澤，肺的氣行則顯現在聲音宏亮的表達上。人們所飲食的五味，雖然由口食入，但貯藏在腸胃裡，經過納受與消化後，其飲食中的菁華，就會輸入到五臟六腑，使養分能各得其所。五味既入於臟腑，就能化生成津液，滋潤五臟六腑，一旦五色、五味、五氣的運作協調了，人的精神及意志也就自然旺盛了。

五、地劫

地劫五行屬「陽火」，化氣為「耗損」，劫有兩層代表意義：一者是指劫物資，也有阻礙或耗損錢財之意。二者指身體的健康狀態，身體屬物質界的一部分，而「劫」對身體有特別的含意。以下將「地劫」入陣十二宮以圖表說明。

※地劫入十二宮陣列圖解：

地空 地劫 巳	地劫 午	地劫 未	地劫 申
地劫 辰	劫空同宮		地劫 酉
地劫 卯	空劫同宮		地劫 戌
地劫 寅	地劫 丑	地劫 子	地劫 地空 亥

※**備註**：**巳亥**為**地空、地劫**同宮位，凡是**子時、午時生者**，彼人盤面的巳亥位即見空劫，該宮位的空劫會將其能量沖入對宮，影響運勢的走向。

凡地劫入**命宮**或**遷移宮**者，有勞而難閒及耗損財物之象，至於，地劫若入**財帛宮**，則為劫財的正位，對宮的**福德宮**勢必受到牽連，財入囚困之境會影響個人的情緒問題，壓力及煩惱的來源，就是地劫沖入**福德宮**所引起的心理現象。地劫若入**疾厄宮**，在生活坐息上易失調節之外，也要預防過度勞累之患，與**命宮**坐地劫有相似之處。**命宮**坐地劫是宿命。**疾厄宮**坐地劫有兩義：「一者是行動上須留意身體的碰撞等傷。二者須留意骨齒方面的問題」。所以，得用心在身體的養生保健，將其威脅減到最低的程度。以下將地劫進入宮位的組合狀態簡要說明。

一、凡是子、午時出生者，在盤面「巳亥」宮位上，地劫與地空同宮，地空可化解地劫的威脅，這是很好的組合方式，這意謂著：彼人遇到囚困運勢時，地空可激發彼人的思維及領悟力，突破重圍。因此，空劫同宮表面上看起來似乎不太好，但富含內在對挫折適應的悟性，俗語說：「福中禍所伏，禍中福所依」。

二、地劫不喜與陷地煞星或化忌同宮。

三、地劫若與陰煞同宮或在對宮時，會增添莫名的變數與損失，頻添困擾。

四、地劫不喜前後兩個宮位有化忌、陷煞、陰煞夾擊，此種格局易令彼人運勢陷入受囚困之境。（圖一）

五、地劫宮位不喜自化忌或對宮自化忌回頭剋，這如同與化忌同宮或互相沖擊。（圖二）

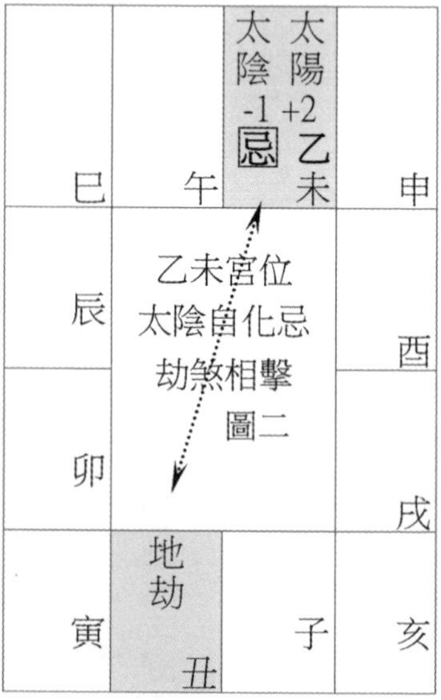

◎總結：

地劫化氣為耗損，若入命疾需審視，
一者耗財難保守，二者勞碌難得閒，
若入福德心操勞，沖入財宮財耗失，
若入兄僕也如是，入夫妻宮缺錢苦，
若入官祿常勞累，如同浪裡來行舟，
入遷移宮同命論，入田宅置產慎重，
以上諸宮簡要說，需有方法來改善。

六、地空

地空五行屬「陰火」，化氣為「空出」，空出有兩層重要意義，第一是：「情感受挫，導致易悟」，情感互動可涉及到六親的範圍（六親—命宮、父母、兄弟、夫妻、子女、僕役宮）。由於個人情感投入與對方回饋有極大的落差，造成個人的挫折感。由於個人宿命在六親之間較為缺乏善緣之故，因此，從中體悟到人情冷暖的差異性，進而悟得面對人事的豁達與自在。第二是：「地空對於身體健康變化有化難呈祥的空出意義」，若**命宮**或**疾厄宮**有化忌、陷煞星與地空同坐者，地空有化解陷煞之功，即使在**命宮、疾厄**的對宮也能發揮轉化厄運、逢凶化吉的功能。地空屬七煞星系列，表面上看起來似乎是凶星，然在實際應證的例子裡，卻也不盡然是個凶煞之星。以下將「地劫」和「地空」做個總整理：

「地劫」：耗損財物，導致脫俗—謹守本分。

「地空」：情感受挫，導致領悟—豁達順勢。

凡是「卯、酉時」生者，地空、地劫分別坐在「寅、申」兩宮，這意謂著彼人在空劫宮位所受的考驗較為嚴苛，地劫的沖擊雖然令人灰心失意，但地空會讓失落感轉化成面對挫折的調適能力，使彼人從生活的點點滴滴反應過來。「子、午時」生者，彼人盤面結構為「命宮與身宮」同在一個宮位，這種格局稱為「命身同宮」，意謂著：「彼人個性主觀意志強，通常在面對挫折磨難時，不易轉化思維或從事件的困惑中超越問題」。命身同宮有六種結構，如圖解。

※地空入陣的宮位結構：

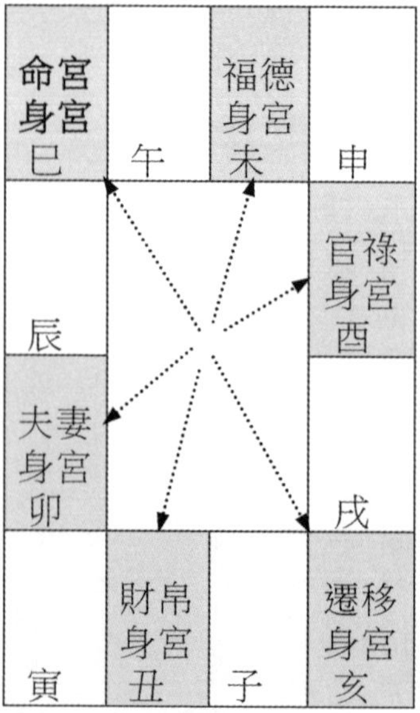

◎說明：

地空、地劫的走向邏輯是由「亥宮」做為子時出發的推算點，以逆時針方向入列，「子午時—空劫同宮」。

屬陰火的地空星，相應在人體主「心臟」所運行的機制，「陰火—虛火」代表身體有內熱外虛之象。而「陽火—實火」往往就有實熱的反應。比如有人動不動就汗流滿面，或者有人冷氣當面就是吹得不過癮，實熱則陽散。而內熱外虛易導致陰虛體質，所以，對於冰冷飲食較為敏感，平日盥洗也喜用熱水澡，有懼寒怕冷的現象。

地空入十二宮有數種組合的格局，可從中看出一些端倪，然星性組合的盛衰程度是需要有條件性才會顯示出來。

一、地空坐**命宮、身宮**或命身同宮者，彼人雖在心理層面上易逢挫折，相對的，也具有獨到的領悟力，通常能激發其潛能，走出人生的另一番風格。至於，在身體違和時，地空也具有化難呈祥的能量，因此，不能單論它只是一顆煞星而已，好壞參半就是人生最好的寫照。

二、地空與化忌、自化忌同宮時，地空也有消解危難的吉應力。（圖一）

三、子、午時出生者，地空、地劫在巳亥同宮，空劫宮位雖令人頗有挫折感，但地空會激發彼人的思維與領悟力，進而從心理的認知調適過來。

四、地空與地劫在「寅申」兩宮形成對峙局勢時，會將其煞氣沖入對宮，形成空劫互沖的格局。（圖二）

五、陰煞與地空同宮或在對宮時，地空也有化解陰煞的吉應。

六、地空喜與化科、自化科、火星同宮或在對宮，可激發彼宮思悟及名聲顯揚的吉應力。

七、地空喜與化祿、自化祿同宮或在對宮，可改善化祿宮位「過度物化」的俗氣，並從中領悟到「物化的背後尚有心靈成長的空間」。（圖三）

八、化權也喜與地空同宮或在對宮，化權的能量易導致身心勞碌，地空恰好扮演領悟的角色，激發思維領悟動靜有道的權衡之術。（圖四）

※地空與四化星涉入例解：

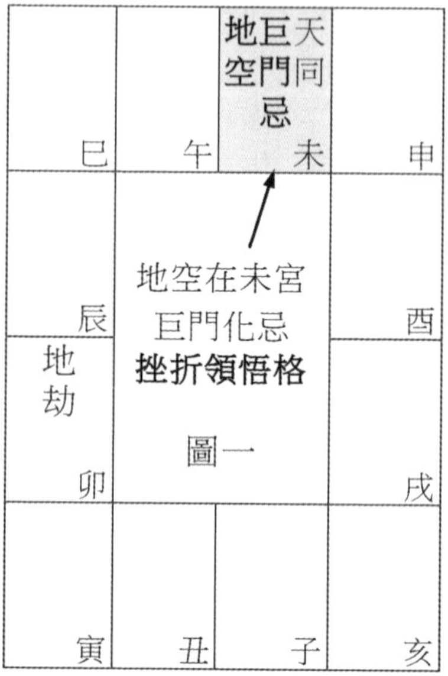
天同
巨門忌
地空
未
巳
午
申
辰
酉
地劫
卯
戌
寅
丑
子
亥
地空在未宮
巨門化忌
挫折領悟格
圖一

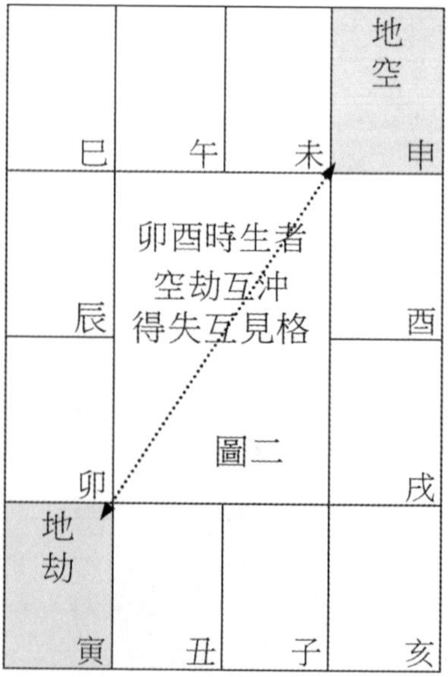
地空
申
巳
午
未
辰
酉
卯
戌
地劫
寅
丑
子
亥
卯酉時生者
空劫互沖
得失互見格
圖二

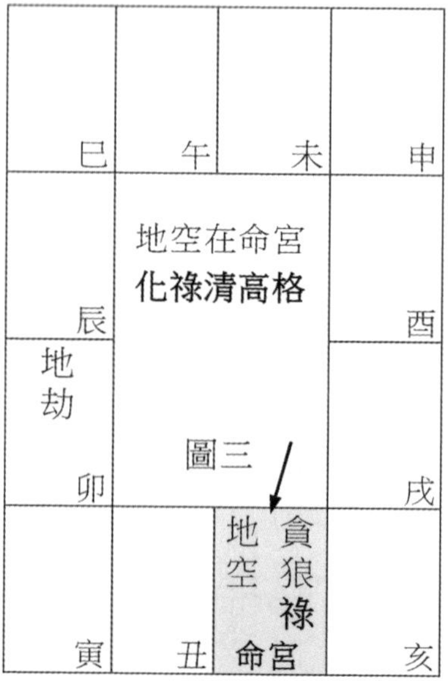
巳
午
未
申
辰
酉
地劫
卯
戌
貪狼祿
地空
命宮
寅
丑
亥
地空在命宮
化祿清高格
圖三

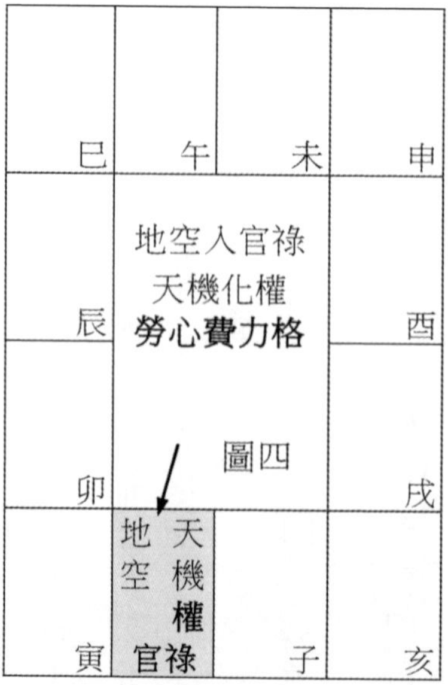
巳
午
未
申
辰
酉
卯
戌
天機權
地空
官祿
寅
子
亥
地空入官祿
天機化權
勞心費力格
圖四

七、天魁

天魁五行屬「陽火」，化氣為「蔭」，陽火相應於人體「腑的運作機能」，所謂「陽蔭」有兩層代表性的實質意義：

壹、天魁入六親宮有兩種呈象：「一是人事上受蔭的福報。二是冥冥之中不可思議的吉應力」。

一、在六親宮所入的宮位：代表彼宮位有「陽貴人」的蔭照，也就是易得「男性長輩貴人的照應」。譬如：師長、往來的長輩、主管、老闆，或甚為關照我的貴人等。

二、冥冥中的吉應力：於人事錯綜複雜的活動裡，宮中天魁有貴人的善緣來化難呈祥。

貳、天魁入**財帛**、**疾厄**、**遷移**、**官祿**、**田宅**、**福德**六宮，也有兩層意義：

一、於人事際遇裡，天魁助長該宮位以善的方面運行，對該宮位有逢凶化吉作用。

二、天魁宮位冥冥之中似有助力引導彼人往好的方面進行，似有不可思議的能量在運行著。

天魁陽火相應在人體有兩種狀態，一是在命、疾宮；二是在福德宮。**命宮**是宿命的人格特質與先天體質。**福德宮**是指彼人的精神、情緒心理狀態。命疾兩宮指「生理方面」的健康狀態。**福德宮**是面對壓力及有關財物福報的問題。以下簡列天魁在命、疾宮、福德宮來說明。

1、天魁在命、疾宮，從五行來論身體的話，則通指體熱散發和血循系統方面的問題，以《八綱論症》的「陰陽表裡寒熱虛實」來呼應論述原理，八綱看起來似乎對立，但在彼此之間又能互相制約的維持平衡，符合陰陽運行的道理，「外」與「表」是一致性，由於體內五臟六腑的暖度需散發於表，所以，凡**魁、鉞坐命、疾宮**者屬散發型的體質。譬如有人動不動就汗流滿面，或者喜喝冰冷飲料，甚至，有些人喜歡對者冷氣口來發散體熱，樂在其中，此乃屬陽實－實熱體質者，具有活潑好動的積極意志。

2、天魁在**福德宮**，以其化氣為蔭及隱顯作用來論，彼人往往有冥冥之中不為人知的福報，這裡談及的福報有以下兩種特性：

◎就福德宮而言：天魁與心靈的動力有交集之處，所以，彼人的心靈感知力強，也有人將其解讀為「第六感」，對事物見解的感知力有異於他人的獨到之處。

◎天魁能量會扶持財帛宮，因個人具有受蔭於財物的福報。

天魁不管坐落在哪個宮位，都是吉祥的象徵，在六吉星裡「天魁、天鉞」是最佳吉蔭的代表星座，無論在逢凶化吉上，或常逢貴人的庇蔭，對個人際遇具有正面提升作用。至於，有關冥冥中所感召福報多寡問題，是否與每人前世因緣有關聯呢？《佛家》有所謂：「欲知前世因，今生受者是」。《昔時賢文》也常有關於福報的記載，甚至有此一說：

命中若有終須有，命中若無莫強求。

在培植福田方面也有多管道的做法，譬如每日一善、隨緣做好事，存好心、說好話、廣結善緣……等，俗語說：

留得五湖明自在，何愁無處掛金鉤。

有些人總覺得「書到用時方恨少」，或者消極的認為「書到今生讀已遲」，但若就前世今生的過渡意識而言，應在今生努力去突破個人在某方面的困難及障礙，只要思維轉化了，宿命也就自然而然的超越了。我們之所以讓宿命擺布的緣故，主要是在於「缺乏對生命的廣度及深度的思維」，一味的拘限於個人習慣領域，隨著習性的擺布，生命能量也就隨著它消耗了。

天魁與天鉞為六吉星中的最佳拍檔，與其具有同樣吉應力的一組為「左輔、右弼」，再來是「文昌、文曲」。若以排行榜來論六吉星的吉應程度，如下列：

◎最旺：天魁、天鉞。

◎中等：左輔、右弼。

◎平平：文昌、文曲。

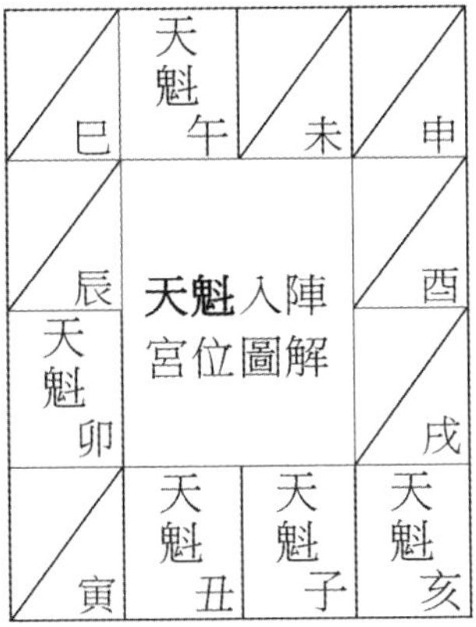

八、天鉞

天鉞五行屬「陰火」，化氣「蔭」，相應於人體臟腑為「心臟與小腸的運行系統」。

五行	經絡所屬	在臟	在腑	在竅	運作機制	相應部位	變化徵兆
陰火	心經	心臟	小腸	舌頭	血液循環	頭眼舌	暈眩、內熱

天鉞化氣為「蔭」的吉助力屬「隱性」，天魁為「顯性」特質，所謂「陰陽互根」彼此一隱一顯的相互輝映，這意謂著：每個人的運勢走向，都帶有隱顯兩方面的逢凶化吉能量，「顯」是明顯的、有張揚性的。「隱」是冥冥中具有感應的助力，以上呈象皆可在生活中體驗得到。

◎**天魁─陽─顯性**：陽性的吉助力，有如冥冥之中男神的庇蔭、男性的長輩貴人、蔭我的師長、老闆、主管、醫師等，即使年齡相近者也不在此限。

◎**天鉞─陰─隱性**：隱性的吉助力，有如冥冥之中女神的庇蔭、女性長輩或貴人、逢遇助我度過困境的師長、老闆、主管、醫師等，即使年齡相近者也不在此限。

若有「**魁鉞**」任何一星入「**六親宮**」時，這意謂著：彼人在「魁鉞」所入宮位有貴人的助緣、受扶持或關照的福報，基本盤的推理可通用於大限、流年盤。只要您善於運用其中奧妙之處，便能從盤中尋得「魁鉞─貴人之助」來增益個人運勢或化解所面臨的困難。若「魁鉞」坐在「非六親宮位」

時，其吉應的推理也可延伸應用。

※天鉞入陣宮位圖解：

天鉞 巳	午	天鉞 未	天鉞 申
辰	**天鉞**入陣宮位圖解		天鉞 酉
卯			戌
天鉞 寅	丑	子	亥

天鉞、天魁屬於「心經、小腸經」兩臟腑所運行的經絡管道，屬體熱散發型的體質。比如有人常覺得體內悶熱、易發汗，一旦汗水散發之後，便覺體內能量虛耗。體質上的內熱情況，通常易將體內的陽氣散發出來而不易聚守。因此，久而久之，體質易感召陰虛之症。所以，不管陰火、陽火的熱性體質表徵，需要將生理的陰陽調回原來的平衡之道，若能在平日作息、勞動、睡眠、飲食、養生保健做好調節的話，即可能遠離如上的憂患。

◎註：

一、陰火：屬心經（心包經）所循行經絡臟器的暖性，若失調節會引起的體熱現象。

二、陽火：屬膀胱經（三焦經）所循行經絡腑器的暖性，若失調節會生起的體熱現象。

《黃帝內經・五藏生成篇第十》

諸脈者皆屬於目，諸髓者皆屬於腦，諸筋者皆屬於節，
諸血者皆屬於心，諸氣者皆屬於肺，此四支八期之朝夕也。
故人臥血歸於肝，肝受血而能視，足受血而能步，
掌受血而能握，指受血而能攝。

天鉞、天魁既能逢凶化吉，就有解煞的功能，若「命宮、疾厄宮」有化忌星、落陷煞星或陰煞與「鉞魁」同宮或在對宮者，「**魁、鉞**」有消解困境的能力，也易逢善緣來將大事化小。若要具體歸納「**魁鉞**」兩星的重要特質，應與宗教信仰有關，「**魁鉞**」兩星在《封神演義》的代表人物是「南極仙翁—天魁」與「瑤池金母—天鉞」，兩星皆是天上最為尊貴的神仙，古來有不少這方面的故事與傳說。

※天魁、天鉞—命宮、遷移宮：

凡是**命宮**坐「天魁、天鉞」者，意謂著：「彼人與生俱來，帶有受父母、長者、師長、主管、老闆以及**貴人**（註一）庇蔭的福氣」。不論彼人走到哪裡，常有受人禮遇的福報，即使在逢遇逆境考驗的時候，也常能逢遇貴人來化解問題，可謂是冥冥之中常有福報來蔭。彼人經常充滿動能，展現積極企圖的特質，具有帶動及感染他人的能量，並以實際作為來影響並利益周遭的人。「**魁、鉞**」雖

是蔭星，但也帶有**高貴的氣質**（貴氣—註二），除了具有受蔭的福分外，本身也有慈善的胸懷來關懷他人，甚至，也有樂善好施的特質，本身也能成為他人的貴人，這是基於自利利他來說的。

命宮坐「天魁、天鉞」者，彼人心思具有敏感的特質，處事態度積極、穩重，想法及思維領域奇特，通常有突發奇想、創意，或偶有靈光乍現的感應力。至於，在日常事務的應對及處理上，具有高效率的展現能力。為人不但耿直、言直，也有嫉惡如仇的正義感，為人重原則，也有自我要求的個人堅持，律己甚嚴，待人卻也寬厚。

※天魁、天鉞—所在宮位的能量分配圖解：

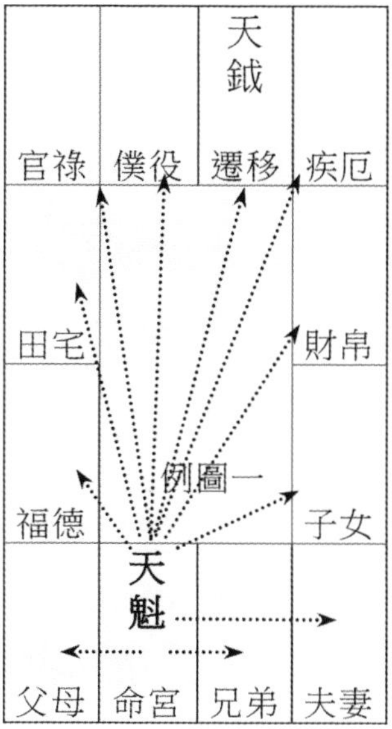

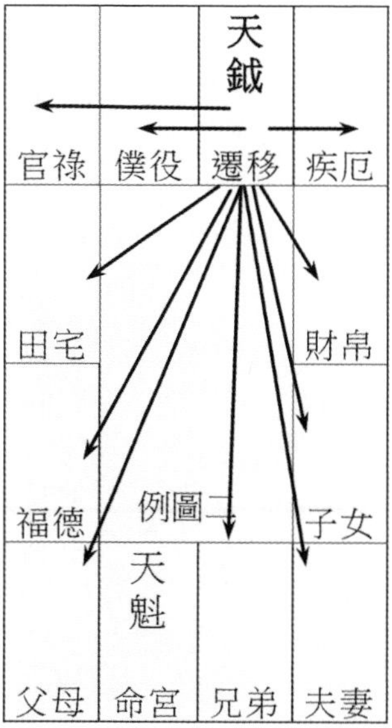

※註：

一、貴人：天魁─男性貴人。天鉞─女性貴人。

二、貴氣：此處是指：想讓自己成為有貴氣的人，或欲得貴人蔭照者，在飲食方面宜少食腥、葷之類的食物，這是因為食用過多的葷腥食物，身上會帶有葷腥的體味，往往會使得貴人在無形之中忽略了我們，豈不可惜。

◎天魁、天鉞─坐命宮、遷移宮總結：

天魁天鉞坐命宮，生來貴氣受蔭照，
自己也能蔭他人，縱使魁鉞在遷移，
蔭照能量也很強，自利利他兩兼顧，
魁鉞兩星無四化，逢忌也能解困境，
若有忌煞同宮坐，或者對宮忌煞沖，
或同宮中自化忌，或逢忌煞夾命遷，
有如解神來照蔭，逢凶化吉常受益，
凡有命遷坐魁鉞，或逢大限及流年，
受蔭也能蔭他人，逢此魁鉞善緣多，
解神處處常逢至，哲學宗教緣甚深，
心靈提升有動力，積極探索有助益。

※天魁、天鉞—父母宮、疾厄宮：

天魁、天鉞為長輩貴人庇蔭之星，當它坐在父母宮時，可謂適得其所，就連對宮的疾厄宮也受其蔭照，也意謂著：「彼人在一生行運裡，常有長輩貴人的親緣，通常能得到他們的愛護與照顧，而且與長輩互動融洽。在求學時期，也易得到師長們的照顧及鼓勵，在親切中建立師生情誼。在職場上，通常能得到客戶、主管、老闆的賞識與提攜，甚至被賦予重任。雖擁有常逢貴人的機緣，彼人也能將此能量回饋他人，對於後進也有提攜照顧的雅量，具有自利也利他人的情懷。

父母宮坐「魁、鉞」的能量匯入疾厄宮時，在彼人飲食、坐息、勞動及健康狀態，也能得父母親細心的照顧，在偶有不適或就醫時，通常能得到「良醫藥」的際遇與照護，痊癒可期。另一方面，從宗教角度來論「魁、鉞」的話，個人的健康狀況，除了須倚賴醫師的照護外，禮佛、拜懺、禪修、誦經、持咒、冥想、佈施、迴向、讀經、唸佛等等活動，均有益於彼人身心靈的整合。

疾厄宮可將「天鉞、天魁」的五行之火套用在**心經**、**小腸經**所循行器官的運作機能上，為了詳實說明這方面的論述，以下摘錄《內經》相關載文來輔助說明。

《黃帝內經．素問．五臟生成篇》

心之合（一）脈也，其榮（二）色也，其主（三）腎也。

肺之合皮也，其榮毛也，其主心也。

肝之合筋也，其榮爪也，其主肺也。

脾之合肉也，其榮唇也，其主肝也。
腎之合骨也，其榮發也，其主脾也。（發：髮也）

◎註：

一、「**合**」：即配合之意。

二、「**榮**」：五臟狀態表現於外在的色澤，可由肉眼觀察而得知。

三、「**主**」：五臟之間有相互制約的作用，有制之以平衡之意。

《黃帝內經・素問・五臟生成篇》

是故多食鹹，則脈凝泣（一）而變色；
多食苦，則皮槁而毛拔；
多食辛，則筋急而爪枯；
多食酸，則肉胝䐢（二）而唇揭（三）；
多食甘，則骨痛而髮落；此五味之所傷也。
故心欲（四）苦，肺欲辛，肝欲酸，脾欲甘，腎欲鹹。
此五味之所合也。

◎註：

一、「**脈凝泣**」：即血脈運行不暢通，有阻滯之象。「泣」字有「澀」之意。

二、「**胝䐢**」：皮厚而皺縮。

三、「**唇揭**」：嘴唇有掀起之意。

四、「**欲**」：相應之意。

色味當（註）五臟：白當肺、辛；赤當心、苦；青當肝、酸；黃當脾、甘；黑當腎、鹹。故白當皮，赤當脈，青當筋，黃當肉，黑當骨。

◎註：「**當**」—相合，有合宜之意。

《黃帝內經・素問・宣明五氣篇》

※五勞所傷：久視傷血，久臥傷氣，久坐傷肉，久立傷骨，久行傷筋。是謂五勞所傷。

※五味所禁：辛走氣，氣病無多（註）食辛；鹹走血，血病無多食鹹；苦走骨，血病無多食苦；甘走肉，肉病無多食甘；酸走筋，筋病無多食酸。是謂五禁，無令多食。

◎註：「**無多**」—不可多食或過之。

《景岳全書・鬱證》

凡五氣之鬱，則總由乎心，此因鬱而病也。

《三因方・五勞證治》

五勞者，皆用意施為，過傷五臟，五神不使寧而為病，故曰五勞。以其盡力謀慮則肝勞；曲運神機則心勞，意外致思則脾勞；

預事而憂則肺勞；矜持忘節則腎勞。

〈醫學真傳〉

喜、怒、憂、思、悲、恐、驚，謂之七情。七情通於五臟：喜通心，怒通肝，憂通肺，悲思通脾，恐通腎，驚通心與肝。故七情太過則傷五臟，七情內傷則有所虧損，療之不易，須視其何臟獨傷，觀其色，察其脈，驗其形神，詳其太過與不及，而後調濟之。

※註：此段在於詮釋個人情緒作用與健康息息相關，若要讓身心處在調和狀態，凡事應適度且要有所節制，這是基於陰陽平衡以及互為消長的道理。

◎天魁、天鉞坐父母宮、疾厄宮總結：

父母宮中坐魁鉞，父母貴氣福分濃，
疾厄宮中坐魁鉞，有疾良醫來照護，
兩宮相對互加持，於人行運助益多。
魁鉞逢祿父母宮，承蒙父母施蔭德，
敬順父母與師長，出外貴人常逢至。
疾厄宮中坐魁鉞，飲食不缺福報好，
回饋父母有孝心，師長老闆蒙其利，
唯於飲食當節制，葷腥厚味有濁氣，
內火上升易浮躁，熱症欲調不容易，

蔬果舒食有益處，尋醫對治也容易。
魁鉞逢權父母宮，父母照應頗用心，
唯宜順勢以柔應，調己心性來適應，
唯於坐息易失調，宜應改善來預防。
父疾魁鉞科星坐，或者兩宮相會照，
常逢貴人來照應，父母良醫可同論。
父疾魁鉞煞忌臨，或由對宮忌煞沖，
父疾宮中自化忌，父母飛忌入命宮，
命宮飛忌入父母，疾宮飛忌入命宮，
命宮飛忌入疾宮，疾宮化忌飛父母，
父母飛忌入疾宮，三宮飛忌互涉入，
魁鉞蔭氣受牽制，於人行運易起伏，
父母說親也似疏，貴人在前擦身過，
生來勞碌有隱疾，似病非病難調和，
若能知己之行運，當得思量來對治，
一者當敬順父母，冥冥之中身調和。
二者習養生之道，動靜權衡要有常。
三者愛生也護生，見人行善生歡喜。

四者隨緣量力施，知時知量在發心。
五者日日念念善，斯力將能迴己身。
六者謙虛以應事，貴人無處不逢至。
七者當思父母恩，念念感恩思回饋。
如上建議有七項，知而能行是智者。

※天魁、天鉞—兄弟宮、僕役宮：

天魁、**天鉞**臨**兄弟宮**意謂著：「在兄弟姐妹之間或與我往來密切的友人，不乏有蔭照我者，彼人在能力所及之處，能適時伸出援手並帶動我的成長。或彼人人際關係佳，擁有廣泛的人脈資源，心地樂善好施，在眾人中具有高雅、貴氣、剛毅直言的特色，所到之處帶有蔭照他人的福氣。

天魁、**天鉞**坐**僕役宮**，在一般人際往來裡，往往有比我年長的友人（包括同事），常受其關照與提攜，對個人運勢有加分的效果。

◎總結：

兄僕宮中坐魁鉞，手足情誼受其蔭，
人際往來之友人，不乏貴人來關照，
本命大限或流年，人生行運有助益，
善順其勢得助力，逢凶化吉無不利，

魁鉞兩星無四化，縱遇陷煞忌來侵，
蔭氣仍有其效力，貴人處處常蔭至。

※天魁、天鉞—夫妻宮、官祿宮：

天魁、天鉞坐**夫妻宮**意謂著：「配偶（伴侶）是自己一生中的貴人，他（她）有蔭照我的能力與福氣，而且，對方也願盡其所能的協助個人成長，邁向善的境地。或對方的貴氣也能蔭及家人，並將心思投入在家庭經營上。彼人在外的運勢發展，有常逢長輩貴人的際遇，也能將受蔭的能量回饋他人，不但心地善良也樂善好施。（註：以夫妻宮立太極，即成為配偶的命宮，原盤的官祿宮即轉換成配偶的遷移宮—紫微取用神論。）

夫妻宮的對宮為**官祿宮**，兩宮有互為影響的作用力，當「天魁、天鉞」坐在任一宮位時，會將其蔭氣匯入對宮，形成一股互為助長的能量。因此，夫妻宮或官祿宮若無陷地煞星（羊陀火鈴）、陰煞、空劫、化忌與其同宮或在對宮的話，則成立以下兩種互相助長格局：

一、**魁鉞在官祿宮**：個人在工作、事業發展上，常有逢遇老闆、貴人的際遇，或易逢他人賞識與提攜的機緣。彼人雖然注重工作表現，但也能兼顧到配偶（伴侶）的日常生活，也願以個人才智來引導對方成長，同時也注重心靈互動的默契。

二、**魁鉞在夫妻宮**：配偶（伴侶）是我生命中的貴人，凡在職場發展上，通常能得到對方的支持與協助。

官祿宮坐天魁、天鉞代表著：「在彼人職場上，常有人際往來的貴人，也能得到他們實質的關照，甚至，在逢遇困境挫折時，冥冥中常有貴人出現來助度難關（年紀相當或比我年輕者，如果對方是主管、老闆、決策者，也可以魁鉞星稱之）。另一方面，在求學過程，官祿宮也可視同求學運勢，可從此宮位結構和星性組合狀態，來推測彼人讀書、應試、升學的運勢。

對於是否能得主管、老闆的賞識提攜，可從父母宮來進一步分析，其實天魁、天鉞也有如同父母吉蔭的含意。魁鉞坐**官祿宮**也意謂著：「彼人求學過程或在職場上，通常有靈光乍現的感應，並能從中領悟某種道理，當然也易得師長、老闆的關照與提攜的機緣」。

◎總結：

夫妻官祿兩宮中，彼此照應有關聯，
魁鉞坐宮有福氣，也能益及於對宮，
兩性相處有默契，事業亦能蒙其利，
婚姻事業兩兼顧，如魚得水相照應，
命坐魁鉞貴人多，大限流年若逢至，
宜當善加來把握，有助行運好運至。

※天魁、天鉞—子女宮、田宅宮：

天魁、天鉞在**子女宮**意謂著：「子女中有與生俱來受長輩疼愛、關心的福氣，由於子女具有這方面的貴氣，也就有常逢師長、貴人蔭照的福分。（註：貴人—師長、主管、老闆或凡施恩予我而不求回報者。）子女宮的對宮為田宅宮，兩宮位彼此有連動的影響關係，這股能量帶來家庭和諧的氣氛，有助於家庭的興旺。

田宅宮坐天魁、天鉞表示著：「彼人在家中常得父母及長輩關照，天魁為父親也指男性長輩。天鉞為母親也指女性長輩，甚至，與家常相往來的人物裡，也不乏長輩的疼愛。在家中或有宗教信仰的氛圍，為家庭增添敬天信佛的道風，或在往來宗教場所方面有探索生命意義的動力。

田宅宮坐魁、鉞也可將其含意延伸到個人的公司、辦公室、工作場所，也代表著：「在個人的職場環境裡，不乏有關照我的主管、老闆，而個人也有受其賞識提攜的機緣，可謂是職場上常逢貴人的象徵」。（註：若無忌煞同宮或沖入、自化忌，應是工作穩定的格局。）

◎總結：

子田宮中坐魁鉞，生來受蔭福分濃，
長輩貴人常逢至，自己也能蔭家人。
子女可喻為後輩，職場則為部屬運，
田宅公司運順遂，子女員工也和順，
家宅以及不動產，學校公司屬田宅，
魁鉞當令化蔭氣，縱遇忌煞可化解。

※天魁、天鉞—財帛宮、福德宮：

天魁、天鉞坐財帛宮意謂著：「有關個人的經濟狀況、財務管理、收支方面等，往往有貴人蔭照的福氣，縱使在逢遇困境時期，也不乏有貴人出面襄助以度過難關。或個人在賺錢管道上，往往有左右逢源的好際遇（得到老闆、客戶的照應），帶來有利的資源與經濟效益。彼人也有樂善好施的善心來幫助有緣者，因為能常植福田的緣故，所以，冥冥之中的財運受到福德宮的庇蔭，形成一個利他也自利的善性循環」。

福德宮坐天魁、天鉞代表著：「彼人注重身心靈的調適，對於所面臨的挫折壓力，通常有紓解的管道，心胸也較為豁達。甚至，在心靈成長方面，也有積極探索的動力，帶點哲學思維或有宗教方面的信仰。在靈感方面，偶有靈光乍現、思路流暢活潑、有創意及發明的洞察力，帶有悲天憫人的胸懷。對於生命存在意義的探索，頗有超乎常人的探索動力。至於，在個人的財運上，常有受蔭的福氣」。

◎總結：

財福兩宮坐魁鉞，財物經常有福報，
魁鉞化祿坐財福，或財福宮自化祿，
財福兩宮及命宮，化祿互飛好福氣，
三宮相互來助長，財帛福祿常隨身，
若能惜福且善施，常植福田有福人。
魁鉞化權在財福，雖有貴人蔭財利，
唯為錢財費心思，奔波勞碌難得閒。

魁鉞化科財福宮，或財福宮自化科，
財福兩宮科互飛，悟解凡事不與爭。
若煞忌坐財福宮，或由對宮來沖入，
兩宮牽制有影響，憂愁苦惱總為財，
若有魁鉞來解圍，逢凶化吉度難關，
若能知己之行運，當思良策來改善，
一者惜福且愛物，常植福田行善事。
二者常習靜定課，心思穩定神氣足。
三者理財要保守，當思賺錢頗辛苦。
四者福報各不同，凡事要有同理心。
五者擁財不慳吝，善施能恰到好處。
一切關鍵在認知，需有毅力來施行。

九、恩光

恩光五行屬「**陽火**」，化氣為「殊恩」，有受他人禮遇之意，「陽火」為明顯的、張揚於外的，因此，凡恩光所入陣的宮位，彼宮位就帶有受蔭的特質，此星雖不列入六吉星系列，但它的作用顯而易見，唯在面對「忌煞侵臨」時，解煞的力道稍嫌不足，但它還是一顆吉祥的星座。恩光若坐六親宮位時，它的呈祥能量就會顯現在彼人日常生活上，這六親宮是：「命宮、兄弟宮、僕役宮、夫妻宮、父母宮、子女宮」，**恩光**坐在哪個宮位，就由彼人承蒙**恩光**的能量。以下將恩光坐在十二宮的呈象簡略說明。

一、在命宮：不管走到哪裡，常得他人禮遇，也常有逢貴人或經歷特殊的生命體驗，帶來多彩多姿的人生。

二、在父母宮：父母中有備受禮遇者，也常有帶給他人好處及利益的機緣。

三、在兄弟宮：彼人在家中備受父母疼愛與苛護。

四、在夫妻宮：配偶或伴侶承蒙關愛與疼惜，享有被蔭照的福分。

五、在子女宮：子女承父母恩澤，得到親情的關愛與照顧。

六、僕役宮：在同事或往來友人裡，彼方常備受禮遇，集好處於其一身。

※恩光入陣十二宮圖解：

恩光	恩光	恩光	恩光
恩光	恩光入十二宮		恩光
恩光			恩光
恩光	恩光	恩光	恩光

恩光的吉祥特質也會隨著「大限、流年」轉動，所以，隨著時空的變動**恩光**的呈象明顯且易於觀察體驗，在運程走向具有穩定的特質。以下將「**恩光**」坐非六親宮的特性簡列如下：

一、在**遷移宮**：凡出門在外，備受禮遇，彼人的生命活動多彩多姿。

二、在**財帛宮**：於財物管理應用上，常有逢遇他人資助的好緣，或在逢遇財務困境時，往往有特殊際遇來紓解困境。

三、在**疾厄宮**：常有逢遇美食的好緣，或在個人身體有恙時，常能逢遇良醫藥的善緣，也有得到醫者關懷與細心照料的福報。

四、在**官祿宮**：在職場上常逢好緣及備受禮遇來成就自己，帶來加分效果。

五、在**田宅宮**：喜愛家庭和諧熱鬧的氣氛，本身也受家人的關愛。

六、在**福德宮**：冥冥中有福報的感應：一是財物。二是精神糧食，也就是心靈上的滿足感。三是冥冥之中承受殊勝待遇的福澤，而且常有「感應隨至」的好福氣。

恩光坐命遷宮中，行運易遇好因緣，
若在疾厄宮中時，得遇善緣好醫藥，
父母宮有恩光坐，父母常得受禮遇，
師長上司及老闆，皆可以父母宮論，
財宮恩光得助緣，不無小補度小月，
福宮恩光最殊勝，想必前世種善緣，
心靈冥冥有感應，遇困自有貴人至。

十、天刑

天刑五行屬「**陽火**」，化氣為「刑」，有「剋」之意，以下就三個層面來論：

一、就人事面來說－天刑入六親宮：

◎命宮：易生莫名的失落感而鬱鬱寡歡，或身體帶有舊傷、隱患。

◎兄弟宮：手足情誼在互動上有受挫的距離感。

◎夫妻宮：兩性互動在認知上有莫名的疏離感。

◎子女宮：與子女或部屬互動的挫折感。

◎僕役宮：人事往來上的無力感。

◎父母宮：父母之間的價值觀有認知差距，以及與父母互動因挫折產生的疏離感。

二、就運勢面來說：

◎財帛宮：財務管理易招莫名耗失之患。

◎遷移宮：在外行動易感召碰撞刑傷。

◎官祿宮：在學業、職場上往往有失落感。

◎田宅宮：在家裡、學校、公司、工作場所等，往往有不安定的躁動感，或者心情受到情境的約束而產生不樂感。

三、就健康與精神面來說：

◎疾厄宮：

一、勞碌難閒或有坐息失調的過度勞累現象。

二、熱性體質，屬於陽氣耗散型，所謂「陽氣」是指展現生命活力的動能。

三、心血（淋巴）小腸納受與消化系統要重視養生保健。

四、有舊傷、血循（炎症）問題或有難察隱患。

◎福德宮：在心理層面上，面對挫折與壓力的調適欠佳，情緒難得開朗。

「天刑」是一顆頗具變數的星座，它與陰煞有異曲同工之妙，兩者屬於陰性的一面，它們的特性及變化難以捉摸，逢運時就會進入相應宮位隱隱發動，對治頗費心思。

天刑與化忌、自化忌、陰煞、地劫、落陷羊陀火鈴同宮，此類格局易助長**天刑**的威勢，使得彼宮位面臨壓力。（如圖例一～四）。

◎也有能夠化解**天刑**的格局，它們帶有化難呈祥的助力，如下列：

一、化科（自化科）與天刑同宮或在對宮─化難呈祥。（圖例五～十）。

二、天梁化科的解煞威力不可忽視，是最吉祥的象徵（圖例六）。

三、得地火星、地空與天刑同宮或在對宮為解煞格（圖例七）。

四、天刑與天魁、天鉞、左輔、右弼同宮或在對宮─化難呈祥。（圖例十）

※天刑入陣的牽制格局例解：（圖例一—四）

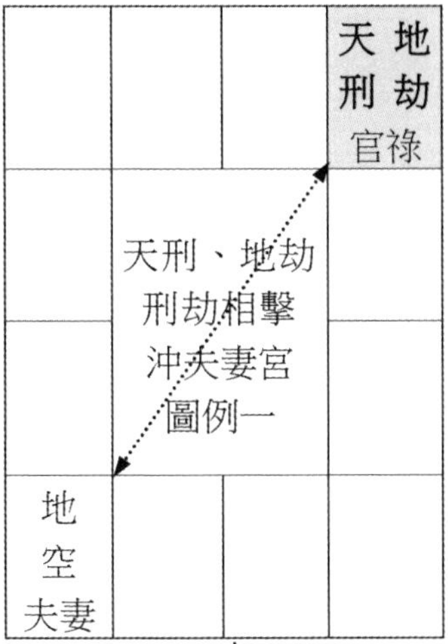

官祿宮天刑、地劫同宮形成擊刑格局，對宮的地空來沖，彼人在學業、事業或工作上常有挫折感。

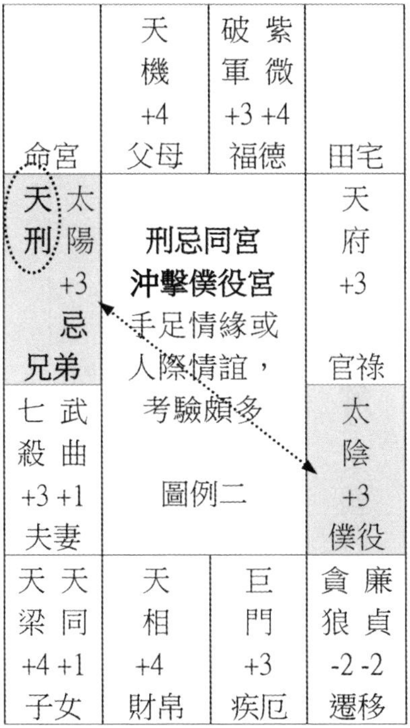

※化解天刑入陣的吉應例解：（圖例五~十）

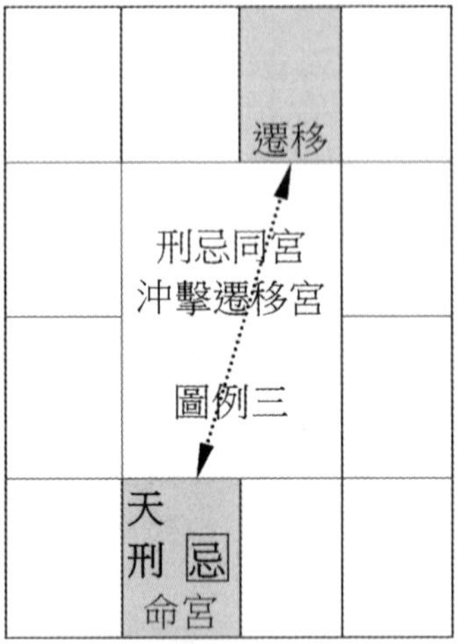

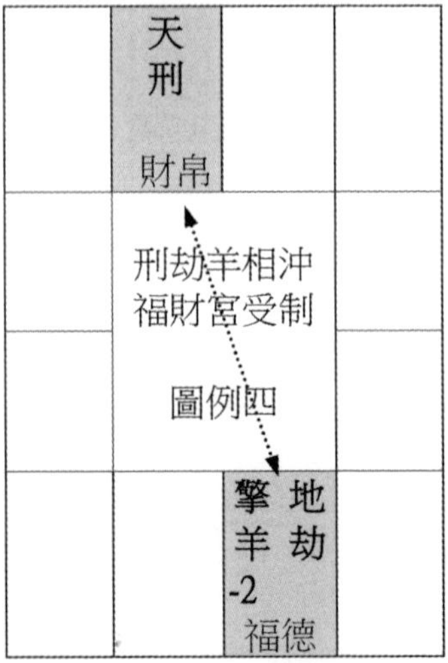

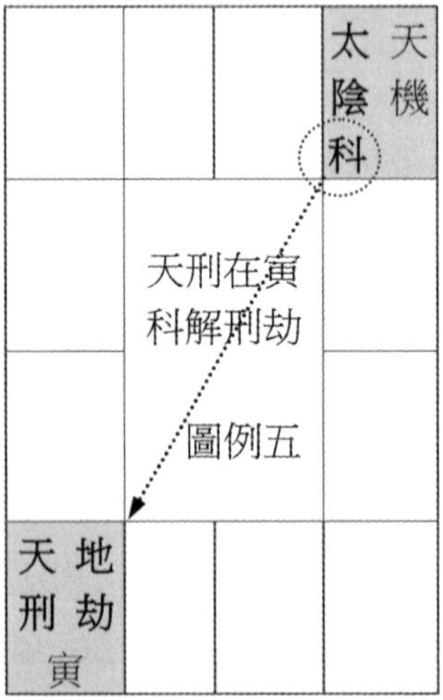

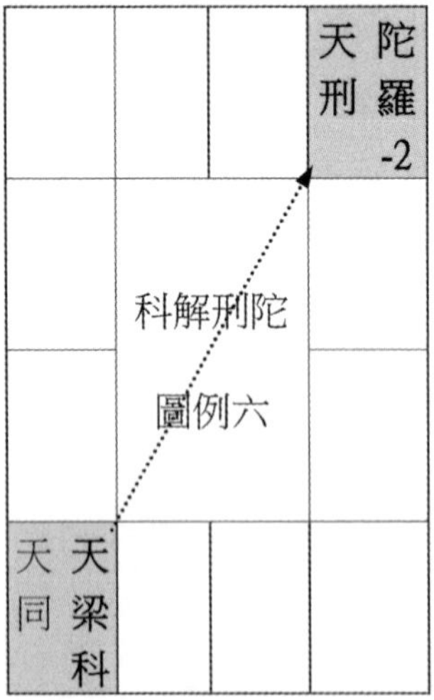

七殺 +3
擎羊 -2
武曲自化科
解天刑壓力
圖例九
天府 +4
武曲 +3
天刑
甲子

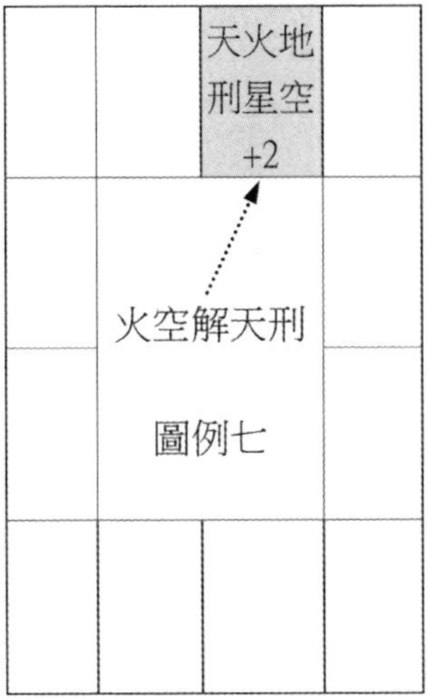
天刑
火星 +2
地空
火空解天刑
圖例七

貪狼 +3
天魁化解
天刑的威脅
圖例十
天刑
天魁
紫微

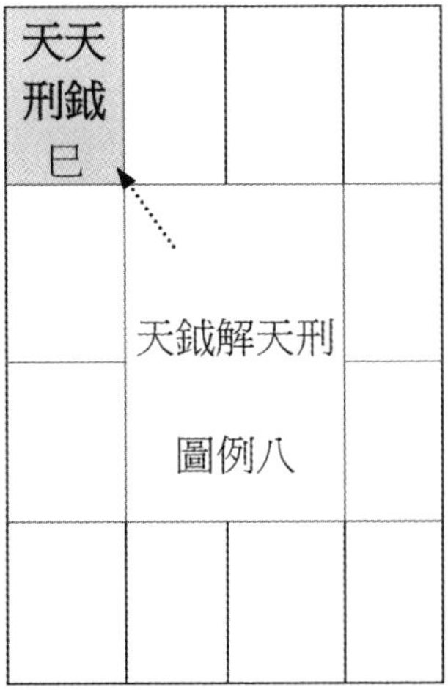
天刑
天鉞
巳
天鉞解天刑
圖例八

⊙屬火星系—本篇總結：

太陽廉貞及火星，空劫鈴星魁鉞刑，
五行屬火分陰陽，太陽廉貞有旺陷，
火星鈴星要分明，若在陷地要對治，
地劫入陣之宮位，煩勞身心難得閒，
地空感情易受挫，從中領悟來脫困，
天魁天鉞主吉應，入何宮中皆吉祥，
天刑化氣主刑傷，顯隱作用難防備，
甲年生人太陽忌，甲宮天干有太陽，
此局太陽自化忌，太陽對宮見甲干，
太陽化忌回頭剋，遇甲流年亦同論，
甲的四化很重要，廉貞化祿破軍權，
武曲化科力稍弱，太陽化忌招煩惱。
丙年生人廉貞忌，宮中若坐廉貞星，
對宮又見丙宮干，形成廉貞回頭剋，
廉貞宮位坐丙干，此局廉貞自化忌，
丙年洽逢廉貞忌，五行屬火化氣囚，
若在命疾主心臟，小腸與心經呼應。

火星陽火主動力，活力旺盛有企圖，
鈴星陰火也同論，入哪宮位可推論，
一者命宮對遷移，二者疾宮對父母，
三者福德對財帛，命宮為宿命狀態，
疾宮身體健康否，父母宮中很重要，
福德宮中主心理，冥冥福報在其中，
各宮結構及格局，本宮對宮會影響，
祿權科忌四化中，若見化忌自化忌，
須得留意來改善，不可疏忽或漠視，
吉星化科能解厄，冥冥自有善緣至，
世事洞明皆學問，人情練達皆文章，
平日習得養生法，念念善意在日常，
常行迴向常內省，宿命得轉運勢通。

⊙本章總整理：（星性五行屬火者的相關論述略同）

◎五行：火。

◎臟腑：心臟、小腸為君臣相依。

◎五臟：心臟為臟，小腸為腑。

◎經絡：心經、小腸經及其循行經絡的器官。

◎運行機制：血液循環系統—心經。小腸經—消化。

◎相應部位：心臟。小腸。眼睛。頭部。舌部。肛門。頭髮。淋巴腺體。

◎變化徵候：心臟—血行系統。小腸—納受及消化機能。

◎五神：心藏神。（主生命能量場）

◎行竅：上竅在眼、在舌，下行走小腸。

◎天干地支：丙丁、巳午。

◎羅盤：丙午丁位。

◎卦象：☲離卦。

◎卦數：先天卦為離三。後天卦為離九。

◎方位：南方。

◎顏色：紅色、紫色。

◎奇門宮位與表色：離宮、九紫。

◎奇門八門：景門。

◎奇門九星：天英星。
◎六神獸：朱雀。

第九章

五行屬「土」的星系算病

一、紫微星

紫微星系的帶領者，五行屬「陰土」，相應於人體的「中宮」，中宮為脾胃統理全身運作的樞紐，人們飲食及納受消化的能力強，其他臟腑也得到滋長，氣力旺盛精神好，在人生運勢的全面發展上，具有加分的效果。健康是活力的泉源，反觀一個常處於虛弱狀態的人，無論做什麼事總是提不起勁，往往會影響人生的鬥志與企圖。

在臟腑陰陽屬性裡，「陰者屬臟，陽者屬腑」，土之陰即是陰土，陰土屬「脾經」及其循行器官的運作，一般所謂的「脾氣」不好，主要是指脾經運作機能所引起的障礙，所以，我們也常把脾氣不好歸納為腸道與消化問題。脾為陰土，胃屬陽土，一陰一陽就好比君臣相依，君在幕後發號施令，臣子奉命執行任務，所以，兩者不可或缺，至關重要。

「**奇門遁甲**」祕術的九宮陣列裡，中宮屬土，數序為五，在《易經—河圖、洛書》數序「五」也是中宮所在。「土」為五行之本，世間一切萬物依土而生，土中含有「金性」，可從土礦中提煉出金屬，堅固難摧的「金屬」在遇到相應的殊勝條件時，會將金性固化之物溶解出來，以前常聽人說滔沙可煉成金，採礦可以將礦物中的金屬提煉出來，現在也有聽說採集礦山所流出的泉水，透過某種科技的淬取能將金屬還原出來，至於，未來煉金術要發展到什麼樣的地步也未可知。

土中含水滋養一切萬物，土中也含藏火性具有暖性的特質，火山即是地底蘊藏巨大熱源的火庫，因此，土是五行之首，具足與金水木火相融合的體性。中宮五行屬土其數為五，可用左列圖表來說明五行之間的摩盪關係。並從基本邏輯論理套入《紫微斗數》宮位結構的狀態來應證。

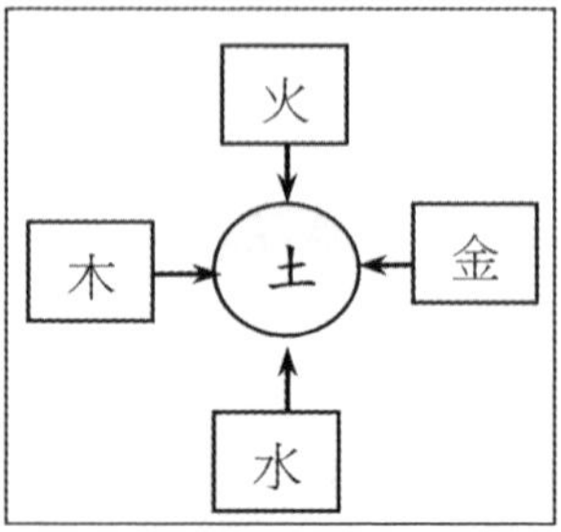

一、木無土不能生存。
二、火無土不能煉化。
三、金無土不能聚。
四、水無土不能含蓄。

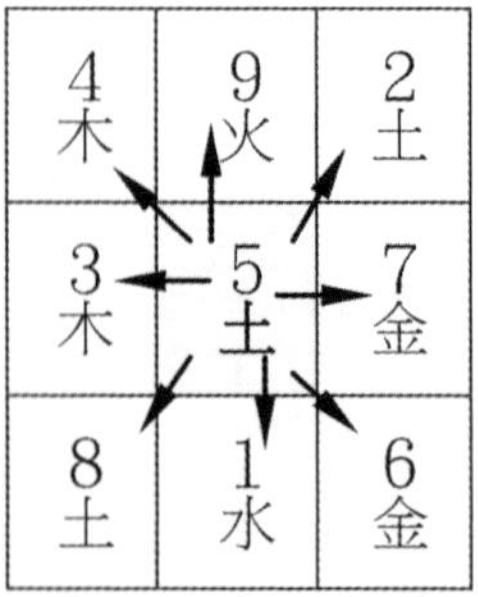

奇門九宮數序

中宮土涵聚木火金水的特性，比如：土中可長養植物形成樹木之林，攝住水分防止土石流失，土中含有金屬礦物成分，依環境差異及土質變化也有所不同。一般來說，冬天氣候雖然寒冷，但其土質溫暖含藏火性，這是因為「冬至一陽生的道理」，夏天的氣候雖然炎熱火旺，但地氣易耗散，這是「夏至一陰生」的緣故。

紫微、天府、天梁、左輔、祿存等屬土的星性均有相應於人體臟腑的運作機制，由命盤宮位的星性組合結構，可從中解讀個人在健康方面的旺衰狀態。

《黃帝內經・素問・陰陽應象大論篇第五》

中央生溼，溼生土，土生甘，甘生脾，脾生肉，肉生肺，脾主口，其在天為溼，在地為土，在體為肉，在藏為脾，在色為黃，在音為宮，在聲為歌，在變動為噦，在竅為口，在味為甘，在志為思。思傷脾，怒勝思。溼傷肉，風勝溼；甘傷肉，酸勝甘。

◎意譯別解：人體的中宮為脾胃所在，為人飲食進入儲存及消化所在，含藏人體所要的養分，水分佔其中重要的比例，適度的飲食甘甜之味有益於脾胃的運作，使身體的肌肉得以滋長，肺經的運行也因此得到助長。脾臟的上行竅在口，口是飲食進入的通道，透過嘴唇的觀察可瞭解一個人脾氣運行以及胃腸納受的能力。若要論及天氣變化的話，環境中本來就含藏著水分，溼度是維持萬物生存的環境要素，若要論及大地的含藏功能，土地的承載之德是說不盡的。屬土的性質，相應於人體主全身肌肉的發展，若要論及相應身體器官的話，脾臟就是屬土的總開關，相應於土性的顏色為「黃色」，在音律或演奏的部分屬「宮音．土性之樂」，表現在聲音的變化上則為唱歌，脾臟運作若出現一些問題時，在徵兆的顯現上就有「噦—因胃氣不順而打嗝」的現象。脾臟相應於人們在思慮的情緒表現上。人若思慮過度，不知節制的話，這種思慮情緒就會反過來影響脾臟的運行。

若有因思慮過度而損傷脾胃運作機能的話，可應用情志療法來激發彼人的正義感，或者抒發憤憤不平的情緒，不平之鳴可使彼人情緒宣洩出來，這是基於以陰陽五行的「木氣」來制約「土氣」

阻滯難行的**情志療法**。

常處在溼氣過重的環境裡，容易使人消瘦下來，當遇到這種情況的時候，可引導彼人在居住環境裡要注意空氣流通及濕度的問題，這樣可以改善因溼氣過重所導致的種種疾病。以上是基於應用陰陽五行「木剋土，土剋水」的原理。木主風氣的流動，土若溼重，風的流通可以制衡溼氣使環境中和。有些人喜歡吃甘甜之物，但若嗜吃成性的話，彼人看起來就會瘦瘦的，這是因為飲食太過所產生的問題。

※紫微星相應五行歸類表：

方位	中
季節	長夏
氣候	濕
品類	土
五畜	牛
五穀	稷
五音	宮
五色	青
五味	甘
五氣	香
五臟	脾
九竅	口
五體	肉
五聲	歌
五志	思
病變	噦
病位	脊

《黃帝內經・金匱真言論篇第四》

中央黃色入通於脾，開竅於口，藏精於脾，故病在舌本。其味甘，其類土，其畜牛，其穀稷，其應四時（註）……是以知病之在肉也。其音宮，其數五，其臭香。

◎註：**四時**—指的是每年農曆三月、六月、九月、十二月。

※紫微星入陣十二宮圖示：

◎星性強度：＋4為廟地。＋3為旺地。＋2為得地。0為平地。

七殺紫微	紫微	破軍紫微	天府紫微
天相紫微	紫微星入陣圖（圖一）		貪狼紫微
貪狼紫微			天相紫微
天府紫微	破軍紫微	紫微	七殺紫微

紫 +3	紫 +4	紫 +4	紫 +3
紫 +2	紫微星曜度（圖二）		紫 +3
紫 +3			紫 +2
紫 +3	紫 +4	紫 0	紫 +3

紫微為甲級星之主，也是盤面推演的主角，在奇門遁甲術數裡，可將紫微星比喻為帝王，在十天干中以甲為統領之首，「遁甲」是將「甲行尊的紫微星隱而不現」，以確保甲尊的權威與安全性。

《紫微斗數》是以**紫微星命名的生命預測學**，與奇門遁甲有其相通之處。

《紫微斗數》除了各宮位星性組合及結構之外，四化與飛星作用是其中的菁華，唯紫微的四化只有：

◎紫微**化權**。　◎紫微**化科**。

紫微不化祿是因為**紫微**是眾祿之主，紫微化權是得到權勢的象徵，既然手握權柄當然要勞碌奔波，不但要消耗體能，也要費盡心思。所以，若命宮、遷移、財帛、疾厄、官祿、田宅、福德宮有「紫微化權」者，彼人便會將生命能量投入其中，忙不得閒。（圖一）

紫微化科是形象及名聲的象徵，「化科」是煞星的剋星，凡有「陷地羊陀火鈴」、「地空、地劫、陰煞、化忌、自化忌」同宮或在對宮時，**紫微化科**可有效化解所面臨的困境。（圖二）

紫微不化忌，但在逢遇忌煞星侵襲時，有以下兩層意義：

一、紫微和忌煞同宮或由對宮沖入，對紫微宮位的運勢形成某種牽制的能量。（圖三）

二、紫微的前後宮位若有忌煞星相夾，將會形成「**夾擊之刑的格局**」。（圖四）

※紫微入陣運勢消長格局例解圖一～四：（大限、流年適用）

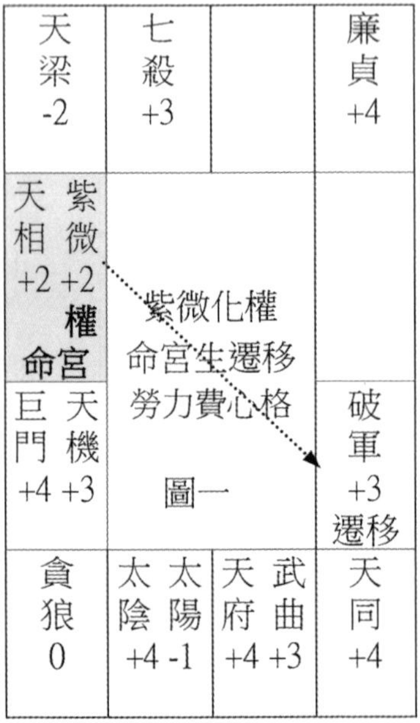

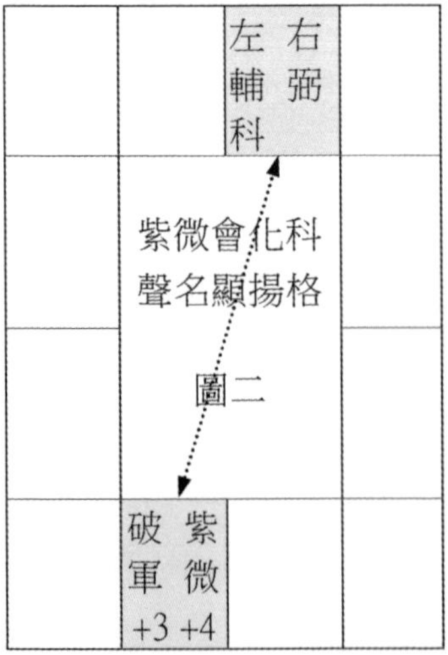

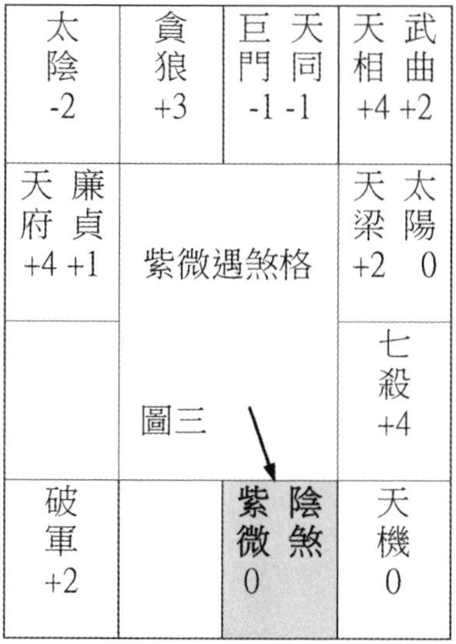

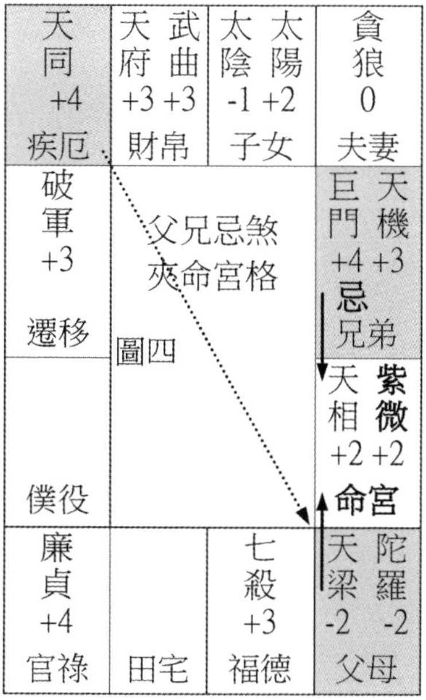

◎本篇結論：

紫微入彼人命宮，化氣為尊性剛毅，
眾人之中受注目，領導統御有氣質。
紫微化科坐命宮，或者紫微自化科，
生來乖巧人疼愛，博學多聞學識佳，
個性剛柔能並濟，處事融洽人讚賞。
命疾紫微與天刑，頭痛疾患要預防，

命疾紫微與陷煞，或有化忌劫陰煞，
或見對宮忌煞沖，腸胃納受與消化，
宜習養生來調適，頭痛暈眩要對治。

命疾坐紫微化科，身體協調自安然，
稍有不適尋醫治，自能痊癒身康泰。

命疾坐紫微化權，平日活動能量強，
勞動坐息及飲食，凡有炸食高油脂，
宜當節制多蔬果，避免頭痛及暈眩，
坐息反常耗體能，日久過勞不可取。

福財宮中坐紫微，生來有財物福報，
物質生活喜高調，唯在金錢耗費多，
心思常趨向時尚，唯其內心也孤獨。

福財紫微與天刑，或有陷煞忌同宮，
或見陷煞忌沖入，若有地劫及陰煞，
種種格局為不美，於人財運有阻滯，
理財須記一字守，可於日常行善事，
心善處處皆是善，冥冥福報自感得。

二、天府星

天府星系的帶領者，天府星可比喻為後宮之主，有皇后的雅稱與威權，化氣為「令」掌理後宮人事，**天府**屬「陽土」，陽者為腑，胃腑為脾臟之臣屬，因此，凡盤面有天府入**命宮**或**疾厄宮**者，可以「胃腑」為納受消化的運作機能推論之。

※天府在十二宮及曜度分布圖：

天府	天府武曲	天府	紫微天府
天府廉貞	天府星入陣圖（圖一）		天府
天府			天府廉貞
紫微天府	天府	天府武曲	天府

府+	府+3	府+4	府+2
府+4	天府星曜度（圖二）		府+3
府+2			府+4
府+4	府+4	府+4	府+2

《黃帝內經・陰陽應象大論篇第五》

天有四時五行以生長收藏，以生寒暑燥溼風。

人有五臟化五氣，以生喜怒悲憂恐。

故喜怒傷氣，寒暑傷形。暴怒傷陰，暴喜傷陽……。

◎意譯別解：天地之間有四季節氣的運行，有陰陽五行的運轉而有了生發、茂盛、收成與蘊藏。在氣候呈象上有寒、暑、燥、溼、風的變化，以及季節交替所產生相應的現象。從人體陰陽五行來說的話，五臟的功能運化出五種氣化的作用，這些氣化作用影響我們日常生活喜怒悲憂恐的五種情緒表現。因此，人若驚喜過度或是突然發怒，這兩種喜怒太過的情緒，就會傷到我們身體運行的陽氣，而陽氣是生命運轉的能量。若不知寒冬與炎夏的養生保健，若感召寒暑之病，身體就會消瘦下來。再說突然動怒的人，往往會損傷到他的臟腑。對突然面臨驚喜而不知所措的人來說，往往就會耗損他的陽氣，生命之氣一旦有所損耗，對身體是會造成影響的。

※天府星逢忌煞舉例圖解：

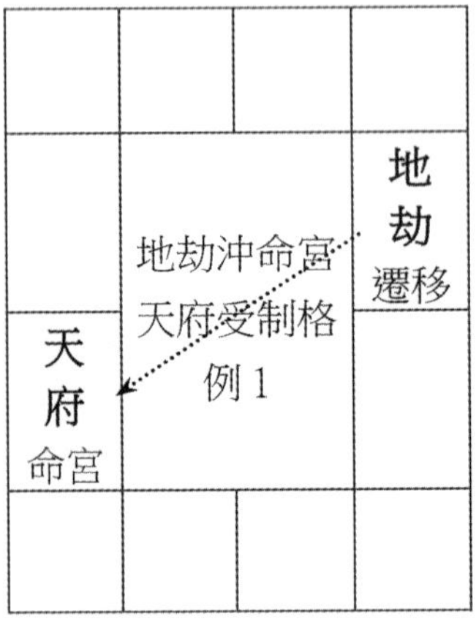

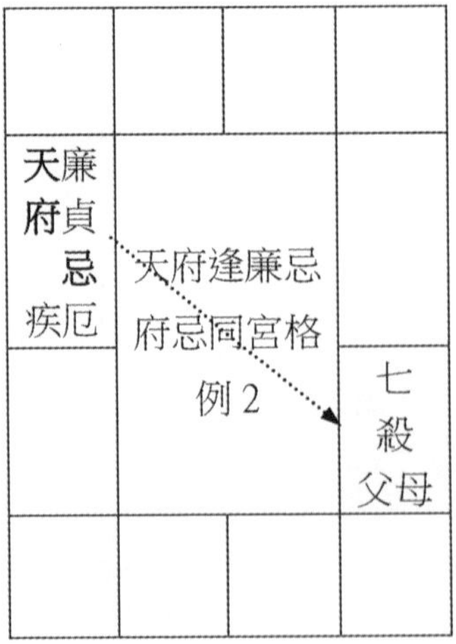

天府與**紫微**兩星在四化裡不化忌，這並不代表著兩星沒有敵人或障礙，相反的，凡無四化的星座最懼化忌、陷煞、地劫、陰煞與其同宮或對沖，因此，我們可以推論說：「無四化的星座在遇到忌煞侵臨時，顯然招架的能力有所不足」，唯獨「天梁星」例外。在「十天干」輪值不化忌以及無四化的星計有下列：

壹、甲級星：

紫微─不化忌。

天梁─不化忌。

破軍─不化忌。

天府─無四化。

天相─無四化。

七殺─無四化。

貳、六吉星─不化忌：

天魁　天鉞　左輔　右弼

參、**天府**若有下列格局者，宜發揮個人智慧來改善所面臨的種種考驗：

一、化忌星與天府同宮或在對宮沖入的格局─例一。

二、陷地羊陀火鈴、空劫、陰煞與**天府**同宮或在對宮，形成擊刑之勢─例二。

三、與天府同宮的其他星座，在本宮位形成自化忌，或對宮自化忌形成回頭剋─例三。

四、**天府**在四馬地─寅申巳亥，若與陀羅同宮形成囚困格局，因陀羅化為暗忌─例四。

※天府逢忌煞格局例解：

例一

天機 0	紫微 +4		破軍 +2
七殺 +4	天府宮位 廉貞化忌		
天梁 +4 太陽 +4	例一		**天府** +4 **廉貞** +1 **忌**
天相 +4 武曲 +2	巨門 -1 天同 -1	貪狼 +3	太陰 +4

例二

天府 +2 **地空** **地劫**	太陰 -1 天同 -2	貪狼 +4 武曲 +4	巨門 +4 太陽 +2
	天府宮位 空劫同宮		天相 -2
破軍 -2 廉貞 0	例二		天梁 +4 天機 +1
			七殺 0 紫微 +3

例三

天相 +2	天梁 +4	七殺 +4 廉貞 +1	
巨門 -2	天府坐辛宮 文昌自化忌		
貪狼 +1 紫微 +3	例三		天同 0
太陰 +3 天機 +2	**天府** +4 **文曲** **文昌** **忌** 辛丑	太陽 -2	破軍 0 武曲 0

例四

七殺 0 紫微 +3			
天機 +1 天梁 +4	天府宮位 坐四馬地 陀羅同宮 折足馬格		破軍 -2 廉貞 0
天相 -2	例四		
巨門 +4 太陽 +3	貪狼 +4 武曲 +4	太陰 +4 天同 +3	**天府** +2 **陀羅** -2 亥

如上所列圖例推理原則，在前章已有諸多論述及相關表解。本章所論述的屬土系星座，相應於人體為「脾胃納受的消化系統」，若有格局不美者，宜尋求改善方法來調整因應，遠離身心的憂患。茲摘錄相關載文予以參考：

《黃帝內經・六節藏象論篇》

脾胃、大腸、小腸、三焦、膀胱者，倉廩之本，營之居也，名曰器，能化糟粕，轉味而入出者也，其華在唇四白（註），其充在肌，其味甘，其色黃，此至陰之類，通於土氣。凡十一藏，取決於膽也。

◎意譯別解：脾胃、大腸、小腸、三焦、膀胱等器官，它們是貯藏食物納受水穀、消化及氣化的開關，各司其職。由於它們的運作機制屬於營運功能。所以，也是營氣產生的處所，這些器官能將飲食水穀之物轉化五味來吸收其養分，並且將消化及氣化成糟粕的排泄出來。以上器官在臉部的顯色上，通常表現在嘴唇四周。因此，可以從觀察嘴唇四周的色澤榮枯，來推論脾臟胃腑所顯現的盛衰問題。在實際運行功能則充實在全身的肌肉，五味屬於甘甜，在五色顯現上為黃色來相應人體臟腑中宮的腹部位置，中宮以承受飲食五味陰濁水穀之物為主。所以，把它們歸屬於至陰之類，這是因此它們的特色皆通於土性，與五行土氣相通，在四時季節上與長夏及四季土相應，所謂「四季土」是指：春三月、夏六月、秋九月、冬季十二月。在全身的五臟六腑之間，如果膽經功能運作順暢，這所有的臟腑便得其助長而生機活現。若要知道十一個臟腑之間的運作機制如何，最主要的關鍵還是以膽腑為主要的控制樞紐。

◎註：四白─口唇四周的白肉。

◎本篇總結：

紫微天府不化忌，最懼化忌同宮坐，
也畏宮位自化忌，或者對宮化忌沖，
若有陷煞及空劫，不論本宮或對宮，
侵襲總是困擾多，陰煞不可來忽視，
或者前後兩宮中，忌煞相夾受牽制，
夾擊之刑苦難言，忌煞沖來考驗多，
如上格局得留意，須尋良策來改善，
人生順逆總有時，對治得當運勢轉。
命疾天府忌煞臨，身體肌肉易消瘦，
脾氣受制要疏通，腸胃保健很重要，
飲食坐息合常道，偏食營養易失調，
天府屬土能生金，胃若不順氣不足，
平日思慮宜節制，過度傷脾食不消，
暖性飲食屬火性，借火生土無不可，
脾胃若健中氣足，日常活動能量足。

三、天梁星

天梁星五行屬「陽土」，化氣為「蔭」，凡天梁所入陣的宮位，均有逢凶化吉的功能，且對於化忌、陷煞、空劫、陰煞有制衡及化難呈祥的助力。天梁在四化中有化祿、化權、化科，沒有化忌的原因在於天梁本身即有化解忌煞的能力。因此，不管天梁坐在哪個宮位，它的蔭氣能量是存在的，天梁入陣的宮位雖有得地與落陷之分，但其吉蔭能量仍能適時發揮消災解厄的效應，以下將天梁入陣的盤局以圖解來說明。

※天梁星入陣及星性曜度分布圖：

天梁	天梁	天梁	天同 天梁
天機 天梁	天梁星入陣圖（圖一）		太陽 天梁
太陽 天梁			天機 天梁
天同 天梁	天梁	天梁	天梁

梁 -2	梁 +4	梁 +3	梁 -2
梁 +4	天梁星曜度（圖二）		梁 +2
梁 +4			梁 +4
梁 +4	梁 +3	梁 +4	梁 -2

天梁星的算病推理可參考前篇天府星的論述，兩星體性為五行同類的「陽土」，唯在盤面推演上的格局變化不同而已，兩星的差異是：

一、**天府星**無四化，最懼忌煞同宮或在對宮形成忌煞沖入格局，這是因為不參與四化的天府星，其星性本身抵擋忌煞的能量較弱，因此，只要天府所在宮位不美，就會對本宮運勢形成牽制的能量，這就好比敵軍隨時在監視我們的一舉一動，總覺得不自在，頗為令人困擾。

二、**天梁星**的特質恰與天府星互異，天梁的蔭氣不管所在宮位得不得地，其蔭氣是具足的，唯能量的強弱取決於四化及忌煞是否同宮或由對宮沖入的問題。

◎天梁化科：不懼忌煞，它是最吉祥的化難呈祥星座。

◎天梁化祿：相應在飲食及財物方面受蔭力強，雖具化難解危的能量，但比化科略遜一籌。

◎天梁化權：化權能量主要展現在生活各個層面上，主觀意志強，面對繁雜瑣事多勞累的原因，在於化權者掌控性強，所耗費的能量也較多，在消解困境方面也次於化科。

己年生者「天梁化科」，壬年生者「天梁化祿」，乙年生者「天梁化權」，凡在這三年出生者，祿權科會進入彼人的相應宮位，其能量也會將吉蔭力傳輸到對宮。至於，在論及大限及流年的部分，只要盤面一轉動，宮位結構也就呈現了動態，四化值星與宮位也隨即形成旺衰吉凶的呈象，只要時空變動，凡是天梁所入陣的宮位與彼人運勢走向是息息相關的。

除了基本盤外，「大限」走向可定出每「十年」一運的大限盤，盤面十二宮也就隨著轉動，天梁所在宮位具有化解危難的吉祥能量。還有「**己**」的宮位為天梁化科的加持位，當己宮—化科飛入天梁宮位時，將會引動吉助能量去化解該宮位的困境。

※如圖例解：

福德宮坐地劫具有某種程度的牽制能量，影響心理層面及財運，唯宮干「己—天梁自化科」飛入對宮形成回頭生的格局，這意謂著：改變思維，即可化解為財所困的局面。俗語說，「觀念轉個彎，生命無限寬」。

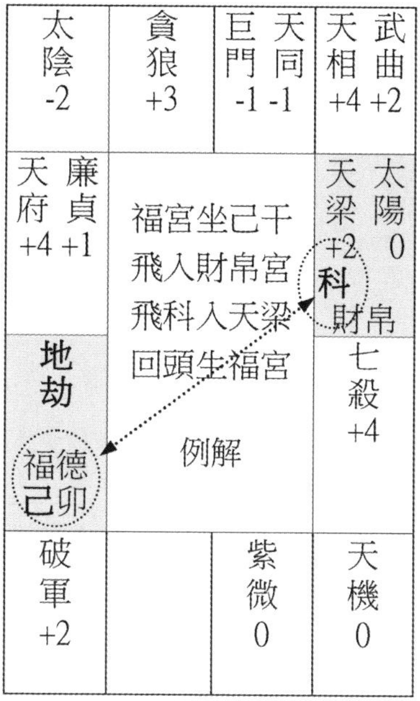

天梁星五行屬土相應於人體「脾胃」，屬「中宮」帶有與火相生的特質，「火能生土」係屬相生的循環，因此，在飲食納受消化上，就得注重心臟及血循系統的養生保健。以下引用《內經》載文來輔助說明「土系星座」在算病上的論理。

《黃帝內經・金匱真言論篇第四》

中央黃色，人通於脾，開竅於口，藏精於脾，故病在舌本，其味甘，其類土，其畜牛，其穀稷，

其應四時，上為鎮星，是以知病之在肉也，其音宮（註），其數五。其臭香。

◎意譯別解：居於人體中央的胃部，在五行以「黃色」為主要的代表色，**中宮屬土**是一切萬物生長的源頭，木無土不能生發，水無土不能令萬物得到滋養，火無土不能保有溫暖之性，金無土不能鍛鍊成金……。脾與胃好比是君臣關係，人們的飲食乃由口入。所以，脾開竅在口，透過納受與消化將其菁華交予脾臟來做分配的工作。因此，若脾胃功能出現了問題，可以觀察彼人的舌象，來推論脾胃的旺衰程度，並從中尋求改善之道。五行屬土的臟腑在五味以甘甜來相應，大地物類以土為其主要的分類及象徵，以牛來做為五行屬土的代表性動物，以五穀高粱代表五行屬土的禾類。相應於四時季節則在每年農曆三月、六月、九月、十二月，這四個月相應於春夏秋冬的四季土。若要論及天上星辰，則以土星為最具代表性的星座。總之，一個人的脾胃若出現了問題，他的肌膚就會消瘦，因為飲食的納受與消化不良所致。若要論及在音樂的表現上，則把「宮音」歸類於五行屬土之樂，「宮」有「中宮」之意，位於人體中宮的臟腑就是脾胃，以五做為屬土的代表數字。在五氣屬性上，則以香氣來呈現五行屬土的味道。

※註—「其音宮」：

宮樂是指將演奏音樂的屬性歸納於五行屬土的領域，土性之樂的音調柔和而有沉穩特性，在樂器裡古琴、大提琴、管風琴可說是頗具代表性的樂器，比如二十六弦古箏，它的低音階部分，亦有類似於古琴的韻味，彈撥起來，低調沉穩，令人有「身心安定」的舒暢感，剎那間，煩惱好像被拋諸九霄雲外一般。為什麼「宮音」對身心放鬆能起如此的相應作用呢？因為「宮音」的音調其體性屬於穩重、安定、不浮躁、祥和，有如大地之土能承載萬物一般，聆聽宮音易令人進入靜慮與輕安的境界。

常用於「土樂」之中的演奏樂器有：「古琴、馬頭琴、蕭、巴烏、葫蘆絲、熏、排笛等等」，也有以大提琴做國樂演奏的低音 BASS 節奏（管風琴也是表現宮音的好樂器），在樂團演奏當中，「宮音」土性之樂在伴奏上是不可或缺的，它的音律能調和整體音樂的穩定度與平衡感，帶給聆聽者一種安適、沉穩、放鬆、寧靜、安定的意境。

自古以來的養生家、儒家、道家、攝生術者、文人墨客，甚至有關禪的學者們，他們對於「土性之樂」特別鍾愛，無論彈奏或聆聽，易令人由「養靜」以致於進入「相忘」的境界，這是透過音樂展現寧靜之美的途徑。

傳說「孔子」是撫琴高手，在古琴演奏的境界高深莫測，「孔子」學琴於「師襄子」，因一曲《文王操》而悟道，終於領悟到「周文王」經世情懷與濟世的寬廣胸襟，可見「孔子」不但精於古琴，尚通達於古琴意境與詮釋，其背後蘊含著「孔子」定力深厚與養靜的功夫無與倫比。古琴大師樂聖師曠一生的感人故事，也非常人所能比擬，所以，從「宮音」的特性說來，我們可把「土樂」的特性歸納成下列幾個要點：

一、土性之樂給人穩定、安全與舒暢的感受。

二、土性之樂帶給人一種踏實以及寧靜之美。

三、土樂能帶引情緒安定，進而激發創意，靈感頻現。

四、土性之樂能紓解日常因壓力所造成的躁動不安，或者在焦慮、失眠、頭痛、腸胃方面的不適感，具有安定身心的作用。

五、土樂可調和因長期過度思慮傷脾胃的問題，舒緩中氣。

六、聆聽「土樂」可克制並調和因情緒不安所產生的驚悸、恐懼與躁動感。

七、「土樂」是自古以來智者所喜好的樂音之一，它為修習靜定者所鍾愛。

土性之樂，音聲穩重，柔順低調，不卑不亢，音律入耳，調和情志，舒緩躁動，隨安隨定，土樂入脾，可引食慾，調和中氣，安定神志，不令外馳，靜慮之中，激發創意，生機無限。

四、左輔星

左輔星五行屬「陽土」，化氣為「助力」，屬於六吉星系中富有能量的星座，與「右弼」形成陰陽一對，如前篇對「陰土、陽土」相應在人體身心方面已有說明外，左輔星若入六親宮時，它有很好的吉應力。若入陣在「遷、財、疾、官、田、福德」六宮，也有它各別的代表性意義，以下就左輔星在各宮的主要特性來說明之。

一、左輔在**六親宮**：這六個宮位均視同為**助緣**，也就是說左輔在「命、父、兄、夫、子、僕」任何一宮，有利的助緣就在那個宮位。本命盤、大限、流年，凡**左輔**所入陣的宮位具有相應吉祥的能動力。

二、左輔在**命宮**：個人頗具主動關懷他人的「能動性」，為人大方有豪氣且頗具熱心，才藝俱佳，不管走到哪裡常能逢遇善緣，而且常有平輩貴人襄助的好福報。若在身體有恙時，也易逢遇良醫診治。

◎註：左輔的「陽土」相應在人體為「胃的納受與消化系統」，脾與胃君臣相依，脾為陰土，所以，左輔若入「命宮或疾厄宮」，對於彼人的腸胃納受消化，具有很好的調節功能。

三、在遷移宮：出門在外常逢有利助緣，平輩的貴人多，由於人際往來互動熱絡，待人誠懇，心思敏銳，籌謀事務通常有很好的效率。若身體有恙時，往往能得到良醫藥的善緣。

四：在財帛宮：左輔是吉祥的象徵，財帛宮有財源不絕的福報，也意謂著：「賺錢或受財蔭有多管道的來路，左右逢源」。錢財是維持生命體所需的重要物質基礎，此宮位涉及每個人一生運勢的盛衰與成敗。

五：在疾厄宮：日常生活的起居坐息，往往能在動靜之中取得平衡之道，六吉星入此宮位對疾厄宮有加分效果。因此，若身體有恙時，如能尋醫診治，通常有很好的福分，使身體痊癒或舒緩症狀。至於，左輔在疾厄宮也有另一層意義，那就是彼人在身體有恙時，往往會尋求嘗試以另類醫療或保健飲食，來達到所謂**輔助療法**的效用。

六：在官祿宮：於職場上具有工作的熱誠、耐心與毅力，通常有輔佐主管、老闆的能力，由於吉星蔭在官祿宮，彼人思維及籌謀劃策能力佳。左輔也意謂著在工作上，能獲得左右逢源的助力，由於人事常逢善緣，所以，往往有很好的人脈資源。

七：在田宅宮：擁有兩份以上的房地產福報，家運有興旺之兆，吉星入宅也意謂著福星高照，彼人是家中的得力助手，對家庭成員甚為呵護，因為，田宅宮左輔吉氣匯入子女宮使家中成員受其蔭照。

八：在福德宮：彼人的心靈與精神生活層次有多管道的自我成長方式，學習領域及範圍廣闊，博學多聞。在休閒方面也有紓解身心的管道，在面臨壓力或疑惑時，通常能逢遇善緣來開解心思，化解囚困之境。

※左輔星在六親宮簡義表解：

左輔星座	五行	化氣	主	四化	
代表含意	土	助力	行善令	壬年化科	不化忌
	輔佐、樂觀、熱誠、主動、積極、和諧、忠厚、善良、自我肯定的能力強、包容、體諒、博學、常逢善緣、逢凶化吉、化難呈祥……。				

※左輔入陣十二宮圖解：

左輔 巳	左輔 午	**左輔** **右弼** 未	左輔 申
左輔 辰	**左輔**入陣宮位圖解		左輔 酉
左輔 卯			左輔 戌
左輔 寅	**右弼** **左輔** 丑	左輔 子	左輔 亥

◎左輔參與「化科」輪值，左列是「壬年」四化與化氣呈象：

壬干四化：化氣

- 天梁化祿—蔭德。
- 紫微化權—尊權。
- **左輔化科—助力**。
- 武曲化忌—寡宿。

左輔宮位有化解挫折的吉助能量，**左輔**不管坐哪宮位皆吉。在吉星論理認為：「夫妻宮若坐**左輔**、**右弼**會將吉氣匯入**官祿宮**，甚至，當彼人在事業上逢遇挫折時，冥冥之中有逢凶化吉的際遇，也可推理彼人在職場的人脈有左右逢源之象。如左例：

※左輔、右弼入陣的虛擬格局：

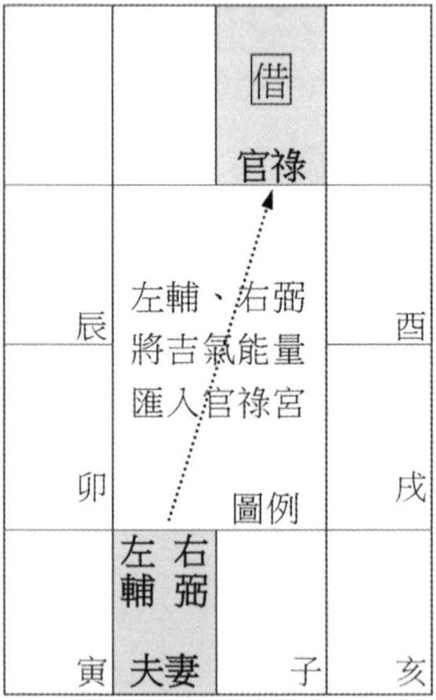

◎**本篇總結：**

左輔右弼入命宮，博學多聞有氣質，
為人頗具熱心腸，心性耿直帶剛毅，
利己利他也吉祥，若於身體有恙時，
常逢良醫藥好緣，療癒舒緩身心爽。

左右若在遷移宮，出外處處逢善緣，
平輩貴人常逢至，化難呈祥好處多。

左右若在疾厄宮，得遇醫藥好福報。

左右若坐父母宮，承受父母來蔭照，
父母宮位如師長，等同上司與老闆，
常承他們來關照，堪為是個好格局。

左右若坐財帛宮，財物資源來處多，
若遇財物窘境時，冥冥之中有蔭福。

左右若坐福德宮，才思敏捷創意多，
思維左右逢源處，帶動財運好處多。

◎**五行屬土的歸納：**

顏色：黃。

居位：中宮。
臟腑：脾胃。
開竅：口。
藏精：脾。
病兆：唇部。
經絡：足太陰脾經。足陽明胃經。
所傷：胃痛、腸鳴、腹脹痛、腹瀉、胃酸、胃潰瘍、胃炎、疝氣、黃疸、小便不利、月經不調等症、滯產、便尿血、崩漏、水腫、遺尿、下肢或膝蓋無力、便祕、痔瘡、思慮過多、多夢、失眠、流涎、多淚、眼疾、頭痛暈眩、唇黑頰腫、耳疾、齒痛、眼瞼抽動等。
五味：甘甜。
應物：土。
動物：牛。
食物：五穀。
四時：四季土，三、六、九、十二月。
星象：土星。
病相：瘦弱。
五音：宮音。
數序：五。

五氣：香。

在「奇門遁甲」九宮陣列裡，五行屬土的有三個宮位形成線性交集，「中宮」即是土宮所在。

茲將奇門九宮五行屬性列表參考，表中也有相應的磁場方位，讀者不妨揣摩之。

◎奇門遁甲—九宮、八門、五行屬性及方位圖：

杜門 巽木宮 東南	景門 離火宮 正南	死門 **坤土宮** **西南**
傷門 震木宮 正東	中宮 土	驚門 兌金宮 正西
生門 **艮土宮** **東北**	休門 坎水宮 正北	開門 乾金宮 西北

應用「奇門遁甲」的磁場方位來強化個人身心能量，這種學問自古以來就有了，尤其在養生術方面，在奇門九宮裡可尋得其中訊息。若彼人有腸胃納受消化機能不佳的話，除了改善生活坐息、勞動、飲食及配合醫藥調節之外，在另類養生補強法可參考「奇門遁甲」的磁場能量學。譬如：

一、**天遁**時辰及方位—諸事皆吉。

二、**神遁**時辰及方位—祈福改運。
三、**人遁**時辰及方位—人事和合，見貴人等。
四、**真詐**時辰及方位—經商開戶，大展鴻圖。
五、**休詐**時辰及方位—調養身心，和解和議。
六、**重詐**時辰及方位—引進人才，求財納財。

以上所列諸法的磁場能量、方位、日期是有邏輯走向及公式可計算出來的，通常能運用「奇門遁甲術」者，也是屬於能善用太陽、月球、地球之間的磁場作用，進而施行採其磁場之氣，並進行「**沐浴**」以加強個人身心的能量。讀者若有興趣的話，可深入探索這方面的學問，若能將它應用在日常生活上，那當然是最好不過了。現舉一例：

西元○年○月○日，當天的「子時」、「辰時」、「亥時」：

子時：休詐—能量在正北方。
辰時：天遁—能量在西北方。
申時：重詐—能量在正西方。

在以上的任何一個時辰內，確認自己所在的方位後，面向能量發動的方位有兩個小時，可採納「宇宙能量」來行「沐浴」強化個人的身心靈能量。以上是略舉「奇門遁甲」與「紫微斗數」之間有其互補之處，凡是能交叉運用者，便能從自然界裡得到宇宙能量的加持。

第十章

五行屬「金」的星系算病

一、武曲星

武曲星五行屬「陰金」，「陰者為實性」相應於人體屬「肺臟—肺經」運行系統，舉凡肺部、大腸道、呼吸道至鼻腔均屬之。茲引用《內經》資料彙整成表解以供參考。

五行	金
方位	西
季節	秋
氣候	燥
品類	金
五穀	穀
五音	商
五色	白
五味	辛
五臭	腥
五臟	肺
五腑	大腸
九竅	鼻
五體	皮毛
五聲	哭
五志	憂
病變	咳
病位	肩背

武曲屬金，化氣為「財」，當武曲入六親宮「命、父、兄、夫、子、僕」均主財勢行運的盛衰狀態，然逢「武曲化忌」在六親宮化氣為「寡宿」，帶點人情受挫或被孤立的意味，「武忌」則有財星化忌被劫之意，因此，凡為以下出生年者，彼人盤面「武曲四化」進入相應的宮位，如下列以西元年為計算單位：

◎甲年—武曲化科：

西元：一九八四。一九九四。二〇〇四。二〇一四、二〇二四年……等。

◎己年—武曲化祿：

西元：一九八九。一九九九。二００九。二０一九、二０二九年……等。

◎庚年—武曲化權：

西元：一九九０。二０００。二０一０。二０二０、二０三０年……等。

◎壬年—武曲化忌：

西元：一九八二。一九九二。二００二。二０一二、二０二二年……等。

武曲若坐「財帛、疾厄、遷移、官祿、田宅、福德」六宮，其代表意義及呈象也各有不同的特色，以下簡略說明。

一、在財帛宮：呈現財運的盛衰狀態。

二、在疾厄宮：身體勞動、飲食、坐息以及際遇感召的健康狀態。

三、在遷移宮：在外所展現的人格特質，以及在行動上的吉凶成敗與禍福狀態。

四、在官祿宮：面對求學、職場人事行運與事業發展狀態。

五、在田宅宮：居家、學校、工作場所、置產……等往來的行運狀態。

六、在福德宮：情緒心理、生命潛能以及面對壓力的精神層面問題，甚至與彼人擁有財物福報息息相關。

※武曲星入陣十二宮及曜度分布圖：

武曲破軍	武曲天府	武曲貪狼	武曲天相
武曲	武曲入陣圖（圖一）		武曲七殺
武曲七殺			武曲
武曲天相	武曲貪狼	武曲天府	武曲破軍

武 0	武 +3	武 +4	武 +2
武 +4	武曲星曜度分佈圖（圖二）		武 +1
武 +1			武 +4
武 +2	武 +4	武 +3	武 0

武曲星在四化中扮演著重要角色，它涵蓋了「祿權科忌」，在十天干入十二宮的分布狀態如左：

◎己年或宮干己：武曲化祿。
◎庚年或宮干庚：武曲化權。
◎甲年或宮干甲：武曲化科。
◎壬年或宮干壬：武曲化忌。

四化星作用是相通於大限、流年月日時，或所坐宮干為「己、庚、甲、壬」，武曲四化所飛入宮位能發揮助長及牽制力的能量，在行運呈現出來。

巨門 +3 僕役	天相 +4 廉貞 0 官祿	天梁 +3 田宅	七殺 +4 福德
貪狼 +4 遷移	命宮坐壬干 武曲自化忌 命坐武忌格		天同 0 父母
太陰 -2 疾厄			**武曲** +4 命宮 壬戌
天府 +4 紫微 +3 財帛	天機 -2 子女	破軍 +4 夫妻	太陽 -2 兄弟

武曲星全程參與四化的輪值，在不同的天干年份裡，武曲扮演著四化運勢的旺衰得失，以及成敗吉凶呈象，武曲屬於「紫微星系」的甲級星座，不管它坐落在哪個宮位，該宮位的運勢走向是一個重要指標。武曲四化入六親宮呈象：

・武曲化科：主形象、名聲—博學多聞。

・武曲化祿：主財源、物資—資源豐厚。

・武曲化權：主掌權、勞碌—主觀意志。

・武曲化忌：主耗財、憂慮—先得後失。

武曲星具有「陰金」的五行特性，陰者主人體之「臟」，相應於「肺臟器官」的運行機制，通稱為「肺經」，在《內經》有這方面的載文：

《黃帝內經・金匱真言論篇第四》

西方白色，人通於肺，開竅於鼻，藏精於肺，故病在背，其味辛，其類金，其畜馬，其穀稻，其應四時，上為太白星，是以知病之在皮毛也，其音商（註），其數九，其臭腥。

◎意譯別解：在天地的八個方位裡，西方是蘊藏金氣最足的方位，在易經的卦象裡，以西方兌卦屬金來代表這個方位的地域特性，人生於天地之間，自然有場域的方位範圍，而在我們所處位置的西方，也有五行金氣所代表特質，若將這個方位的磁場歸類於人體器官五行的話，那麼就相應於人體的「肺臟」，肺臟是氣息出入的所在，它的竅門就在鼻，一切氣息的菁華就貯藏在肺臟裡，因此，一個人若有鼻子過敏、支氣管較弱、中氣不足或偶有皮膚過敏、咳嗽的現象，這些症狀都源自於「肺的運行機制—肺經」所產生變化的徵兆，由表徵即可觀察到病兆的源頭是「肺臟」。所以，若觀察一個人的背部有不適感時，往往可從其徵兆推理到彼人肺經運行的變化。在五味以「辛味入肺」來代表相應人體的肺臟。若以物類五行來劃分的話，可以「金屬、金性特質」來代表五行屬金。在動物歸類上則以馬來代表金的屬性，在屬西方位本是產馬最豐足的地域，這是將馬歸納於此的道理。至於白也通於金性，相應人體肺經與稻穀相應。秋季與金相應。在天象則與太白星相應。若有人肺經的運行機能失調產生病象徵兆時，往往就會在皮膚毛髮上顯現出來，這是因為病在裡，反應在表的狀態。在音樂五行以金的屬性來演奏金樂，將其歸納在「商音」的領域。在數序上的代表數字是「九」，這是因為天地生成的「金屬之性」，它的基礎數是「四」須倚賴「土」來生之，而「土數為中宮，其數為五」，因此，土五生四金，總數為「九」，這是「金成之數」，只要能瞭解數序演繹的道理，就能應用在生活上的各種層面。在五種氣味的顯象上，則以「腥味」來代表五行屬金的味道。

◎註—**「其音商」**：

屬金樂器在演奏上非常普遍，二胡、嗩吶、鈸、銅鑼、罄、小號、法國號、長笛、鋼琴、三角鐵、銅鈴、小提琴等。弦樂器裡的二胡、小提琴最能觸動人們的憂思與悲情，調和內在壓抑的情緒，使身心達到紓解作用。

金性商音，入人肺腑，動人心弦，或引憂思，
金樂陰陽，陰樂入耳，感人肺腑，觸動悲情，
若久薰習，易染其性，肺氣不調，因相應故。
金樂之陽，其音活潑，提神省思，氣定神閒，
安魂定魄，令不昏沉，神清氣爽，振奮積極。

武曲不喜化忌，因武曲為財星，代表財政部長，若化忌在相應的宮位時，則彼人的財務，往往有損耗之患。另一方面，武曲化忌也化氣為「寡宿」，若坐落在相應宮位時，彼人心思往往有苦難言，或有知己難得、兩性情意難達的孤獨感。茲將武曲化忌歸納為六組宮位來呈現其格局的影響狀態。

◎武曲化忌、自化忌入十二宮：（圖例一～圖例六）

◎武曲化祿入命宮、疾厄宮例解。（圖例七～圖例九）

※圖例一—武曲化忌在命宮

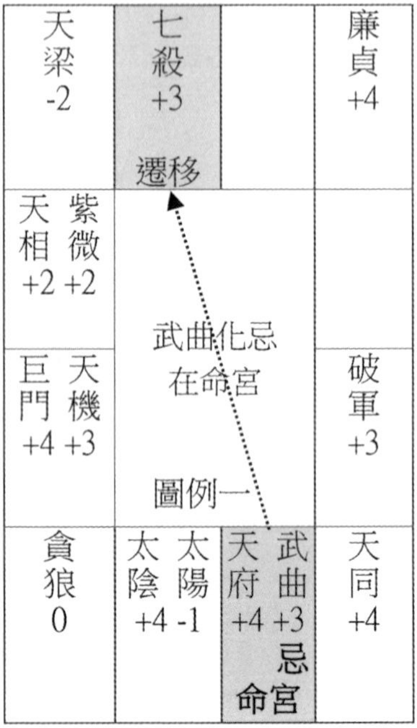

◎圖例一說明：（武曲化忌在命宮）

一、武曲化忌為「金氣耗損」之象，相應在人體「肺經」的運行機制，譬如肺臟、支氣管、鼻道、膚毛、大腸等器官，宜有養生保健措施來改善。

二、武曲化忌主情緒有鬱鬱寡歡之象。

三、命宮武曲化忌為寡宿也為耗財星座，在本命運勢上，對於財物有先得後失或債務難償之象，若逢大限、流年也同此論。

四、命宮武曲化忌沖遷移宮致使財氣外洩，於人際往來上有耗財及初善終惡呈象。

※圖例二—武曲化忌在兄弟宮

廉貞 -2 貪狼 -2	巨門 +3 財帛	天相 +2	天同 +3 天梁 -2
太陰 -2 遷移	武曲化忌在兄弟宮		**武曲 +1 忌** 七殺 +3 **兄弟**
天府 +2 **僕役**	圖例二		太陽 -1 命宮
官祿	紫微 +4 破軍 +3	天機 +4	

◎圖例二說明：（武曲化忌在兄弟宮）

一、武曲化忌為**寡宿**，在兄弟姐妹中有與我聚少離多，或彼此情分較為疏離者。

二、於往來友人裡，有先親後疏、初善終惡呈象，易因失察而感召損財過患。

三、兄弟宮化忌沖僕役宮，在人事往來上，往往欠缺有利助緣，俗語說：「在家靠父母，出外靠朋友」。**圖例二**是典型的「兄僕化忌格」，若要改善人事方面的問題，其主要原因在兄弟宮，所以說，兄弟、僕役兩宮有互為因果的密切關係。

※圖例三—武曲化忌在夫妻宮

巨門 +3	廉貞 0 天相 +4 遷移	天梁 +3	七殺 +4
貪狼 +4 **官祿**	武曲化忌沖官祿宮		天同 0
太陰 -2	圖例三		**武曲** +4 **忌** **夫妻**
紫微 +3 天府 +4	天機 -2	破軍 +4 命宮	太陽 -2

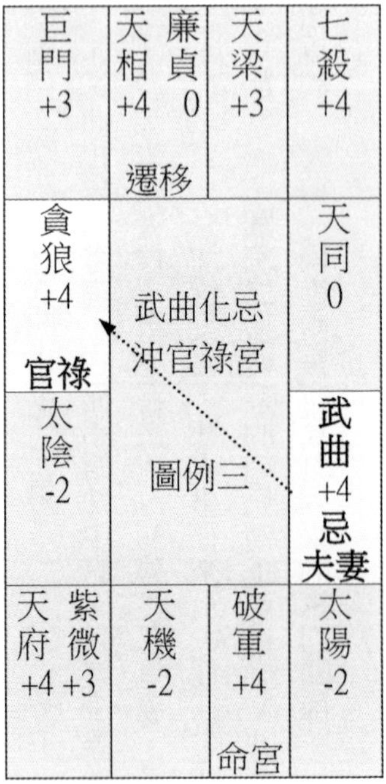

◎圖例三說明：（武曲化忌在夫妻宮）

一、夫妻宮武曲化忌意謂著：「彼此的認知與價值觀有差距，在感情上也較有疏離感，或者常為家庭財務問題而煩惱」。

二、武曲化忌沖官祿宮為「事業波動格」，在職場上有浪裡行舟之象。

※綜論：

夫妻與官祿兩宮雖遙遙相對，但彼此之間有「因與果的關係」，兩宮的任一宮位若坐化忌星時，不論本命、大限、流年，本宮及對宮的運勢都會有影響。

※圖例四—武曲化忌在田宅宮

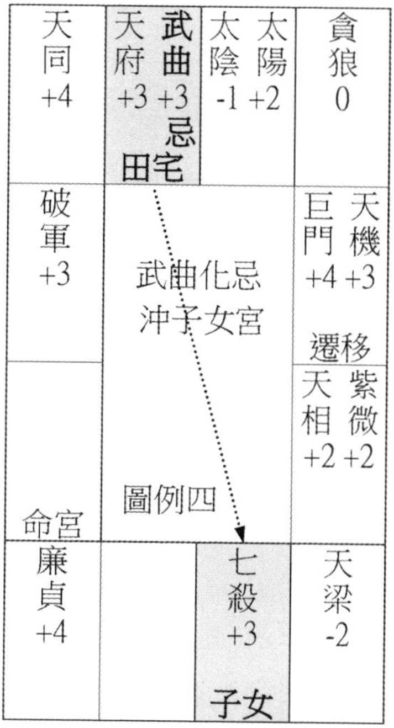

◎圖例四說明：（武曲化忌在田宅宮）

一、田宅宮有兩層意義：「一者指自己原生家庭運勢。二者是個人婚後的家運」。此局與家人有聚少離多之象，或與家人互動較有疏離感。

二、家運有起伏動盪之象，連帶影響婚後與子女的親情互動。

三、田宅宮也代表房地產、銀行，在置產方面宜有風險管理的認知。

四、加強親子互動，可化解忌沖子女宮的效應。

※圖例五—武曲化忌在福德宮

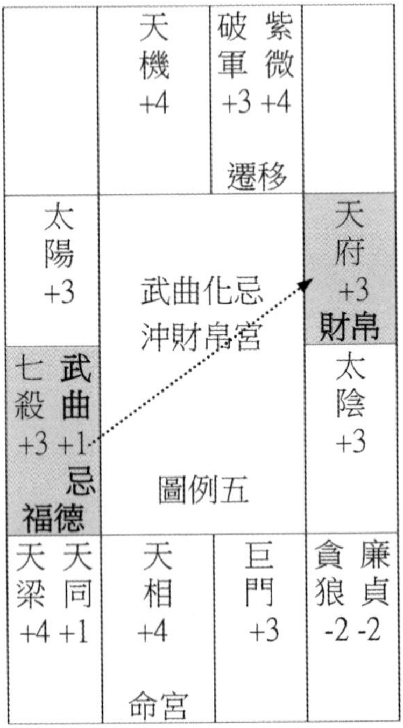

◎圖例五說明：（武曲化忌在福德宮）

一、武曲化忌「化氣為寡宿」坐福德宮，彼人心思有他人難以理解的孤獨落寞感，或者也不喜熱鬧喧嘩的場所，由於習慣獨處的緣故，所以，難得知己，內在的心緒只好默默承受，所以，難得見其開朗。

二、彼人心思常為瑣事操勞之外，也易受事件囚困導致愁憂的情緒。

三、武曲化忌帶著寡宿之氣沖財帛宮，這意謂著：「彼人賺錢辛苦，守財也不易，常為收支帶來壓力及煩惱」。

※圖例六—疾厄宮武曲自化忌

太陰 -2	貪狼 +3	天同 -1 巨門 -1	武曲 +2 忌 天相 +4 疾厄 壬申
廉貞 +1 天府 +4	圖六		太陽 0 天梁 +2
			七殺 +4
破軍 +2 父母		紫微 0	天機 0

◎圖例六說明：（疾厄宮武曲自化忌）

一、由於勞動、坐息、飲食失調，導致有過度勞累、氣虛之患。

二、要留意「肺臟—肺經」相關疾患，譬如：肺部、鼻子過敏、呼吸道、皮膚或大腸道疾患。

三、肺經上竅在鼻，下走大腸道，此兩端易因「肺經」運行機能失調而受牽累。

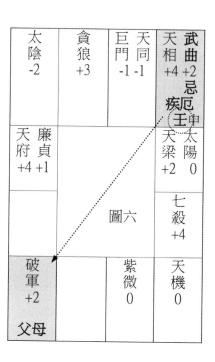

※圖例七─武曲化祿坐命宮：

破軍 0 武曲 0 **祿** **命宮** 巳	太陽 +3 午	天府 +4 未	天機 +2 太陰 +1 申
天同 0	武曲化祿在命宮		紫微 +3 貪狼 +1 酉
	圖例七		巨門 -2 戌
	七殺 +4 廉貞 +1	天梁 +4	天相 +2 **遷移** 亥

◎圖例七說明：（武曲化祿坐命宮）

一、武曲金星化祿坐命宮，表示「財星」當令，彼人運勢將會為家人帶來財運，衣食無缺。生來就有這方面的福份。

二、**化祿在命宮**行運常逢貴人，且常有**飲食之福**，不但人際關係良好，也擁有豐富的人際資源。

三、命宮武曲化祿會將「財氣」帶到遷移宮，在外容易有獲財得利的機會，為人豪爽大方，通常擁有很好的人脈資源。

※圖例八—命宮武曲化祿飛入疾厄宮：

太陰 -2 巳	貪狼 +3 午	天同 -1 巨門 -1 未	武曲 +2 天相 +4 疾厄 申
廉貞 +1 天府 +4 辰	命宮己干飛祿入疾		太陽 0 天梁 +2 酉
卯	圖例八		七殺 +4 戌
破軍 +2 寅	命宮 己丑	紫微 0 子	天機 0 亥

◎圖例八說明：（命宮武曲化祿飛入疾厄宮）

一、命宮坐「己干」武曲化祿飛入疾厄宮主飲食福分，彼人常有食祿方面的回饋。

二、既有食祿的福報，唯須注重飲食之道，避免飲食偏好所導致的慢性疾患。

三、疾厄宮是際遇感召健康狀態的宮位，若疾厄、父母任何一宮有陷煞、陰煞、化忌—自化忌形成同宮或沖剋時，縱使疾厄宮有化祿存在，也需要做好養生保健。

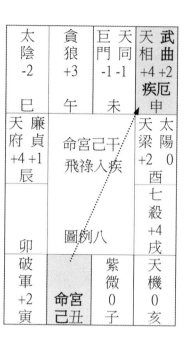

※圖例九─疾厄宮武曲化祿：

太陽 +3	破軍 +4	天機 -2	紫微 +3 天府 +2
武曲 +4 **祿** **疾厄**	疾宮化祿		太陰 +3 命宮
天同 0 遷移	圖例九		貪狼 +4 **父母**
七殺 +4	天梁 +3	廉貞 0 天相 +4	巨門 +3

◎圖例九說明：（疾厄宮武曲化祿）

一、武曲化祿匯入父母宮意謂著：「對父母甚為體貼，在能力所及之處奉養父母。

二、凡有化祿坐疾厄宮者，對父母、主管、老闆、長輩是很敬重的，也意謂著：「不管走到哪裡，在職場上很盡職，而且常有逢遇貴人的機緣，能為上司或老闆帶來實質的效益」。

（註：若有忌煞同宮或沖剋時，彼人就會有力不從心的無奈感。）

⊙四化在十二宮交會變化及化科作用：

化科入相應宮位為「**逢凶化吉格**」，譬如在十天干的「甲年、甲月、甲的宮干」等，化科宮位即使有忌煞同宮或由對宮沖入，「化科」能緩解忌煞的衝擊力，發揮「**忌煞隨科走**」的呈祥作用，有關四化、陷煞的交易變化有如下數項推理。

※本宮或對宮互有四化的交集呈象：

一、祿隨忌煞走—先盛後衰格。

二、權隨忌煞走—勞碌難成格。

三、忌煞同宮—困而受制格。

四、祿隨權走—盛勢勞碌格。

五、祿隨科走—守成悠閒格。

六、權隨科走—動靜權衡格。

七、忌煞隨科走—逢凶化吉格。

俗語說：「十年一運，好壞照輪」，似乎是人們一生在時空流動裡「所起的現行作用」，雖然禍福吉凶似有定數，但在《了凡四訓》說明了轉化宿命的原理，那就是「止惡向善」及「廣植福田」來化解因宿命所感召的禍福現象。除了宮位「**化科**」能蔭及對宮外，也能起著逢凶化吉的正面作用，如下列以**命宮**、**疾厄宮**、**福德宮**—武曲飛星化科為例來說明：

一、**命**、**疾**、**福**任一宮位化科、自化科—**受蔭呈祥格**。

二、命宮甲干化科飛入疾厄宮武曲位—**化難解厄格**。

三、命宮甲干化科飛入福德宮武曲位—**心靈成長格**。

四、疾厄宮坐甲干武曲自化科—**疾患易癒格**。

五、疾厄宮化科飛入命宮武曲位—**健康受蔭格**。

六、疾厄宮甲干化科入福德宮武曲位—**身心爽朗格**。

七、福德宮坐甲干武曲自化科—**獨處為樂格**。

八、福德宮甲干化科飛入命宮武曲位—**觸緣領悟格**。

九、福德宮甲干化科飛入疾厄宮武曲位—**少勞悠閒格**。

⊙武曲化權在命宮、疾厄宮、福德宮的呈象分析：

壹、命宮—武曲化權：（包括自化權）

一、個性有剛毅特質，處事主觀意志強，處事明快、重效率，為人豪爽不拘小節。

二、處理事務的行動及掌控能力強，也易感召過度勞累之患。

三、肺臟所屬器官有亢盛之勢，說話鏗鏘有力，中氣十足。

四、命宮坐庚干化權飛入疾厄宮武曲位，此為忙不得閒的「**勞碌奔波格**」。

五、命宮坐庚干化權飛入福德宮武曲位，為人處事常事必躬親或顧慮太多，給自己帶來無謂的壓力，

此局為「**心思操勞格**」。

貳、疾厄宮—武曲化權：（包括自化權）

一、生命力活潑、積極、工作及勞動能量足，常見彼人展現旺盛的體能狀態，卻是勞碌奔波的命格，不論本命、大限、流年為「**能量散發格**」，所以，要預防過度勞累的疾患。

二、武曲化權之氣進入父母宮，與父母親互動有主觀意志較為強勢的展現。

三、父母宮也是「師長、老闆、貴人」的宮位，當疾厄宮化權匯入父母宮，彼人宜調柔過剛之氣，在職場上常有好緣來扶持。（註：主觀意志過強的話，易感召功高震主的過失。）

參、福德宮—武曲化權：（包括自化權）

一、想法或心思常放在如何賺錢的事務上，對財經趨勢及走向甚為敏銳，所以，在精神層面上難以悠閒自處。

二、彼人想法及思考敏捷，只要想做的，通常會排除眾議，積極他去完成。

三、個性剛毅，處事果斷，心思方面不易沉潛下來，較缺乏獨處的藝術。

四、情緒層面常處於亢奮狀態，由於在意日常瑣碎事務，遇事易表現出主觀意志的作為，但卻忽略了周遭人的觀感。

⊙本篇總結：

武曲五行屬陰金，陰者主入肺臟腑，肺竅在鼻呼吸道，下走大腸為出口，

體外表徵主膚毛，應於四節在秋季，
武曲金星有四化，祿權科忌須審視。
生逢壬年武曲忌，或逢流年壬也是，
或武曲宮坐壬干，壬干武曲化忌飛，
或者武曲對宮壬，武曲自忌化回剋，
須尋方法來改善，若能植福常迴向，
加以思維來轉化，縱使武忌也得解。
若論祿權科三化，祿宮利益有好處，
權宮勞碌難閒處，科宮在處喜悠閒，
如上四化做整理，可依盤面來對照，
化忌喜吉星臨會，或者化科來解危，
種種格局說不盡，可於從中來推理。

二、七殺星

七殺星五行與武曲同屬「陰金」，相應在人體屬「肺臟」運行系統—肺經，本章就七殺的細節再來說明。七殺不參與四化，因此，在盤面結構裡，七殺所入陣的宮位不受四化、宮干、大限、流年的影響，不過若「廉殺、紫殺、武殺」三種雙星同宮的特殊格局另當別論。

※七殺星入陣基本結構圖：

七殺 0	七殺 +3	七殺 +4	七殺 +4
七殺 +4	七殺曜度基本陣圖		七殺 +3
七殺 +3	（圖一）		殺 +4
七殺 +4	七殺 +4	七殺 +3	七殺 +3

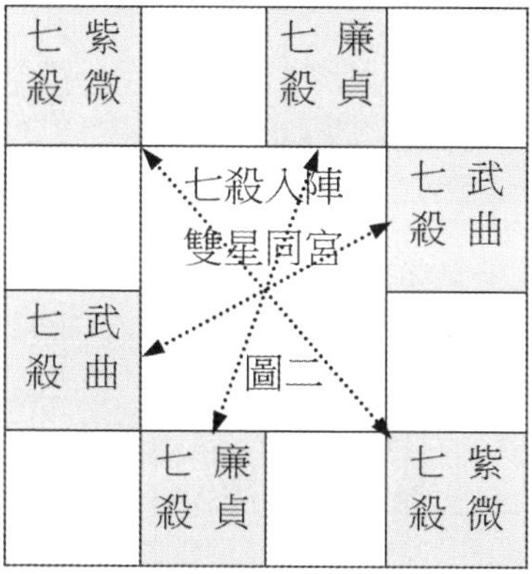

七殺化氣為「先權後耗」有先得後失、先盛後衰、初善終惡呈象的意味。凡**七殺**所入陣的宮位不落陷，但不喜入於「辰戌丑未」的四墓之地，居此四宮在能量爆發與成就感相對有限。因此，當**七殺**坐辰戌—天羅地網宮時，需以耐心與智慧來突破所面臨的處境。如下表解：

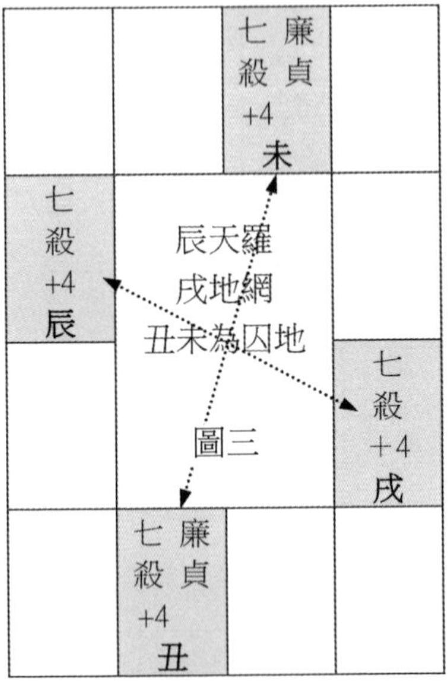

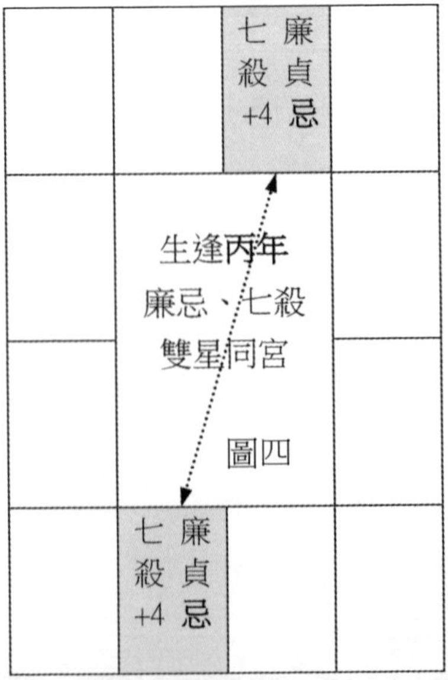

七殺雖無四化但不喜與「化忌」同宮或由對宮沖入，譬如「丑未—**七殺、廉貞**」同宮，十干中的「丙干廉貞化忌」，若出生於丙年者，丑未宮「七殺、廉貞化忌—雙星同宮」，此宮考驗頗多。**七殺**化氣為權與化忌同宮形成「**權隨忌走**」格局，丙流年、丙月、丙日也能會形成「廉貞化忌格局」，還有丙宮干飛星四化的種種格局。

◎七殺在命宮—圖例一

天同 +4	武曲 +3 天府 +3 **遷移**	太陽 +2 太陰 -1 疾厄	貪狼 0 財帛
破軍 +3	命宮坐七殺		天機 +3 巨門 +4
	圖例一		紫微 +2 天相 +2
廉貞 +4 福德	父母	**七殺** +3 **命宮**	天梁 -2

◎說明：

一、**七殺**五行屬陰金化氣為權耗，彼人活動能量旺盛，常有過人的精神及體力，所以，若能以靜制動則可持盈保泰。

二、**七殺**坐命宮（疾厄宮），平日得預防碰撞傷及金屬器物所傷，七殺也主「**人體脊椎骨架**」，若有忌煞同宮或由對宮沖入時，得留意這方面的問題。

三、**七殺**若與陷煞、化忌同宮或由對宮沖入，七殺坐命宮（疾厄宮），得留意「肺臟、大腸腑」的運行機能，尤其「肝膽」會受到金剋木的影響。（圖例一、二）

四、**七殺**顧名思議為「戰將之星」，凡有七殺入命宮者，彼人個性帶有剛毅特質，為人處事有原則，雖決策明快但有躁動之患，在行運裡易感召先盛後衰的呈象。

五、**七殺**坐命宮主先天體能旺盛，但不敵陷煞、化忌的「火」來剋傷，也懼「金」剋傷「木星」，被剋或剋它都是過與不及，一旦運作機能失調時，即可能造成身體違和狀態。

＊金亢剋弱木（肝受剋傷）＊火亢剋弱金（肺機能受剋傷）

六、**七殺**在七情反應上主「**憂**」，憂與愁在字意上有相通之處，本盤、大限、流年入命、疾宮者，若有**化科**與**七殺**同宮或由對宮匯入，則形成逢凶化吉的格局。

七、相關於「陰金」的身體特質，請參閱前章「武曲星」的論述。

◎七殺在疾厄宮─圖例二

一、疾厄宮是個體在時空流動的際遇狀態裡，因飲食、健康、勞動、坐息所感召的盛衰呈象，**命宮是宿命的基礎結構，疾厄宮為際遇感召狀態**，七殺坐疾厄宮為體力亢盛之象，屬於活潑勞動型，所以，在職場及飲食起居坐息上，要預防體力透支或過勞之患，甚至也要留意工作環境的安全性。

二、飲食上要有所節制，坐息也要調節得當。

三、留意金屬器類的操作，以及預防碰撞跌傷，也要有脊椎保護的常識。

巨門 +3 官祿	天相 廉貞 +4 0 僕役	天梁 +3 遷移	七殺 陀羅 地劫 +4-2 疾厄
貪狼 +4 田宅	七殺坐疾宮		天同 0 財帛
太陰 -2 福德	圖例二		武曲 +4 子女
天府 紫微 +4 +3 父母	天機 -2 命宮	破軍 +4 兄弟	太陽 -2 夫妻

	年月日時壬 武忌臨福宮		七殺 武曲 +4 福德
七殺 武曲 +4 福德	圖例三		

◎七殺在福德宮—圖例三

一、**福德宮**屬情緒心理、穩定力、福報盛衰的宮位，**七殺**的精神活躍度旺盛，導致心性的穩定度稍嫌不足，遇事時若快意決策，易感召不知如何善後的窘境。

二、**七殺**在逢遇挫折時，易顯現躁動不安的情緒，以致於周遭人可能受其波及，因此，學習如何掌控情緒是自我修練的最好功課。

三、**七殺**在福德宮的「先權後耗」之氣，易令彼人心思及精神處在亢奮狀態，所以，有心思外散而難以收斂的耗神現象，「化權在福德宮」也代表掌控慾，然於主觀意志的見解上往往與事實有所差距，給自己帶來某種程度的困擾及挫折感。

四、**七殺**坐福德宮屬動態星座，福德宮又是財物福報強弱的宮位，有此格局者較為缺乏「**守成**」的保守態度。當殺權匯入財帛宮時，這權耗之氣易令彼人常將心思放在周旋財務的運作上，而且帶動賺錢的強烈企圖心。「七殺之權」是掌控周旋的能量，「七殺之耗」屬於消耗結果論。所以，易感召先得後失、先盛後衰呈象，須有改善的方法來持盈保泰。

五、**七殺**坐**福德宮**屬於耿直、情緒外放型，於人際往來上個性直來直往，言語直白，所以，易感召莫名過失或無妄之災，若能培養良好的穩定力，可以化解這樣的格局。

⊙七殺喜臨會的格局：圖一

天梁 -2	七殺 +3 文昌 -2 科 遷移		廉貞 +4
天相 +2 紫微 +2	七殺在遷移 與昌科同宮		
巨門 +4 天機 +3	圖一		破軍 +3
貪狼 0	太陰 +4 太陽 -1	天府 +4 武曲 +3 命宮	天同 +4

七殺雖無四化，但喜與化科、六吉星同宮，或在對宮將吉氣匯入本宮，這不但有加持效果，且有化難呈祥的能量，它們能抒解七殺的權耗之氣，若有類似此格局者，堪稱為逢凶化吉格。

⊙七殺星不美的格局：圖一～圖四

圖一是壬年生或逢壬流年、流月所虛擬的格局，此局疾厄宮武曲化忌也沖擊父母宮，父母宮可延伸為「師長、貴人、主管、老闆」。俗語說：「在家靠父母，出外靠貴人提攜」，若有類似此格局者，應有很大的改善空間才是。

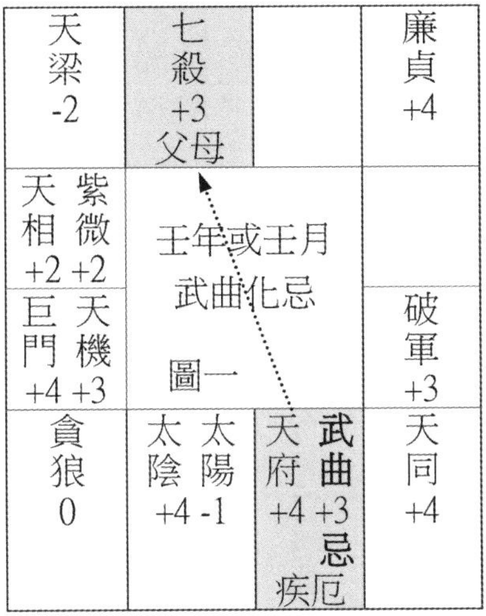

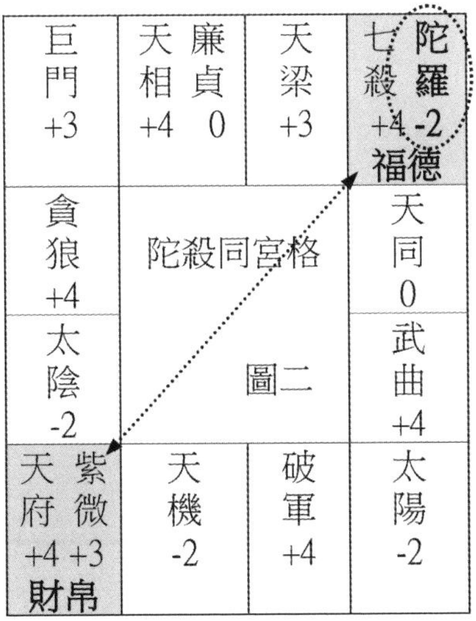

◎圖二說明：福德宮陀羅在四馬地，化氣為「暗忌」與七殺同宮，此宮受暗忌干擾沖入對宮，形成財帛宮耗損財物的問題。

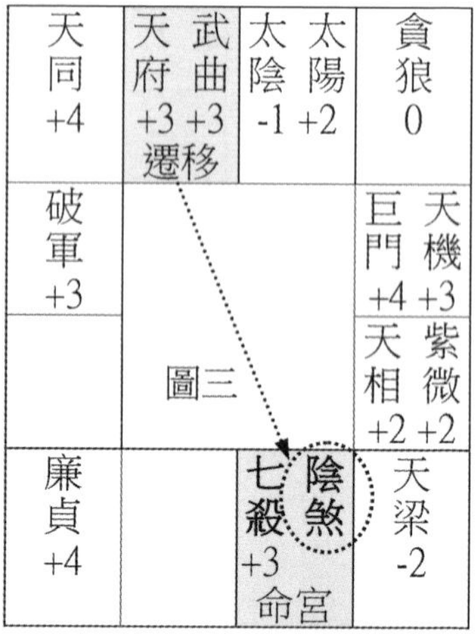

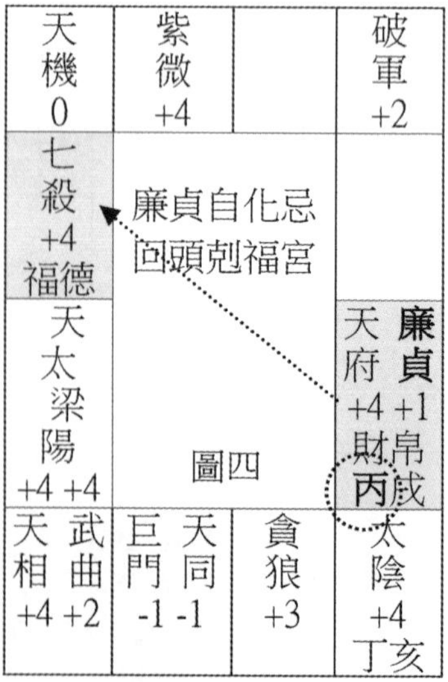

◎圖三：命宮有「七殺、陰煞」同宮，**陰煞**是捉摸不定且帶干擾的星座，凡有類似格局者，除個人體質因素外，在相剋部分有兩種可能的推理：

一、**金為陰煞所剋傷**，可推理為「火剋金象」，在生理上影響肺、大腸器官及中氣不足，於情緒心理方面易預事而憂。

二、**金星剋陰煞**所產生的變數為「金剋木象」，**木屬肝膽臟腑**，一旦受剋傷可能影響肝臟運作機能的負荷，導致有肝膽方面的疾患，此局宜加謹慎因應。

◎圖四：財帛宮坐丙干為「廉貞自化忌」，化氣為「囚」回頭剋福德宮，因財受囚之象導致為財帶著憂愁的情緒，悶悶不樂。

《黃帝內經・六節藏象論篇第九》

肺者，氣之本，魄之處也，其華在毛，其充在皮，為陽中之太陰，通於秋氣。

◎意譯別解：肺是全身氣息分布與運行的總開關，肺在神志表現上是藏魄的所在，其榮華的顯相表現在身體膚毛上，在作用上可從人的氣息及膚表看出來，肺臟既有散發在表的運作機能，在人體為上部器官，因此，把它歸屬於「陽中之太陰」，其陽性能量的發揮僅次於心臟，在四時季節裡，「肺屬金」相應於秋天的季節。

⊙本篇總結：

七殺武曲同屬金，肺臟腸腑兩相依，
肺主氣息及髮膚，上竅在鼻呼吸道，
下行大腸主排解，臟腑運作如君臣，
七殺相應在脊椎，應物則在金屬類，
唯在命疾兩宮時，若有忌煞同宮臨，
或有忌煞對宮沖，日常活動防損傷。
若在福德宮中時，心思情緒較繁雜，
穩定力要常練習，或能從中轉宿命，
相關說明前章有，敬請參閱來對照。

三、文昌星

文昌星五行屬「陽金」與「武曲、七殺、擎羊」為同類屬性。**文昌星**屬六吉星系的乙級星，僅次於紫府星系─甲級星，因此，在應用《紫微論病》的邏輯推理時，**文昌**通常應用在臟腑運行機能的相應器官上。肺臟上竅在鼻，下行大腸排解道，以下簡易歸納：

肺臟屬陰金，在體表為膚毛，上竅在鼻，主呼吸道。大腸屬陽金，下竅在肛門，主排解。肺金在情緒表現上主憂，五德主「義」有耿直的性情。

※文昌星入陣十二宮圖解：

文昌 +4 巳	文昌 -2 **午**	文曲 +4 文昌 +1 未	文昌 +2 申
文昌 +2 辰	**文昌星** 入陣及曜度 寅午戌位 落陷之地		文昌 +4 酉
文昌 +1 卯			文昌 -2 **戌**
文昌 -2 **寅**	文曲 +3 文昌 +4 丑	文昌 +2 子	文昌 +1 亥

文昌參與四化並扮演著「化科、化忌」的吉凶作用，在天干輪值的「**丙年**」出生者為「文昌化科年」。若逢「辛年」則為「文昌化忌年」。丙年與辛年的「科忌作用」有天壤之別，在個案運勢走向裡，往往能明顯看出盛衰成敗的呈象，即使逢遇流年時，也可同理推論，並從中尋求因應之道。

文昌坐在陷地宮位的格局，仍具有逢凶化吉的能量，尤其與忌煞同宮或由對宮沖入時，它仍有緩和忌煞威脅的平衡作用，強化個人面對挫折的能量。若與**得勢的甲級星**同宮，將有錦上添花的效果，襯托出行運的優勢。若與**失勢的甲級星**同宮，也有緩和衝擊的作用，使行運逢凶化吉。若與得地擎羊、陀羅、火星、鈴星同宮或在對宮時，則有加強文昌吉星的正面效應，使其宮位性能發揮出來。但若有陷地煞星—羊陀火鈴、陰煞、地劫與文昌同宮，或由對宮沖入，或受前後兩宮忌煞相夾，文昌宮位的處境雖然困難重重，但仍有緩和的作用。

⊙文昌星—命宮

※得地—文昌星在命宮：（無忌煞同宮或由對宮沖入）

彼人具有清秀、優雅的氣質，為人處事喜以和諧態度互動，對於學問的追求，具有積極企圖心，通常能擁有專業的學問、證照、學位、博學多聞。或在學習事物過程，能將時間與心力投入其中，頗得好評，並受到他人的肯定。在遇到挫折、逆境時，往往能以豁達、樂觀的態度因應，也有適時逢遇貴人化解危難的機緣。彼人也有廣結善緣所建立的人脈，尤其在文書、行政作業、策略、創意開發方面的執行能力佳。

※陷地─文昌星在命宮：

彼人具有優雅的氣質與風格，唯其個性較為保守，雖然能以積極態度面對人生，但往往事半功倍，唯仍能在挫折考驗裡，堅持理念達到想望的目標。彼人在求學時期，雖能全力以赴，但在過程中得經歷周旋反覆的考驗（包括：讀書雖然用功，但往往在考試的時候，不盡理想。或在面臨重要挑戰、測驗時，得經歷重複的考驗，才能通過關卡）。

彼人際遇雖有很好的人脈，但易錯失有利機緣。為人處事待人誠懇，態度溫和，唯在自主性方面有所不足，易造成難以婉拒的惜情心態，導致有受困於人情方面的煩擾。或彼人雖有很好的籌劃及行政能力，但往往才華難以發揮，有伯樂難尋之憾，唯仍不失為良好的輔佐人才。

⊙文昌坐命宮─範例圖解：

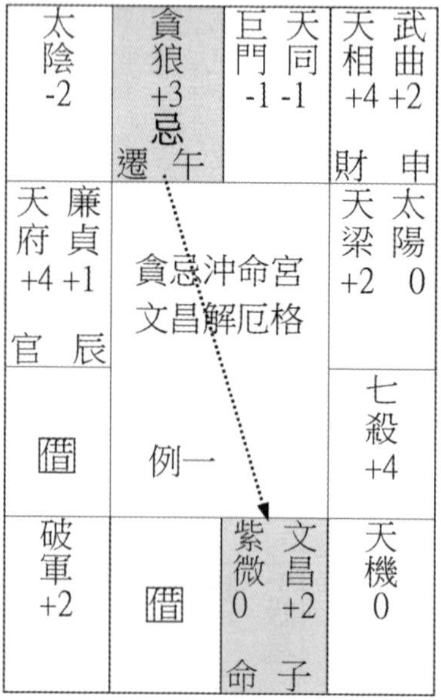

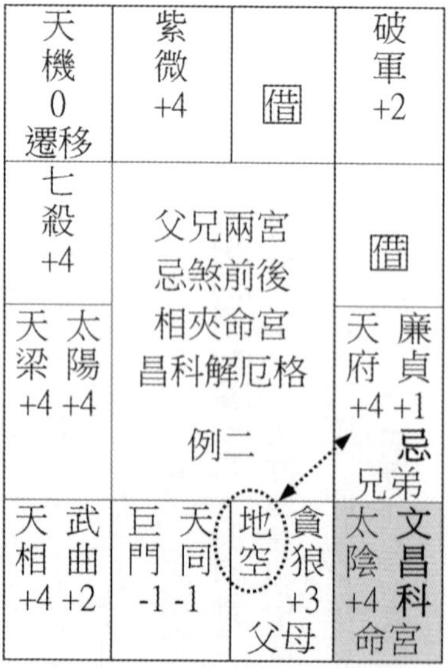

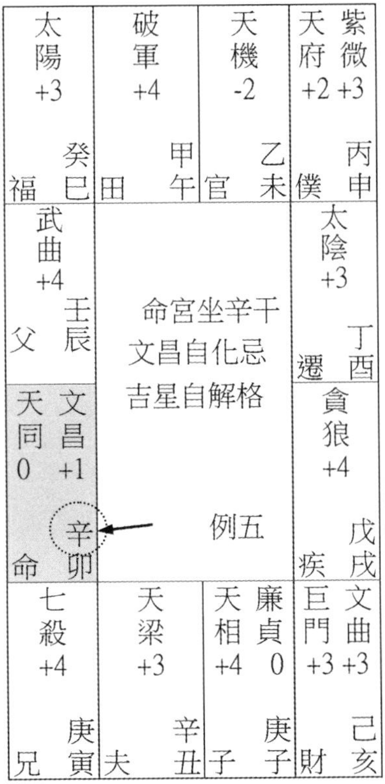
太陽 +3 癸 福 巳
破軍 +4 甲 田 午
天機 -2 乙 官 未
天府 紫微 +2 +3 丙 僕 申
武曲 +4 壬 父 辰
命宮坐辛干
文昌自化忌
吉星自解格
太陰 +3 丁 遷 酉
天同 文昌 0 +1 辛 命 卯
例五
貪狼 +4 戊 疾 戌
七殺 +4 庚 兄 寅
天梁 +3 辛 夫 丑
天相 廉貞 +4 0 庚 子 子
巨門 文曲 +3 +3 己 財 亥

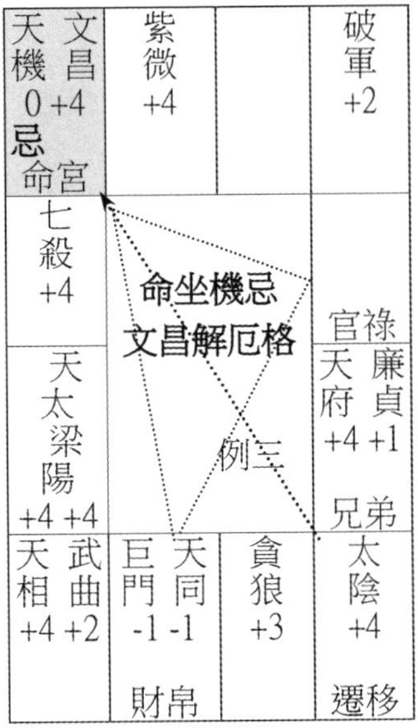
天機 文昌 0 +4 忌 命宮
紫微 +4
破軍 +2
七殺 +4
命坐機忌
文昌解厄格
官祿
天府 廉貞 +4 +1 兄弟
天太梁陽 +4 +4
例三
天相 武曲 +4 +2
巨門 天同 -1 -1 財帛
貪狼 +3
太陰 +4 遷移

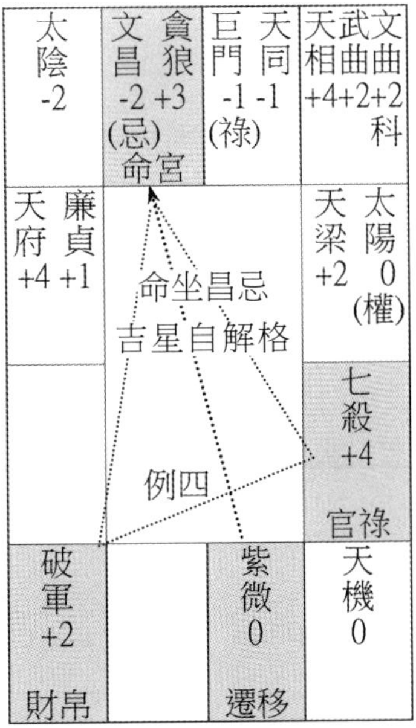
太陰 -2
文昌 貪狼 -2 +3 (忌) 命宮
巨門 天同 -1 -1 (祿)
天相 武曲 文曲 +4+2+2 科
天府 廉貞 +4 +1
命坐昌忌
吉星自解格
天梁 太陽 +2 0 (權)
七殺 +4 官祿
例四
破軍 +2 財帛
紫微 0 遷移
天機 0

※本篇總結：

得地文昌坐命宮，氣質優雅福分濃，
為人心地且善良，見人有難能伸援，
若無忌與陷煞沖，或無陷煞忌同宮，
或無宮干自化忌，博學多聞好記性，
讀書考試運氣佳，運籌帷幄能力強，
錦上添花人緣好，逢運處處有貴人。
若有陷煞忌同宮，或見陷煞忌對沖，
或有陷煞忌相夾，或見宮干自化忌，
身體健康當善調，肺部經絡宜保健，（補註）
於人行運考驗多，只要用心來改善，
吉星可解忌煞侵，五項建議來因應，
一者心性當積極，畢竟理想可實現。
二者當廣結善緣，其中或有貴人至。
三者雖頗有人緣，慎防損友招煩惱。
四者學問宜專精，博學多聞有助益。
五者謙虛好性情，行運處處有利益。

人生雖然考驗多，只要方向能把握，
文星吉星有吉應，運勢翻轉便不同。

◎補註—「**肺部經絡宜保健**」：

◎**文昌星**五行屬陽金，在臟腑器官屬「肺、鼻、呼吸道、膚毛、大腸道及中氣運行等」，凡有文昌化忌、自化忌入命宮、疾厄宮者，應注重肺經保健。

◎**疾厄宮**與所處的環境條件有關係，逢流年時有**流行病學**的週期，因此，疾厄宮的定義與命宮的預測角度不同。

◎至於大限與流年可以此類推，並從中找到改善之道。本命宮與疾厄宮的健康狀態，兩宮是與生命攸關的基礎結構。大限為十年輪轉一次的健康狀態，**流年**是每年依際遇感召的健康呈象，以上是符合陰陽互根及《易經》變易的道理。

◎**文昌在命宮—先天體質的狀態分析**：

文昌五行屬「陽金—屬大腸腑」與肺臟為一對陰陽的運行機能，反應在生理現象為「上走呼吸道，開竅在鼻，在體表主皮膚，下走大腸為輸出道」。反應在心理現象為：「憂、悲」為**七情**中的主要情緒。

※**七情**—語出《黃帝內經》為情志表達的七種情緒，分別為：「喜、怒、憂、思、悲、恐、驚」。喜↓心。怒↓肝。憂思↓脾。悲↓肺。驚恐↓腎。譬如心理狀態若失調時，將會影響彼人生理機能的運作，身心一體是無法劃分的。

上述有關肺、大腸經絡的生理機能，以及心理反應與**文昌陽金**息息相關。因此，須多留意這方面的保健。**文昌**化氣為輔助力，無論得地或陷地，它對身體狀態均有逢凶化吉的效應。縱使命宮文昌化忌—自化忌，或遷移宮化忌沖，盤面上的**化科、天魁、天鉞、左輔、右弼、得地火星、地空**也有吉性能量會來化解所面臨的危難。

《整理》

肺經五行屬金，上走呼吸道，其竅在鼻，在體表主皮膚，下走大腸為出口，辛入肺，過之傷肺，大腸亦受其牽連。憂悲情志若過之，傷及肺經魄有損，陽金之樂可調和人的情志，然憂悲過度易致沮志，在飲食上取白者為相應，黃色食物來助長，調和肺經的運行機能，金在五志主義，失調易違和，金性脈絡協調，身心平衡運勢通。

※文昌星—兄弟宮

⊙得地文昌星—兄弟宮：（無忌煞同宮或由對宮沖入）

在兄弟姐妹之間，氣質優雅的素養，與彼互動融洽，且能受其關愛與照顧。在生活面上，能承其引導走向善的境地。或在往來密切的友人裡，不乏有個性溫和、博學多聞、心性樂觀者，與其往來能帶動彼此的成長，常有好緣與友人情誼的延續。

⊙陷地文昌星—兄弟宮：

在兄弟姐妹或往來友人裡，不乏有才智學識者，與其互動能從中學習及獲得某些資訊知識，相得益彰，雖能和諧相處，唯彼人個性較為內向保守，但仍不失其素養及高雅的氣質。或個人在人際往來溝通上，頗為費力，因此，需逢有利機緣才能突破現狀。

兄弟宮中坐文昌，僕役宮也受蔭照，
手足友人來援助，若有科祿同宮坐，
或見對宮祿科照，兩宮呈祥得助力，
人際往來甚如意，資源處處皆受益。
若有陷煞忌同宮，或兄弟宮自化忌，
僕宮陷煞忌沖入，人際往來有阻滯，
或有初善見終惡，或者先親而後疏，
當尋方法來改善，以下建議供參考，
一者人際一字謙，謙謙君子常受益。
二者信實待人事，善緣處事好施功。
三者知己者為明，知人擇友當以智。
四者如同人於野，利涉大川利君子。（附註一）
五者歸妹當慎思，配合因應不招咎。（附註二）
文昌坐位是吉祥，助緣處處恩光至。

※附註：

一、「**同人**」：語出《周易第十三卦・天火同人卦》，其卦辭為：

同人於野，亨。利涉大川，利君子貞。

◎解意：本卦強調**如何與人共事的藝術**，大意為：「固守心志動機純正的人，在與人共事時，他能得到別人的信任及愛戴，就好像一個旅人在荒野與人同行，由於他的為人與心地純正，能廣結善緣，縱使要渡過險難的河川，也能在同心協力之下，安全的度過危難，因此，這是吉祥的卦」。

二、「**歸妹**」：出自於《周易第五十四卦・雷澤歸妹卦》，其卦辭為：

歸妹，征凶，無攸利。

◎解意：比喻以強勢作風來令人臣服或達到目的，從長遠的角度來看，不但沒有益處，反而會帶來更大的災患。**歸妹**若過度自以為是時，易招過失或引來無妄之災，這是因為在待人處事之間，有時候忘了自己的立場與角色，忽視了主客觀條件及對象，因此，動輒則咎，易感召莫名困擾與是非。

※文昌星—夫妻宮

⊙得地文昌星—夫妻宮：（無忌煞同宮或由對宮沖入）

伴侶儀表端莊，溫文儒雅，具有與眾不同的氣氛，個性溫和、樂觀，不但善解人意，也注重兩性感情的互動，凡事能顧慮到對方的心情與感受，也能以個人的才華及智慧，來輔助對方成長，有助於個人事業的發展。（註：夫妻宮的對宮為官祿宮，由於文昌具有化難呈祥的能量，所以，凡是具備文昌特質的伴侶，能發揮佐助力為個人事業帶來福氣。）或伴侶對家中成員的照顧頗為細心，與家人互動融洽和諧。伴侶也注重彼此之間的共識與默契，也有自我提升並帶動個人成長的動力。

⊙陷地文昌星—夫妻宮：

伴侶雖具有以上所列的多項特質，唯在生活方面的付出頗為勞力費心，雖然嚮往兩性感情的浪漫，但往往在心靈上難以找到交集點。甚至在彼此的價值觀、認知上尚需磨合，但仍不失為頗盡心力付出的人。雖然伴侶與個人互動也有受挫感，但仍能以其才華及智慧，正面思維及樂觀心性，來輔助個人往善的境地。伴侶對於學問的追求以及人生處世哲學，往往也有積極的探索動力，博學多聞。

◎備註：文昌雖落陷但仍不失吉星的特性，因此，若有伴侶坐此命格者，宜珍惜彼此的姻緣，朝彼此心靈成長的路線邁進，當能找到交集點。

得地文昌臨夫妻，夫妻同心事業興，
若有文昌化科坐，或見對宮化科照，
琴瑟和鳴情分濃，同心默契相扶持。
若有陷煞忌同坐，對宮陷煞忌來沖，
夫妻運勢見起伏，於人家運受考驗，
感情互動易見疏，事業難免有挫折，
若逢大限來考驗，縱遇流年亦不美。

若欲化解此宮運，五項建議做參考，
一者夫妻緣殊勝，應當彼此相扶持。
二者夫妻默契合，財源廣進不憂愁。
三者相敬能如賓，彼此愛敬情綿延。
四者關愛及包容，家運興隆氣象新。
五者扶持己事業，夫妻同心不為難。
居家和諧宿命轉，轉化思維在己身，
不需何處尋妙藥，只羨鴛鴦不羨仙。

※文昌星—子女宮

⊙得地文昌星—子女宮：（無忌煞同宮或由對宮沖入）

在子女中有體貼父母心意者，氣質涵養佳，博學多聞或擁有某項專業的技能，善解人意。在子女成長時期，能得父母的關愛，並以才華、智慧、能力來輔助子女在各方面有所成長。子女宮的對宮為田宅宮，子女能分擔家裡事務，對兄弟姐妹照顧有加，也能盡其能力協助他們。

⊙陷地文昌星—子女宮：

在照顧及培養子女成長的過程較為辛勞，子女雖然個性溫和，具有文雅的氣質，但其內在心事不易大而化之，往往有情緒內抑的傾向，常令人覺得似有憂愁之感，難以理解其內在心思。或子女中有積極向上學習者，但往往有先熱後冷、先盛後衰、得中有失的呈象，致令彼子女在面臨重要關鍵時，偶有遺珠之憾。彼子女在人生運程裡，雖能廣結善緣，但不易尋得知己好友。彼子女為人心地善良，但往往因**惜情心態**（應事難婉拒，熱心有餘，易招過失），而帶來困擾。彼子女雖甚為敬順父母，但與父母在觀念上的認知有所差距，雖有心關懷家中成員，但能力畢竟有限。

◎備註：不論**子女宮**文昌得地與否，其吉星之氣仍能匯入田宅宮（原生家庭），這意謂著子女中有吉星來照會，仍能為家庭帶來助力及向心力。

得地文昌臨子女，吉星蔭家氣象新，
體貼父母心意足，手足互動當更親。
若有文昌化科臨，或見對宮化科照，
或子女宮自化科，吉星蔭家顯家風。
若有文昌化忌坐，或見忌煞同宮至，
對宮陷煞忌來沖，本宮文昌自化忌，（指子女宮）
陷煞相夾子女宮，文昌吉星易受制，
子女在家親似疏，子女等同家宅運，
只因對宮為田宅，居家互動要改善。
子女宮中文昌陷，若有科星同宮臨，
或見對宮科來照，本宮文昌自化科，

彼人行運難後易，處處逢貴有好緣。
若有忌煞諸星至，子女家運考驗多，
只要尋得來源處，化解不難靠智慧，
一者子女在家時，與其父母要親和，
同心默契家運興，態度是主要關鍵。
二者孝敬父母心，父母等同長輩運，
在外常能受提攜，貴人處處來關照。
三者本宮屬姻緣，事關本身子女緣，
兩性生活來相處，與此宮位有關係，
居家和諧能改善，親子和諧家運興，
子女田宅兩宮位，彼此互為有因果。

※文昌星—財帛宮

⊙得地文昌星—財帛宮：（無忌煞同宮或由對宮沖入）

文昌當令坐**財帛宮**，這是一種很好的組合，文昌為六吉星之一，可為彼人財運帶來助力及後援。因此，當得地文昌在財帛宮，意謂著：「個人對於財物能有效的支配管理，甚至，彼人財運往往有受蔭的福報，使得財源累積致富。彼人在運用財物資源於利他的作為上，頗有這方面的善心。彼人理財觀念明確，對錢財支配及運用細心且有獨到之處。或彼人在賺錢管道上，通常有左右逢源的好處，容易獲得相關資源及貴人的助緣，具有加分效果。彼人在錢財花費上，傾向於精緻高雅的運用，對於投資在學習成長方面也捨得付出，使得彼人具有博學多聞的特色。

⊙陷地文昌星—財帛宮：

財帛宮坐陷地文昌顯然其勢銳減，雖然也具有如前所述的一些特點，但因文昌弱勢之故，所以，在財運方面難免有受困之象，以下採諸項要點來說明：

一、在職場上頗為勞力費心，往往為財源擔心罣礙。（這是因為陷地文昌星會對**福德宮**造成某種程度的壓力，尤其在精神方面的心理負擔。）

二、在賺錢管道上雖有它方助緣，但有入不敷出的窘境。

三、彼人雖具有理財的保守態度，但往往欠缺洞見觀瞻的分析能力，導致在理財有先得後失、先盛後衰、資金受困的窘境。

四、在帳務管理上，欠缺縝密的心思，易招失察的疏忽之過，導致有損財的困擾。

五、對於財務的支配運用，由於缺乏籌謀盤算的心思，導致錢財週轉不靈的窘境。

※掌握大限或流年機運：

彼人行運若逢大限、流年「化祿、化權」進入**財帛宮**與文昌同宮，或由**福德宮**將「**祿權**」匯入財帛宮時，具有加分的效應，宜把握賺錢機運，全力以赴。以下有三種優勢的格局：

一、「化祿、化權」臨**財帛宮**，或由**福德宮**匯入者。

二、大限或流年「**財帛宮、福德宮**」所坐落的宮位，有「自化祿、自化權」格局。

三、運限的**命宮、父母宮、官祿宮、福德宮、遷移宮**，若有化祿、化權飛入財帛宮時，意謂著彼人在大限或流年有財運來集，宜把握時機，積極進取。

文昌坐在財帛宮，不論得地與落陷，
若有陷煞忌同坐，對宮陷煞忌沖入，
財宮坐干自化忌，福宮自忌回頭剋，
於人財運牽制多，財運先盛而後衰，
若能知己之運勢，以下建議來改善，
一者宜廣植福田，財帛對宮為福德。
二者隨緣能濟施，量力而為勿勉強，
能將此心常延續，福田則能常增長。
三者理財當保守，衝動心性宜克制。
四者賺錢雖辛苦，儲蓄以應急需時。
五者投機易耗失，理財須記一字守。
六者當知助緣處，借力使力有助益。
七者煩惱財務時，固守心志待機至，
福報若有財常隨，若是欠缺思改善，
滴水穿石竟其功，善心自有善回應。

※文昌星─疾厄宮：（無忌煞同宮或由對宮沖入）

疾厄宮星性的「五行屬性」會顯示個人健康狀態及如何調節的改善之道。**文昌屬**「陽金─大腸腑」，「陰金」主肺經，上竅在鼻，下走大腸道，肺與大腸經絡的分布及走向，可參考「**手太陰肺經**、**手陽明大腸經絡**圖解」。凡**疾厄宮**坐文昌者，對於肺部─鼻、呼吸道以及大腸排解方面（肛門─內外痔），應注重養生保健。

※文昌星─五行歸類表：（依據陰陽應象大論篇選列）

五行	天			地				人						
	方位	季節	氣候	五音	五色	五味	五臭	五臟	九竅	五體	五聲	五志	病變	病位
金	西	秋	燥	商	白	辛	腥	肺	鼻	皮毛	哭	憂	咳	肩背

《黃帝內經．金匱真言論篇第四．第三章》

西方白色，入通於肺，開竅於鼻，藏精於肺，故病在背，其味辛，其類金，其畜馬，其穀稻，其應四時，上為太白星（註一），是以知病之在皮毛也，其音商（註二），其數九，其臭腥（註三）。

※註：

一、「**太白星**」：指金星而言，因「金」為白之故也。

二、「**其音商**」：古代五行音樂的區分，尚有「宮、角、徵、羽」共五種樂音，商音為金屬樂器所發出或演奏的樂曲，商音—金樂，入肺經、大腸經。

三、「**其臭腥**」：指生肉的氣味。

《三因極—病症方論》

七者不同，各隨本臟所生所傷而為病。故喜傷心，其氣散。怒傷肝，其氣擊。憂傷肺，其氣聚。思傷脾，其氣結。悲傷心包，其氣急。恐傷腎，其氣怯。驚傷膽，其氣亂。雖七診（註）自殊，無不驗於氣。

※註—「**七診**」：指診斷人的七種情緒狀態—喜、怒、憂、思、悲、恐、驚。

文昌星坐疾厄宮，金主肺經大腸道，
肺部上走呼吸道，下走大腸主排解，
疾宮文昌坐丙干，或有對宮化科照，
化科能解忌煞侵，逢凶化吉好處多，
疾宮化科如恩光，得好醫藥可無恙。
化權進入疾厄宮，或見疾宮自化權，
或有對宮化權入，彼人勞碌難得閒，
疲累若不尋改善，過勞則易傷己身。
化祿星臨疾厄宮，彼人命中有口福，
享用飲食當適可，二字須記為節制。

疾宮化忌自化忌，或有陷煞忌同坐，
或父母宮忌煞沖，於人身體要注重，
善調坐息及飲食，輕忽疾患易累身，
若欲從中來改善，以下建議供參考，
一者當孝敬父母，只因父母在對宮。
物質奉養盡本分，彼此互動有交集，
縱使難在旁侍候，親情氛圍是重點。
二者愛生且護生，以此能量來迴向。
三者隨緣做善事，量己之力在發心。
四者常敬重長輩，如同敬愛己父母，
師長等同父母宮，如同主管與老闆，
在外若欲逢貴人，父母宮非常重要。
五者飲食要節制，濃肥辛甘非真味，
坐息勞動要有常，善於調節可無憂。

※文昌星—遷移宮

⊙得地文昌星—遷移宮：（無忌煞同宮或由對宮沖入）

彼人心地善良，為人熱心，在外易逢有利助緣，自己也樂於助人，在外活動注重學習與專業的應用，通常有很好的領悟力及效率。在人際往來互動上，彼人個性活潑，在才華展現上，易受人注目及肯定，常逢貴人賞識及提攜的際遇，得以發揮個人專業（這是因為得地的文昌星在**遷移宮**，會將其在外的喜吉之氣帶入**命宮**，所以，也可命遷同論）。或彼人的求學運—職場運勢佳，在學習、就業過程頗具上進心，易逢有利助緣使其順勢發展。或在外的籌謀能力強，對事理的分析能力佳，在溝通、說明、互動的過程中，喜以圓融方式往來，擁有廣泛人脈以及和諧的人際關係，易得往來好緣及資源的支持。

⊙陷地文昌星—遷移宮：

彼人在外運勢雖有如上所述的一些特點，但在面對及處理繁雜事務時，頗為勞力費心，而且有優柔寡斷的傾向，然在人際往來之間，雖也重視人脈的經營，但在關鍵時刻時，往往有功虧一簣之憾。或在求學、研習、自我成長、考運、職場方面，雖有積極的上進心，但往往有事倍功半或差強人意的績效，導致有挫折失落感。或彼在人際往來上雖主動熱心，但往往付出不成比例，或有立場倒置的**歸妹現象**（註），以致於有吃力不討好的困擾。或在人事對待上捨得付出，也喜營造好的氣氛帶給周遭人快樂，卻把內憂之事留給自己。至於在謀略籌劃的事務裡，易疏於策略整體性及細節的重要性，由於誤判的緣故，往往有自招損失的過患。或彼人際往來之間，較為缺乏婉拒的藝術，往往因**惜情心態**（應事難婉拒，易攬事上身），易感召無謂的困擾或無妄之災。

※註─「**歸妹現象**」：

歸妹二字出自《易經第五十四卦》，此處所指的是：在人際往來之間，雖然很熱心，凡事也願意主動去幫助別人，但在某些特殊情況，個人在該退避以應時，卻反而主動趨之，失去本身的立場性，自招咎事，於己缺乏進退之道，對事也難使其順勢成事。

命遷文昌化科臨，命遷文昌自化科，
命遷喜科來會照，文昌喜科來加持，
在外易逢好助緣，自利也能利他人，
借力使力可成事，名聲得顯令人誇，
唯在人際須保守，桃花臨風無攸利。
命遷陷煞忌同宮，命遷陷煞忌相沖，
若有命遷化科臨，如同福星解困境，
魁鉞左右及火星，也可化解忌煞侵。
丙年文昌化科至，入哪宮位皆為吉，
宜應進取莫遲疑，順勢作為達心願。
逢辛年文昌化忌，本宮對宮受牽制，
事宜保守固心志，強行有險招咎至。
遷移文昌與權星，命宮化權照遷移，
遷移文昌受助長，致令文昌得旺勢，

唯須勞力且費心，終究能遂己志願。
遷移文昌及化祿，命宮化祿生遷移，
彼人助緣處處有，常逢貴人受提攜，
人緣雖佳須惕己，桃花臨風少得意。
遷移文昌坐辛干，視同文昌自化忌，
常植福田培善緣，科星所在是貴人。
如上祿權科忌論，變化均有其邏輯，
兩宮相對有因果，祿權科忌可歸納，
一者見祿隨忌走，二者見祿隨科走，（以下見例解說明）
三者見祿隨權走，四者也有雙化祿，
五者見權隨忌走，六者也有雙化權，
七者也有雙化忌，俗語說禍不單行，
八者見權隨科走，九者也有雙化科，
十者見忌隨科走，只因科星可解忌。
如上歸納四化星，兩宮相對依此論，
善用四化來推演，變化無窮難道盡，
以上命遷兩宮論，其餘宮論可類推。

※四化星交集的論理邏輯—例解演繹

⊙圖例一：祿隨忌走格

此格局為辛年生人或逢「辛月日時、辛宮干」，**遷移宮**「巨門化祿、文昌化忌」同宮，在盤面推理以【祿隨忌走】論之。

巨門	文昌
-1	+1
祿	**忌**

圖例一

亥 **遷移**

◎格局呈象：—祿隨忌走

一、先得後失。

二、先盛後衰。

三、初善終惡。

⊙圖例二—祿隨科走格

此格局為**丙年生人或逢「丙月日時、丙宮干」**，其四化為**遷移宮**「天同化祿、文昌化科」同宮，以【祿隨科走】論之。

天同	巨門	文曲	文昌
-1	-1	+3	+1
祿			**科**

圖例二

遷移 未

◎格局呈象：

祿隨科走

擁有過程注重生活品質及心靈調適。

⊙圖例三—祿隨權走格

此格局為**甲年生人**或逢「**甲月日時、甲宮干**」，其四化為遷移宮「廉貞化祿、破軍化權」同宮，以【祿隨權走】論之。

破軍	廉貞	文昌
-2	0	+1
權	**祿**	

圖例三

遷移 卯

◎格局呈象：

擁有積極企圖心，

且能全力以赴去達成自己的想望。

⊙圖例四—祿、自化祿同宮→雙化祿格

此格局「武曲化祿」入遷移宮，宮中的癸干「破軍自化祿」，文昌承【雙化祿】助長。

◎格局呈象：

一、物資福報。

二、人際魅力。

三、助緣處處。

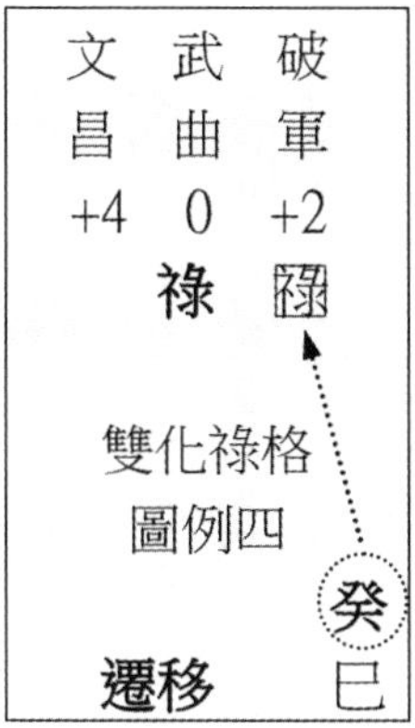

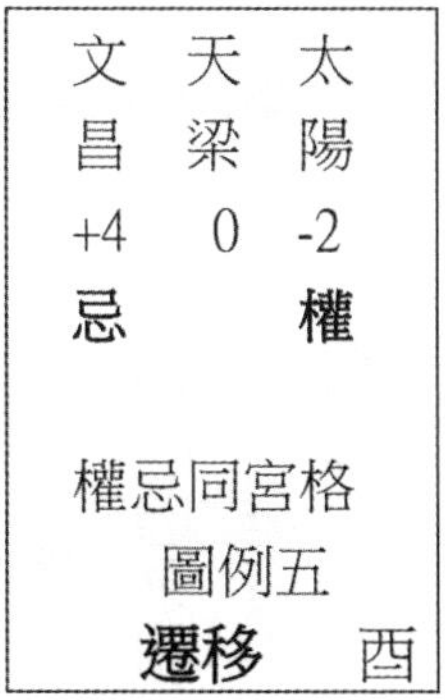

⊙圖例五—權隨忌走格

此格局「太陽化權、文昌化忌」入遷移宮，以【權隨忌走】論之。

◎格局呈象：

一、勞碌難閒。

二、勞累心力。

三、先盛後衰。

※ 文昌星—僕役宮（職場往來的人事狀態）

⊙得地文昌星—僕役宮：（無忌煞同宮或由對宮沖入）

在與職場相關往來的人事狀態裡，互動協調、講求融洽的氛圍，或於人事運作頗重溝通及默契，通常能得對方助緣及資源的交流，有助於個人運勢的發展。或在人事往來友人中，不乏有博學多聞及個性樂觀積極者，不但能從他處受益，具有教學相長的善緣。或在往來同事裡，將他們視如兄弟姐妹般的對待。（這是因為僕役宮有文昌的助力，將其吉氣匯入兄弟宮，使兩宮的能量相會照應，因此，**兄弟、僕役**兩宮的運勢可同理論之。）

⊙陷地文昌星—僕役宮：（與兄弟宮有甚為密切的因果關係）

陷地文昌在**僕役宮**，雖有如上所述諸多特點，唯在人際往來的交友狀態有外華內虛之象，不易尋得知心好友使友誼綿延。或在往來人際的價值觀、理念及做法，不易在溝通上取得相當的諒解及認同感。或者雖有一些人脈，但因彼人缺乏積極主動性，導致有先親後疏的呈象。或在學術、知識、專業方面的探討活動等，能從他處獲益，但不易持續為之（這原因可能出自於彼人缺乏雙向溝通及互動的意願）。彼人與事業伙伴、同事及交際應酬的人物往來時，雖有受其吉蔭之象，但彼人的心思往往過於保守，不易與其有交集之處，所以，雖見彼人表面朋友頗多，但真正視同好友般的知己甚少。

得地文昌臨僕役，人際運勢助緣多，
陷地文昌不須愁，固守心志定成功。

僕宮文昌祿權坐，加持文昌更受益，
陷地文昌有吉氣，常得助緣解困厄。
僕宮陷煞忌同宮，或對宮陷煞忌沖，
或有本宮自化忌，僕宮飛忌入命宮，
僕宮文昌坐辛干，形成僕宮自化忌，
種種格局須對治，如下建議供參考，
一者僕役人事運，源頭就在兄弟宮，
兄弟姐妹情若親，手足之間相扶持，
人際助緣處處有，兄弟僕役互因果。
二者凡事以謙遜，謙者處處得好緣，
飛龍在天當戒慎，亢龍有悔在後隨。
三者信實來處事，路遙才知馬力足。
四者宜有識人智，進退有道不招咎。
五者婉拒有藝術，否則應酬累身心。
六者常親近好友，與其往來助益多。
以上建議若可行，何愁忌煞來侵襲。

※附註—「**僕役宮**」：

泛指人事往來上的交友狀態，在這些對象裡，通常較屬於普通朋友之類的，譬如：同學、校友，同事、應酬者、偶然相遇的人等，雖然常常見面或者偶有互動，但只是一般往來的狀態。譬如同事，雖然需要工作上的配合活動，但只要在下班後，這層同事關係也許就沒有交集。因此，**僕役宮**較屬於一般人事的往來，與**兄弟宮**的意義有所不同，但兩宮卻有緊密的關聯性，因為兩宮結構及四化會形成相依附的作用。

※文昌星—官祿宮

⊙得地文昌星—官祿宮：（無忌煞同宮或由對宮冲入）

彼人求學過程、考運、面試、職場就業運勢裡，易得善緣與貴人照應，人際運作和諧，彼人的才華及能力得以有效發揮，易得人賞識提攜，也有主動積極協助周遭人共同成長的雅量。至於在求學、職場上，常有好人緣以及廣泛的人脈，與其往來，個性溫和，不但注重禮節，且能善知進退之道，頗受好評。彼人在事業上具有敏銳的觀察力，不但在思維、規劃、創意方面的作為能力佳，也有籌謀及執行的特色，能獨當一面且勝任繁瑣事務。譬如：顧問、經理、祕書、輔佐、執行長、行政人員、教師、專業技術者等。彼人不但能投注心力於其中，且能盡於職守使命必達，在職場上也能盡己之力行輔助之責，所以，易得左右逢源及好緣的回饋。

⊙陷地文昌星官祿宮：

彼人在求學、職場的運勢裡，雖然也有前述的諸多特點，但由於文昌處於陷地的緣故，導致能量銳減。譬如：彼人對於事業，雖有積極經營的企圖心，但往往在籌謀、執行運作方面，偶有失察之處，導致有不如預期的挫折感。或在求學、職場上雖也注重人事互動，唯在關鍵時刻，往往缺乏助緣使其成就。彼人盡於職守，但其才華及能力難得主管、老闆的賞識或肯定，因此，相對的減低了工作成就感。或也可能對職種的選擇有不知所措的失落感，以致於缺乏樂在工作的喜悅感。也有在求學、就業、創業的職場裡，先難後易，先苦後甘，先勞後獲的經歷過程，然而在堅持目標及理想的意志之下，終能克服艱辛，達到自己的想望。

官祿文昌化科臨，夫妻宮中化科照，
於人官祿行運佳，不論求學或事業，
處處助緣顯才華，運勢通達令人誇。

文昌化祿同宮坐，助長學業事業運，
運籌惟幄展才華，常逢好緣得提攜，
唯須固守己心志，桃花臨風勿得意。

文昌化權同宮坐，一切所行循常道，
執掌事業格局大，自利利他好處多，
自天祐之無不利，夫妻情緣又更親。

官祿文昌坐丙干，此局文昌自化科，
學業職場運勢佳，助緣處處顯才華。

官祿宮文昌化忌，或者文昌自化忌，

學業職場運有滯，以下建議供參考，
一者行事當保守，凡有決行當慎思，
若圖大舉一字慎，洞見得失不招咎。
二者宜調和人際，善緣處處好做事。
三者處事以謙應，進退得宜是好事。
四者雖盡己心力，功高震主宜自惕。
五者當樂在工作，開朗心情轉運勢。
六者宜自我成長，博學多聞有好處。
七者創業當慎重，審慎再三要評估。
八者夫妻宜同心，官祿對宮為夫妻，
兩宮呈象很密切，夫妻同心事業興。

※文昌星—田宅宮（居家、學校、工作場所、公司均屬之）

⊙得地文昌星—田宅宮：（無忌煞同宮或由對宮沖入）

彼人對於居家環境的規劃佈置與氛圍頗為講究，且能將心思投入家庭的經營，喜居家和樂及對家人的照顧頗為用心。彼人與子女互動和諧，且能傾聽子女的心聲，若親若友。（這是因為田宅對宮為子女宮的關係，兩宮有互為影響的連動力，當文昌吉氣匯入**田宅宮**能為子女帶來輔助的能量。）彼人在婚姻生活的兩性互動和諧，彼我能默契同心，興隆家運。或彼在居家中有自我成長的學習與探索動力，喜鑽研某種學問或特殊技能，具有博學多聞的才華與氣質。彼人居家喜典雅的氣氛，譬如典藏字畫、古董、精品、藏書、聆賞音樂、品茶、探索生命哲學等。

⊙陷地文昌星—田宅宮：

陷地文昌坐**田宅宮**，雖有如前所述的一些特質，唯彼人為家庭付出頗有勞力費心之象，然家人卻不易理解其內在心思及做法，缺乏默契與共識。或在關愛家人的行動上，雖能盡己心力，唯易將心事積壓，導致在家中令人覺得似有悶悶不樂的嚴肅感。或雖疼愛子女，也能為其無怨無悔地付出，唯在親子互動上，尚缺乏流暢的融入感，導致與子女若親若疏。或對子女的引導，較為缺乏雙向互動，所以，不易體察子女的心聲，彼此缺乏心理默契與共識。彼人在婚姻經營方面，兩性感情的互動似有若即若離感。或彼人對家中事務以及休閒方面的安排，難以達到預期的理想與做法。或雖有置產的意願，但在擁有房地產時，反而增添繁重的負擔，甚至，可能為自己帶來長期貸款的壓力。或在學校、公司、工作場所，彼人人際往來較為缺乏活潑及熱情，甚至，往往因工作壓力纏身，給自己帶來困擾。

田宅文昌化科臨，或田宅宮自化科，
子女化科照田宅，喜氣洋洋家和樂，
居家和諧子孫賢，家門吉慶氣象新。
若有化祿臨田宅，居家財物也豐盈，

或有化權臨田宅，為家置產頗辛勞，
田宅宮有祿權科，文昌陷地亦吉論。
田宅宮文昌化忌，自忌或陷煞忌沖，
官福忌煞夾田宅，以下建議供參考，
一者居家重和樂，同心默契家運興。
二者夫妻宜相親，協力可蔭及子女。
三者出入宜權衡，與子女能常相聚。
四者家務當重視，齊心一志理好家。
五者置產要慎重，莫讓壓力累身心。
六者當愛護子女，對治田宅興家運。
只要自己心性定，轉於宿命好運至。

※文昌星—福德宮（物資福報、精神及情緒心理）

⊙得地文昌星—福德宮：（無忌煞同宮或由對宮沖入）

彼人在精神層次方面，具有積極探索生命意義的動力，為人有素養且帶有優雅的氣質，給人好印象，即使在休閒生活上，也常能提升見識，雖有淵博的學識及專業技能，但為人個性內斂、保守，具有謙虛的特質，在情緒表現上也有相當的穩定性來因應日常事務。彼人個性樂觀，喜與人分享或常將快樂帶給他人，當自己逢遇挫折時，也能坦然以對，突破難關。彼人人際往來頗有人緣，常得助緣來化解困境的福報。或彼人在經濟能力上，往往有冥冥之中的福報來回應，適時化解在錢財方面的困境。（這是因為福德對宮為財帛宮的關係，文昌吉氣化為助力匯入財帛宮，對彼人錢物方面的幫助不無小補。）彼人也具有良好的創思及規劃能力，且能有效地發揮在日常事務上。

※得地文昌星坐宮及曜度圖解：

文昌 +4 巳	午	文曲 +4 文昌 +1 未	文昌 +2 申
文昌 +2 辰	得地文昌星坐落宮位		文昌 +4 酉
文昌 +1 卯			戌
寅	文曲 +3 文昌 +4 丑	文昌 +2 子	文昌 +1 亥

⊙陷地文昌星—福德宮：

陷地文昌在**福德宮**，雖有前述的一些特質，唯彼人在逢遇挫折考驗時，較為缺乏抗壓性，所以，往往帶有憂愁的傾向。（這是因為文昌屬金主憂悲。處於陷地文昌在情緒表達上易為顯露。若逢**辛流年—辛宮干**，文昌又坐**福德宮**時，宜尋方法來紓解心理的壓力及苦悶。）

※陷地文昌宮位及曜度圖解：

巳	文昌 -2 午	未	申
辰	寅午戌位 文昌陷地 三合局		酉
卯			文昌 -2 戌
文昌 -2 寅	丑	子	亥

文昌星坐福德宮，如前已有詳說明，
得地心靈自充實，陷地宜去憂愁心，
福德化科臨或照，即使陷地也呈祥，（臨：本宮。照：對宮）
福德宮中自化科，彼人善根好福報。
若有化祿臨福德，財帛常有福報蔭。
福德宮中見化權，為財辛苦費心思。
若有忌煞坐或沖，周旋財物煩惱多。
以上簡說四化事，若欲改善須對治，

一者常能做善事，知時知量在發心。
二者撲滿植福田，月滿之日做公益，（撲滿：存錢筒）
日日發心念念善，斯力終能迴己身。
三者宜習靜定課，定力有益於處事，
心定福德少漏失，財庫日日見增長。
四者能自我成長，博學多聞有好處。
五者當惜福愛物，愛護資源不浪費。
常植福田常迴向，冥冥自有福蔭至。

※文昌星—父母宮

⊙得地文昌星—父母宮：（無忌煞同宮或由對宮沖入）

父母感情融洽，對子女關懷備至，且能盡其才華能力來幫助子女，使其人生運勢具有加分的效果。彼人出門在外，常逢長輩的貴人，得其賞識提攜的機緣。父母也關心彼人健康、坐息及勞動狀態，與子女互動有親情感，即使聚少離多，也能得到父母的關懷及照應。父母親具有淵博的學識，為人個性溫和、保守、熱心，具有廣闊的人脈資源，甚至，也代表著彼人與師長、主管、老闆的互動和諧融洽，通常能承其關照，有助於學業、職場上的發揮。

⊙陷地文昌星—父母宮：

陷地文昌坐父母宮，雖也有前述的一些特質，但父母親為家庭付出頗為辛勞，子女不易體會或感受到父母的用心，因此，與父母在認知上有所差距。或父母之間感情互動易見起伏之象，雖能共同為家庭付出心力，唯彼此之間有價值觀上的認知差距，導致默契難達，缺乏共識。或父母個性不易大而化之，較為沉悶，缺乏開朗活潑的動力，與其互動頗有嚴肅感。雖能善盡家庭責任，但易將心事往內積壓，不易為家人所理解。個人在健康、飲食及坐息勞動方面，父母在照顧上較為費心，至於，在運程發展方面，雖也有師長、主管、老闆方面的助緣，唯在關鍵時刻易錯失良機。

父母宮文昌化科，本宮文昌自化科，
疾宮化科照父母，敬順父母頗用心，
父母等同長輩運，出外貴人常逢至，
父母疾厄兩宮中，彼此互為有因果。
父母宮有煞忌坐，或疾宮有煞忌沖，
親情互動要加強，飲食坐息要注重。
文昌與化祿同宮，父母財蔭資源多。
疾宮化祿照父母，我蔭父母好照顧。
化權與文昌同坐，父母博學有威權。
疾宮化權照父母，為其父母分憂勞。
父母宮中自化忌，父命兩宮忌互飛，

兩宮運勢有滯礙，宜尋方法來改善，
一者當敬順父母，親情之恩最殊勝。
二者奉養且盡心，為其付出無怨尤。
三者常關愛父母，身體無恙壽綿延。
父母與疾厄兩宮，彼我互有其因果。
四者當敬愛長者，師長老闆常蔭至。
五者到處有吉應，處處貴人常逢至。

文昌喜「**化科**」吉蔭能量強而有力，也會將吉氣蔭及對宮。若逢文昌化忌入陣的宮位，它的「化忌能量」也會沖對宮影響其行運。還有一種情形是文昌所在的宮位自化忌回頭剋對宮，使本宮、對宮的行運都受到影響。

⊙文昌星—化科、化忌的輪值模式：

文昌不化祿、不化權，在參與十年輪動的年干四化裡。

丙年：文昌化科。　辛年：文昌化忌。

⊙文昌星論病的參考經典：

《黃帝內經・五藏生成篇第十》

色味當五藏：白當肺，辛。赤當心，苦。青當肝，酸。黃當脾，甘。黑當腎，鹹。故白當皮，赤當脈，青當筋，黃當肉，黑當骨。

◎意譯別解：飲食五色與五味入人體相應的臟腑：白色與辛味入肺臟。紅色與苦味入心臟。凡是青綠色又帶有酸味的，它與人體的肝臟相應。飲食黃色且帶甘味的則入脾臟。黑色又帶有鹹味的入腎臟。以此推理的話，白屬辛、辛入肺，表現在體表的是皮膚。赤是紅屬火入心臟，統領全身的脈絡。青綠屬木入肝臟，統領全身的筋絡。黃屬土、土屬脾，管的是全身腠理與肌肉。黑屬水入腎，全身的筋骨關節與它的運作機能有重要關聯。

《總結》

文昌屬陽金為腑，與肺陰金為君臣，
陽金上行呼吸道，下行大腸主排解，
文昌得地吉氣蔭，喜入命疾福三宮，
遷父財宮也受蔭，此六宮呈好運勢。
金弱情志主憂愁，抑鬱中氣則不足。
文昌最喜來化科，際遇常逢貴人蔭，
文昌化忌為不美，命疾福宮不可樂，
若是命疾見昌忌，肺經腸道要保健，

膚顏保養也注重，飲食坐息要協調。
昌忌若沖擊對宮，彼我兩宮相牽制，
運勢先盛而後衰，初善終惡要慎應，
處世應事要保守，人事往來一字謙，
心境開朗守本分，凡事順勢少憂愁，
若逢逆境須忍讓，自有機運會到來。

四、擎羊星

擎羊為六煞星之一，化氣為「刑」，五行屬「陽金」與「文昌」屬性相同，**擎羊**有得地與落陷之分，凡擎羊所入陣的宮位要看其能量分配而論，處於得地宮位則顯示「旺盛的積極性」，得地擎羊的能量稱霸期間長。若見落陷擎羊入某宮位，雖然也具有很好的能動性，但往往在際遇上就受到某種程度的牽制，當逢遇逆境時，化氣為「刑」的特性就成了「**自刑之刑**」，抑鬱寡歡是陷地擎羊在情緒顯現的特質。

※擎羊星入陣結構圖解：

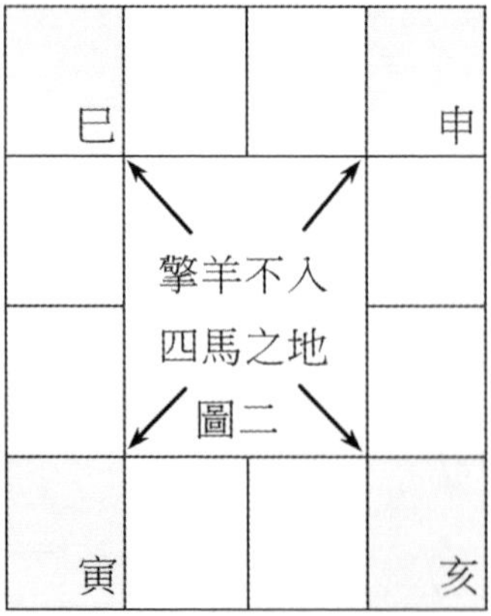

擎羊星在《封神演義》的代表人物是「三眼楊戩」，他是位機智勇猛且擅長作戰的先鋒官，四煞星代表四位善戰的統帥，除了**擎羊星「楊戩」**之外，尚有火星**「哪吒」**、**陀羅星「黃天化」**、**鈴星「雷震子」**，美中不足的是陀羅化氣為「**暗忌**」，在下一章節裡會有論述，因此，四煞星各司其職，化氣也就各有特色，所代表的意義與呈象也不盡相同。

擎羊是頗具能動性的星座，在盤面結構的三方四正裡，若有得地**羊**、**陀**、**火**、**鈴星**入陣，彼人在運程發展上會激發出積極挑戰的動能與企圖心，凡逢遇挫折或逆境考驗時，具有百折不撓的毅力去突破障礙與難關。相反的，若有落陷**羊**、**陀**、**火**、**鈴星**入三方四正時，彼人往往挫折較多，導致有志難伸的窘境。

※得地擎羊入陣的格局：（圖一）

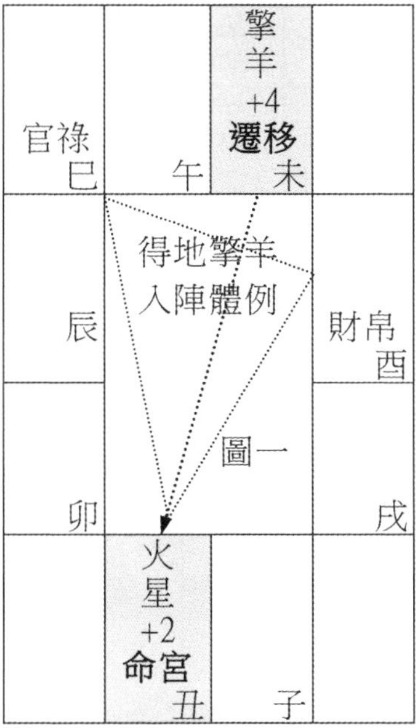

◎圖一說明：
命遷兩宮有得地火星、擎羊會照，
此為「突破萬難格」。

※陷地擎羊入陣的格局：（圖二）

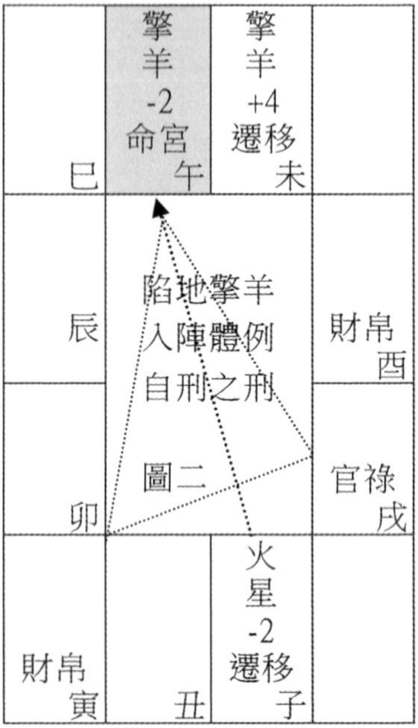

擎羊五行屬「陽金」，相應於人體的大陽腑，顯現在外的是皮膚，在情緒表現的心理狀態為「憂愁、抑鬱、不樂」。這種生理與心理呈象在陷地擎羊坐在「命宮、疾厄宮、福德宮」的觀察與表現最為明顯。「命宮、疾厄宮」雖主身體健康狀態，但擎羊若處於落陷之地時，將會連帶影響心理情緒的問題。

命宮的對宮是**遷移宮**，在基本盤或逢「大限、流年」時，擎羊的能量會進入對宮，即使在「流月」的推理也是一樣。**福德宮**坐擎羊的「刑氣」也會沖入**財帛宮**，除了影響財務運勢之外，並帶來為財所困的煩惱。

⊙得地擎羊—命宮、疾厄宮：

擎羊屬「陽金」相應人體臟腑主「鼻—呼吸道、肺部、大腸、皮膚等」，**命宮**若有忌煞或由對宮沖入的話，**擎羊**的「刑氣」就會得到助長，因此，在日常生活上往往會不經意的感召一些刑傷。擎羊得地與落陷在於旺衰程度，在情緒心理的表徵方面，得地擎羊屬於情緒外發型，陷地擎羊則有抑鬱寡歡、不樂的傾向，所以說，在面臨壓力或逆境考驗時，通常可由此看出擎羊如何尋求解決問題及舒緩情緒的管道。

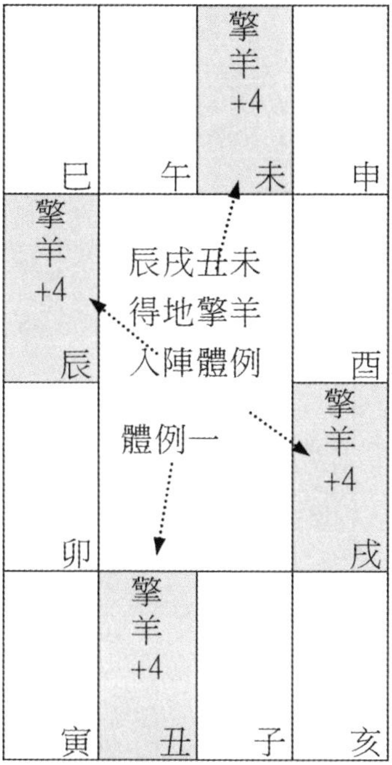

⊙陷地擎羊—命宮、疾厄宮：

子、午、卯、酉四個宮位為擎羊落陷之地，若有**命宮**、**疾厄宮**坐在任一宮位，「刑氣」對身體的健康狀態，往往會相應如上屬陽金所述及的生、心理呈象。若有忌煞與擎羊同宮或由對宮沖入時，

「自刑之刑」易令彼人健康處在不穩定狀態，尤其須留意**肺部、大腸道、中氣不足、情緒心理**的問題，在日常行動也易感召「刑傷」之患，以致於帶有舊疾且難以根治的困擾。至於，在生理影響心理方面，往往易呈現胸悶、無力感、過度勞累所產生的耗能陰虛狀態，或也可能有預事而憂的傾向。

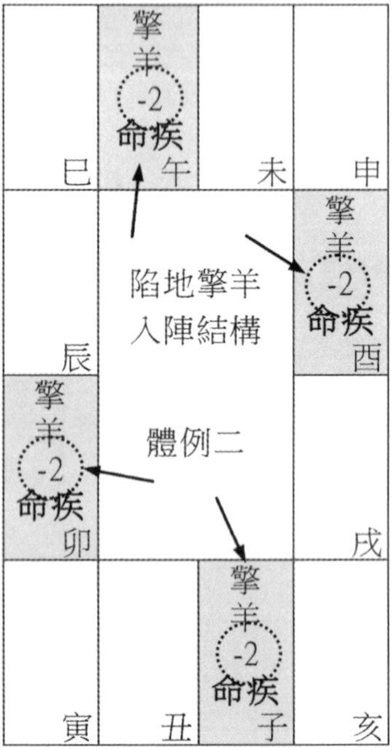

⊙擎羊在福德宮：

福德宮是心理表露於外在情緒的宮位，凡「喜怒憂思悲恐驚」會隨際遇的順逆而呈現七種情緒狀態。**得地擎羊**在穩定度上稍嫌不足，易受情境的影響，導致在言行上有快意決策的傾向，這種「刑氣」的能量會沖擊「財帛宮」，造成財務管理上的疏失。

落陷擎羊坐**福德宮**時，彼人心理層面往往會有預事而憂的傾向，由於「自刑之刑」的緣故，在面對生活的種種事務有難言之隱，或在精神層面上覺得有孤獨落寞感，當逢遇挫折考驗時，在排解問題方面較為勞力費心。所以，有時候易受事件打擊，導致日積月累的挫折感。甚至，偶有庸人自擾或自尋煩惱傾向，有此格局者會影響**財帛宮**的運勢。

《**總結**》

擎羊五行屬陽金，相應身體大腸腑，
上竅在鼻呼吸道，下走大腸主排解，
膚顏鼻竅要保健，相應心理主憂愁，
擎羊若處於陷地，刑氣逼來要改善，
若有忌煞同宮臨，或者對宮忌煞沖，
自刑之刑要分明，若論行運要保守，
勞動飲食及坐息，調節得當身安然，
開朗心性轉宿命，冥冥自有福蔭至。

五、陀羅星

陀羅為六煞星之一，化氣為「暗忌」，五行屬「陰金」，相應於身體主肺臟，上竅在鼻，下走大腸道。在心理層面反應在「憂、悲、愁—傷及肺臟」，易導致中氣不足、胸悶。陀羅入陣宮位有得地與落陷之分，唯獨不入「子午卯酉」的四旺之地。

※陀羅星入陣結構圖解：

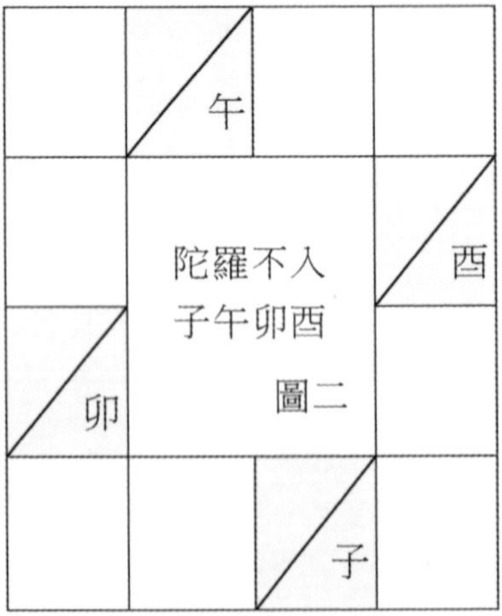

四馬地是陀羅落陷的宮位，「天馬」也只分布在「寅申巳亥」的四馬地，因此，假使有陷地陀

羅與天馬同宮，此局為「**折足馬格**」，此宮運勢會受到某種程度的牽絆，除非有方法來化解此宮所面臨的問題。

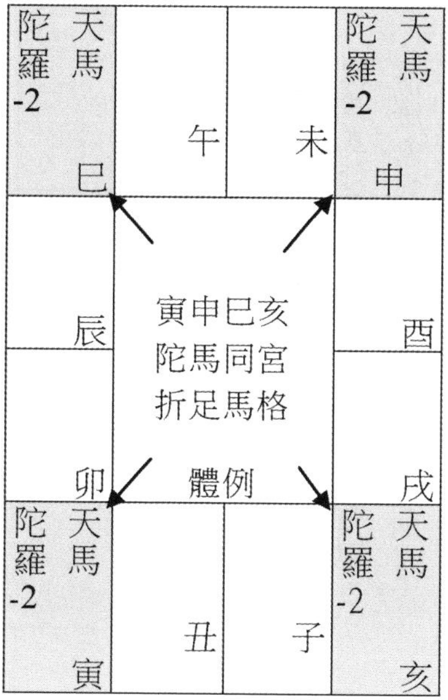

得地陀羅坐**六親宮**時，主宮位裡的人物不乏有「擅長創意思考、謀劃策略、博學多聞、才思敏捷、具有耐性面對事務者」。陀羅若入**非六親宮**依五行─屬金與化氣來推論延伸之。

陀羅帶有鑽研、細究、觀察、創思、耐性的含意，通常表現在彼人的意志及行為上。唯須留意的是陀羅若坐「辰、戌」兩宮時，視同落入「天羅地網宮」，此宮位的運勢往往有**火水未濟**之象。

（註：火水未濟為易經六十四卦的最後一卦，讀者可自行參考易經卦理解析。）

※陀羅—天羅地網宮：

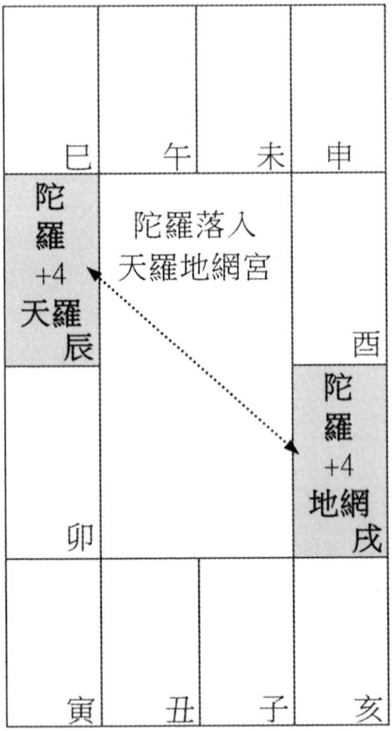

《總結》

陀羅五行屬陰金，相應生理在肺臟，
情緒表現在憂愁，辰戌天羅地網位，
寅申巳亥四馬地，化氣暗忌思對治，
若在命疾要保健，飲食坐息要調節。
若坐福德易憂愁，順勢作為少煩惱，

若在財帛常周旋，為財奔波帶字憂，
福財兩宮互因果，如同君臣相依附，
命遷兩宮為主運，明哲保身不招咎。
夫官兩宮為一體，家事和合事事興。
田子兩宮要重視，公司部屬好運勢。
父母宮為師長運，主管老闆同此理，
敬順常有長輩緣，處處皆有貴人至。

⊙觀念轉個彎，生命無限寬

正向思維是轉化宿命的關鍵，透過盤面的結構分析，將能進一步瞭解人格特質及行運的波動現象，這過程裡包括「基本盤、大限、流年、流月等」。因此，生命的律動隨時在向前移動著，它是一種現在進行式，沒有人能使時間倒轉，也無法去停止它的運行。所以，在每個人的生命過程裡，**運勢走向**是一種**多緣和合**的複雜現象。這世上凡是成功者必有令其成功的特質取向，失意者也有運勢呈象的種種軌跡。好命歹運有時候是因緣集會的結果論，世間上有很多事情是無法去改變的事實。譬如說，出生的家庭、環境、際遇與貧富問題，盛衰成敗……等，似乎在冥冥之中有個定數，左右著我們每一步的運程。幸運的是，能轉化宿命的鑰匙在自己手上，「轉化思維」是轉逆境為喜悅的致勝關鍵所在，雖然要扭轉個人在認知上的習慣領域很不容易，但只要我們的視野夠寬廣深遠，能洞察及轉換思維預見未來的利益時，我們的內心就會生起一股積極的動力，勇猛向前突破種種難關。

習慣領域有優點，但也有它的缺失與過患所在，
只要是正向的，應積極的往優勢面前進，
可是，如何面對我們最脆弱的部分呢？
改變思維與調整價值取向，雖是一個困難的希望工程，
但卻是內在修練的考驗，
別人可以給我們一條魚，
但問題是能給多久，
我們得耐心等待，以及學習如何釣魚的技巧，
內在修練是轉化宿命的關鍵，
一開始可能很難，但只要你進入了這個領域，
你將會駕輕就熟，由熟生巧，巧而生妙，
不管什麼時候都可以開始，一切都不會太晚。

第十一章

五行屬「水」的星系算病

一、天同星

在《紫微斗數》盤面的諸多星辰裡，五行屬水的星佔多數，「水」在易經卦象裡為「坎卦」，「**坎為水**」有重重之水的含意，然水若過多唯恐造成泛濫，俗語說：「人生行運如逆水行舟，不如意者十有八九」。水的特性是往下流，順勢的話一帆風順，逆境來的時候有如浪裡行舟，驚險重重。《紫微斗數與易經》有密不可分的關聯性，其論理與邏輯是相通的。觀天之象，取其喻意應用於人事，雖說是一種虛擬的象徵，卻也符合《紫微斗數》在盤面分布上的應用。在相關預測學的領域裡，譬如：易卦六爻用神、奇門遁甲、玄空學等，對於氣象、地理、方位、居宅、人事等有它各自的特色。《紫微斗數》在人生際遇及風險管理方面有它獨特的實用性。自「希夷先生」發明《紫微斗數預測學》以來，在盤面佈陣與邏輯走向的設計令人嘆為觀止。

◎**水星**若入命盤相應宮位，則有特別的含意與呈象，十二個宮位分為兩大領域：

一、六親宮—命、父、兄、夫、子、僕。

二、非六親宮—遷、財、疾、官、田、福。

◎也可以將十二宮區分六對有因果關係的結構：

一、命宮—遷移宮。　二、父母宮—疾厄宮。　三、兄弟宮—僕役宮。

四、夫妻宮—官祿宮。　五、子女宮—田宅宮。　六、財帛宮—福德宮。

※十二宮分成六組相對宮位—彼我因果結構：

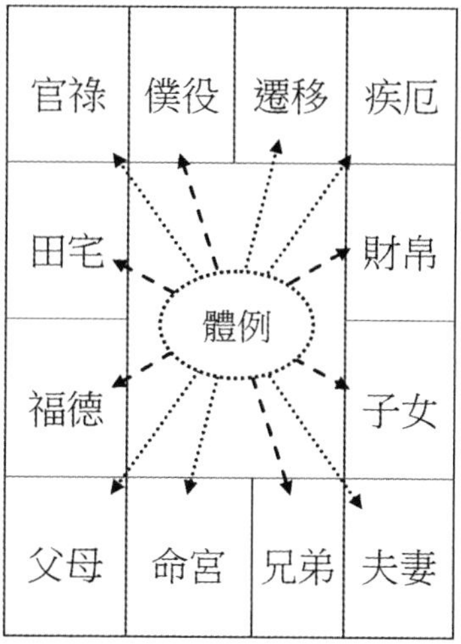

◎茲將最具代表性且重要的「水性星座」歸納如左：

一、**天同**。二、**太陰**。三、**貪狼**。四、**巨門**。

五、**天相**。六、**破軍**。七、**文曲**。八、**右弼**。

天同星五行屬「陽水」，化氣為「福」，民間有所謂的土地公、福德正神都是很好的虛擬人物，在《封神演義》裡的代表人物是「文王姬昌」，**天同**是一顆頗具福氣的星座，當它坐在適當宮位時，更能凸顯**天同福星**的特色。若入陣在六親宮時，因為宮位是主人事狀態，所以，在推論方面，原則上是大同小異的，只要能把握宮位結構及星性組合原理，再加上化氣為「福」的特性，便能掌握宮位的訊息走向。

天同所入陣的十二宮位裡，有得地與落陷之分，在十干四化的輪值變化裡，天同有「化祿、化權、化忌」的不同配置狀態，這其中包括出生年干、大限宮干變化、流年干、流月日時等，以上的時間向度與環境因素，均取決於四化禍福吉凶的變數而定。

※天同逢流年輪值及宮干四化：

丙干：天同化祿。　丁干：天同化權。　庚干：天同化忌。

⊙天同星入陣及曜度分佈圖：

天同	太陰 天同	巨門 天同	天梁 天同
天同	天同入陣圖（圖一）		天同
天同			天同
天同	巨門 天同	太陰 天同	天同

同 +4 巳	同 -2 午	同 -1 未	同 +3 申
同 0 辰	天同星曜度（圖二）		同 0 酉
同 0 卯			同 0 戌
同 +1 寅	同 -1 丑	同 +3 子	同 +4 亥

天同五行屬「陽水」相應於身體在腎臟所屬的泌尿系統，「膀胱」是陽水運行機制之腑，在情緒心理的顯象上為「驚恐」，生理與心理彼此有交互影響的能量作用。在《內經》裡有這方面的陰陽學理論和八綱辨症的載文。

《黃帝內經．陰陽應象大論篇》

北方生寒，寒生水，水生鹹，鹹生腎，腎生骨髓，髓生肝，腎主耳。其在天為寒，在地為水，在體為骨，在藏為腎，在色為黑，在音為羽，在聲為呻，在變動為慄，在竅為耳，在味為鹹，在志為恐。恐傷腎，思勝恐；寒傷血，燥勝寒，鹹傷血，甘勝鹹。

天同星坐陷地只在丑、午、未三宮，儘管處在陷地，天同化氣為「福」的**福氣**還是擁有受蔭的福報，只要天同宮位無陷地煞星、地劫、化忌、陰煞同宮，或由對宮沖入，則為福氣臨門格。若格局不美的話，只要堅持理想，還是能達到想望的目標。（如例二圖解）

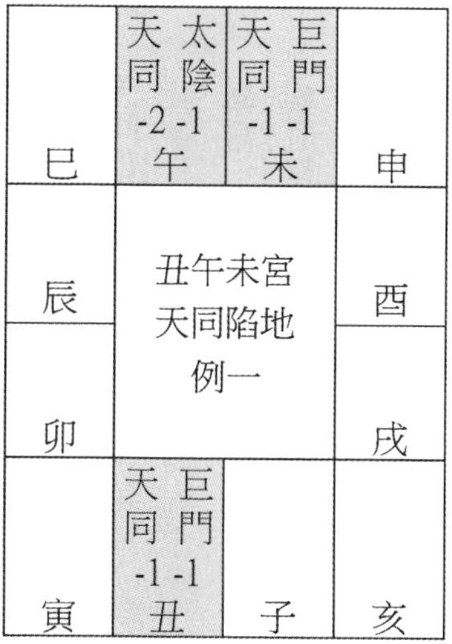

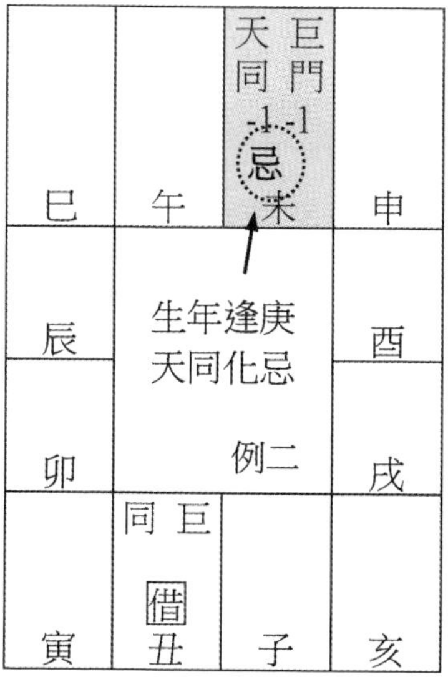

壹、天同化祿──命宮、疾厄宮：（無忌煞同宮或由對宮沖入）

一、逢丙年生，命宮坐天同化祿者，或逢丙流年同論。

二、化祿表示有飲食方面的福報，唯也易因飲食帶來屬水方面的潛伏疾患。

三、個性開朗大方，人際往來活絡有好人緣，常得善緣及貴人的關照。

四、**天同**化祿在飲食上易感召泌尿系統、尿酸、痛風、腎臟的疾患，也主婦科、攝護腺、骨質、耳疾、發胖等，所以，還是要節制才好。

五、**命宮**化祿助長**遷移宮**的運勢發展，為人個性大方，處處有好緣。

六、**疾厄宮**天同化祿匯入**父母宮**，對父母甚為敬順，也與長輩、師長、主管、老闆甚為投緣，通常能得到他們的關照與提攜。

◎**附註：**天同化祿在**命宮**、**疾厄宮**的狀態，尚有以下變化格局：

一、**命宮**、**疾厄宮**的天同坐「丙干」，視同宮位「天同自化祿」。

二、**命宮**、**疾厄宮**天同的對宮坐「丙干」，視同「化祿回頭生格局」。

三、**命宮**坐「丙干」化祿飛入**疾厄宮**的天同位，屬於命宮化祿飛入疾厄宮格局，彼人擁有很好的飲食福報，但仍需有所節制才好。

四、疾厄宮坐「丙干」化祿飛入命宮天同位，形成「疾宮天同化祿飛入命宮的格局」。

五、命宮與疾厄宮形成互相化祿狀態，彼人不管走到哪裡皆有飲食之福。（註：命宮化祿飛疾宮、疾宮化祿飛命宮皆主有口福。）

貳、天同化權—命宮、疾厄宮：（無忌煞同宮或由對宮沖入）

一、個性開朗活潑，活動能量強，處事頗具積極企圖心，為人豪爽大方。

二、「化權」有奔忙難閒之意，因此，在命宮、疾厄宮有體力負荷過度之患，或者也要留意因過勞所帶來腎臟方面的疾患。

三、面對生活瑣事繁多，由於個性剛毅的緣故，所以，掌控事務能力強，凡事喜簡明、重效率。

四、命宮化權意謂著：為人處事主觀意志較強，遇事百折不撓且具有積極的動能。

五、疾厄宮化權的生命動能勞碌難閒，所以，須留意坐息失調或過勞所導致的腎臟疾患。

◎**附註**：天同化權在**命宮**、**疾厄宮**的結構，也有以下變化格局：

一、**命宮**、**疾厄宮**的天同坐「丁干」—天同自化權格。

二、**命宮**、**疾厄宮**的天同見對宮坐「丁干」，視為天同化權回頭生的「勞碌奔波格局」，彼人生活動能旺盛，所以，也帶有「先權後耗」的意義。

三、**命宮**坐「丁干」化權飛入**疾厄宮**天同位，形成命權飛疾宮的「勞碌難閒格」。

四、**疾厄宮**坐「丁干」化權飛入命宮天同位，形成「疾宮飛權入命格」。

五、**命宮**與**疾厄宮**形成互相化權狀態，有此格局者要留意因過勞而導致的疾患。

參、天同化忌—命宮、疾厄宮：

一、天同屬陽水—膀胱腑—太陽膀胱經，主身體水分排解及泌尿系統，若有化忌、陷煞、地劫、陰煞在**命宮**、**疾厄宮**與之同宮者，須重視腎臟功能及泌尿系統的養生保健。

二、天同化忌─勞力費心導致身體腎勞及氣虛現象。

三、天同化忌在情緒心理上的穩定力不足，在面臨挫折時易生起消極庸懶的心態。

四、天同化氣為**福**，因化忌的緣故：「在命宮則事務繁雜。若在疾厄宮時，往往有氣虛耗能狀態。」

凡**命宮、疾厄宮**有天同化忌者，其共同特點在於：「生命活動似有冥冥之中的定數，使得彼人走向勞碌、身心疲憊的過患。」

五、不論本命、大限、流年、流月等，凡天同化忌入命宮、疾厄宮者，化忌能量會沖擊「**遷移宮、父母宮**」，進而影響彼宮位的運勢發展。

◎附註：天同坐命宮、疾厄宮的化忌現象，尚有以下飛星變化格局：

一、**命宮、疾厄宮**的天同坐「庚干」，視為「天同自化忌格局」。

二、**命宮、疾厄宮**的天同對宮坐「庚干」，形成天同化忌回頭剋的格局。

三、**命宮**坐庚干化忌飛入**疾厄宮**的天同位，形成「命忌飛疾格」。

四、疾厄宮坐「庚干」化忌飛入命宮的天同位，形成「疾忌飛命格」。

五、**命宮**與**疾厄宮**形成各自化忌狀態。（體例一）

六、**命、疾**的任何一宮有忌煞、空劫、化忌相夾者，視同「夾命或夾疾格」，前後相夾宮為牽制的「因」，受夾宮為「果」，這是導致結果論的原理。（體例二）

太陰 -2 巳	貪狼 +3 午	天同 巨門 -1 -1 未	武曲 天相 +2 +4 疾厄 壬申
廉貞 天府 +1 +4 辰	命宮巨自忌 疾宮武自忌		太陽 天梁 0 +2 酉
卯	體例一		七殺 +4 戌
破軍 +2 寅	同 巨 借 命宮 丁丑	紫微 0 子	天機 0 亥

巳	午	未	申
辰	命宮受夾格		酉
卯	體例二		戌
武曲忌 → 父母 寅	巨門 天同 -1 -1 命宮 丑	← 擎羊 -2 兄弟 子	亥

壹、天同化祿—福德宮：（無忌煞同宮或由對宮沖入）

一、同祿入福德宮擁有飲食及物質享用的福報，且以追求生活品味而帶來精神上的滿足感。

二、彼人對物質享用有獨特的風格與嗜好，而且捨得把錢花費在這方面。

三、彼人在財物上常有受蔭的際遇，也易因過度追求物化而受役於物。

四、心思常留意美食資訊，而且樂於將錢財花費其中。

五、喜收集或典藏精品為樂。

六、**天同**坐**福德宮**是理想的格局，化祿助長本宮能量並有益於**財帛宮**。

◎附註：**天同**在**福德宮**、**命宮**、**疾厄宮**的**化祿增益**現象，尚有下列變化格局：

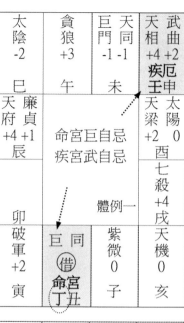

一、**福德宮**天同坐「丙干」視為「福宮自化祿格」。
二、**命宮**坐「丙干」化祿飛入**福德宮**天同位，此為「命祿飛福格」。
三、**財帛宮**坐「丙干」化祿飛入**福德宮**天同位，此為「財宮化祿飛福格」。
四、**疾厄宮**坐「丙干」化祿飛入**福德宮**天同位，此為「疾宮化祿飛福格」。

貳、天同化權—福德宮：（無忌煞同宮或由對宮沖入）

一、有細膩的觀察力，對周遭事物經驗的敏感度佳，唯易為瑣事操心，總想把事情做得盡善美，然而煩惱與挫折感會相對的增加，給自己帶來無謂的困擾。
二、心思活絡敏捷，然在穩定力上有所不足，導致專注力有跳躍式的起伏。
三、化權匯入財帛宮，對財經動向與理財具有強烈企圖心及積極作為。
四、心思繁雜，易受事物干擾，不易放鬆自己。
五、在表達個人意志時，有強權氣盛之象，處事有剛毅果決的特色。
六、個性活潑熱心，經常保有旺盛的精神活動力，由於常處於動能狀態，日久則易耗洩能量，這是基於物極必反之理。
七、對事務掌控與支配力強，難以輕鬆心情看待人事物，易造成周遭人與其互動的壓力。
◎附註：天同坐福德宮、命宮、疾厄宮的**化權**現象，尚有下列變化的格局：
一、**福德宮**天同坐「丁干」：此局為福宮自化權格—瑣事繁多，操勞難閒。
二、**命宮**坐「丁干」化權飛入**福德宮**天同位：命權入福格—主觀強，穩定力不足。

三、**財帛宮**坐「丁干」化權飛入**福德宮**天同位：財宮化權飛福格—心思在財，掌控財務。

四、**疾厄宮**坐「丁干」化權飛入**福德宮**天同位：疾宮化權飛福格—勞身累心，精神亢奮。

參、天同化忌—福德宮：

一、心思易為繁雜瑣事纏身，當面臨挫折時，耐受力較為不足，因此，易為事件困惑導致有自尋煩惱的傾向。

二、為周旋生活所需而困擾，導致有意志落寞傾向，對於自我成長的動力稍嫌不足，所以，易屈服於所面臨的挫折，或生起自怨自艾的失落感。

三、情緒穩定力不足，易受環境影響個人意志，優柔寡斷。

四、內心有孤獨感，難得知己好友以傾訴心情，於人際較為缺乏活絡及熱情。

五、化忌沖**財帛宮**，易因心思把持不定的決策，導致影響財物耗失，若能尋得改善耗失錢財之法，心情也會開朗起來。

六、常保持開朗的心境，有助於化解化忌沖入財帛宮的障礙，改善財務囚困之境。

◎附註：天同坐**福德宮**、**命宮**、**疾厄宮**的化忌涉入狀態，尚有以下變化格局：

一、**福德宮**天同坐「庚干」，此為「福宮自化忌格—自尋煩惱」。

二、**命宮**坐「庚干」化忌飛入**福德宮**天同位：命忌飛福格—常逢挫折。

三、**財帛宮**坐「庚干」化忌飛入**福德宮**天同位：財宮化忌飛福格—缺錢所苦。

四、**疾厄宮**坐「庚干」化忌飛入**福德宮**天同位：疾宮飛忌入福格—疾患隱憂。

《總結》

天同五行屬陽水，腎膀泌尿與婦科，
膀胱主水之排解，歸足太陽膀胱經，
心腎調和神志定，若失調時易慌亂，
天同水也主骨骼，上竅在耳下尿道，
命疾坐天同化忌，飲食五味要注重，
日常坐息要調節，否則腎勞累身心，
泌尿系統攝護腺，婦科問題要保健。
天同化忌福德宮，心理壓力要克服，
順勢作為不強求，財物自然少耗失，
笑口常開且樂觀，冥冥自有善緣來。

二、太陰星

太陰星是一顆柔性的星座，也可以「月亮」來代表太陰的特質，太陰五行屬「水」，化氣為「富」與財物有關，也意謂著「靠累積致富，而非投機致富」。因此，太陰喜化祿在財帛宮，代表著財源呈穩定性的增長。太陰也是田宅主，愛家有道是它專屬的特質，也代表擁有房地產的福份，太陰既是柔性星座喜入父母宮，代表著母親具備善於理家的智慧。

※太陰星入十二宮及曜度分佈：

太陰 巳	天同 太陰 午	太陽 太陰 未	天機 太陰 申
太陰 辰	太陰星入陣 圖一		太陰 酉
太陰 卯			太陰 戌
天機 太陰 寅	太陽 太陰 丑	天同 太陰 子	太陰 亥

太陰 -2	太陰 -1	太陰 -1	太陰 +1
太陰 -2	太陰星曜度 圖二		太陰 +3
太陰 -2			太陰 +3
太陰 +3	太陰 +4	太陰 +4	太陰 +4

太陰五行屬陰水—腎、膀胱主水路的運行機制，當然也包括下半身、泌尿系統，腎主骨、齒為骨之餘，脊椎、關節與之有密切關聯。在男性方面的腺體需要留意，尤其具有長壽病之稱的攝護腺問題。在女性方面太陰主「腹部、婦科」，有關以上論述，若太陰坐在「命宮、疾厄宮」時，則須做好養生保健。以下擷取《內經》載文來補充這方面的論理：

《黃帝內經・金匱真言論篇第四》

北方黑色，人通於腎，開竅於二陰（一），藏精於腎，故病在谿（二），其味鹹，其類水，其畜彘（三），其穀豆，其應四時，上為辰星，是以知病之在骨也，其音羽（四），其數六，其臭腐（五）。

◎註：

一、「開竅於二陰」：腎竅有二，上竅開於耳，下竅行尿道出口，一般在內外症狀的顯象上，耳鳴、尿路障礙與腎—膀胱的運行有所關聯。因此，可從開竅二陰的徵象來推理器官機能的狀態，腎為水臟、膀胱為水腑，臟腑相依附的運作功能很重要。

二、「谿」：音讀《有》，**黑色**之意，腎五行屬水，在五色以「黑色」為其表徵，凡腎臟機能出現問題時，在體表膚顏會有黑色及暗氣呈象，譬如洗腎患者，其膚顏呈黑且黯淡無光。

三、「彘」：音讀「致」，是家畜中的「豬」，以五行屬水的性質來推理代表性的動物。

四、「其音羽」：羽樂五行屬「水樂」，其中尚有「宮音—土樂，商音——金樂，角音—木樂，徵音—火樂」，以下針對「羽樂」來略述它的特性：

《水樂—羽樂》

在五行音樂歸類中，「水樂」當屬一般人最能接受而且會喜愛它的音樂，在諸多演奏樂器裡，「古箏、箜篌、豎琴、鋼琴、吉他等」，通常扮演著重要的角色。「羽樂」音性如潺潺流水般，聆聽「水性之樂」可調和人的神志與情緒，《黃帝內經》記載水樂入腎，「腎主人的神智—智慧所藏之處」，水樂可使聆聽者紓解壓力，也能緩衝因思慮過多所引起的煩躁感，不但可安定神志，進而達到激發潛能的目的。

一般在「**音樂療法**」中，透過曲目的聆賞與引導，可被廣泛應用在情志療法與潛能開發上，因為，羽樂水性的音韻具有下列特色：

1、羽樂柔順、流暢，令人有身心舒暢之感，如釋重擔。

2、羽音有水往下流之性，使人神智安寧，有助於睡眠。

3、「水樂」可調和人的煩躁不安感，主要是以柔制剛的緣故。

4、「羽音」入人之耳，下行相應於「腎」，故主安神，古來即有「智者樂水」之說。

5、「水樂」可制衡因火氣上升導致頭部不適感，促使血氣運行調和。《經曰：至善若水，水利萬物而不爭》。

羽音如水，聽者有意，順暢身心，調和情緒，
不卑不亢，不浮不躁，陰陽調和，心神安寧，
常聽羽音，漸漸薰習，智者不爭，常生智慧，
水往下流，柔和謙卑，調順其心，是羽音意。

五、「其臭腐」：腎屬水，在五味上主「腐味」，凡食腐味入腎之臟腑，因此，喜食腐味者宜有所節制，否則易傷腎之臟腑，對於「神智」的運行多少會有所影響。

太陰在「卯、辰、巳、午、未」五個宮位呈現落陷狀態，彼宮位的運勢往往會被牽制或有滯礙難行之處。太陰對於化難呈祥的力道稍嫌弱了一點，尤其當太陰所在的宮位呈現雙星同宮時，宮中的星性結構也會影響到對宮運勢，為何有此一說呢？

◎凡與**太陰**同宮的甲級星組合有下列三種格局：

一、太陰、太陽在「丑、未」同宮—乙年、甲年化忌。

二、太陰、天機在「寅、申」同宮—乙年、戊年化忌。

三、太陰、天同在「子、午」同宮—乙年、庚年化忌。

雙星同宮的入陣狀態：

「丑、未、寅、申、子、午」合計有六個宮位屬雙星同宮格局，若盤面上有太陰、天同雙星同宮者，對宮無主星須借「太陰、天同」入位，如此的話，「陰同雙星」則佔據了兩個宮位，然在十干四化裡，兩星皆參與了化忌輪值，導致本宮及對宮運勢的起伏變化：

一、乙年—太陰化忌。

二、庚年—天同化忌。

如此一來，彼我兩宮計有兩組四化星在輪班值守，只要逢遇「乙年、庚年」彼我兩宮的「太陰、天同」即受化忌影響行運。

※太陰、天同雙星同宮格局—體例圖解：

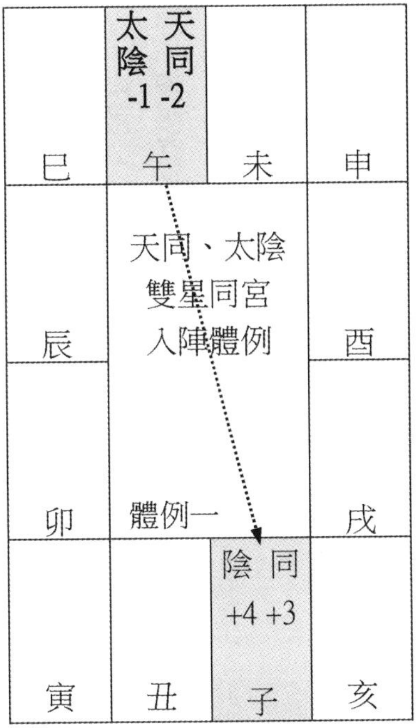

壹、太陰化祿—命宮、疾厄宮：（無忌煞同宮或由對宮沖入）

一、化祿在命宮為宿命。化祿在**疾厄宮**為飲食、際遇因緣、勞動及坐息等所感召的身體健康狀態。

二、化祿在「命宮、疾厄宮」有口福，唯在飲食方面要有所節制，否則易因飲食偏好而帶來五行屬水的隱患。

三、化祿在命、疾宮有「保留」之意，得留意腎、泌尿、腺體及婦科方面的問題。

四、太陰化祿在命宮代表有財物的福報，因太陰化氣為「富」可累積致富，或逢遇乙流年時，往往有進財獲利之象。

五、太陰化祿在**命宮**個性溫和，處事有條理，人際關係良好，常逢善緣，於女性中具有女德，男性坐命宮也擁有柔性平和的特質。
六、太陰化祿在**疾厄宮**有口福及常逢貴人提攜的機緣—化祿能量會進入父母宮的緣故。
七、命宮、疾宮化祿重視飲食品味，唯命宮也重視個人形象、威儀及裝扮，所以，在物質取用方面頗有其獨特風格。
八、若**命宮、疾宮**坐化祿又形成自化忌格局，或有化忌、陰煞同宮或由對宮沖入，視同「**祿隨忌走格局**—先得後失、先盛後衰、初善終惡」。

◎附註：太陰化祿在**命宮、疾厄宮**，尚有下列變化的格局：
一、命、疾宮坐「丁干」為：命疾宮自化祿格。
二、**命宮**坐「丁干」化祿飛入**疾厄宮**太陰位，此為「命祿飛疾格—以飲食為樂」。
三、**疾宮**坐「丁干」化祿飛入**命宮**太陰位，此為「疾祿飛命格—際遇有口福」。
四、**遷移宮**坐「丁干」化祿飛入**命宮**：此為「遷祿入命格—人脈頗豐厚」。
五、父母宮坐「丁干」化祿飛入**疾厄宮**太陰位，此為「父母化祿飛疾格—承父母蔭照」。

貳、太陰化祿—福德宮：（無忌煞同宮或由對宮沖入）

一、喜擁有高尚品質的物質生活，言行上較為保守，常逢好緣來激勵個人的心靈成長。
二、常有後勤資源來助長個人運勢，尤其在財物方面的福報甚好。

三、注重生活品質，喜過悠閒、享受自我生活，以及乾淨優雅的環境。

四、彼人個性溫和有雅量，喜以財物幫助他人，行善積德，不但心細且善於體諒他人。

五、財帛宮得到福德宮太陰化祿的蔭照，所以，擁有財物的福報甚好，即使逢遇流年也能發揮作用，

此為「福祿生財格—擁有財物的後援」。

◎附註：太陰化祿在**福德宮**，還有下列格局的變化：

一、**福德宮**太陰坐「丁干」，此為「福宮自化祿格—個性保守，儲蓄致富」。

二、**命宮**坐「丁干」化祿飛**福德宮**太陰位，此為「命祿入福格—品味生活，享用為樂」。

三、**財帛宮**坐「丁干」化祿飛**福德宮**太陰位，此為「財祿生福格—財物資源，受蔭回饋」。

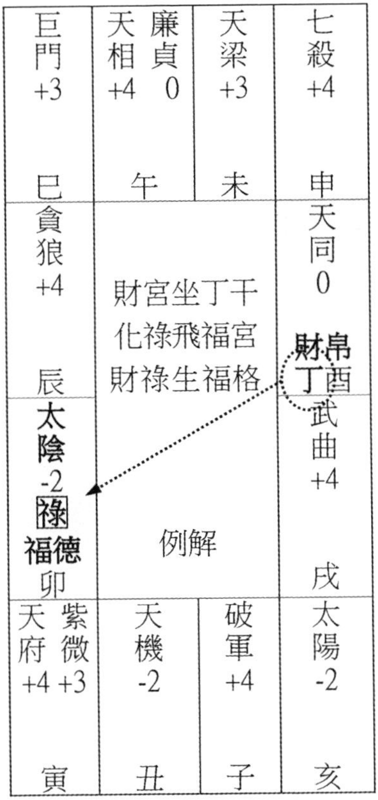

壹、太陰化權—命宮、疾厄宮：（無忌煞同宮或由對宮沖入）

一、在**命宮**—對事物掌控能力強—積極企圖型。

二、在**疾宮**—做事積極且能動性強，在勞動坐息上有失調之象。

三、命宮化權飛遷移宮，在外行動力旺盛，周旋人際且擁有廣闊的人脈，處事積極決斷力強。

四、**疾宮**化權飛**父母宮**，與父母、長者、主管、老闆的互動熱絡，唯較有個人意志的伸張，因此，在職場上當以功高震主為戒慎之道。

◎附註：太陰化權在**命宮**、**疾宮**尚有互相涉入的變化格局：

一、**命宮**太陰坐「戊干」：「命宮自化權格—掌權理事，積極企圖」。

二、**疾厄宮**太陰坐「戊干」：「疾宮自化權格—操勞瑣事，坐息失調」。

三、**疾厄宮**坐「戊干」化權飛入**命宮**：「疾權飛命格—事必躬親，過勞之患」。

四、**命宮**坐「戊干」化權飛入**疾厄宮**太陰位：「命權飛疾格—動能旺盛，勞碌難閒」。

五、**命宮**、**疾厄**兩宮化權互飛：「命疾化權互飛格—事事參與，積勞累身」。

貳、太陰化權—福德宮：（無忌煞同宮或由對宮沖入）

一、心思躍動，精神常處於旺盛活潑的亢奮狀態，所以，在穩定力上有所不足。

二、對事物觀察的敏感度強，也喜伸張個人見解與抱負，導致周遭人與其互動備感壓力。

三、為人熱心，處事喜簡明，做事重效率，唯須防範快意決策所感召的過失。

四、事事希望做得盡善盡美，因此，對周遭人的要求也較為嚴格。

五、對財經走向及理財運用有獨特的敏感度，喜將心思花在如何賺錢的事物上。

六、化權助長**財帛宮**的能量，所以，對理財及擁有財物的掌控能力強。

七、在能力所及之處，也喜以財物濟利他人，行善積福。

◎附註：太陰化權尚有以下變化的格局：

一、福德宮太陰坐「戊干」—「福宮太陰自化權」。

二、**財帛宮**坐「戊干」化權飛入**福德宮**太陰位——「財權入福格」。

三、**命宮**坐「戊干」飛入**福德宮**太陰位，「命權飛福格」。

四、**疾厄宮**坐「戊干」飛入**福德宮**太陰位—「疾權飛福格」。

五、**福德宮**坐「戊干」化權飛入**命宮**太陰位—「福權飛命格」。

六、**福德宮**坐「戊干」化權飛入**疾厄宮**太陰位—「福權飛疾格」。

壹、太陰化科—命宮、疾厄宮：

一、在命宮：頗有才華，不但博學多聞且心性柔善，處事有道，溫和恭謙，散發一種祥和的親切感，令人喜與親近，彼人行運常能逢凶化吉。

二、彼人形象良好，常能廣結有識之士，雖有廣泛的人脈，卻也能隨遇而安，這是因為命宮太陰化科能量進入遷移宮的緣故。

三、在疾厄宮—常保持身體康泰狀態，若偶有不適或需診治時，通常能逢遇良醫藥的好緣，彼人對養生保健也頗有學識。

四、對父母、長輩、師長、主管、老闆甚為敬順，這是因為**疾厄宮**太陰化科將能量匯入對宮—父母宮的關係，俗語說：「凡孝敬父母師長者，往往能得到貴人的關照與提攜，在身體方面也會調和安然。」

◎附註：太陰化科在命宮、疾厄宮尚有以下變化的格局：

一、**命宮、疾宮**太陰坐「庚干、癸干」，視同「命、疾宮自化科格」。

二、**命宮**坐「庚干、癸干」，飛入**疾厄宮**太陰位，此為「命科飛疾格」。

三、**疾厄宮**坐「庚干、癸干」，飛入**命宮**太陰位，此為「疾科飛命格」。

貳、太陰化科—福德宮：

一、個性溫和，與人往來互動親切，遇事不喜與人爭，且有讓利予人的雅量，在自我成長方面的學習動力強，做事心思細膩。

二、有很好的自我情緒管理能力，常能順勢因應事務，具有以柔克剛的應對智慧。

三、具有無限潛能，學習與記憶能力佳，遇事重思維及策略的因應，通常能有條不紊的理事，力求完善。

四、思維、創意、策劃、研究能力佳，善於運籌維幄，處事態度溫和，給人好印象。

五、面對生活各種面向，被觸動而領悟的能力強，甚至也喜探索生命的意義。

六、在財物管理運用上，通常能得到貴人的庇蔭，即使在面臨財務問題時，也常有好緣來化解難題，這是因為**福德宮**太陰化科的能量進入財帛宮的緣故。

※財帛宮化科飛入福德宮─例一

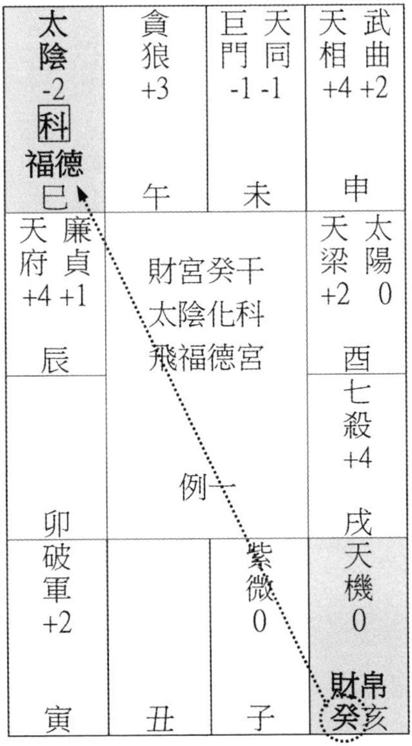

◎附註：太陰化科在福德宮，尚有下列變化的格局：

一、**福德宮**太陰坐「庚干、癸干」─福宮自化科。

二、財帛宮坐「庚干、癸干」，化科飛入福德宮太陰位─財宮化科飛福格。

三、命宮、疾宮坐「庚干、癸干」，化科飛入福德宮太陰位─命疾化科飛福格。

四、它宮坐宮干「庚、癸」，化科飛入福德宮位─它宮化科飛福格。

壹、太陰化忌—命宮、疾厄宮：

一、在**宿命—命宮**—身體易感召有關五行屬水方面的疾患。

二、在**際遇—疾厄宮**—飲食、坐息、勞動易感召過勞、氣虛之患。

三、**遷移宮**受命宮化忌沖入的影響，在外運勢往往有難展其志的失落感。

四、**父母宮**受**疾厄宮**化忌沖入的影響，彼人與父母有聚少離多之象，也較為缺乏肌膚之親的甜蜜感。**父母宮**是「師長、貴人、主管、老闆」的宮位。當化忌沖入父母宮，往往在長輩方面的善緣較為不足，要化解這種「宿命」格局，還是得從敬順父母親來彌補這方面的不足，「**善補其過**」是化解十二宮被忌煞侵臨的好方法。

◎附註：太陰化忌尚有以下格局的變化：

一、命宮太陰坐「乙干」—命宮自化忌格局。

二、疾厄宮太陰坐「乙干」—疾宮自化忌格局。

三、**命宮**坐「乙干」，化忌飛入**疾厄宮**太陰位—命忌飛疾格。

四、**疾厄宮**坐「乙干」，化忌飛入**命宮**太陰位—疾忌飛命格。

貳、太陰化忌—福德宮、財帛宮：

一、逢遇挫折逆境時，抗壓性往往不足，心緒較為紊亂，有剪不斷理還亂的抑鬱傾向。

二、心思細膩，唯凡事顧慮太多或常為他人著想，導致忽略自己需求與所要追求的理想。

三、多愁善感，自憐自艾，有愛見悲的傾向。
四、常面臨財務方面的窘境，心緒也易困其中，這是**福德宮**太陰化忌沖入**財帛宮**所導致。
五、保持積極開朗的心情，凡事保守且量力而為是化解福德宮化忌的祕訣。
六、常植福田，每日一善可增強福德宮的能量，**積德行善**恰可彌補此宮位的不足。

◎附註：福德宮「太陰化忌」尚有下列變化的格局：

一、**福德宮**太陰坐「乙干」。福宮自化忌格。
二、**財帛宮**坐「乙干」化忌飛**福德宮**太陰位─財忌飛福格。
三、**命宮**坐「乙干」，化忌飛**福德宮**太陰位─命忌飛福格。（例解一）
四、**疾厄宮**坐「乙干」，化忌飛入**福德宮**太陰位─疾忌飛福格。（例解二）

◎**如例解：**

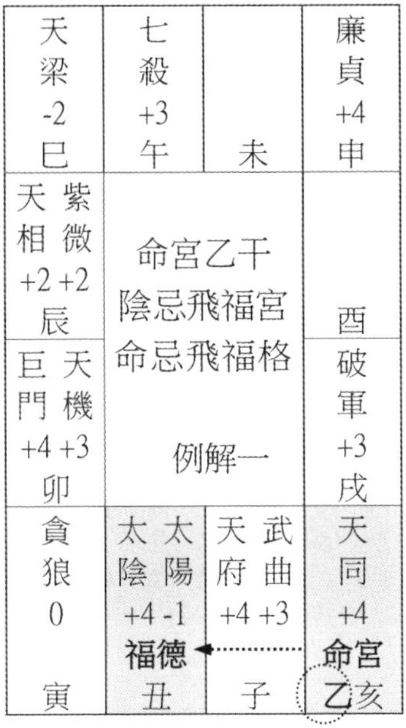

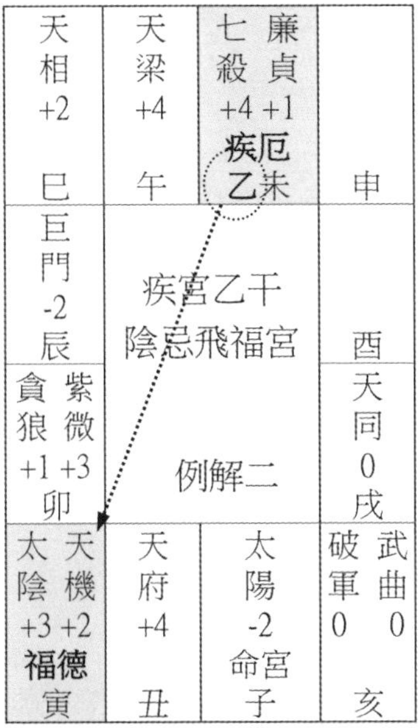

《總結》

太陰五行屬陰水，化氣為富田宅主，
易經坎卦主北方，腎之五味則主鹹，
五色為黑聲屬呻，五臭為腐腎主智，
季節在冬主寒氣，五音為羽主水樂，
五穀豆類為代表，在志為恐病變慄，
病位腰股可觀察，太陰也主女婦科，
在男主泌尿系統，水腑太陽膀胱經，
循行頭部經絡長，腎若安然腑無事，
足少陰循行腎經，足太陽走膀胱經，
若失調節身有恙，火水未濟身不調。
太陰四化皆參與，祿權科忌在其中，
生年流年或流月，丁年太陰值化祿，
戊年太陰來化權，庚癸年太陰化科，
宮中乙干須留意，化忌飛入太陰位，
太陰宮位坐乙干，此局形成自化忌，
另外還有忌煞夾，太陰宮位受牽制，
若有化忌沖太陰，宜尋方法來改善，

十二宮分成六對，此宮彼宮相牽連，
化祿加持好處多，**化權**奔波難得閒，
化科處事不與爭，化忌挫折煩惱多，
化祿積福來回饋，**化權**勞力也費心，
化科心靈想脫俗，**化忌**考驗頗為多，
命疾化祿食不缺，留意腎泌尿婦科，
命疾化權易過勞，**命疾化忌**有隱患，
福德化祿蔭財宮，生來物資總不缺，
福德化權思慮多，精神亢奮要放鬆，
福德化科想悠閒，探索人生為何由，
福德化忌常煩惱，心思囚困難脫縛，
福忌沖入財帛中，錢財難守總短缺，
行善積福很重要，知時知量要善巧。

三、貪狼星

貪狼顧名思議是一顆慾望之星，也是代表才華出眾的特色星座，眾所周知的演藝人員、藝術家、運動家，或具有特殊才華的人才者。貪狼本體屬**陰水**，化氣為陽木，「陰水」相應於腎及泌尿系統，它是調節水分運行機制的主要器官。「陽木」主肝膽，「肝主筋、其竅在目，也主四肢筋骨關節」。

※貪狼星入陣及曜度分布圖：

廉貞貪狼	貪狼	武曲貪狼	貪狼
貪狼	貪狼入陣圖		紫微貪狼
紫微貪狼	（圖一）		貪狼
貪狼	武曲貪狼	貪狼	廉貞貪狼

貪狼 -2 巳	貪狼 +3 午	貪狼 +4 未	貪狼 0 申
貪狼 +4 辰	貪狼星曜度		貪狼 +1 酉
貪狼 +1 卯	（圖二）		貪狼 +4 戌
貪狼 0 寅	貪狼 +4 丑	貪狼 +3 子	貪狼 -2 亥

壹、貪狼化祿─命宮、疾厄宮：（無忌煞同宮或由對宮沖入）

一、在命宮─為宿命結構。在疾厄宮─為飲食、工作、坐息及際遇感召的健康狀態。所以，凡化祿在**命宮**、**疾厄宮**者，不論本命、大限、流年，均有飲食方面的口福。

二、貪狼化祿在命宮─喜追求時尚及潮流走向，也喜將心思放在儀容裝扮方面，唯易趨於物化，心受物役。（註：若有地空、火星、化科星與其同宮或在對宮，彼人領悟力佳，可擺脫物化的束縛。）

三、貪狼本體屬水，對於體內水分排解與各腺體功能，扮演著重要角色。在身體方面：腎臟、膀胱、泌尿、婦科、攝護腺、牙齒、骨骼─屬陰水。肝膽、頭部、眼睛、神經傳導、筋骨關節、四肢─屬陽木。

四、在命宮─才華及創思能力強，人際往來喜和諧歡樂氣氛，在眾人中擁有很好的形象，個性樂觀，人生經歷多彩多姿。

五、在疾厄宮─喜追求時尚美食，或在飲食上有所偏好，但應有所節制才是，避免帶來腎及泌尿系統、婦科方面的負擔。譬如、尿酸、水腫、痛風、糖尿病或筋骨關節方面的問題。

六、**貪狼化祿**在疾厄宮─將「祿氣」匯入父母宮，因此，在飲食方面的口福喜與父母分享，這意謂著：在飲食上有奉養父母親的實際行動。

七、在命宮─會將「祿氣」匯入遷移宮，所以，在外人際脈絡廣闊，易得貴人賞識或提攜，喜參與熱鬧及時尚趨勢的活動。

八、**貪狼化祿**匯入父母宮，對父母、師長、主管、老闆甚為盡職，與其互動和諧，且能在事務上為他們帶來正面的效益。

九、化祿帶有「保存」的隱喻，「貪狼之水」需有良好的代謝機制，避免體內水分的排解出現問題。

◎附註：命宮、疾厄宮化祿相涉的幾種格局：

一、**命宮**貪狼坐「戊干」—命宮自化祿格。

二、**疾厄宮**貪狼坐「戊干」—疾宮自化祿格。（圖例）

三、**命宮**坐「戊干」，化祿飛疾厄宮貪狼位—命祿飛疾格。

四、**疾厄宮**坐「戊干」，化祿飛命宮貪狼位—疾祿飛命格。

巨門 +3 巳	廉貞 0 天相 +4 午	天梁 +3 未	七殺 +4 申
貪狼 +4 祿 疾厄 戊 辰	疾宮坐戊干 貪狼自化祿		天同 0 酉
太陰 -2 卯	圖例		武曲 +4 戌
紫微 +3 天府 +4 寅	天機 -2 丑	破軍 +4 子	太陽 -2 亥

貪狼「本體屬水」，化氣為「陽木」，相應人體主「腎、膀胱」及「肝膽」臟腑。若命宮或疾厄宮有化忌入陣（註），則得學習養生保健來遠離疾患所帶來的困擾。

◎附註：化忌入陣有以下變化的格局：

一、生年化忌星坐命宮或疾厄宮。

二、本命、大限、流年—命宮、疾厄宮自化忌格。

三、命宮、疾厄宮化忌互飛。

《黃帝內經・靈蘭祕典論篇第八》

腎者，作強之官，伎巧出焉。三焦者，決瀆之官，水道出焉。

膀胱者，州都之官，津液藏焉，氣化則能出矣……。

◎意譯別解：

腎的作用在於能夠充實人的生活意志，腎主神智，能增進個人思維、領悟及定力的展現，除了具備增長智慧功能外，也能做出一些精細巧妙的動作或技藝。三焦的功能負責疏通水路，主管全身津液流通的水道。接下來，膀胱主尿液匯聚及排水的機能，凡飲食經氣化作用後的尿液，就負責將它排出體外，以達到代謝的功能。

《黃帝內經・六節藏象論篇第九》

腎者，主蟄，封藏之本，精之處也，其華在發（髮），其充在骨，為陰中之少陰，通於冬氣。

◎意譯別解：

腎臟的主要功能是蟄藏，也是體內津液收藏的總開關，一切飲食進入五臟六腑時，最後的菁華會貯存在這個處所，它的榮華顯色在頭髮。因此，觀察頭髮的色澤榮枯，可以推理此人腎功能的旺衰程度，至於在身體結構上顯現在骨骼的強度是否充實，腎主收藏是內斂的器官，在人體位處下部，在經絡上歸屬足少陰腎經，在四時季節裡，與冬天的氣候相應。

貳、貪狼化祿在福德宮：（無忌煞同宮或由對宮沖入）

福德宮屬精神層面、情緒心理與如何面對壓力的宮位，也是潛能激發、創意思維、探索生命意義的宮位，它涵蓋了人們與生俱來的心理活動。**福德宮**也是擁有物質福報的重要宮位。因為福德宮結構及星性會影響「財帛宮」的運勢。俗語說：「人是否有財運，要看那人的福報好不好。」所以，財運與福報通常具有緊密的關聯性，不可等閒視之。以下將**貪狼化祿在福德宮**的呈象以重點來說明：

一、在心思、認知或價值觀上，喜時尚、趨向熱鬧、人氣聚集的場所，注重個人外表威儀穿著，在裝妝扮上有獨特風格，所以喜投入這方面的活動且樂在其中。

二、易受物質享用層次的趨使，因擁有某件物品帶來快樂的滿足感，這意謂著：「彼人易傾向於物化而流於世俗」。

三、心思有趨向「美食」的習慣，所以，會經常留意這方面的資訊。

四、**福德宮**是情緒心理及心靈生活的宮位，因「貪狼化祿」的緣故，所以，喜遊走、探索風景名勝、繁華熱鬧、或有人潮飲食場所，多彩多姿的生命活動為其帶來滿足感。

五、彼人擁有財物方面的福報，這是因為**福德宮**—貪狼將化祿之氣匯入**財帛宮**的好處。所以，彼人常有財物方面的後勤支援，而且源源不絕。

六、想法與行動喜投入在物質享用層次上，導致忽略了個人在心靈成長的重要性。

七、頗有親和力及人際魅力，所以，擁有廣泛的人際脈絡與資源。

八、心地善良、個性大方，常有獲得財物的福報，也能行濟利他人之事，這也許是前世所積累的福報而帶來善意的回饋。（圖一）

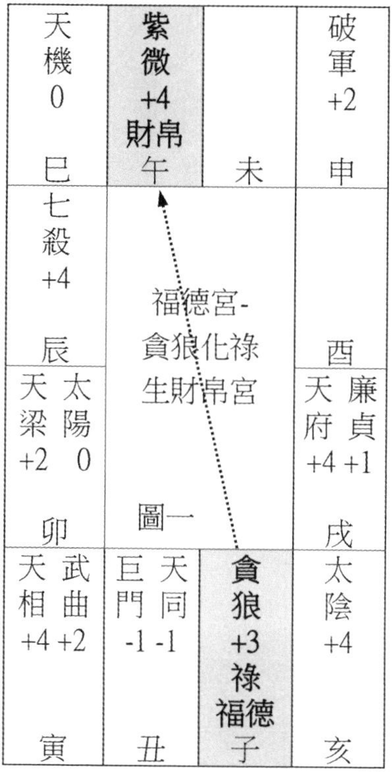

參、福德宮、命宮、疾厄宮—貪狼化祿相互涉入的格局：

一、**福德宮**貪狼坐「戊干」—福宮自化祿。

二、**財帛宮**坐「戊干」，化祿飛入**福德宮**貪狼位—財宮化祿生福格。（圖二）

三、**福德宮**坐「某宮干」，化祿飛入**命宮**—福宮化祿生命格。（圖三）

四、**命宮**坐「戊干」，化祿飛**福德宮**貪狼位—命宮化祿生福格。

五、**命宮**坐「某宮干」，化祿飛入**福德宮**—命宮化祿生福格。

六、**疾厄宮**坐「戊干」，化祿飛**福德宮**貪狼位—「疾宮貪祿入福格」。

七、**疾厄宮**坐「某宮干」，化祿飛**福德宮**—疾宮化祿生福格。

八、**福德宮**坐「某宮干」，化祿飛疾厄宮—福宮化祿生疾格。

九、任何一宮化祿飛福德宮—它宮化祿生福格。

十、**福德宮**坐「某宮干」化祿飛入任何一宮—福宮化祿飛它宮格。

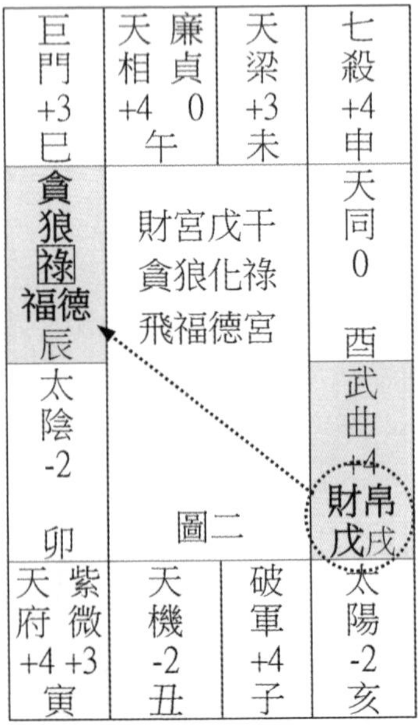

圖二

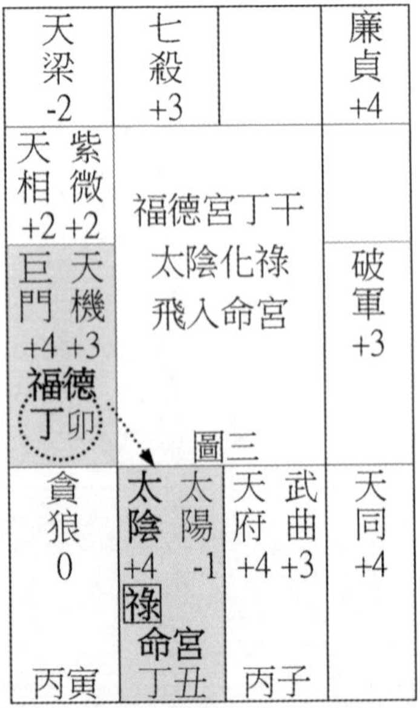

圖三

肆、貪狼化權─命宮、疾厄宮：（無忌煞同宮或由對宮沖入）

一、貪狼化權在**六親宮**主才華，也是掌權、得勢、繁忙的象徵，貪狼入命宮又「化權」在宿命宮位，所以，常展現生命活力與無限的能量，「化權」也可以精簡其意為：「欲掌控一切事物」。因此，處事總希望鉅細靡遺或者事必躬親，導致彼人難免勞碌難閒。

二、**貪狼**本體屬水，化氣為陽木，若坐息失調或過度勞累時，則有腎氣虛耗與筋骨關節緊繃的現象，應予以改善才好。

三、貪狼化權在**疾厄宮**主際遇感召的健康訊息，「化權」顯然有體力透支、坐息失調的問題，所以，應有適當的休閒活動來調濟。

四、**命宮**貪狼化權的能量助長**遷移宮**，在外的活動能量旺盛，處事喜簡明、重效率，有快意決策的人格特質，似乎讓人覺得他擁有無限的活力。

五、**疾厄宮**貪狼化權將能量匯入**父母宮**，這意謂著與父母的互動密切，也頗為關心父母的生活起居，唯在親情互動上較有主觀意志的伸張，偶有令父母備感壓力的時候。

⊙命宮、疾厄宮─尚有貪狼化權互相涉入的格局：

一、**命宮**、**疾厄宮**的貪狼位坐「己干」─命宮、疾宮自化權格。（圖例一）

二、**命宮**坐「己干」化權飛**疾厄宮**貪狼位─命權飛入疾宮格。（圖例二）

三、**疾厄宮**坐「己干」化權飛入**命宮**貪狼位─疾宮飛權入命格。

四、**遷移宮**坐「己干」化權飛**命宮**貪狼位─遷宮飛權入命格。（圖例三）

五、**父母宮**坐「己干」化權飛**疾厄宮**貪狼位─父母飛權入疾格。（圖例四）

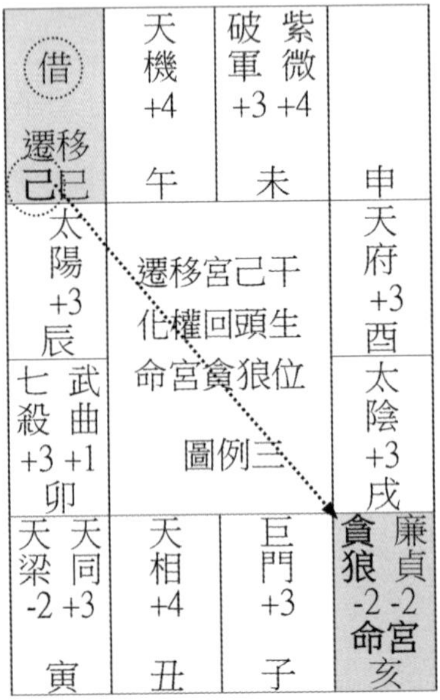
借
遷移
己巳
天機 +4 午
紫微 +4 破軍 +3 未
申
太陽 +3 辰
遷移宮己干
化權回頭生
命宮貪狼位
圖例三
天府 +3 酉
武曲 +1 七殺 +3 卯
太陰 +3 戌
天同 +3 天梁 -2 寅
天相 +4 丑
巨門 +3 子
廉貞 -2 貪狼 -2
命宮 亥

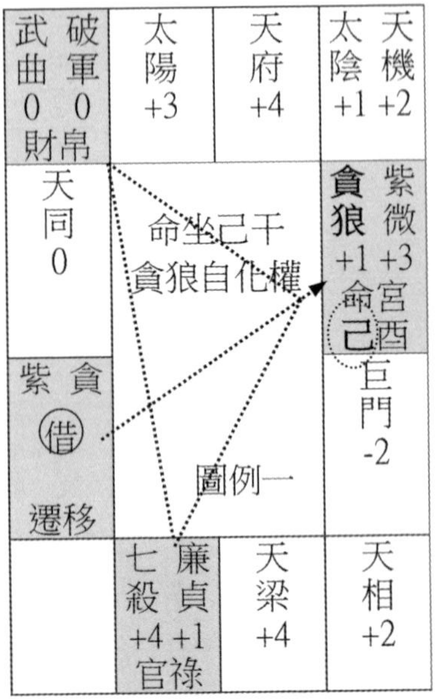
破軍 0 武曲 0
財帛
太陽 +3
天府 +4
天機 +2 太陰 +1
天同 0
命坐己干
貪狼自化權
紫微 +3 貪狼 +1
命宮
己酉
貪 紫
借
遷移
圖例一
巨門 -2
廉貞 +1 七殺 +4
官祿
天梁 +4
天相 +2

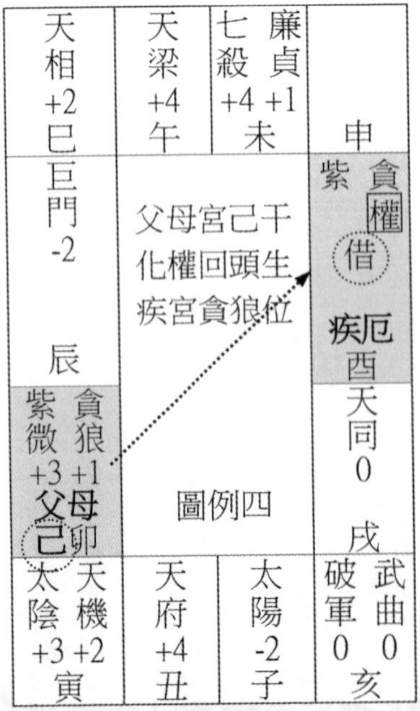
天相 +2 巳
天梁 +4 午
廉貞 +1 七殺 +4 未
申
巨門 -2 辰
父母宮己干
化權回頭生
疾宮貪狼位
貪 紫
權
借
疾厄
酉
貪狼 +1 紫微 +3
父母
己卯
圖例四
天同 0 戌
天機 +2 太陰 +3 寅
天府 +4 丑
太陽 -2 子
武曲 0 破軍 0 亥

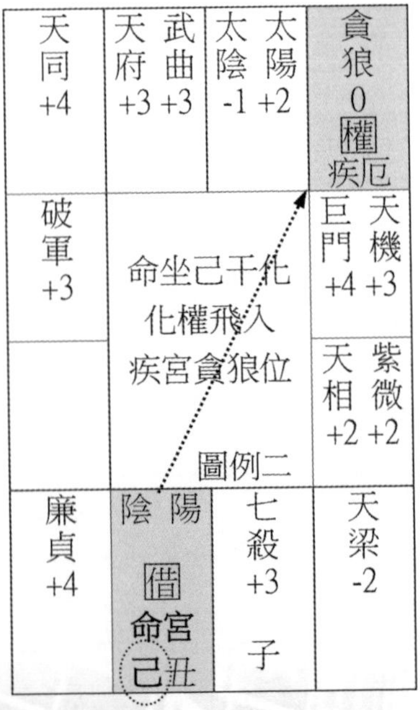
天同 +4
武曲 +3 天府 +3
太陽 +2 太陰 -1
貪狼 0
權
疾厄
破軍 +3
命坐己干化
化權飛入
疾宮貪狼位
天機 +3 巨門 +4
紫微 +2 天相 +2
圖例二
廉貞 +4
陽 陰
借
命宮
己丑
七殺 +3 子
天梁 -2

伍、貪狼化權──福德宮：（無忌煞同宮或由對宮沖入）

福德宮主情緒心理、面對壓力、福報多寡的宮位，所謂福報有兩大指標：「第一是精神層面的表徵狀態。第二是財物所得或後勤資源的福分」。貪狼是才華與人際魅力的星座，它也是「時尚、慾望」的代表星座。當貪狼入陣**福德宮**時，這種化氣為慾望的特質，往往在彼人認知及價值觀上表露出來。「化權」具有凡事想自我掌控的特質，所以，當面對日常事務時，具有事必躬親的盡求完美傾向。**福德宮**也是潛意識的倉庫，這宮位也許是「前世過渡今生的資料庫」，這裡面有取之不盡的寶藏，但也儲存著生命經驗所累積的痕跡「腦內指紋」，個人情緒心理的領域皆透過它呈現出來，最具體且顯而易見的是「言行」，每個人的言行皆有其潛在意識與行動的邏輯，「習慣領域」是潛意識表露在外的最具體象徵。

福德宮的對宮是**財帛宮**，既是福報多寡的宮位，當會將**福德宮**的吉凶之氣匯入或沖擊**財帛宮**，所以，**財帛宮**運勢旺衰程度與**福德宮**有具體的關聯，不可等閒視之。以下將貪狼化權坐**福德宮**的特質條列之。

一、彼人心思細膩，凡事總想在自我掌控的完美狀態裡，因此，個人期待值與對自我要求甚高，但也易因事事力求完美的人格特質，給自己帶來壓力。

二、化權坐**福德宮**，在穩定力上易受情境影響，所以，在言行表現及決策上，讓人感受到彼人強勢作為的能量，尤其在意識伸張方面甚為明顯。

三、面臨挫折或煩惱時，心思易浮躁，情緒起伏波動大，往往有不平之鳴。

四、心思敏捷，對想做的事或願望，通常能勇往直前，不計得失，擁有堅強的行動意志。

五、**貪狼**為慾望之星，當化權的能量進入**財帛宮**，彼人的想法及價值觀，擅長於財物的管理運用、投資、週轉等，能將心思投入其中，並且付諸實際行動。

◎福德宮、財帛宮─尚有下列涉入的格局：

一、**福德宮**貪狼坐「己干」─「福宮自化權」。

二、**財帛宮**坐「己干」，化權飛入福德宮貪狼位─財宮飛權入福格。

三、福德宮貪狼化權，宮位又坐「己干」─福宮雙化權格。

◎福德宮與命宮互相涉入的「化權」格局：

一、命宮坐「己干」，化權飛入福德宮貪狼位─命權飛福格。（例圖一）

二、福德宮坐「庚干」，化權飛入命宮武曲位─福宮飛權入命格。（例圖二）

天府 +2 命宮 己巳	天同 -2 太陰 -1 午	武曲 +4 貪狼 +4 權 福德 未	太陽 +2 巨門 +4 申
辰	例圖一		天相 -2 酉
廉貞 0 破軍 -2 卯			天機 +1 天梁 +4 戌
寅	丑	子	紫微 +3 七殺 0 亥

天梁 -2	七殺 +3		廉貞 +4
紫微 +2 天相 +2	例圖二		
天機 +3 巨門 +4			破軍 +3
貪狼 0 福德 庚寅	太陽 -1 太陰 +4 辛丑	武曲 +3 天府 +4 權 命宮 庚子	天同 +4

陸、貪狼化忌──命宮、疾厄宮：

一、貪狼化忌──**命宮**：人際互動的緣續能量有限，導致才能受困，有志難展，至於，在人情世事的往來上，難免會遇到一些初善終惡的事。

二、貪狼化忌──**命宮**、**疾厄宮**：貪狼本體屬水，化氣為陽木，**在命宮為宿命的先天論**。**在疾厄宮為際遇感召的後天論**。但也帶有遺傳方面的意味，也有另一論點的假設，那就是：「父母生命能量的波動跨越時空，在冥冥之中影響子女在際遇上所感召的運勢與健康問題。」

貪狼五行跨越兩個領域，這在《紫微斗數》五行歸類理論裡是很特別的邏輯，本體屬水主「腎、膀胱系統」，化氣為陽木主「肝膽」，兩臟腑的運作水生木，具有相生相扶的機能。在女性須注重：「婦科、牙齒、筋骨關節、手腳與筋路、神經傳導、體內水分的代謝機能等等」。在男性來說：「腎及泌尿系統、膀胱、攝護腺」需要特別留意，當然也包括上述所提及的部位。至於，化氣為陽木的部分，通常是指手腳、四肢易碰撞或偶有損傷、肩頸緊繃、腰痠、眼睛易疲勞，或偶有頭部不適、暈眩、小抽筋等現象。若命宮或疾厄宮坐貪狼雖無化忌，但遇上大限、流年的**命宮**、**疾厄宮**有貪狼化忌（自化忌）時，應要特別注重養生保健來遠離憂患。

三、貪狼化忌坐**命宮**，對於人生所想望的企圖考驗頗多，每每有浪裡行舟的難言之隱，因此在運程發展的目標訂定上，宜務實且低調行事較好。

四、貪狼化忌易感召人際先親後疏的呈象。若有「貪忌坐命宮」格局，心情要常開朗、結好緣，冥冥之中自有善緣來助。因為，貪狼坐**命宮**者，彼人父母宮必有「巨門」坐鎮，巨門化氣為「暗」

屬口舌及是非之星，此星容待下個章節再來詳說。

五、**疾厄宮**坐貪狼化忌，彼人在際遇上易感召下列問題，應得審慎對治才是：

◎「貪忌」為四肢手腳、筋骨關節之類的，因此，在日常活動上，應須避免一些無謂的碰撞損傷，平日也要注意牙齒及骨質的保健。

◎坐息與睡眠是重要且不可忽視的問題，若失調節時，易感召因過勞所導致的肝膽疾患。每日的「子丑時」，身體的運行機制會走到「肝膽二經」，在這兩個時辰是最佳的睡眠時段，然視力保健也很重要，不可忽視。（註：筋路繃緊及神經傳導也是「貪狼化忌」在命宮、疾厄宮者的困擾之一）。

《內經・素問・宣明五氣篇第二十三》

五勞所傷：久視傷血，久臥傷氣，久坐傷肉，
久立傷骨，久行傷筋，是謂五勞所傷。

《內經・素問—五運行大論篇》

東方生風，風生木，木生酸，酸生肝，肝生筋，筋生心……
在地為化，化生五味，道生智，玄生神，化生氣。
神在天為風，在地為木，在體為筋，在氣為柔，在臟為肝。
其性為喧，其德為和，其用為動，其色為蒼……
其味為酸，其志為怒。

六、**疾厄宮**「貪狼化忌」會將忌氣沖入**父母宮**，這意謂著：與父母的親情互動較為平淡，或個人在生命歷程與父母聚少離多。因此，在日後奉養父母的行動上往往有難言之隱。**父母宮**又是師長、

主管、老闆的宮位，即使自己是老闆，父母宮就是自己的宮位，此宮位若不美的話，會連帶影響到彼人在職場上的老闆運。

柒、貪狼化忌──福德宮：

福德宮屬於情緒心理狀態，通常能明顯且觀察人們在言行舉止上的「氣質」，人們所表現的「喜怒憂思悲恐驚──七情」離不開心理作用。

化忌在**福德宮**可歸納為：財物受囚困、勞心、情緒的糾結、抑鬱寡歡、憂愁等的情緒作用。至於，**化忌呈象**也有以下互相涉入的格局：

一、「貪忌」在福德宮，內心較有孤獨落寞感，雖往來於人事之間，不易尋得知心友人。

二、人際緣分較為淺薄，由於缺乏積極往來的意願，所以有先親後疏的呈象。

三、面臨壓力煩惱時，往往易受問題本身困擾，在困惑中不易尋得良策解決問題，因此，心緒不易開朗，導致意志有受挫的失落感。

四、在心靈成長的面向，雖有探索意圖，但往往缺乏主動積極的動力、毅力與決心，易於半途而廢或徒勞心力，事倍功半。

五、兩性往來互動的緣續能量較為有限，所以，在戀情際遇上頗有挫折感。

六、對人生有不知所由的空虛感，偶受憂愁情緒的困惑。

七、煩惱及壓力的源頭，有重要部分是來自於財務上不能順心，然心思一旦陷在問題上時，便應了福德宮坐化忌的宿命。

八、福德宮化忌沖擊財帛宮，這會影響到彼人財物難以有效積聚，導致福分有所欠缺。為改善福財兩宮有忌煞相沖的問題，平日可「日行一善」及以迴向的思維來彌補這方面的不足，只要持之以恆，冥冥之中，自有轉化宿命的機運到來。

◎改善方法的建議：

壹、常以積極的思想勉勵自己，並將它應用在日常生活上：

（一）感謝生命中所經歷的際遇因緣，一切無非是給我歷練與成長的機會，讓我的心靈得以進化提升—意念發出：「感謝因緣」。

（二）對於一切人事物，常懷感恩與愛護之心，發出意念：「愛與謝謝」。

貳、植福田與迴向：

（一）每日一善。

（二）將善行「迴向」生命際遇與我有因緣的人，願他們平安喜樂。

（三）也可倚「佛、菩薩」願力來持其名號，以**他力加持的功德**來消解個人的宿業。

◎附註：貪狼化忌在**福德宮**尚有以下變化的格局：

一、**福德宮**貪狼坐「癸干」—福宮自化忌。

二、**命**、**疾**、**財**宮坐「癸干」，化忌飛入福德宮貪狼位—命疾財宮飛忌入福格。（圖一）

三、**它宮**坐「癸干」，化忌飛入福德宮貪狼位—它宮飛忌入福格。

四、**福德宮**所坐的宮干化忌飛入其他宮位—福宮飛忌入它宮格。（圖二）

※財帛宮、命宮、疾厄宮化忌涉入體例：（兩個圖解）

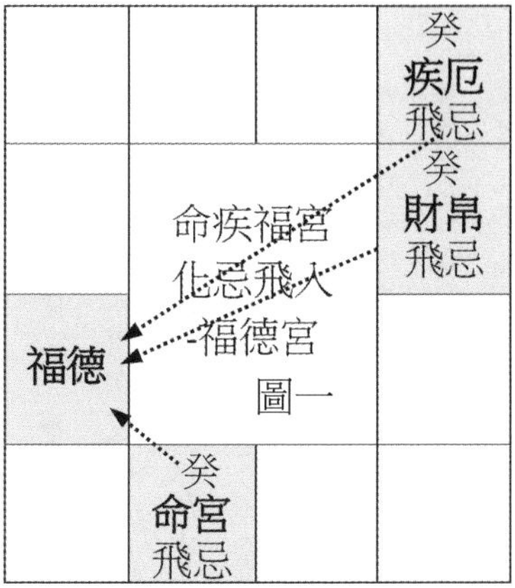

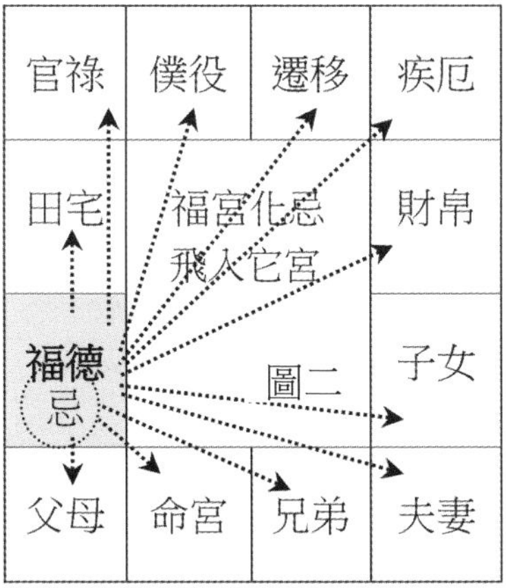

《總結》

貪狼體水腎膀胱，化氣陽木主肝膽，
腎主神智其味鹹，情緒表現為驚恐，
腎主智也其味腐，飲食腐味當節制，
腎主齒為骨之餘，筋骨關節要保健，
相應女者為婦科，在男泌尿攝護腺。
陽木相應在筋路，神經傳導很重要，
四肢活絡力道足，肝屬木在味為酸，
開竅在眼好視力，木氣失調則怒顯，

若有忌煞同宮坐，或見對宮忌煞沖，
貪狼水木受剋傷，當須方法來改善。
貪狼化祿六親宮，彼人善緣貴人多。
貪狼化祿在財帛，一生財物資源多。
貪狼化祿疾厄宮，彼人飲食有口福，
唯須節制重養生，免得腎肝有負擔。
貪狼化祿遷移宮，在外擁有好人際，
人情應對頗調達，處處善緣常會至。
貪狼化祿僕役宮，一般人際之友人，
或者同事往來間，易得善緣及助力。
貪狼化祿官祿宮，事業運作有企圖，
擅長周旋於人際，交際應酬要保守。
貪狼化祿田宅宮，彼人居家好氣氛，
佈置時尚且典雅，擁有田產好福分。
貪狼化祿福德宮，物質享受有福報，
唯需惜福不奢華，日行一善好處多。
貪權若在六親宮，權勢分配在彼宮。
貪權入非六親宮，彼宮旺勢能量強。

貪狼無科喜科會，若有化科同宮坐，
或見對宮化科會，貪狼宮位受加持。
貪忌若坐六親宮，彼方人際易孤立。
貪忌若入財帛宮，理財運用一字守。
貪忌疾宮屬水木，肝腎保健很重要。
貪忌遷移活動上，初善終惡當須記。
貪忌僕宮人事上，損友當離無災咎。
貪忌官祿挫折多，須知過失在何處。
貪忌田宅公司運，愛家有道則對治。
貪忌福宮心緒雜，遇事愁眉難開展，
舒緩壓力很重要，打開心內的門窗，
命中若有終須有，命中若無莫強求。
心存好心說好話，凡事常懷感恩心，
善念自有善回應，一切由內心做起，
心心念念皆在善，冥冥自有好運來。

四、巨門星

巨門顧名思議是一個很大的門，此星化氣為「暗」主「是非、隱晦」，五行屬水、其色黑，為一顆暗動之星，整個盤面雖然眾星聚會一堂，但呈晦滯且帶有暗動的星座歸納如下：

一、**化忌—宮位自化忌**。　二、**陰煞**（不確定因素）。

三、**陀羅**（化氣為暗忌）。　四、**巨門星**（化氣為暗，主是非）。

右列若有任何一星入宮位時，即可能對該宮造成牽制的效應，古來君子問禍不問福，若從思維與價值觀方向來做調整且彌補其過，也不失為是個從根本來改善的方法。俗語說：流年一小運，三年一中運，十年一大運，好歹照輪。所以說：「宿命結構」是有其邏輯可推理演化的生命科學，從命盤的運行軌跡來尋求對治之道。然而，「善補其過、積德行善」便是給自己加持的法寶之一，「存好心、說好話、結好緣」是立身處世的基本法則，只要持之以恆，縱使本命、大限或流年逢忌煞侵臨的話，往往能逢凶化吉。若有宗教信仰者可倚佛願力，時常稱唸**南無阿彌陀佛**聖號，消業滅罪甚速（註：詳細內容可參閱**佛說無量壽經**）。

化忌星、陰煞、陀羅、巨門，此四星若有任何兩星同宮，或由對宮沖入時，其牽制威力倍增，須為這個弱勢宮位尋求化解方法，甚勿等閒視之。

※模擬例解：

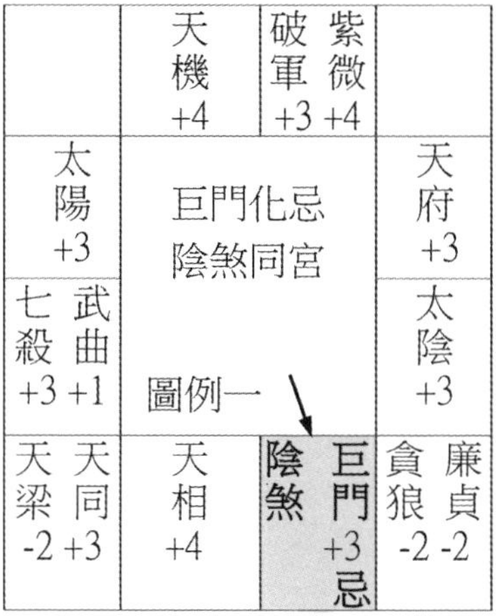
天機 +4
破軍 +3 紫微 +4
太陽 +3
巨門化忌
陰煞同宮
圖例一
天府 +3
七殺 +3 武曲 +1
太陰 +3
天梁 -2 天同 +3
天相 +4
陰煞 巨門 +3 忌
貪狼 -2 廉貞 -2

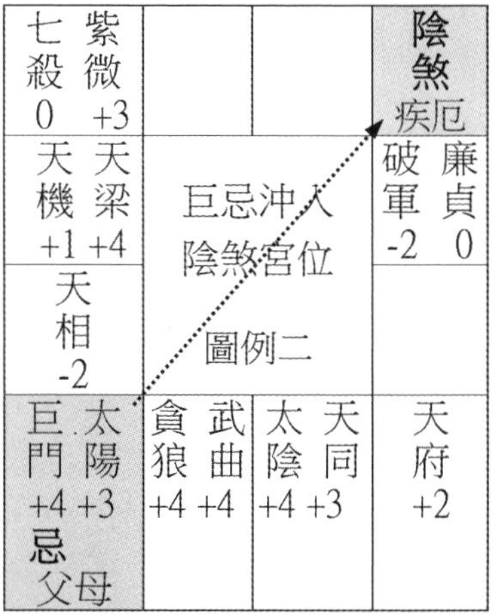
七殺 0 紫微 +3
陰煞 疾厄
天機 +1 天梁 +4
巨忌沖入
陰煞宮位
破軍 -2 廉貞 0
天相 -2
圖例二
巨門 +4 忌 太陽 +3 父母
貪狼 +4 武曲 +4
太陰 +4 天同 +3
天府 +2

貪狼 -2 廉貞 -2
巨門 +3
天相 +2
天梁 -2 天同 +3
太陰 -2
陷地太陽
陰煞同宮
七殺 +3 武曲 +1
天府 +2
圖例三
太陽 -1 陰煞
破軍 +3 紫微 +4
天機 +4

巨門 +3 陀羅 -2 巳
天相 +4 廉貞 0
天梁 +3
七殺 +4 申
貪狼 +4
巨陀同宮
在四馬地
天同 0
太陰 -2
圖例四
武曲 +4
天府 +4 紫微 +3 寅
天機 -2
破軍 +4
太陽 -2 亥

※巨門星入陣及曜度分布圖：

巨門 巳	巨門 午	天同 巨門 未	太陽 巨門 申
巨門 辰	巨門入陣圖 （圖一）		天機 巨門 酉
天機 巨門 卯			巨門 戌
太陽 巨門 寅	天同 巨門 丑	巨門 子	巨門 亥

巨 +3	巨 +3	巨 -1 未	巨 +4
巨 -2	巨門星曜度 丑未宮落陷		巨 +4
巨 +4	（圖二）		巨 -2
巨 +4	巨 -1 丑	巨 +3	巨 +3

巨門參與四化的輪值，代表它在出生年、大限、流年月日時，凡逢以下天干會發動星性的作用與效應，如左：

一、**辛干：巨門化祿**。

二、**癸干：巨門化權**。

三、**丁干：巨門化忌**。

巨門帶有**晦滯**、**是非**之意，譬如月圓之夜卻逢烏雲遮蔽，須待雲去天清方有見月之時。在《奇門九宮陣》磁場方位裡，「**坎卦—休門**」北方、主冬季，屬於休養生息的方位，為九星「天蓬」的本位，可以左圖的《奇門遁甲九宮陣圖》來說明與《紫微斗數》有其相通之處。

巽木宮 **杜門** 東南 天輔 四綠	離火宮 **景門** 天英 正南 九紫	坤土宮 **死門** 天芮 西南 二黑
震木宮 **傷門** 天衝 正東 三碧	中宮土 天禽 五黃	兌金宮 **驚門** 天柱 正西 七赤
艮土宮 **生門** 天任 東北 八白	**坎水宮** **休門** **天蓬** **正北** **一白**	乾金宮 **開門** 天心 西北 六白

文曲	右弼	巨門
祿存	廉貞	破軍
左輔	貪狼	武曲

奇門陣與玄空學

※圖說：（巨門屬坎卦，方位在正北方）

一、**休門**：為萬物休藏整頓之時，凡事須待寒氣退去的「春分」時機來臨時，才能有所活動。

二、**九星**是指天時運轉的氣勢，而「天蓬」是九星中的凶星，因此，妄動易招過失或凶險。

三、**「八門」**：是指「開、休、生、傷、杜、景、死、驚」等八門，此八門主人事活動，各司其職，因此，八門一旦轉動進入它宮時，就有禍福吉凶的呈象。

四、**巨門**五行屬**陰水**，讀者可參考前章並從中找到共通之處。唯巨門化氣為「暗」，有隱蔽難察之意。當巨門進入相應宮位時，不管得地或落陷，化氣為暗的本質仍在，所以，在推理上需將「隱晦、是非」的特性帶入，如此便能有效掌握巨門宮的呈象。以下將**巨門四化作用**進入「五親宮、命

宮、非六親宮」的簡要含意歸納如左：（本命、大限、流年月日時可同理推論）

壹、巨門四化入五親宮：（父母、兄弟、夫妻、子女、僕役宮）

一、巨門化祿：彼宮位中的人物有口福、人際魅力、口才好、溝通及說服能力佳、注重儀表及裝扮、個性耿直、對於人生展望具有積極強烈的企圖心。

二、巨門化權：彼宮人物個性剛毅，在展現主觀意志方面有積極的作為，直言是主要的特色，心思細膩，掌控事務能力強，往往事必躬親，視事鉅細靡遺，卻給周遭人帶來無形的壓力或困擾。

三、巨門化忌：於人際上有先親後疏之象，即使有所互動往來，唯彼此在價值觀或理念做法上有所差距。或於人事上，在有所爭議或溝通不良時，彼人往往蒙受難以言說的委屈。若能尋求方法來改善因應，當可改善未來境況，使運勢愈來愈好。

《巨門化忌入五親宮的概括特性—該宮位與我往來的呈象》

先親後疏。先盛後衰。初善終惡。

◎彼宮人物雖有直言不諱特色，但因細故易導致嘮叨或反覆叮嚀話語，所以，易令氛圍緊繃，或者得罪於人而不自知，主因在於缺乏愛語及溫和委婉的對待。

◎與彼宮人物的互動有距離感，或彼此之間的認知與做法有所差距，導致默契不足。

◎巨門化氣為暗，令人有失察之過，或給彼人帶來無謂的困擾，甚至，無端招來莫名損失、無妄之災，也可能有誤入陷阱的過失。

貳、巨門四化在命宮的星象：

一、**巨門化祿**：巨門在口，化祿主口福，在命宮意謂著彼人帶有食祿的福報，所以，頗為重視個人飲食品味，與其說彼人有挑食的習慣，不如說彼人僅吃他（她）自認為喜歡的飲食，也因此易感召飲食偏好所帶來的疾患。

化祿也是注重自我形象及威儀的愛美星座，頗為喜好時尚及趨勢走向的日常用品，因此，易傾向物質享用層次，卻忽略了心靈成長的重要性。化祿也使彼人在人事上有很好的人緣，心善且有樂於助人的雅量。

◎化祿在命宮有三大特色：

①、食祿無缺。②擁有財物資源的後援。③兩性肌膚之親。

二、**巨門化權**：**「權」**有主觀意志及個性強勢的過剛之意，尤其在「說話表達」上甚為明顯，凡**命宮**有巨門化權者，彼人對事務的處理能力強，個性直言、剛毅、耿直，對事物觀察具有很好的敏銳力，處事應變能力佳，凡事雖能鉅細靡遺的參與或瞭解，在執行事務時也喜簡明重效率，展現積極性動力與充沛的生命能量，也因此「化權」在命宮意謂著：「易因身心過度勞累而感召巨門屬水反應在身體上的疾患或困擾」。

巨門化權，個性剛毅，
過剛易折，以柔調濟，
愛語利人，處處吉祥。

巨門化權坐命宮，彼人的口才與表達能力顯現強勢作為，因此，在人際互動上，往往有居高臨下的態勢，由於講話的動能具有化權之勢，其好處是透過說話的能量，容易令人信服，但也易因個性耿直，說話過於直白，往往缺乏委婉方式來改善人際緊張關係，若能彌補其過的話，往往能擴展廣泛的人脈資源，利己利人。

◎**巨門化權**雖強勢，但畢竟化氣為「暗」，所謂的**暗氣**有兩大呈象：

第一：雖然說話及表達得勢，但易招暗中是非或無妄之災，而不自知。

第二：在運程發展上，若逢遇巨門化忌年月，往往有意料之外的困擾、無妄之災，或者無端招來損失。

三、**巨門化忌**：「忌」有煩惱、受困、障礙之意，「巨門化忌」坐命宮者，彼人在身體動能的表現上，容易有氣虛的現象。巨門主腎、婦科、腺體、泌尿系統的運作機能，因此，彼人在飲食、生活坐息、工作勞動上，要預防「過勞」所累積的相關疾患。「忌」為己心兩字的組合，若能改變思維並尋求改善之道，即可能超越宿命的束縛。

巨門化忌在**命宮**，體質有陰虛懼寒、氣虛的傾向，於日常坐息中若過勞時，彼人氣虛現象則更為明顯，因此，除了適度調整坐息之外，**寒食、生冷、冰飲**需要有所節制。巨門化忌也意謂著：「坐息失調或過勞時，易引發腎勞、婦科、泌尿、筋骨關節、牙齒及腺體之患」。今引用醫典提到有關五行屬水的記載予以參考：

《醫宗金鑑之—金匱要略註》

腎主骨，骨之精為瞳子，又腎之華在髮，髮者血之餘。

《相關醫典整理》

腎藏精，主骨生髓，齒為骨之餘。

腎精充盛，則骨健齒堅。

腎精虧虛，則骨枯齒鬆。

巨門化忌五行屬水，「**忌水**（懼水）」是命宮所釋放出來的一項重要訊息，巨門化忌也相應在說話及口才表達方面，既有「巨忌在命宮」彼人可以**和言愛語**來超越這方面的問題，若能持之以恆，所到之處將可能轉逆為順，轉憂為喜，轉弱成強、轉敗為勝。

巨門化忌在**命宮**將「晦暗」之氣沖入遷移宮，把命宮所顯現的人格特質帶到外在的生命活動上。為避免感召一些莫名是非的困擾，在行事風格上「低調應事」可避免一些無妄之災。俗語說：「明槍易躲，暗箭難防」是命宮坐巨門化忌者的人生課題。假如逢遇大限或流年命宮、遷移宮有「巨門化忌」時，還是要有改善方法才好。至於加強個人的心靈成長，有助於因應繁瑣的日常事務，也能以豁達的態度來面對人生，轉化逆境將會讓我們的生活過得輕鬆自在。

巨忌在命宮，巨水化暗氣，
彼逢運滯時，忌水則懼水，
忌字為己心，領悟在自心，
常思光明面，愛語轉巨忌，
心境開朗時，事事不為難。

參、巨門四化—在非六親宮：

一、巨門四化—財帛宮：

◎巨門化祿—財帛宮：

擁有財物福報，賺錢理財的企圖心旺盛，唯財務入出方面須防暗動之象，所謂**暗動**是指：「未能事先察覺風險，導致得中有失」。

◎巨門化權—財帛宮：

喜自己掌理財務，對投資理財方面的資訊通達，因此，在賺錢方面有積極的企圖心，資金周轉交易頻繁，通常能理財致富，唯巨門暗氣易感召在財務往來上的是非困擾。

◎巨門化忌—財帛宮：

財務出入有難言之苦，或有失察所導致的損失、債務難償，或在帳務運作上有溝通問題、是非、爭議、訟事纏身等。

二、巨門四化—疾厄宮：

◎巨門化祿—疾厄宮：有飲食之福，喜嚐各種美味，若不忌口易感召五行屬水的慢性疾患。

巨門化祿有口福，命疾兩宮要節制，
腎臟婦科及泌尿，攝護腺體及雙耳，
骨質也為腎所屬，單一葷食有助益，
魚肉之食若過度，體質酸性易累身，
接觸陽光有好處，蔬食堅果好處多，
飲食腐味要適度，腎主神智自清明。

◎巨門化權—疾厄宮：

生活起居及坐息活動的體能旺盛，但也易導致體力負荷及過勞之患，化權在命宮、疾厄宮是活動能量亢奮的特徵，反應在人體上則須留意五行屬水的疾患，在飲食方面也是如此。

巨門化權命疾宮，繁雜事務煩勞碌，
事必躬親且耗能，過勞易令身腎勞，
若能活動知調節，身體無憂好處多。

◎巨門化忌—疾厄宮：

因飲食坐息、勞動失調、日月顛倒之故，易導致腎、膀胱、泌尿系統、婦科、攝護腺、筋骨關節、尿酸、痛風、骨質疏鬆、牙齒、耳疾、血循系統等問題。

巨忌在疾要端詳，際遇感召帶隱患，
飲食坐息及勞動，甚勿失調累身心，
平日要注重養生，敬順父母轉宿命。

三、巨門四化—遷移宮：

◎巨門化祿—遷移宮：

在外人際活動熱絡，通常擁有很好的人脈資源，口才好、溝通、談判與親和力佳。另一方面也著重個人的儀表及裝扮，在大眾中有良好的形象，唯巨門化祿還是有美中不足之處，成也巨門，感召是非的也是巨門，所以於人事往來上須進退得宜，才能遠離過失。

◎巨門化權—遷移宮：

在外處事應對能力強，因為化權之故，彼人主觀見解有強勢的作為，凡事喜簡明、重效率，具有積極執行的動能，雖具有很好的口才及說服力，但往往帶給周遭人無形的壓力，也相對感召一些無謂的是非、爭議或訟事。

◎巨門化忌—遷移宮：

在外運勢有未濟之象（易經第六十四卦），雖有才華但難逢有利時機一展抱負，因此，內心往往有難言之隱，或有鬱悶難以向人傾訴。至於在人際往來之間，雖想積極的有所作為，但卻適得其反的感召一些莫名是非，或者背後遭受他人議論、中傷，因此在人事往來上易導致初善終惡，先得後失的呈象。

巨門化忌為暗箭難防，所以，在處事應物上宜低調應事，有功不自攬，將好處或功勞歸於主管及老闆。當自己有過失之處時，則能勇於承擔。常行「**愛語**」是化解遷移宮巨門化忌盤踞在宿命的建議。另一方面，巨門五行屬水，因化忌的緣故，所以，在外的一切活動忌近**水深之處**，或也忌出入晦暗或磁場不佳的場所，只因**巨門**化氣為「**暗**」，所以，往來光明亮麗安全的場所很重要。

巨門化忌在遷移，在外運勢考驗多，
人際往來暗招忌，明中難防暗裡事，
是非總因出於口，愛語利人轉宿命，
低調應事有道理，進退得宜守本分，
常言路遙知馬力，不爭一時意氣事，

只要心守於正道，善心自有善緣至。

四、巨門四化─官祿宮：（就學、職場運勢的呈象）

◎巨門化祿─官祿宮：

樂在工作且為人隨和，擁有寬廣的人際脈絡及資源，常逢善緣襄助，為人大方不計小節，喜周旋於人際間，口才好、溝通及親和力佳，並為彼人就學或職場帶來源源不絕的助緣。

◎巨門化權─官祿宮：

面對事業的企圖心旺盛，於人際運作及執行方式頗有主觀意志及作為，為達到所設定的目標與理想，通常會排除一切困難去完成。因此，有些事情往往就有剛愎自用的傾向，尤其經常事必躬親，力求完美，總想把事情做得更好，導致在時間、體力、精神上有緊繃過勞的現象。所以，在職場生涯上，總讓人覺得他是**個人主義**的強勢者，若自己是創業經營者，部屬們也可能承受極大的壓力。

◎巨門化忌─官祿宮：

面對就學或職場的運勢，即使想用心經營，但常常面臨挫折的考驗，或者自認頗有才華卻懷才不遇，漸漸有落寞無奈的失落感。或常困惑於就讀科系、在職場所選擇的行業，不知如何從中突破難關，以致於難見彼人心情開朗。

另一方面，也可能在學校、職場的人際往來之間，易感召初善終惡或有先親後疏的呈象。然而，挫折感是官祿宮化忌的共通現象，所以，應速從中尋求改善之道來化解束縛。若**官祿宮**

化忌沖擊夫妻宮者，於未婚時須審慎面對兩性相處問題，已婚者更需要有因應的智慧，來轉化兩宮的運勢，使婚姻和事業兩者得以兼顧。

五、在田宅宮：（家宅、公司、工作場所、房產、教室、校舍）

與家人相處和諧，在能力所及之處會提供家庭所需。在家雖很有口福，唯需要有所節制，並透過均衡飲食來達到養生保健目的。在人生際遇也擁有房地產的福分，在居家裝潢佈置上也頗有獨特風格及品味，當然也不乏擺設一些宅居精品。喜歡回到家的感覺，愛家有道。至於在學校、公司、職場活動，可以此理類推。

◎巨門化祿—田宅宮：

巨門化祿入田宅，居家和樂有口福，
財物資源頗為多，愛家有道運興隆，
若有忌煞同宮坐，或由對宮來沖入，
逢此運時要惕勵，慈心愛語相對待，
田宅子女兩相依，和諧氛圍一家親。

※田宅宮與子女宮化祿格局範例：

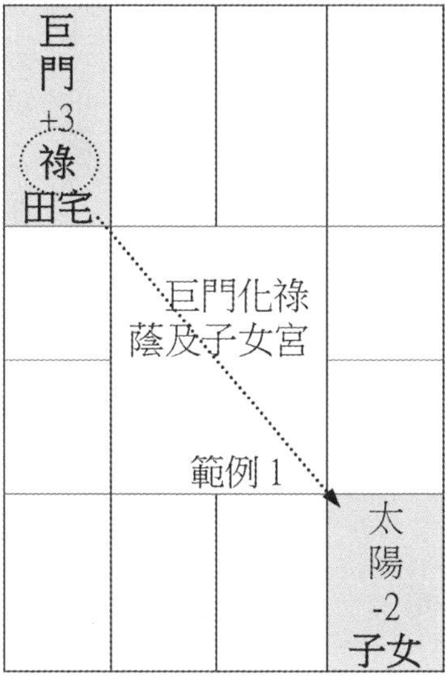

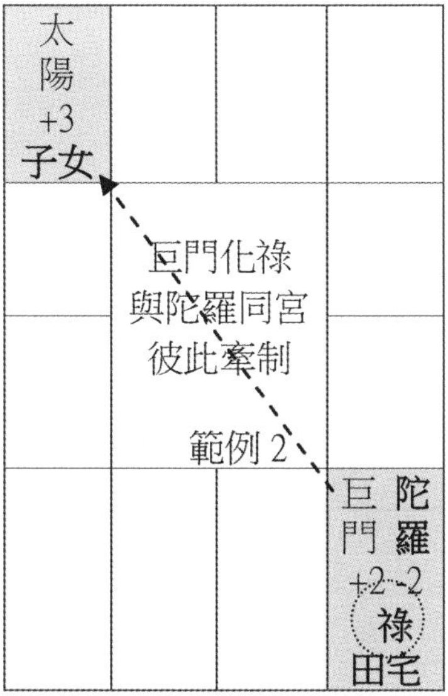

◎巨門化權—田宅宮：

主說話及溝通，當化權在**田宅宮**時，意謂著在家裡的主觀意志較強，對於彼人的見解或主張，在溝通及說話態勢上，具有某種程度的意志與堅持。**化權**具有強勢及主動的能量，對家事具有積極的參與度，為了料理家務相關事宜，經常事必躬親，不但做事講究效率，執行的意志與行動力強。所以，自然成為家務的決策者。

田宅宮也代表「學校、公司、工作場所」等，因此，可將化權的特性套用到這方面來。**化權**是展現控制能量的象徵，但也易導致身心疲累，所以說，**化權**是忙不得閒的積極行動者。

巨門化權在**田宅宮**，主要呈象在「說話及表達」，不論家裡、公司或學校，當講話太直白或過於強勢時，往往會給周遭人帶來無形的壓力，若是居家以外的場所，難免會招惹莫名是非的困擾，甚至，偶有冷箭難防的窘境。因為，**巨門星的體性化氣為暗**，即使化權也往往在「**說話**」方面有直言不諱的過失，讓人有見之、聽之，迴避唯恐不及的難言之隱。古人常言：「是非總因出於口」，然而「**愛語**」恰是對治**巨門**的良方。

《論語─顏淵》

以言教者訟，以身教者從。

◎巨門化忌─田宅宮：

在家應有好的溝通技巧，常懷慈柔之心感恩家裡的人，尤其與父母互動應以**敬順**為要，巨門**化忌**之所以落在**田宅宮**，或可推理為：「有此命格者，因宿命感召的緣故，在前世中有未善了的業，這**化忌宮位**就是此生需要通過的功課，但彼人在居家生活裡，早已忘了這是宿命裡未了的課題，於是讓宿命帶著走。

田宅宮化忌會沖入**子女宮**，彼人家運相對的受到影響，**子女宮**可將其意延伸為「子女、員工、部屬」。田宅宮是公司、營業場所，兩者有互為相依的重要性。所以說，和顏愛語及親子和諧，有助於化解**田宅宮**與**子女宮**之間化忌相沖的問題，除了化解家運及職場的是非困擾外，更能讓自己有效率的邁向成功之路。

《易經．文言傳》

坤至柔而動也剛，至靜而德方，後得主而有常，含萬物而化光。

坤道其順乎，承天而時行。積善之家，必有餘慶……。

田宅宮代表「房地產」，若坐巨門化忌時，應須留意居家房宅空間的配置與硬體設施，以及居宅採光、鄰居、街道地形或周邊設施等，若欲購置房地產應需留意才是。

※田宅宮自化忌—例解：

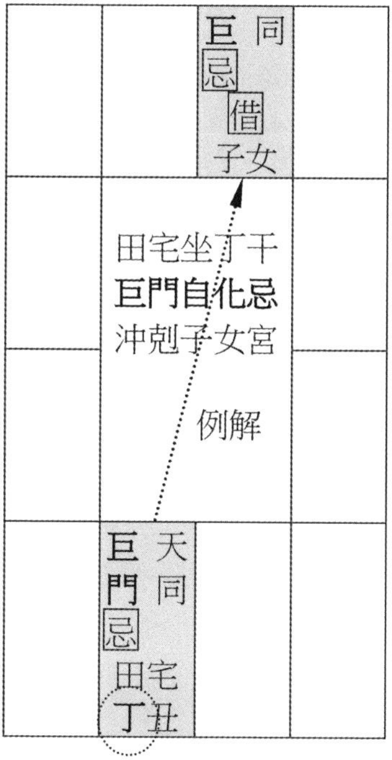

六、巨門四化—福德宮：（情緒心理、精神層面、財物福報、祖父母蔭德）

◎巨門化祿—福德宮：

主擁有財物資源的福報，並帶給自己愉悅的生活品質，在心思上也會留意時尚趨勢的走向，對飲食頗有獨到的嗜好與品味，個性開朗，通常有很好的人緣，喜行善事。

◎巨門化權—福德宮：

在精神上較為活躍亢奮，心思敏捷，觀察力及對生活上事務掌理的能力強，彼人總想把事情做得盡善盡美，所以，經常事必躬親，帶點完美主意，當周遭人與其相處時，往往能感受到這股無形的壓力。由於精神常處於亢奮活潑狀態，彼人也相對的會給自己心理壓力及相對失落感，此種格局財運佳，對財經走向、投資理財方面頗有獨到之處。

◎巨門化忌—福德宮：

運程走向常有逆境來考驗彼人的意志，因此，對於挫折的調適能力較為不足，對意志振起的動力，需得經歷某種程度的領悟才能有所突破。凡有類似命格者，若能**常懷開朗心情**，凡事只要**順勢因應**便能從中找到解決問題的方法，過著有意義的人生。

※巨門星四化輪值年份與宮干變化：

一、**丁**↓年月日時干—**巨門化忌**。
二、丁宮↓化忌飛入巨門所在宮位。
三、**辛**↓年月日時干—**巨門化祿**。
四、辛宮↓化祿飛入巨門所在宮位。
五、**癸**↓年月日時干—**巨門化權**。
六、癸宮↓化權飛入巨門所在宮位。

本命、大限、流年、流月逢以上「丁、辛、癸」時，在這三個宮位的飛星會進入**巨門**所在宮位，進而對彼宮造成能量運動的呈象。

⊙緩和巨門化忌的格局：

巨門化氣為「**暗**」與盤面的「**陰煞**」有類似呈象與相通之處，化忌可分兩種，第一種是「生年忌與自化忌」。第二種是屬於暗忌的「陀羅」。當陀羅坐四馬地的「寅申巳亥」位呈落陷狀態。然陀羅若進入「天羅、地網—辰戌位」時，彼宮同樣會面臨某種程度的考驗。巨門縱使化祿、化權其體性仍帶著「晦暗與是非」。因此，為緩和巨門所發動的負面能量及牽制力，以下詳列重要且具有緩和作用的諸星：

一、**化科星**—十干中的任一化科星可緩解化忌的障礙。

二、**天梁化科**—化氣為蔭，不懼諸忌煞，解諸危難。

三、得地「火星」。　四、天魁—蔭。

五、天鉞—蔭。　六、左輔化科。

七、右弼化科。　八、文昌化科。

九、文曲化科。　十、地空—空出。

以上所列諸星，只要與陷地煞星、地劫、陰煞、化忌、自化忌同宮或在對宮時，均能發揮正面能量來化解危難。天魁、天鉞屬六吉星系，諸事不忌，化解危難的能量強大，地空有「空出」之意，當化忌、陷地羊陀火鈴、地劫、陰煞宮中有地空入坐時，通常也能得到很好的緩解作用。地空星常被認為是凶星，但在為數不少的案例裡，地空卻能發揮解厄制煞的明顯作用，因此，可對地空的星性及其作用原理多加研究。

※緩解巨門的舉例格局：

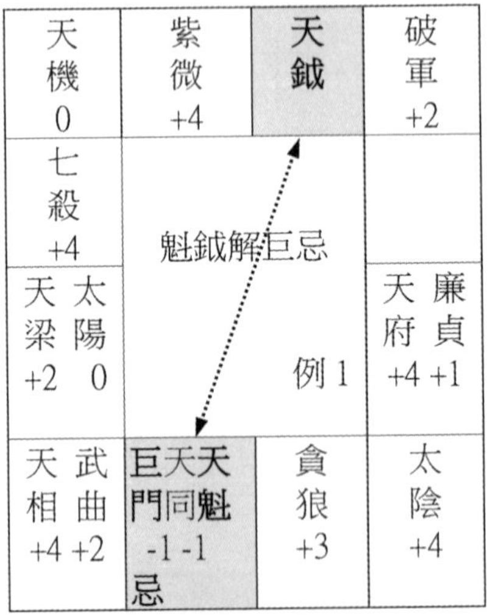
天機 0
紫微 +4
天鉞
破軍 +2
七殺 +4
魁鉞解巨忌
天梁 太陽 +2 0
例1
天府 廉貞 +4 +1
天相 武曲 +4 +2
巨門 天同 天魁 -1 -1 忌
貪狼 +3
太陰 +4

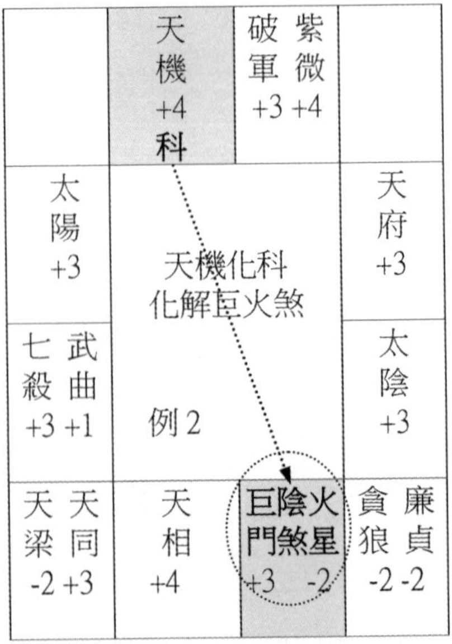
天機 +4 科
破軍 紫微 +3 +4
太陽 +3
天機化科
化解巨火煞
天府 +3
七殺 武曲 +3 +1
例2
太陰 +3
天梁 天同 -2 +3
天相 +4
巨門 陰煞 火星 +3 -2
貪狼 廉貞 -2 -2

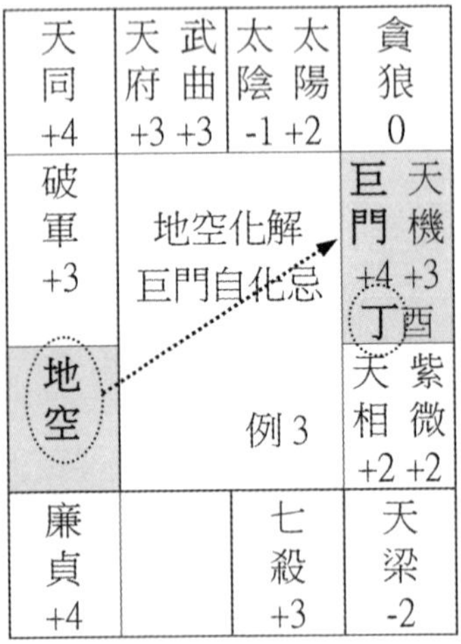
天同 +4
天府 武曲 +3 +3
太陰 太陽 -1 +2
貪狼 0
破軍 +3
地空化解
巨門自化忌
巨門 天機 +4 +3
丁酉
地空
例3
天相 紫微 +2 +2
廉貞 +4
七殺 +3
天梁 -2

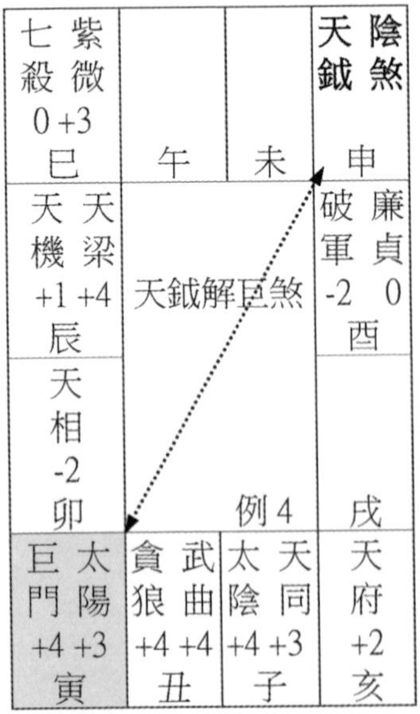
七殺 紫微 0 +3 巳
午
未
天鉞 陰煞 申
天機 天梁 +1 +4 辰
天鉞解巨煞
破軍 廉貞 -2 0 酉
天相 -2 卯
例4
戌
巨門 太陽 +4 +3 寅
貪狼 武曲 +4 +4 丑
太陰 天同 +4 +3 子
天府 +2 亥

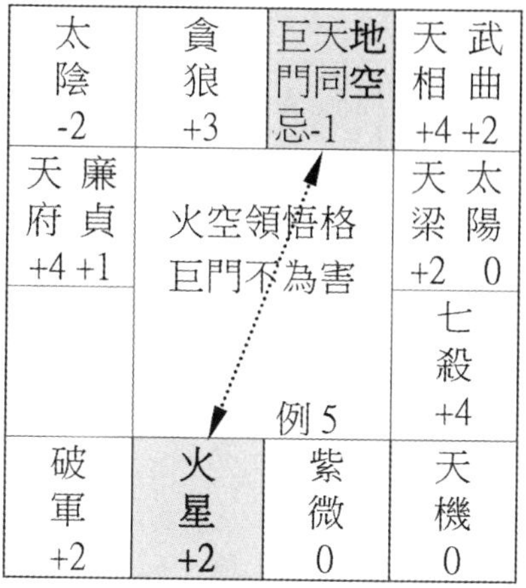

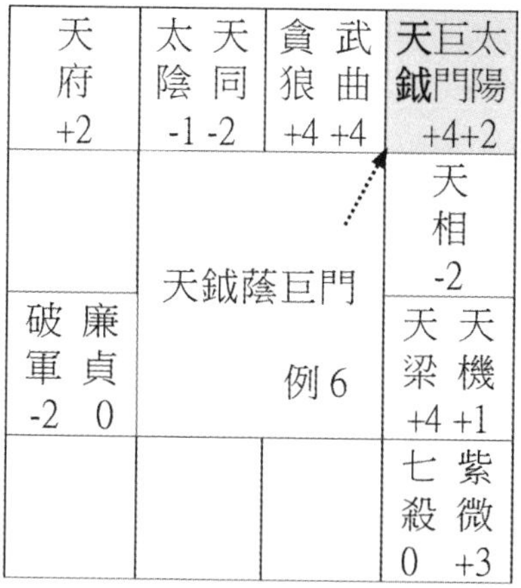

⊙巨門坐命宮、疾厄、福德宮的建議：

《古今醫統大全—養生餘錄．明．徐春甫》

是以達人知富貴之驕傲，故屈跡而下人；知名利之敗身，故割情而去慾；知酒色之傷命，故量事而撙節；知喜怒之損性，故豁情以寬心；知思慮之銷神，故損情而自守；知語煩之侵氣，故閉口而忘言；知哀樂之損壽，故抑之而不有；知情慾之竊命，故忍之而不為。

……喜怒損志，哀戚損性……水濁魚瘦，氣昏人病。

夫神者生之本，本者生之具。大用則神勞，大勞則神疲也。

《總結》

巨門五行屬陰水，在體屬腎與膀胱，
在志則主人神智，在味與鹹為相應，
腎藏精主骨生髓，然而齒為骨之餘，
腎精充盛骨齒堅，腎虛則骨枯齒鬆。
若有巨門入命遷，當尋方法來改善，
一者愛語利他人，二者低調來應事，
三者遇事不與諍，四者量力行好事，
五者每日來迴向，心念住在善意中，
六者能善補其過，轉化宿命不為難。
若有巨門入福德，量力行善種福田，
冥冥之中善緣來，巨門暗氣自遠離。
財帛宮中坐巨門，財務運用要慎重，
理財易受事蒙蔽，感召是非或訟事，
明中宜防暗裡事，先得後失考驗多，

錢財得來本辛苦，理財須記一字守。

兄弟宮中見巨門，互動要以體諒心，
若於人事往來中，愛語與人不招咎。

子女宮位有巨門，柔和愛語對子女，
假使子女性剛強，勸說當以柔對治，
以言教者訟且諍，以身教者子順服。

夫妻宮裡坐巨門，彼此認知有差異，
柔言愛語來對治，順勢以應勿相諍，
只要心慈惜良緣，運勢自有改善時。

疾厄宮中有巨門，凡有勞動易氣虛，
坐息陰陽要調濟，日月反背耗身心，
寒涼冷食要節制，習得養生不為愁，
巨水懼水要謹記，化氣為暗在其中。
若從宿命來對治，及以習得養生法，
愛生護生常迴向，縱遇巨門也無憂。

遷移巨門藏是非，人際往來當慎言，
今習烏龜縮頭法，是非爭議無我分。

僕役宮中有巨門，可以視同兄弟宮。
官祿宮裡見巨門，事業工作展企圖，
運籌帷幄擅理事，專業才華有特色，
唯在人事往來上，當慎蒙蔽招是非，
巨門主口要慎言，口出之事如潑水，
謹言慎行有道理，生意往來重誠意，
即使職場也如是，譬如路遙知馬力，
急功近利難永續，低調應事及愛語，
禍患災咎自遠離，事業永續福自臨。
田宅宮中有巨門，居家和諧最重要，
凡與家人言談上，柔和愛語好氛圍，
親情互動有暖氣，家庭和諧運興隆。
福德宮裡坐巨門，凡遇挫折煩惱至，
心思磐旋如陀羅，欲出迷宮似無路，
若能順勢以應事，知解事出必有因，
尋得根源來對治，日後自有好運至。
父母宮中若調和，諒解父母愛子心，

為人子女宜敬順，凡事應對須耐心，
態度柔和不違逆，好好溝通有道理，
父母等同師長宮，主管老闆同此理，
父母宮中若對治，貴人處處常逢至。

《明心寶鑑》

心好命又好，發達榮華早。
心好命不好，一生也溫飽。
命好心不好，前程恐難保。
心命都不好，貧窮直到老。

五、破軍星

破軍顧名思議是帶有高能量的權力星座，在《封神演義》裡以「商朝紂王」為主要的代表性人物，商紂王因在女媧神宮題了一首褻瀆神明的詩句，竟給商朝帶來滅亡的命運，紂王成了商朝最後一任帝王的終結者。

《封神演義、商紂王在女媧宮所題的詩句》

鳳鸞寶帳景非常，泥金畫是巧樣妝，
曲曲遠山飛翠色，翩翩舞袖映霞裳。
梨花帶雨爭嬌豔，芍藥籠烟騁媚妝，
但得妖嬈能舉動，取回長樂侍君王。

破軍星五行屬「**陰水**」化氣為「**權耗**」有先盛後衰的意義及呈象，當破軍進入六親宮位，若無忌煞同宮或由對宮沖入，代表著「後勤支援豐厚」也可將其解讀為「資源」。因此，假設「命、遷」有得地破軍坐鎮，不論本命、大限、流年均有「後勤支援來補給」，或在運勢陷入谷底時，往往有貴人及時的援助。若破軍星坐「兄、僕」宮，在兄弟姐妹或好友當中，自有助緣或資源來助長其化解困境。若論及「夫妻、子女宮」的話，也可做如上推理的延伸。破軍入六親宮位皆有明顯的特色，該宮人物對於食衣住行育樂方面有其獨到的風格與品味。

破軍在「卯、酉」兩宮處於落陷之地，且與廉貞同宮，「廉破雙星同宮」恰為君臣合會之格，破軍本為帝王星座，當它坐在卯酉宮位時，破軍「先權後耗—先盛後衰」運勢便顯而易見地呈現出來，這運勢的走向有如股市開高走低一般。所以，若有「廉破同宮」格局者，整個盤面必有四個宮位無紫府星系的甲級星，這四個**空出的宮位**必須借對宮的紫府星系入位，如此的話，將會增添「四化—祿權科忌」的變化與對宮互相涉入的吉凶狀態。四個空宮 4x2 = 8個宮位裡有雙星同宮組合，凡有廉破同宮坐**命宮**、**身宮**者，堪稱為人生經歷豐富者，因挫折考驗讓彼人更加擁有積極向上的意志。《易經—謙卦》的處世哲學在這方面提供了正面支持與惕勵，讓我們在做法上也有所依託，並朝這個目標去改進。

天府 +2	天同 -2 太陰 -1	武曲 +4 貪狼 +4	太陽 +2 巨門 +4
借	廉破同宮陣 (四個空宮)		天相 -2
廉貞 0 **破軍** -2			天梁 +4 天機 +1
借	借	借	紫微 +3 七殺 0

〈易經—謙卦〉

初六象曰：謙謙君子，卑以自牧也。

六二象曰：鳴謙貞吉，中心得也。

九三象曰：勞謙君子，萬民服也。

六四象曰：無不利，撝謙；不違則也。

六五象曰：利用侵伐，征不服也。

上六象曰：鳴謙，志未得也。可用行師，征邑國也。

※破軍星基本陣圖與曜度分布：

武曲 破軍 巳	破軍 午	紫微 破軍 未	破軍 申
破軍 辰	破軍入陣圖（圖一）		廉貞 破軍 酉
廉貞 破軍 卯			破軍 戌
破軍 寅	紫微 破軍 丑	破軍 子	武曲 破軍 亥

破 0 巳	破 +4 午	破 +3 未	破 +2 申
破 +3 辰	破軍星曜度（圖二）		破 -2 酉
破 -2 卯			破 +3 戌
破 +2 寅	破 +3 丑	破 +4 子	破 0 亥

破軍五行屬水，相應於身體主腎臟、膀胱、泌尿系統，《黃帝內經》載有腎主骨髓、齒為骨之餘……，腎主陰為臟器，**膀胱**主運行**腎臟**的能動性，人全身經絡運行路線最長也最為複雜的當屬「膀胱經」，腎臟與膀胱腑兩者有君臣相依的重要性。若腎水不足無法收藏陽熱，易導致頭痛、惡寒、發熱、眼睛不適的疾患、頭皮屑、禿頭、排尿不利、腰臀背緊繃痠痛問題……。

身體臟器的組織運作需要有能量來推動運行，所謂的「陽氣」是指一個人顯現在外的生命動能強弱而定，當個體生命活力十足時，其陽氣必然充足，彼人身體就能維持在健康的常態。相反的，一個人若陽氣有所損耗時，彼人生命運作的能動性，將會受到某種程度的威脅。「陽氣」雖是非物質，無法用肉眼觀察出來，但透過某種特定儀器的測量，能將它以數據化的方式呈現出來。比如：腦波圖、心電圖、血壓計、呼吸與氣息壓力指數、虹膜儀、指甲微循環檢測、頭部光場顯示儀……等。

有關生命動能運行的強弱，可觀察生物心理的反應，譬如：快樂、喜悅、高興、輕安、失眠、氣虛、沮喪、失意、忐忑不安、憂悲等，所以說，臟腑運行的生理機制與情緒起伏狀態是息息相關的，兩者有相互涉入的作用。

一、心理影響生理—心身狀態。

二、生理影響心理—身心狀態。

俗語說：人逢喜事精神爽，吃什麼都補。人逢厄運憂愁纏身，縱使滿漢全席也難以下嚥。可見心理與生理之間的作用密不可分。以下節錄《內經》有關於五行屬水的載文予以參考：

《黃帝內經．素問．五運行大論篇》

北方生寒，寒生水，水生鹹，鹹生腎，腎生骨髓，髓生肝。其在天為寒，在地為水，在體為骨，在氣為堅，在臟為腎。其性為凜，其德為寒……其變凝冽，其眚冰雹，其味為鹹，其志為恐。恐傷腎，思勝恐；寒傷血，燥勝寒；鹹傷血，甘勝鹹。（勝─註）

◎註：「**勝**」：

此處所指的是從陰陽五行相生、相剋、比和原理來論，「勝」有制之以平衡之意。當事物的發展一旦產生偏離現象時，往往就有太過的禍患，因此，可實施制之以平衡的方法，使身心運作機制從失調返回常態。

破軍在四化作用裡只參與了「化祿、化權」，雖說破軍不化忌，但此星也不是百無禁忌，以下列出幾種對破軍所在宮位的威脅格局：

一、化忌、自化忌、陷煞、空劫、陰煞在破軍前後宮夾擊，這屬於「夾宮格」。

二、破軍與化忌、自化忌、陷煞、空劫、陰煞同宮或由對宮沖入。

三、破軍宮位自化忌或對宮自化忌回頭剋。

※廉破入陣圖解：

天府 +2	太陰 天同 -1 -2	貪狼 武曲 +4 +4	巨門 太陽 +4 +2
梁 機 空宮	四個空宮 借星入位 圖 1		天相 -2
破軍 廉貞 -2 0			天梁 天機 +4 +1
巨 陽 空宮	貪 武 空宮	陰 同 空宮	七殺 紫微 0 +3

武曲 破軍 0 0 **命宮**	太陽 +3	天府 +4	太陰 天機 +1 +2
天同 0	夫子空宮 四個空宮 圖 2		貪狼 紫微 +1 +3
紫 貪 空宮 夫			巨門 -2
機 陰 空宮 子	七殺 廉貞 +4 +1	天梁 +4	天相 +2

天府 +2	太陰 天同 -1 -2	貪狼 武曲 +4 +4	巨門 太陽 +4 +2
借 空宮 父	父兄夫子 四個空宮 圖 3		天相 -2
破軍 廉貞 -2 0 **命宮**			天梁 天機 +4 +1
借 空宮 兄	借 空宮 夫	借 空宮 子	七殺 紫微 0 +3

天府 +2 父母	太陰 天同 -1 -2 **福德**	貪狼 武曲 +4 +4 **田宅**	巨門 太陽 +4 +2 **官祿**
梁 機 借 **命宮**	命夫子財 四個空宮 圖 4		天相 -2 僕役
破軍 廉貞 -2 0 兄弟			天梁 天機 +4 +1 **遷移**
巨 陽 借 夫妻	貪 武 借 子女	陰 同 借 財帛	七殺 紫微 0 +3 疾厄

⊙雙星同宮的破軍格局：

破軍屬天紫府星系的甲級星座，紫微星系有六個，天府星系有八個，這兩個星系以一順一逆的交叉運行方式，形成一百四十四種盤局，除了「紫府雙星」坐「寅申宮位」盤局外，其餘的一百四十二種盤局中皆有空宮出現，所謂「空宮」是指該宮位裡無紫府星系入陣，因此，凡是空出的宮位得「借」對宮紫府星系入位，如此，每個盤局因借星入位的緣故，也就彌補了空宮問題，至於四化星的涉入作用，將會顯示其中變化的規則與邏輯。

◎紫微星系：紫微。天機。太陽。武曲。天同。廉貞。

◎天府星系：天府。太陰。貪狼。巨門。天相。天梁。七殺。破軍。

※雙星的同宮—破軍格局及空宮借星入位圖解：

武曲 破軍 巳	午	紫微 破軍 未	申
辰	破軍雙星同宮入陣圖 圖 1		廉貞 破軍 酉
廉貞 破軍 卯			戌
寅	紫微 破軍 丑	子	武曲 破軍 亥

廉貞 -2 貪狼 -2	巨門 +3	天相 +2	天同 +3 天梁 -2
太陰 -2	寅亥空宮 空宮借星 入位舉例 圖 2		武曲 +1 七殺 +3
天府 +2			太陽 -1
同 梁 借 空宮 寅	紫微 +4 破軍 +3 命宮	天機 +4	廉 貪 借 空宮 亥

※廉破同宮的格局—借對宮主星入位：（範例）

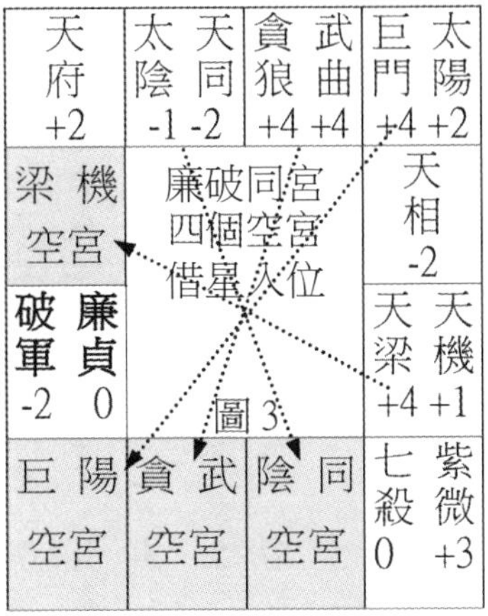
天府 +2
太陰 天同 -1 -2
貪狼 武曲 +4 +4
巨門 太陽 +4 +2
梁 機 空宮
廉破同宮
四個空宮
借星入位
天相 -2
破軍 廉貞 -2 0
天梁 天機 +4 +1
圖3
巨 陽 空宮
貪 武 空宮
陰 同 空宮
七殺 紫微 0 +3

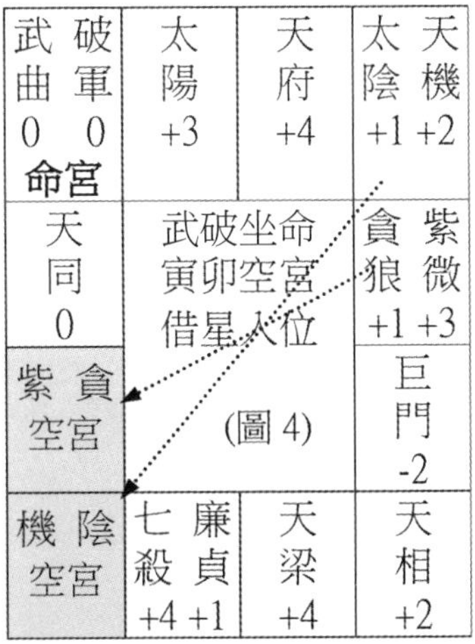
武曲 破軍 0 0
命宮
太陽 +3
天府 +4
太陰 天機 +1 +2
天同 0
武破坐命
寅卯空宮
借星入位
貪狼 紫微 +1 +3
紫 貪 空宮
(圖 4)
巨門 -2
機 陰 空宮
七殺 廉貞 +4 +1
天梁 +4
天相 +2

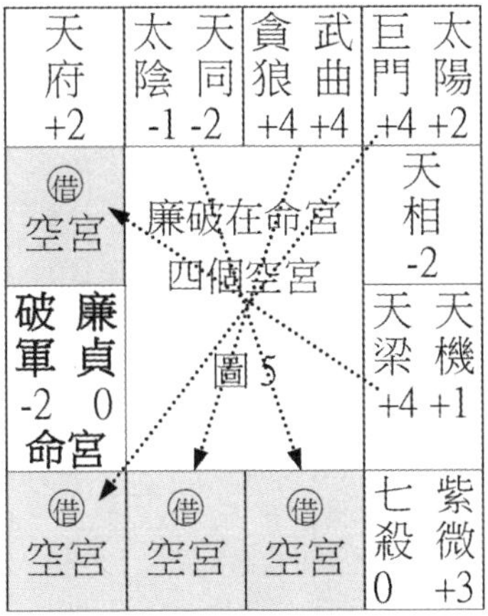
天府 +2
太陰 天同 -1 -2
貪狼 武曲 +4 +4
巨門 太陽 +4 +2
借
空宮
廉破在命宮
四個空宮
天相 -2
破軍 廉貞 -2 0
命宮
圖 5
天梁 天機 +4 +1
借 空宮
借 空宮
借 空宮
七殺 紫微 0 +3

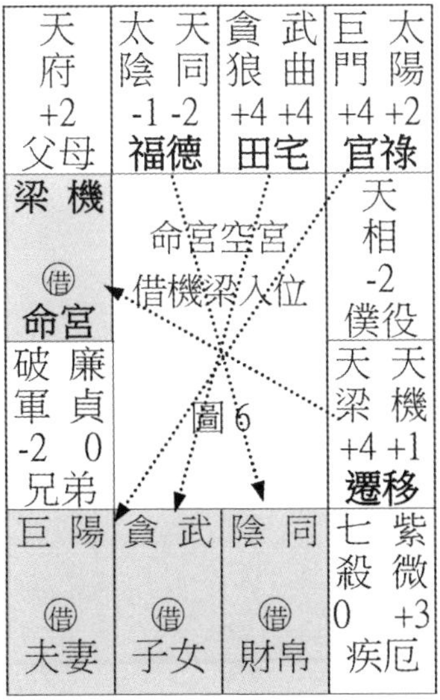
天府 +2 父母
太陰 天同 -1 -2 福德
貪狼 武曲 +4 +4 田宅
巨門 太陽 +4 +2 官祿
梁 機
借
命宮
命宮空宮
借機梁入位
天相 -2 僕役
破軍 廉貞 -2 0 兄弟
圖 6
天梁 天機 +4 +1 遷移
巨 陽 借 夫妻
貪 武 借 子女
陰 同 借 財帛
七殺 紫微 0 +3 疾厄

⊙空宮的四化涉入與人生考驗：

空宮越多的格局，則須商借對宮紫府星系入位，一旦借星入位後便成立本宮與對宮同星級的四化作用，祿權科忌依出生年、盤面宮干、大限、流年月日時等而產生吉凶盛衰作用，其呈象可從四化的連動規則裡去解讀。

⊙破軍的養生觀：

破軍五行屬陰水，相應於身體臟府及運行機制的「命宮與疾厄宮」，請參考前章五行屬水的論述。今再引述《內經》相關載文來輔助本篇的論點：

《黃帝內經．五藏生成篇第十》

色味當五藏：白當肺，辛；赤當心，苦。青當肝，酸。黃當脾，甘。黑當腎，鹹。故白當皮，赤當脈，青當筋，黃當肉，黑當骨。

心之合脈也，其榮色也，其主腎也。

肺之合皮也，其榮毛也，其主心也。

肝之合筋也，其榮爪也，其主肺也。

脾之合肉，其榮唇也，其主肝也。

腎之合骨也，其榮發也，其主脾也。

是故多食鹹，則脈凝泣而變色。多食苦，則皮槁而毛拔。多食辛，則筋急而爪枯；多食酸，則肉眼暢而唇揭。

多食甘，則骨痛而髮落，此五味之所傷也。

故心欲苦，肺欲辛，肝欲酸，脾欲甘，腎欲鹹，此五味之所合也。

隨著時代的變遷，倚賴科技化的生活便利已使得整個生態環境每況愈下，人們的坐息經常違背常態，日月顛倒，在身體健康及心理情緒方面也漸傾向於紊亂狀態，人們對**飲食與養生**常識的理解漸漸背道而馳，身心之間也脫序了。醫院四處林立，但人們的身體健康與心理衛生卻未見改善，在健保方面的給付只會越來越多，新世代人們卻生活在這種被身心壓迫的環境裡，身心醫學科的診所因應時代需求，其勢力與版圖漸漸在擴展中。「食品營養學、養生學、保健學、自然醫學、另類醫學、運動醫學」等相關學問與應用技術，早已成為時下熱門話題，相關保健產品與養生活動的推廣早已進入群雄並列的戰國時代。

《黃帝內經 • 移精變氣論篇第十三》

當今之世不然，憂患緣其內，苦形傷其外，又失四時之從，逆寒暑之宜，賊風數至。

◎意譯別解：

現在人的生活情況跟以前大大不同了，內心常有憂患又受其牽累，面臨外在勞動又常有過勞的現象，在整個生活面上，往往難以順應四時季節氣候的變化，以致於身體經常遭受到「虛邪賊風」的侵襲。

《內經 - 診要經終論篇第十六》

正月二月。天氣始方。地氣始發。人氣在肝。

三月四月。天氣正方。地氣定發。人氣在脾。
五月六月。天氣盛。地氣高。人氣在頭。
七月八月。陰氣始殺。人氣在肺。
九月十月。陰氣始冰。地氣始閉。人氣在心。
十一月十二月。冰復地氣合。人氣在腎。

⊙破軍不化忌但須注意的格局：

一、破軍的前後宮位有無「化忌、自化忌、落陷羊陀火鈴、空劫、陰煞」相夾？

二、破軍宮位有無「化忌、自化忌、落陷羊陀火鈴、空劫、陰煞」同宮？

三、破軍的對宮有無「化忌、落陷羊陀火鈴、空劫、陰煞」沖入？

四、破軍的對宮有無「自化忌回頭剋」？

⊙破軍宮位的好格局：

一、得地文昌、文曲與破軍同宮—才華顯露格。

二、化科、自化科與與破軍同宮，或由對宮會入—博學多聞—名聲顯揚格。

三、天魁、天鉞與與破軍同宮，或由對宮會入—蔭星呈貴格。

四、左輔、右弼與破軍同宮，或由對宮會入—吉星輔助格。

五、破軍的前後宮位有左輔、右弼相扶—左右生扶格。

⊙破軍在十二宮的四化涉入狀態：

※命宮、它宮—破軍化祿：（逢癸年生、大限、流年月日時干）

一、破軍化祿在命宮或它宮—宮位化祿格。

二、命宮或它宮的破軍星坐「癸干」—宮位破軍自化祿。（例解一）

三、「癸宮」化祿飛入破軍位。

※如例解一：

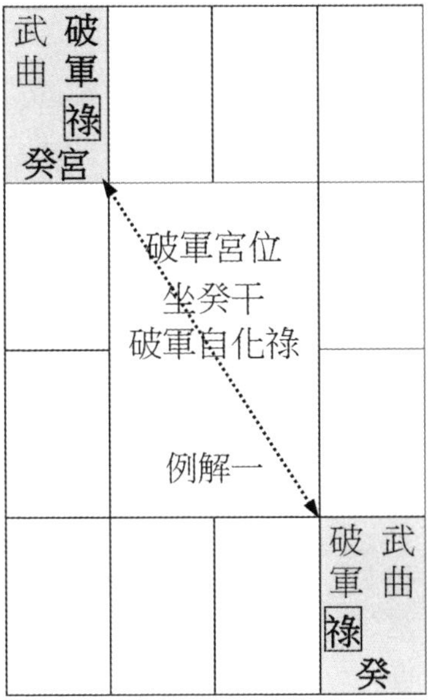

◎例解一—說明：

一、命宮—破軍化祿宮位帶有後勤資源的福分。

二、六親宮—凡癸宮化祿飛入破軍的宮位，往往是助力及能量的來源。

※命宮、它宮—破軍化權：（逢甲年生、大限、流年月日時干）

一、破軍化權坐命宮或它宮—宮位破軍自化權格。

二、命宮或它宮破軍坐「甲干」—宮位破軍自化權格。

三、「甲宮干」化權飛入破軍位。（例解二）

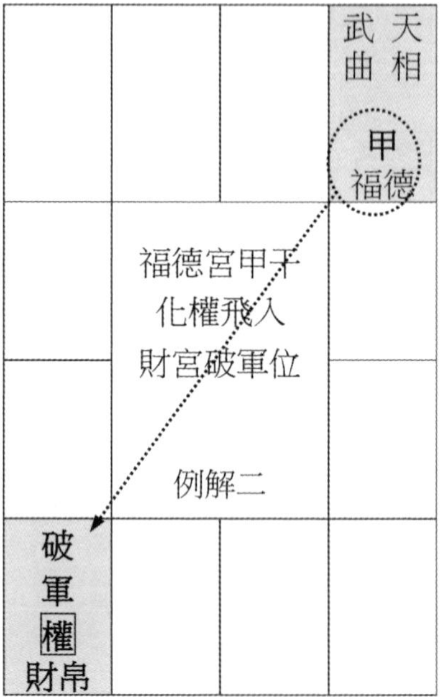

◎例解二—說明：

一、**福德宮**「甲干」化權飛入財帛宮破軍位，彼人掌理財務心思細膩，常為財務費思量。

二、進出帳務有頻繁之象，屬於財務自我掌控、自理型。

⊙破軍化祿入十二宮的飛星狀態：

《以下論述採：本宮、對宮、化祿所飛入的宮位無忌煞同宮、或由對宮沖入》

◎**命宮**破軍化祿：後勤支援及人脈豐富，常逢助緣，為人大方有豪氣，處事喜簡明、有口福。

◎**命宮**破軍坐癸干—破軍自化祿：頗有後勤支援及人脈，常逢助緣及口福，處事會考量個人的利弊得失，所以，個性也較為內斂保守。

◎**命宮**坐癸干化祿飛入六親宮破軍位：對「父、兄、子、妻、僕」甚好，在能力所及之處，常以物資提供支援，也盡可能的照顧他們。

◎**六親宮**坐癸干化祿飛入命宮破軍位：「父、兄、夫、子、僕宮」是助力的來源。對我甚好，常得其援助，使得在困境中度過難關。

◎**命宮**癸干化祿飛入**財帛宮**破軍位—常有獲得財物的際遇。

◎**命宮**癸干化祿飛入**疾厄宮**破軍位—有飲食品味及口福。

◎**命宮**癸干化祿飛入**遷移宮**破軍位—在外有好的人際魅力，周旋人際遊刃有餘。

◎**命宮**癸干化祿飛入**官祿宮**破軍位：熱愛工作且在職場展現積極的企圖，善於理事，有領導管理的專業與特色。

◎**命宮**癸干化祿飛入**田宅宮**破軍位—愛家有道，有置田宅房產的福分，在工作場所有好人緣，擁有廣闊的人脈資源，理事有方。

◎**命宮**癸干化祿飛入**福德宮**破軍位：喜收集、典藏精品為樂，喜飲食帶來心情的愉悅。

⊙破軍化權入十二宮的飛星狀態：

《以下論述採：本宮、對宮化、權所飛入的宮位無忌煞同宮、或由對宮沖入》

一、**命宮**坐破軍化權：有領導統御氣質，事必躬親，為人剛毅果決，遇事百折不撓，勞身累心，所到之處易帶給他人無形的壓力，唯易因個性強勢而感召剛愎自用的過失。

二、**命宮**破軍坐甲干—破軍自化權：處世應物主觀意志與做法較為強烈，雖擁有領導統御的特質，但易因剛愎自用帶來某種程度的缺失。

三、**命宮**甲干化權飛入六親宮破軍位：在面對「父、兄、子、妻、僕宮」，個人理念及主觀意志的伸張特性明顯，雖作為較為強勢，但也能盡己心力去維護及照顧他們。

四、六親宮坐甲干化權飛入命宮破軍位：「父、兄、夫、子、僕宮」與我往來甚為密切，除了來自於他們的關懷援助外，對方處事的態度也較為強勢，因此與其互動時只能柔順應對。

五、**命宮**化權飛入財帛宮破軍位：彼人在掌理財務、投資、賺錢方面頗具積極性、掌控性強，因此，在財務出入方面往往有頻繁之象。

六、**命宮**化權飛入疾厄宮破軍位：經常奔波勞碌、忙不得閒，生活坐息不規律，遇事經常事必躬親，以致於有過勞之患，有關腎、膀胱、泌尿系統的問題往往會反應在這方面。

七、**命宮**化權飛入遷移宮破軍位：在外活動能量強，有領導者的氣質與風格，周旋人際有度，處事態度積極，擁有強烈的企圖心，具有開疆闢土的毅力，唯易招致奔勞過度。

八、**命宮**化權飛入僕役宮破軍位：人際往來處於優勢及自主性強，在眾中易凸顯個人作風及特色，但也給他人帶來某種程度上的壓力。

九、**命宮**化權飛入官祿宮破軍位：積極展現事業的企圖心，且具有領導統御的風格，自主性與掌控力強，將人生大部分的時間投入在工作上，因此，經常忙不得閒，也易感召因過勞所產生的種種問題。

十、**命宮**化權飛入田宅宮破軍位：操勞家裡事務且鉅細靡遺，也是家中的掌權者。或者在面對工作場所（公司）的事務操作與掌控能力強。

十一、**命宮**化權飛入福德宮破軍位：由於事必躬親，自我要求甚高的緣故，所以，心思煩勞，常給自己帶來壓力，無暇放鬆身心。

※化祿、化權飛入它宮圖例：

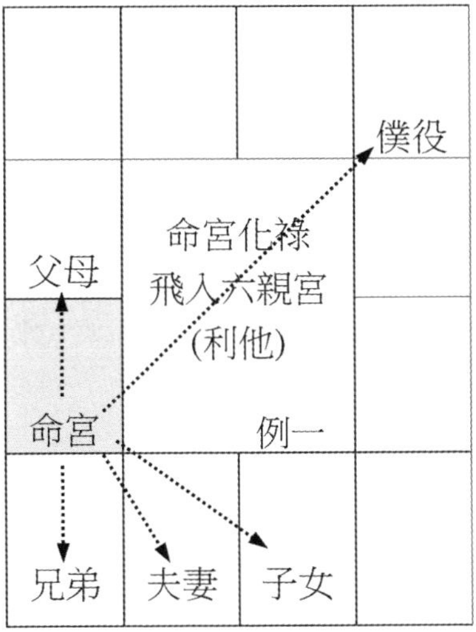

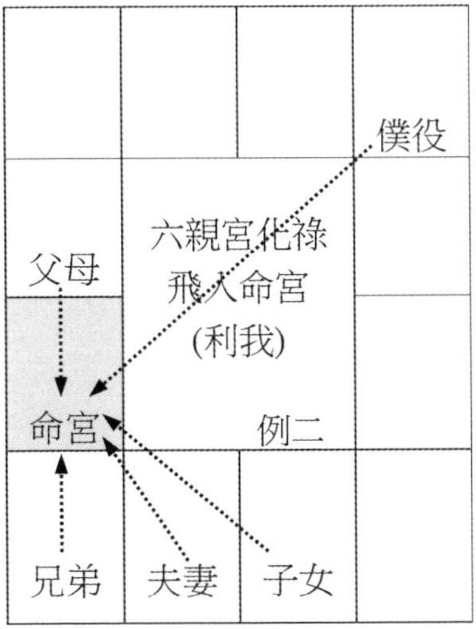

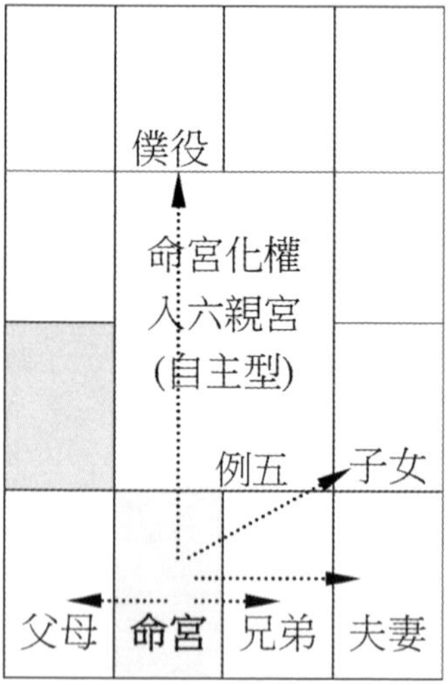
僕役
命宮化權
入六親宮
(自主型)
例五
子女
父母
命宮
兄弟
夫妻

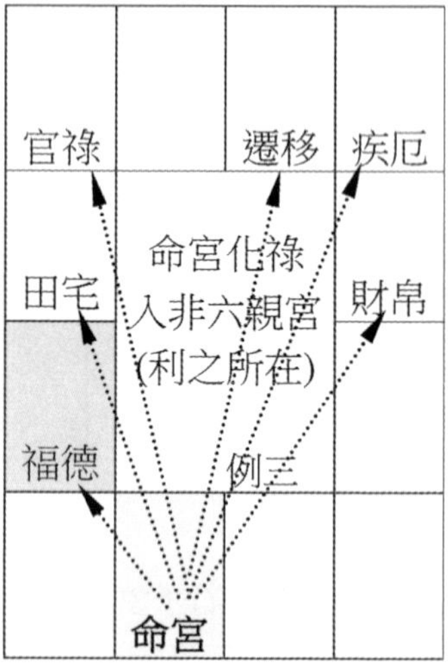
官祿
遷移
疾厄
命宮化祿
入非六親宮
(利之所在)
田宅
財帛
福德
例三
命宮

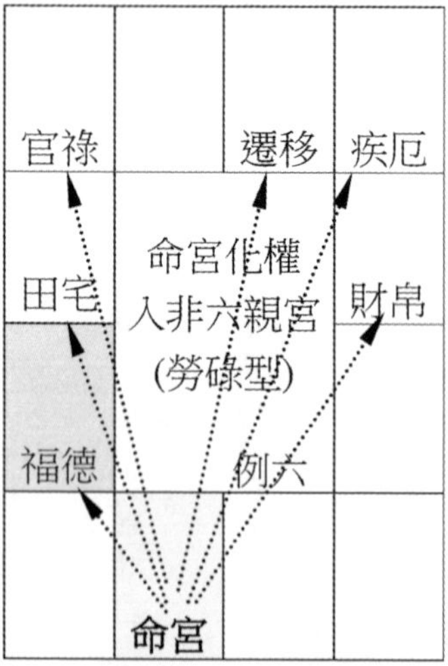
官祿
遷移
疾厄
命宮化權
入非六親宮
(勞碌型)
田宅
財帛
福德
例六
命宮

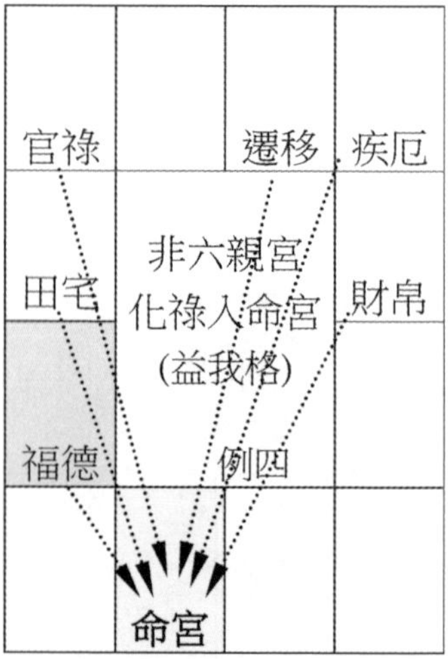
官祿
遷移
疾厄
非六親宮
化祿入命宮
(益我格)
田宅
財帛
福德
例四
命宮

⊙**破軍在命宮、疾厄宮的「化祿、化權」作用：**

一、**命宮**癸干化祿飛入**疾厄宮**破軍位—喜以飲食為樂。（圖例一）

二、**疾厄宮**坐甲干化權飛入**命宮**破軍位—勞碌周旋日常事務。（圖例二）

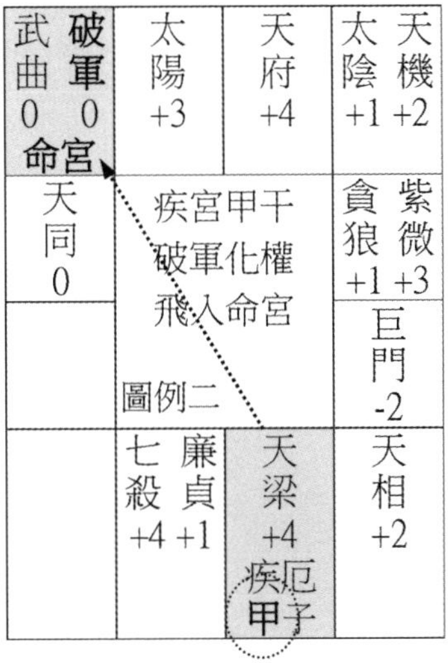

⊙**破軍與身心健康的關係：**

破軍五行屬陰水，在「命宮」為宿命，在「疾厄宮」為際遇感召，**命宮為先天的體質**，**疾厄宮為後天飲食及勞動坐息狀況的健康狀態**，兩宮之間的星性與結構有直接關聯性，在命、疾兩宮的健康預測上，以下摘錄《內經》相關載文予以參考：

《黃帝內經‧素問—五運行大論篇》

北方生寒，寒生水，水生鹹，鹹生腎，腎生骨髓，髓生肝，其在天為寒，在地為水，在體為骨，在氣為堅，在藏為腎。其性為凜，其德為寒，其用為藏，其色為黑，其化為肅，其蟲鱗，其政為靜，其令銀雪，其變凝冽，其眚冰雹，其味為鹹，其志為恐。恐傷腎，思勝恐；寒傷血，燥勝寒，鹹傷血，甘勝鹹。五氣更立，各有所先，非其位則邪，當其位則正。

《五行屬水的論症推理》

腎藏精，主骨生髓，齒為骨之餘。

腎精充盛，則骨健齒堅；腎精虧虛，則骨枯齒鬆。

《人體五種聲象與醫學診要》

呼：呼而急，病生肝。

笑：笑而雄，病生心。

歌：歌而漫，病生脾。

哭：哭而促，病生肺。

呻：呻而微，病生腎。

《內經與五行反應的論症推理》

五入：聲、色、臭、味、液，入五藏之謂也。

五聲：喜呼，病生肝。喜笑，病生心。喜歌，病生脾。喜哭，病生肺。喜呻，病生腎。肺主五聲。

五色：見青，病生肝。見赤，病生心。見黃，病生脾。見白，病生肺。見黑，病生腎。肝主五色。

五臭：喜臊，病生肝。喜焦，病生心。喜香，病生脾。喜腥，病生肺。喜腐，病生腎。心主五臭。

五味：喜酸，病生肝。喜苦，病生心。喜甘，病生脾。喜辛，病生肺。喜鹹，病生腎。脾主五味。

五液：多淚，病生肝。多汗，病生心。多涎，病生脾。多涕，病生肺。多唾，病生腎。腎主五液。

⊙破軍在福德、財帛與命宮的飛星作用：

一、**福德宮**破軍坐癸干自化祿—喜擁有時尚、精緻物品，或注重生活品味所帶來的享受。

二、**福德宮**破軍坐甲干自化權—思路活絡，事必躬親，掌控慾強。

三、**財帛宮**破軍坐癸干自化祿—有財源的福報，也喜以理財為樂。

四、**財帛宮**破軍坐甲干自化權—財物出入頻繁，理財與掌控能力強。

※福德、財帛、命宮—破軍祿權的飛星狀態：

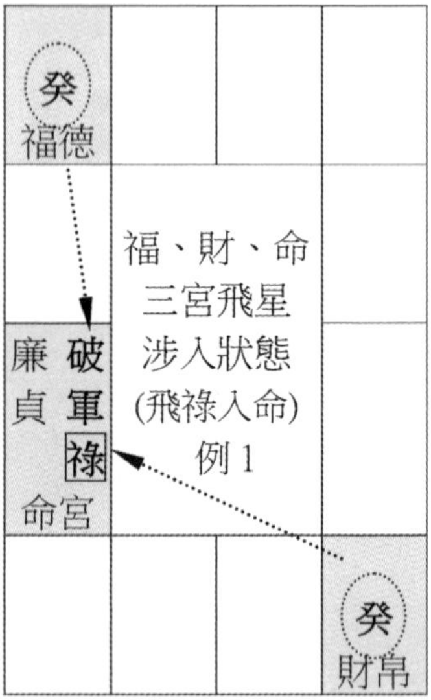

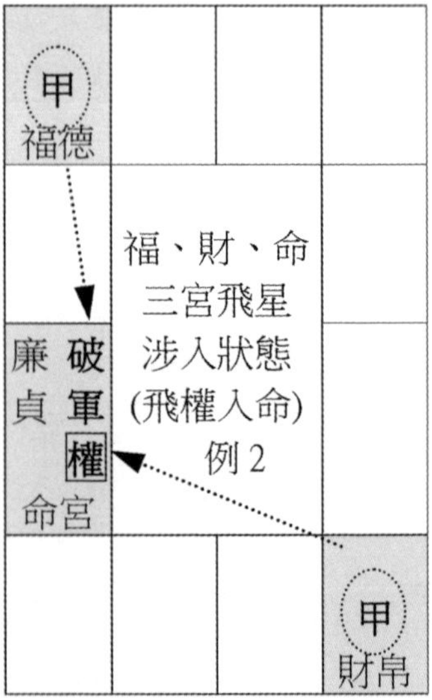

⊙破軍宮位的「祿、權」作用：

一、破軍宮位自化祿—該宮所擁有的好處。

二、它宮破軍坐甲干破軍自化權—該宮勢力以及能量發揮所在。

三、它宮坐癸干化祿飛入破軍所在宮位—資源方面的支持及援助。

四、它宮坐甲干化權飛入破軍所在宮位—彼宮有影響或掌控破軍宮位的能量。

⊙超越破軍的宿命：

破軍是帝王星座的象徵，在《封神演義》以「商朝紂王」為主要代表人物，破軍化氣為「**權耗**」，

「**權者**」主勢力分配在相應的宮位，「**耗者**」有先盛後衰，先得後失或者有初善終惡的呈象。然儘管坐在很好的格局，其化氣先權後耗的體性，仍以漸進方式導向彼宮位的結果。

破軍坐命宮者，對食衣住行育樂方面有獨特的風格及品味，彼人意志在決策及執行上的魄力頗具積極性及威勢，在眾人當中頗為凸顯。相對的，剛愎自用也是破軍的弱點。在盤面十二宮中，**六親宮**是指具有對象的人事活動。命宮與遷移宮是指個人生命活動的主要運勢。兄弟與僕役宮是手足情緣與人事往來問題。夫妻及子女宮是指配偶（伴侶）和子女所呈現的人格特質與運勢呈象。父母宮是指自己的父母，也可將此宮位延伸為「長輩、師長、主管、老闆、醫師」，凡是父母宮結構性強而優者，彼人在外常能得到好緣來助長個人的運勢，所以說，父母宮很重要，千萬不可等閒視之。

破軍星若坐在個人宮位時，如何以「**守勢**」來「**持盈保泰**」確屬不易的課題，不過若有方法來改善破軍的弱點，彼宮位就能掌握得很好，在展現積極企圖時則無往不利。

※本章總結：

破軍五行屬陰水，相應人體主腎臟，臟者為陰腑屬陽，膀胱腑屬太陽經，陽主生命運行氣，陰主五臟的功能，腎主神志竅在耳，腎藏精主骨生髓，牙齒則為骨之餘，腎精充盛骨齒堅，腎虛則骨枯齒鬆，以上論病做參考。

破軍若坐六親宮，常能受其來照應。
破軍若見忌煞沖，或有忌煞同宮坐，
或前後宮忌煞夾，破軍宮位自化忌，
種種格局為不美，宜當思量來對治：
一者惜福且愛物，資源來處不浪費，
二者愛生也護生，常養慈悲好心腸，
三者飲食要節制，常行養生保健法，
四者常能發善心，量力而為很重要，
五者剛愎招過失，心性調柔來轉化。
破軍本為福分星，唯易傾向於物化，
心物比喻為陰陽，陰陽既濟即調和，
隨閒隨忙習靜坐，身心兼顧好生活。

六、天相星

天相星顧名思義是耿直、老實、憨厚、忠誠無偽的星座，在《封神演義》以「聞太師」來代表天相星的特色。天相屬「陽水」，相應在人體主腎藏、膀胱、泌尿系統、腺體的相關運行機制，「太陽膀胱經」為循行身體最長且複雜的路線，膀胱經與腎經如一對君臣相依的臟腑，腎屬陰為臟、為器官的主管。膀胱主陽為腑、主供應能量使腎臟保有運轉的原動力，譬如發電廠的硬體設備為「陰」，所提供的電力為「陽」，沒有電力的話所有機具設備也動不了。

天相無四化，當它入陣在相應宮位時，也有旺勢與弱勢之分，這可從天相宮中的星性組合狀態看出來，以下是**天相**入陣的基本結構：

天相 午	廉貞天相 未	天相 申	武曲天相 酉
紫微天相 巳	天相入陣圖（圖一）		天相 戌
天相 辰			紫微天相 亥
武曲天相 卯	天相 寅	廉貞天相 丑	天相 子

相 +2 巳	相 +4 午	相 +2 未	相 +4 申
相 +2 辰	天相星曜度（圖二）		相 -2 酉
相 -2 卯			相 +2 戌
相 +4 寅	相 +4 丑	相 +4 子	相 +2 亥

※天相雙星入陣同宮陣圖：

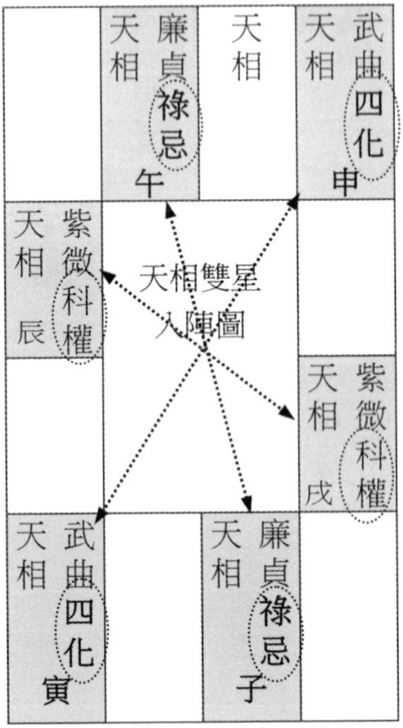

「子午寅申辰戌」是天相雙星同宮的落點，當「廉相同宮」在子午位時，廉貞有「化祿、化忌」的作用，「武相同宮」的武曲有「祿、權、科、忌」的四化作用，所以，凡逢「廉貞、武曲、紫微」生年、流年月日時干的四化如左：

甲年干：廉貞化祿。武曲化科。乙年干：紫微化科。丙年干：廉貞化忌。

己年干：武曲化祿。庚年干：武曲化權。壬年干：紫微化權。武曲化忌。

天相無四化但不喜與化忌、陷煞、陰煞、空劫同宮，或前後宮位有忌煞相夾，至於，本宮自化忌或對宮有化忌沖入，如此種種皆為不美格局，如例圖解：

武曲 +2
天相 +4
文曲 +2
忌
申
天相宮位
文曲化忌
例解一

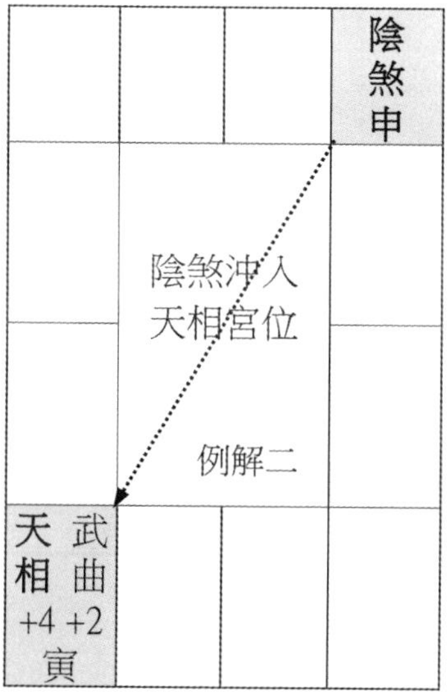
陰煞
申
陰煞沖入
天相宮位
例解二
武曲 +2
天相 +4
寅

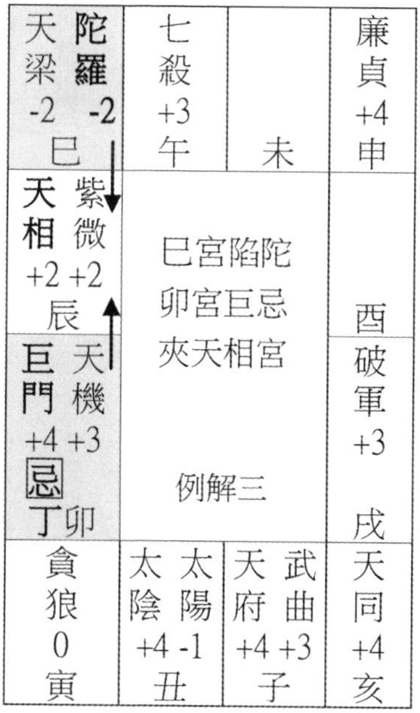
陀羅 -2
天梁 -2
巳
七殺 +3
午
未
廉貞 +4
申
紫微 +2
天相 +2
辰
巳宮陷陀
卯宮巨忌
夾天相宮
酉
天機 +3
巨門 +4
忌
丁卯
破軍 +3
例解三
戌
貪狼 0
寅
太陽 -1
太陰 +4
丑
武曲 +3
天府 +4
子
天同 +4
亥

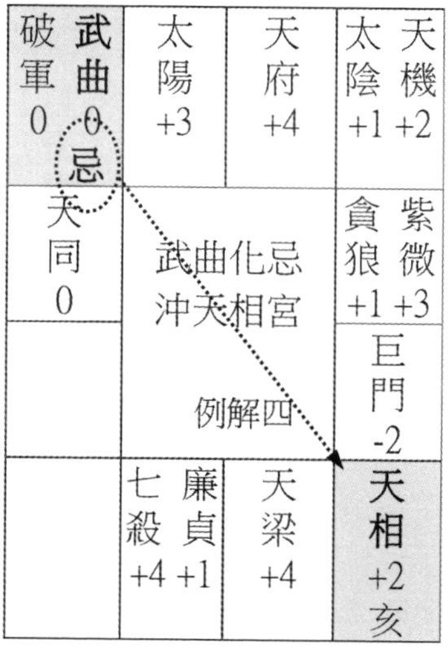
武曲 0
破軍 0
忌
太陽 +3
天府 +4
天機 +2
太陰 +1
天同 0
武曲化忌
沖天相宮
紫微 +3
貪狼 +1
巨門 -2
例解四
廉貞 +1
七殺 +4
天梁 +4
天相 +2
亥

※天相入陣的優勢格局舉例：

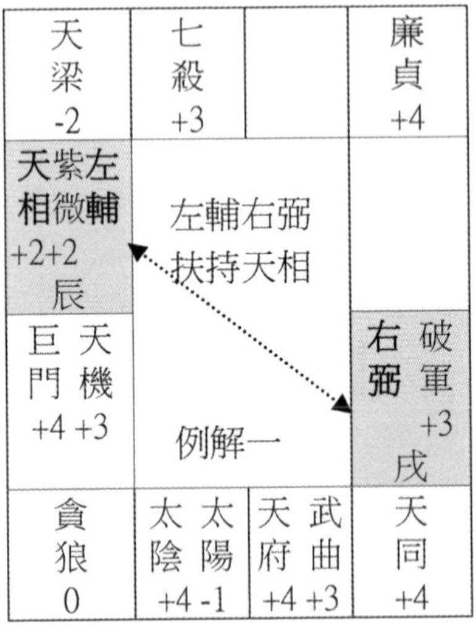

天梁 -2
七殺 +3
廉貞 +4
天相 +2 紫微 +2 左輔 辰
左輔右弼扶持天相
例解一
右弼 破軍 +3 戌
巨門 +4 天機 +3
貪狼 0
太陰 +4 太陽 -1
天府 +4 武曲 +3
天同 +4

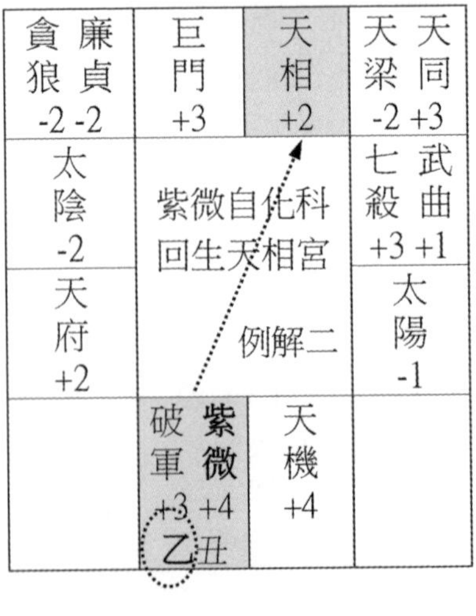

貪狼 -2 廉貞 -2
巨門 +3
天相 +2
天梁 -2 天同 +3
太陰 -2
紫微自化科回生天相宮
例解二
七殺 +3 武曲 +1
天府 +2
太陽 -1
破軍 +3 紫微 +4 乙丑
天機 +4

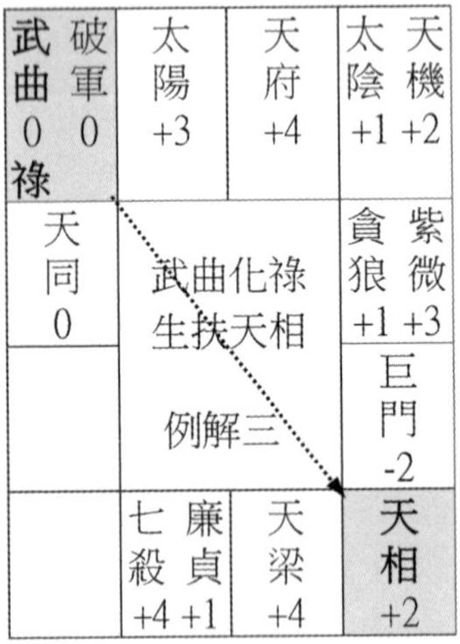

武曲 0 祿 破軍 0
太陽 +3
天府 +4
太陰 +1 天機 +2
天同 0
武曲化祿生扶天相
例解三
貪狼 +1 紫微 +3
巨門 -2
七殺 +4 廉貞 +1
天梁 +4
天相 +2

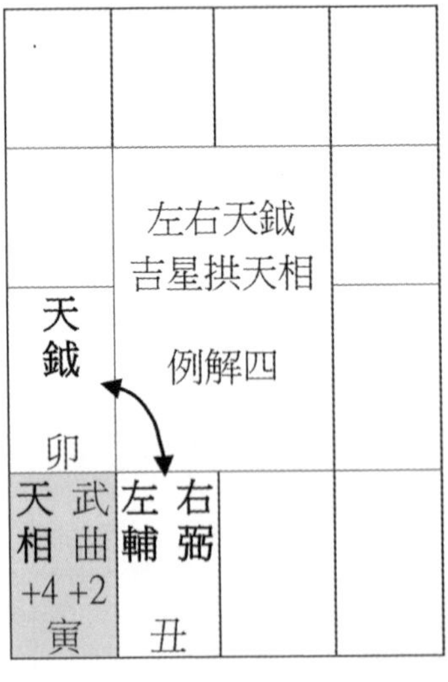

左右天鉞吉星拱天相
例解四
天鉞 卯
天相 +4 武曲 +2 寅
左輔 右弼 丑

⊙天相在五行方面的論病推理：

天相五行屬水的論病推理，茲續摘錄相關載文來輔助這方面的延伸與應用：

《黃帝內經・陰陽應象大論篇第五》

北方生寒，寒生水，水生鹹，鹹生腎，腎生骨髓，髓生肝，腎主耳。其在天為寒，在地為水，在體為骨，在藏為腎，在色為黑，在音為羽，在聲為呻，在變動為慄，在竅為耳，在味為鹹，在志為恐。恐傷腎，思勝恐。寒傷血，燥勝寒。鹹傷血，甘勝鹹。

《黃帝內經・五藏生成篇》

心之合脈也，其榮色也，其主腎也。肺之合皮也，其榮毛也，其主心也。肝之合筋也，其榮爪也，其主肺也。脾之合肉也，其榮唇也，其主肝也。腎之合骨也，其榮發也，其主脾也。是故多食鹹，則脈凝泣而變色。多食苦，則皮槁而毛拔。多食辛，則筋急而爪枯。多食酸，則肉眼暢而唇揭。多食甘，則骨痛而髮落，此五味之所傷也。故心欲苦，肺欲辛，肝欲酸，脾欲甘，腎欲鹹，此五味之所合也。

天相在「命宮」為宿命帶來的先天體質，在「疾厄宮」為就醫運勢、坐息、勞動、保健及飲食等所感召身體健康與否的後天行運。**天相**在「福德宮」代表個人精神、情緒心理以及面對壓力的因應狀態。同時也是在財物方面擁有福報多寡的宮位。因此，若「天相」坐命宮、疾厄宮或福德宮時，該宮的星性組合狀態，以及對宮結構的強弱程度，均會影響「天相」宮位的運勢發展，**天相**雖無四化星但本身所在的「宮干」也會飛到其他宮位，進而產生「祿權科忌」的四化涉入作用，如前已有圖例說明「天相」宮位的喜忌格局，唯篇幅有限難以詳盡論述，若能應用基本原理來做論病方面的推理應用甚好。

天相所處格局若不美的話，尤其在「命、疾、福」三宮時，需有「彌補其過」的方法來因應，「命宮、疾厄宮」主先、後天的健康狀態。「福德宮」主情緒心理、精神層面的狀態。因此，天相若被牽制形成「忌煞同宮、忌煞沖、宮位自化忌、化忌回頭剋、前後宮夾擊」的格局時，「天相」的招架能力是較為脆弱的，為什麼？因為**天相無四化**，所以，對於排除壓力及挫折適應力稍弱一些，但若有雙星同宮或有化科星、六吉星同宮或在對宮時，則不在此限。譬如「廉相同宮」、「武相同宮」、「紫相同宮」的廉貞、武曲、紫微三星有四化輪值的變化，其四化的作用會刺激「天相」在運程走向裡，體驗人生的酸甜苦辣，進而練就面對挫折的調適能力。所以，針對無四化的甲級星來說（天府、天相、七殺），其演繹推論原理是相通的，以下摘錄有關身心保健的載文供予參考。

《古今醫統大全—養生餘錄》

水濁魚瘦，氣昏人病。夫神者生之本，本者生之具。大用則神勞，大勞則神疲也。

……養性之道，莫久行久坐，久臥久聽，莫強飲食，莫大醉飽，莫大憂愁，莫大悲思。此所謂能中和。能中和者必久壽也。

……極力勞形，躁暴氣逆，當風縱酒，食嗜辛鹹，肝為之病矣。

恣食生冷，溫涼失度，久坐久臥，大飽大飢，脾為之病矣。呼叫過常，辯爭陪答，冒犯寒暄，好食鹹辛，肺為之病矣。久坐溼地，強力入水，縱慾勞形，三田漏溢，腎為之病矣。

※天相坐卯酉坐宮的格局：

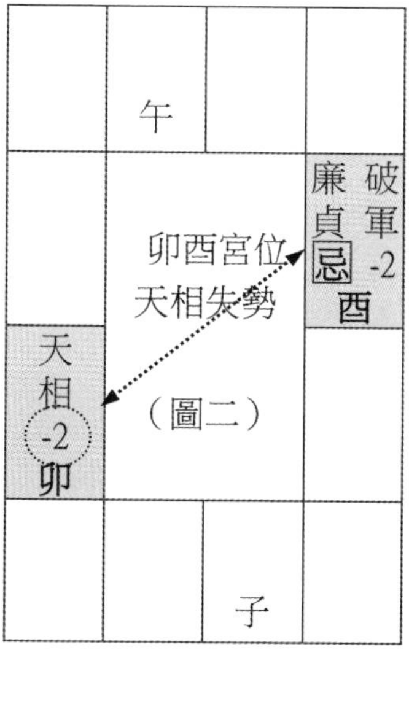

卯酉天相落陷呈弱勢，對宮坐「廉破雙星」，破軍又處於陷地，這卯酉兩宮的能量互相牽制著。

若有生年或流年遇到「丙年」時，廉貞會化忌沖入天相宮位，如此格局的行運將會面臨種種的考驗，須有改善方法來因應。

⊙天相宮位的四化涉入格局：（範例推演）

◎天相在**命宮**：

一、天相所在宮位的「**宮干自四化**」。（圖例1、圖例2）

二、天相所在宮干四化飛出到其他宮位，形成飛星化出的格局。（圖例3、圖例4）

三、四化飛入天相所在宮位，形成飛星涉入格局。（圖例5）

▲詳見左例圖解。

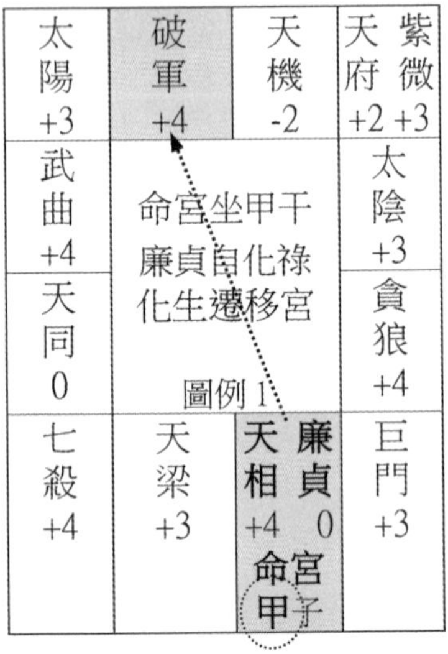

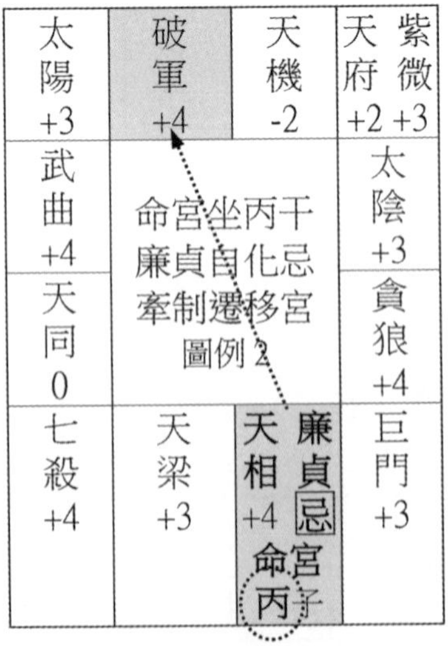

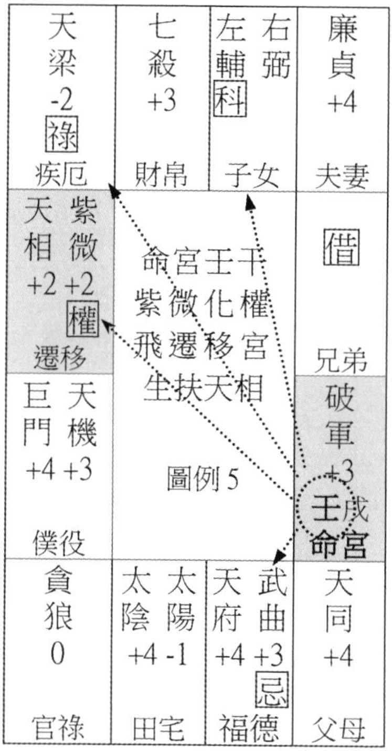
命宮王干
紫微化權
飛遷移宮
生扶天相
圖例 5
天梁 -2 祿
疾厄
七殺 +3
財帛
左輔 右弼 科
子女
廉貞 +4
夫妻
天相 紫微 +2 +2 權
遷移
借
兄弟
巨門 天機 +4 +3
僕役
破軍 +3
王戌
命宮
貪狼 0
官祿
太陰 太陽 +4 -1
田宅
天府 武曲 +4 +3 忌
福德
天同 +4
父母

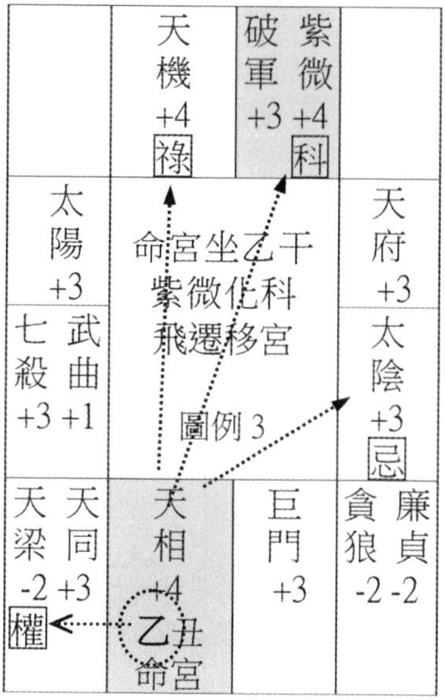
命宮坐乙干
紫微化科
飛遷移宮
圖例 3
天機 +4 祿
破軍 紫微 +3 +4 科
太陽 +3
天府 +3
七殺 武曲 +3 +1
太陰 +3 忌
天梁 天同 -2 +3 權
天相 +4
乙丑
命宮
巨門 +3
貪狼 廉貞 -2 -2

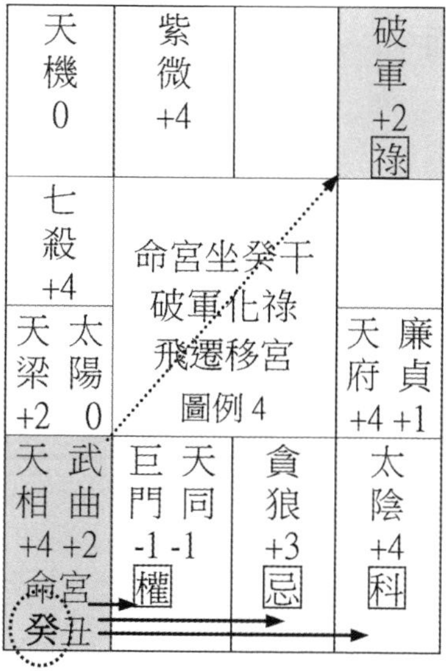
命宮坐癸干
破軍化祿
飛遷移宮
圖例 4
天機 0
紫微 +4
破軍 +2 祿
七殺 +4
天梁 太陽 +2 0
天府 廉貞 +4 +1
天相 武曲 +4 +2
命宮
癸丑
巨門 天同 -1 -1 權
貪狼 +3 忌
太陰 +4 科

◎天相在疾厄宮：

天相在疾厄宮若有雙星同宮（武相、紫相、廉相），在四化輪值或宮干四化涉入時，即可能形成運程盛衰的變化，然若有六吉星、六煞星、陰煞、空劫與其同宮，或由對宮沖入時，也會呈現相當程度的影響作用。

※天相在疾厄宮的飛星四化例解：

．例解一：「廉貞、天相」坐「丙宮干」為—**廉貞自化忌格局**。

．例解二：命宮坐「乙干」化科飛入疾厄宮的紫微位，此為—**命宮化科入疾格**。

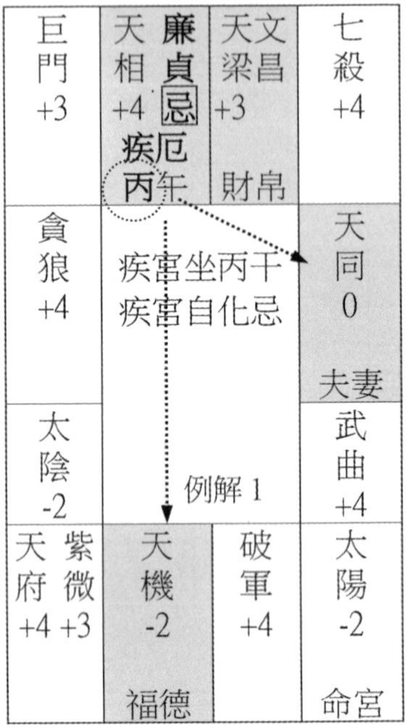

◎天相在福德宮：（本命、大限、流年可同理推論）

天相坐**福德宮**代表個人的**精神與情緒心理層面**，天相可獨居其宮，也有雙星同宮的格局此處指的是紫府星系，比如：「武相、紫相、廉相同宮」的格局。然福德宮中的天相星也可能與六吉星、七煞星、四化星同宮或由對宮會沖匯進來，形成所謂的旺衰格局。現代人的抗壓性低，在面對問題的情緒管理方面往往有所欠缺。所以，對精神層次的提升與心理成長動力的強弱，可從彼宮位看出一些端倪。**福德宮**若美的話，可將其能量匯入並助長**財帛宮**運勢，因此，**福德宮**所扮演的角色極其重要。（如例解）

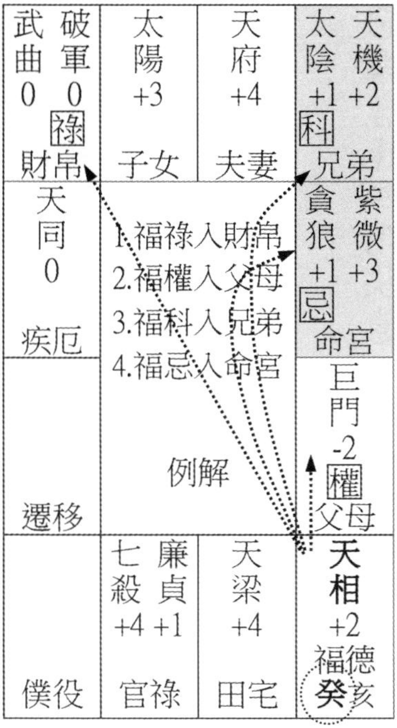

◎例解說明：

一、**福德宮化祿飛入財帛宮**：福德宮坐「癸干」化祿飛入財帛宮破軍位意謂著：「有得財的後勤資源及擁有財物的福報」。

二、福德宮化權飛入父母宮：福德宮坐「癸干」化權飛入父母宮巨門位意謂著：「與父母、師長、主管或老闆的互動，彼人主觀意識較強，通常有**侵權傾向**」，因此，需要有方法來改善弱點才好。

三、福德宮化科入兄弟宮：福德宮坐「癸干」化科飛**兄弟宮**太陰位意謂著：與手足或友人的往來，在能力所及之處喜助對方成長或關心他們，彼此往來無所交害，唯個人較採隨緣順勢的往來方式，因此，往往能得到手足或知心友人的好評。

四、**福德宮化忌飛入命宮**：福德宮坐癸干，貪狼化忌飛入命宮，就是在面對壓力時，往往易囚困於事件的干擾，或在周旋日常事務時，在思維及決策實施上，往往有失察的過患。或在面對問題時，舉棋不定，百思不得其解，有時易令自己陷入憂愁憂的迷惘，抑鬱不樂是福德宮與命宮之間化忌互飛的重要訊息。所以，轉換思維是積極且超越宿命的具體做法。

⊙命宮逢四化狀態：

命、疾、福德三宮是**生理與心理發展**的重要宮位，除了盤面四化星佔據在相應宮位外，每宮所坐的「天干」也隱藏著重要資訊，今以條列方式來整理這些能產生變化的格局：

※**就命宮而言：**

一、**命宮自化祿**—擁有物資、錢財及飲食方面的福分，在人際往來上也有某種程度的魅力，個性開朗大方、有偏財，喜行善積福。「化祿星」的五行屬性代表該臟腑需注重飲食以及養生保健。

二、**命宮自化權**—自我個性展露，主觀意志的堅持度強，處事喜簡明，遇事想掌控局面，即使繁瑣之事也能鉅細靡遺地進行瞭解或者親自為之。因化權之故，所以，在生活面上，難以讓自己清閒下來。「化權」為強勢的象徵，在人際上難免令人有敬而畏之的感覺，因此，**剛柔既濟**是處世的平衡之道。

三、**命宮自化科**—為人個性溫和、有氣質、好禮，注重個人威儀與形象，彼人好學多聞，具有廣博的學識，於人際往來上隨緣順勢，平日也喜以獨處為樂，或常以探索學問知識為樂，通常具有敏銳的觀察力與思維創造力，在籌謀劃策上有其專長及特色。

四、**命宮自化忌**—運勢有**未濟之象**—易經第六十四卦，唯所自化忌的星性五行易凸顯臟腑因宿命帶來的疾患，所以，凡**命宮化忌（自化忌）**者，在身體方面要有良好的養生保健來改善，遠離身體氣虛或不明疾患的困擾。

五、命宮**化祿**飛入疾厄宮—有飲食方面的福報，但也要有所節制才是。

六、命宮**化祿**飛入福德宮—擁有享受物質帶來心情愉悅的福報，但應要惜福愛物，凡事要有所節制，否則心受物役豈不俗氣。

七、命宮**化權**飛入疾厄宮—事必躬親，勞碌奔波不得閒，有喜動及過度勞累的現象。

八、命宮**化權**飛入福德宮—精神狀態較為活躍，也有掌理財務的心思及主控權，但易為繁雜瑣事操勞，難以享受悠閒。

九、命宮**化科**飛入疾厄宮—喜追求較為悠閒少勞的生活，即使忙中也能尋求如何放鬆自己的管道，若有不適或疾患時，易得良醫藥的照護，痊癒狀況佳。

十、命宮化科飛入福德宮—喜獨處、恬靜、放鬆、無諍、平淡、探索心靈的生活品質，能以豁達的態度面對問題，適時化解心理的困惑。

十一、命宮**化忌**飛入疾厄宮—因宿命帶來際遇所感召的疾患，主要問題是在疾厄宮被命宮飛入化忌的五行星性所困，若有此命格者，宜習養生、保健、愛護生態來轉化宿命。

十二、命宮**化忌**飛入福德宮—面對挫折、壓力、煩惱的調適能力較為不足，因此，往往給自己帶來情緒上的心事積壓，或多或少的引起身體某機能的失調。若能調理得當，或能解除心理的負擔，也能改善**財帛宮**的運勢。這是因為化解了福德宮「**心理被囚困之忌**」，心思在豁然開朗之際，便為「財帛宮」打開了一道希望之窗，冥冥之中增進財運的氣勢。

※疾厄宮逢四化：

一、疾厄宮**化祿**：有飲食之福，但也要有所節制。

二、疾厄宮**化權**：有過勞傾向，所以，在坐息上要調節動靜有道才好。（圖例一）

三、疾厄宮**化科**：能將養生保健常識應用在日常，在面臨繁雜事務或壓力時，也能調理得當，若身體偶有不適時，也能得良醫藥診治且痊癒力佳。

四、疾厄宮**化忌**：飲食、勞動、坐息失調，即使瞭解養生保健常識，卻不易在日常以恆心毅力行之，此格局易感召宮中星性五行所帶來的疾患或意外災患。

五、疾厄宮所坐宮干—自化祿、自化權、自化科、自化忌。（圖例二）

六、疾厄宮干四化星飛入**命宮**或**它宮**。（圖例三）

七、它宮有四化星飛入疾厄宮。

※福德宮逢四化：

一、福德宮**化祿**：享有物質資源的福報，但易流於為物所役的誘惑，缺乏心靈成長的動力。

二、福德宮**化權**：自我要求與期待值高，易給自己加諸壓力，因此，難以讓彼人的心緒安定下來，所以，建議學習靜坐來平衡身心。

三、福德宮**化科**：喜獨處或過悠閒生活，也有明哲保身的處世哲學，喜探索生命存在本質與意義，在潛能開發方面的領悟力強。

四、福德宮**化忌**：面對人事物的挫折調適能力有所不足，因此，在抗壓方面易受情境影響心理。在面對問題時往往百思不得其解，難以突破思維，導致有悶悶不樂或帶有抑鬱心理。

福德宮化忌會沖入財帛宮，造成財務方面的壓力與煩惱。

五、福德宮干**自四化**—自化祿、自化權、自化科、自化忌。

六、福德宮干**化祿**飛入**命宮**—注重物質享受所帶來的心理滿足感—受役於物。

七、福德宮干**化權**飛入**命宮**—自我要求嚴格，對周遭觀察及敏銳度強，因此，心緒常處於緊繃狀態，難得讓自己放鬆下來，有此格局者，往往給周遭人帶來無形壓力而不自知。

八、福德宮干**化科**飛入**命宮**—彼人喜悠閒自在的生活，在面對問題時，能以豁達的心態迎刃而解，彼人也不喜流於世俗化，在面對生活上的種種事務時，只要有接觸的機會，通常具有很好的思維領悟力。

九、福德宮干**化忌**飛入**命宮**—面對挫折的調適能力不足，彼人心思也易囚困其中，因此，對於人生運程的走勢易陷入困惑窘境。若能瞭解順境與逆境皆是考驗人生與心靈歷練的機會時，學習「寵辱不驚」與「轉逆境為喜悅」往往能突破化忌飛入命宮的障礙。

十、福德宮干**化祿**飛入**疾厄宮**—對於飲食有所偏好，但應有所節制才是。

十一、福德宮干**化權**飛入**疾厄宮**—勞心累身，事必躬親，有身心過勞之患。

十二、福德宮干**化科**飛入**疾厄宮**—喜探索研究生活養生之道，能適時的調節坐息與日常工作事務，當身體有所不適時，通常有遇良醫藥的好福分。（圖例一）

十三、福德宮干**化忌**飛入**疾厄宮**—心理上常困惑於身體似有某種難察的疾患，卻又不知所以然，進而給自己帶來心理壓力。（如圖例二）

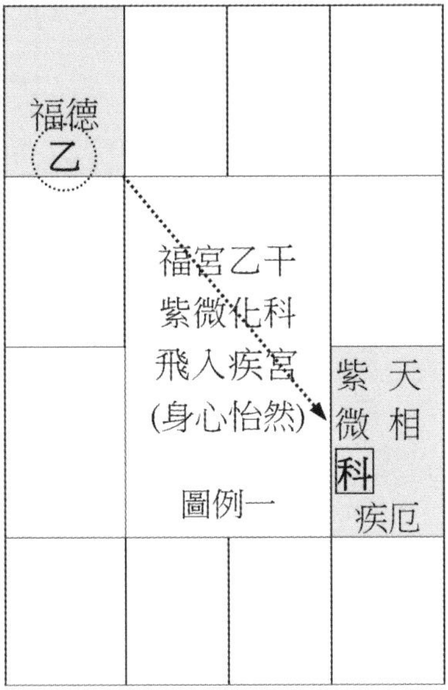

⊙超越天相的宿命：

在紫府星系裡無四化的星座有：「天相、七殺、天府」，所謂「無四化」是指在十天干的輪值裡，沒有參與祿權科忌的涉入，所以，也就無四化作用。唯**天相**不喜入「辰、戌」兩個宮位，若無吉星同宮或由對宮會入時，**天相**對於對環境的抗壓性往往呈現先盛後衰、先得後失，或者有初善終惡的呈象。

※圖例一——天相宮位失勢：

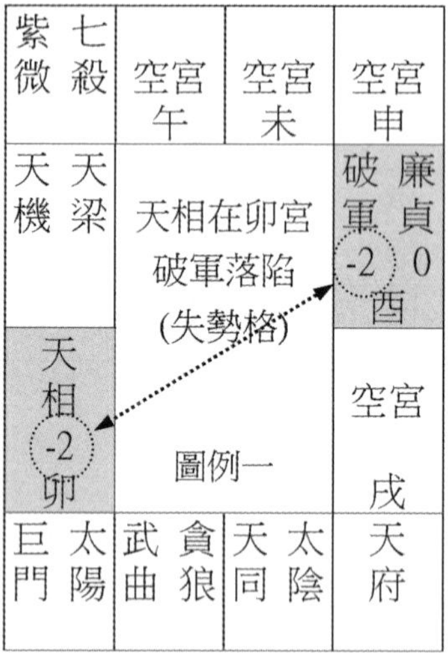

◎說明：

如右圖解，卯酉兩宮的天相與對宮破軍處於落陷之地，凡有如上格局者，在其他宮位裡必有四個無紫府星系佈列的空宮，一旦將對宮的「雙星借入」時，其運程走勢將呈現極大的起伏，挑戰著彼人毅力與智慧展現的程度。

◎天相失勢盤局—空宮借對宮入位圖例：

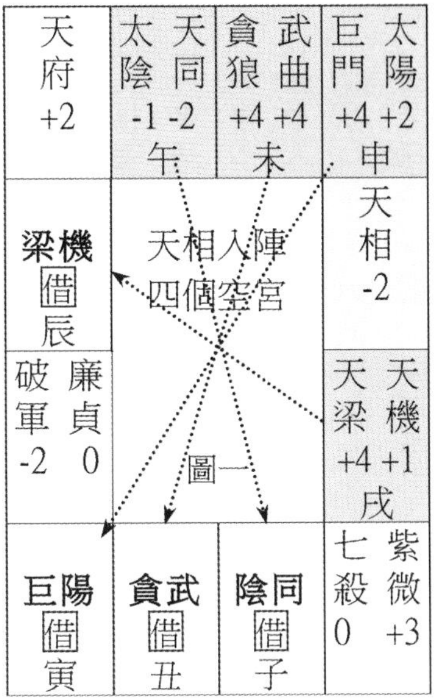

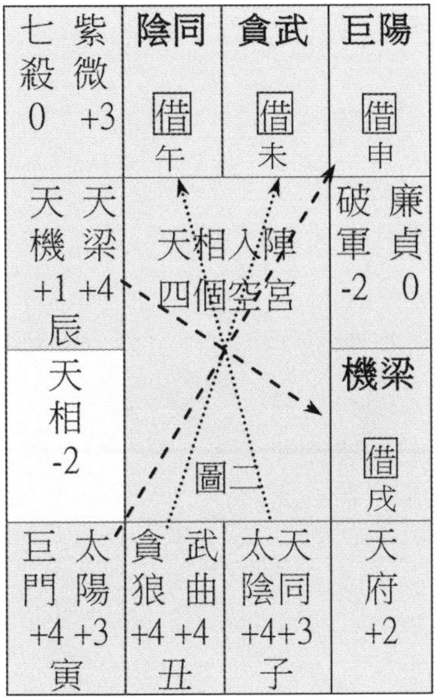

※圖一、圖二—空宮借星入位：

右圖二所列「午未申戌」的四個空宮無甲級星，所以，須借對宮**紫府星系**入位。如圖二—所借入宮位的主星有：「機梁—辰」、「巨陽—寅」、「武貪—丑」、「同陰—子」，在這八個宮位裡只有「**天梁不化忌**」。因此，擁有七個會化忌的星座進入八個宮位，在「本盤、大限、流年月日時干」四化星均可能進入任一宮位，將會影響彼人運程呈現不穩定狀態。若有此四個空宮的盤局者，在處事應物及決策執行上還是保守的好，學習耐心等待有利時機，才能有所作為，這有利於激勵彼人在挫折中成長，由於心性的穩定度增強了，運勢也會漸趨好轉。

《結論》

天相五行屬陽水，屬於太陽膀胱經，
腎為水臟膀胱腑，臟腑君臣相依附，
排水系統很重要，全身經絡最為長，
易經水火既濟卦，腎水心火相調節，
心腎協調精神好，在體也屬泌尿道，
攝護腺體在其中，開竅尿道為出口，
腎竅在耳也主骨，雙眼與腎有關聯，
其味在鹹色屬黑，相應時辰在申酉，
腎主神智變為恐，相應方位在北方。
天相宮位有忌煞，或本宮干自化忌，
或見對宮忌煞沖，前後宮位忌煞夾，
天相運勢受牽制，宜思良策來對治，
一者遇事要達變，權巧運用在自心。
二者心情要開朗，激勵己志思成長。
三者人際要調和，審慎因應不招咎。
四者心常思善事，積善之家有餘慶。
六者探索心靈路，心開意解自無憂。

七、文曲星

文曲星五行屬**陰水**，相應於人體為腎君之臣，**文曲**之水也代表「**尿路**」排解機能，**腺體**是主要的運作部位，在男性主「**膀胱、攝護腺、泌尿道、血循系統**」。女性為「**婦科、泌尿系統、血循系統**」。文曲屬六吉星系，不管它坐宮環境的優劣，文曲的吉祥之氣還是存在的。若與優勢星座同宮，則其吉蔭能量倍增，行運有如魚得水之勢。若坐落在不美的宮位，文曲也能發揮趨吉避凶功能，使該宮得到吉氣的助長與增益。

文曲五行**屬陰水**，在人事上化氣為「**辯才**」，能言善道且擅長溝通表達，具有說服他人的魅力，文曲若坐六親宮時，可以「**五行**」及「**化氣**」兩類來推理運勢的走向。

文曲在每十年一大運的天干輪值裡參與了四化作用，就連盤面所坐的「己宮干、辛宮干」也扮演著飛星涉入的重要角色。

※文曲四化輪值的作用：

己年：文曲化忌。

辛年：文曲化科。

以下將文曲星入陣十二宮所呈現強弱狀態，以圖解方式來說明，並將旺陷宮位結構來分析。

※文曲星入陣十二宮及曜度圖解：

文曲星	六親宮	代表含意
五行	水	口才、多才多藝、溝通、說服、思辯、人際魅力、直言、創思力。
化氣	辯才	
主	才藝	
四化星象	辛年化科	
	己年化忌	

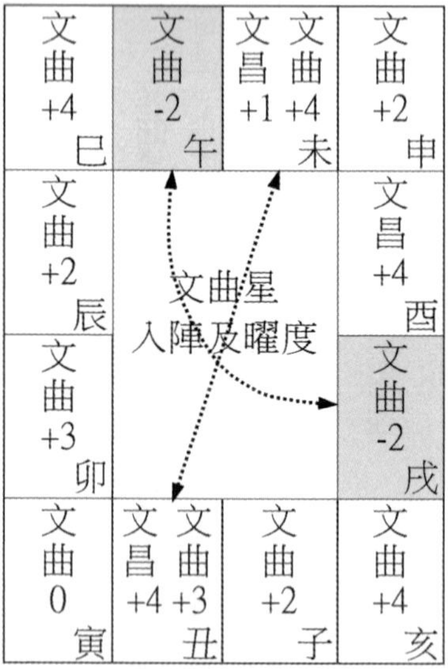

◎午戌—文曲落陷宮位。

◎丑未—文昌、文曲同宮。

※文曲星在命宮：

⊙得地文曲在命宮：（無忌煞同宮或由對宮沖入）

命宮隱藏著「宿命」的訊息，具有左列三項重要特徵：

一、宿命帶來的身體健康狀態。

二、一生運勢發展的吉凶、禍福、盛衰、成敗呈象。

三、人格特質的顯現。

得地文曲在「命宮」在預測健康訊息時，則以五行「陰水」來推理之，文曲吉星在理想狀態下，當屬宿命裡帶來的福報。

當屬健康無虞，屬於逢凶化吉格局，茲列舉文曲飛星涉入格局，皆具有化難呈祥的吉蔭力，當屬宿命裡帶來的福報。

◎文曲在命宮與各宮飛星涉入的好格局：

一、**命宮**文曲逢生年、流年「化科」，或命宮坐辛干「文曲自化科」，或有它星化科、自化科與文曲同宮或在對宮，在人生際遇裡有解難呈祥之吉蔭力。（圖一～圖二）

二、**命宮**坐「辛干」化科飛入**疾厄宮**文曲位，此為宿命健康狀態的呈祥格。（圖三）

三、**疾厄宮**坐「辛干」化科飛入**命宮**文曲位，此為際遇所感召的逢凶化吉格。

四、**命宮**坐「辛干」化科飛入**福德宮**文曲位，或**福德宮**坐「辛干」化科飛入命宮文曲位，這兩種狀態均為「心怡福至」的格局。（圖四）

◎文曲與飛星涉入格局的圖例：

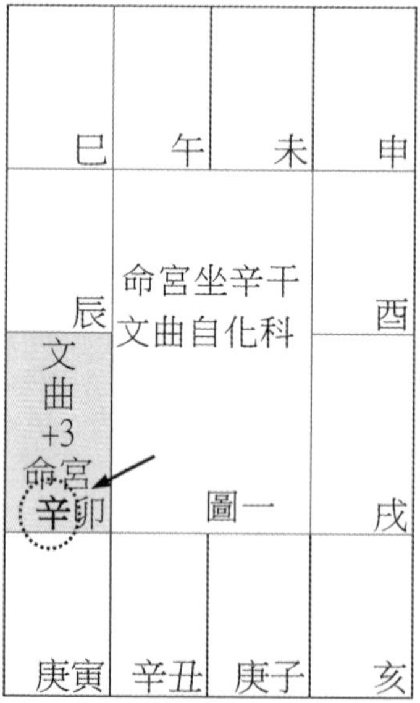
巳 午 未 申
辰 酉
卯 戌
庚寅 辛丑 庚子 亥
命宮坐辛干
文曲自化科
文曲
+3
命宮
辛卯
圖一

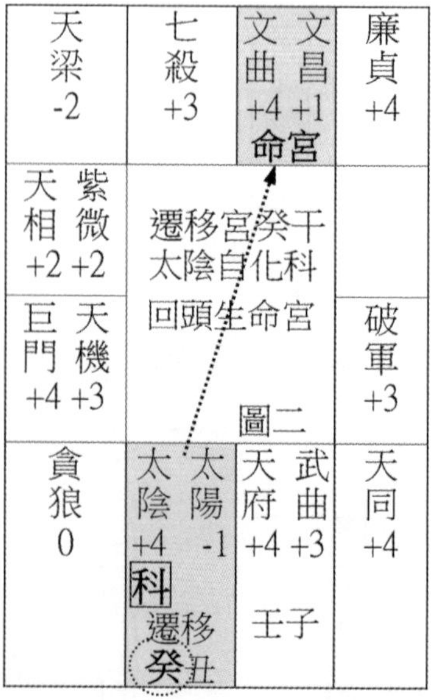
天梁 -2
七殺 +3
文曲 +4 文昌 +1 命宮
廉貞 +4
天相 +2 紫微 +2
巨門 +4 天機 +3
破軍 +3
遷移宮癸干
太陰自化科
回頭生命宮
圖二
貪狼 0
太陰 +4 太陽 -1 科 遷移 癸丑
天府 +4 武曲 +3 壬子
天同 +4

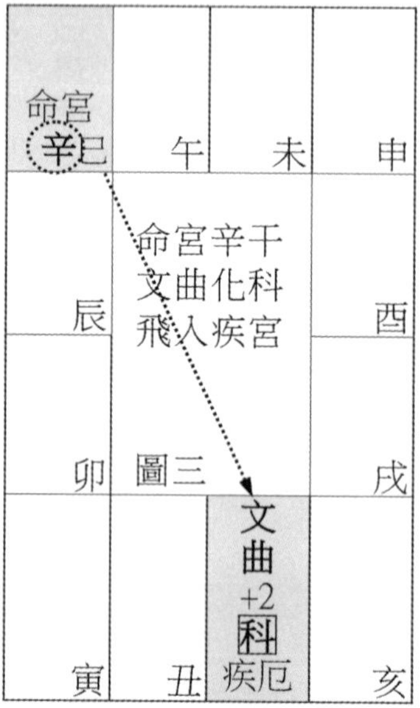
命宮
辛巳 午 未 申
辰 酉
卯 戌
寅 丑 亥
命宮辛干
文曲化科
飛入疾宮
圖三
文曲
+2
科
疾厄

巳 午 未 申
辰 酉
卯 戌
寅 子
命坐辛干
文曲化科
文昌化忌
飛入福宮
圖四
文昌 +4 忌
文曲 +3 科
福德
命宮
辛亥

就運勢走向而言，得地文曲意謂著：彼人具有優雅的氣質，為人心地善良。有助人的熱忱，才思敏銳，多才多藝。也有良好的思辯能力。在人際往來互動上，口才、溝通及說服力強。或彼人人緣頗佳，頗能廣結善緣，具有廣闊的人脈資源。或彼人對於學問的追求，頗有積極動力及企圖心，且能將其淵博學識，應用在日常生活上，不論從事教學、專業發揮、創業或在職場上有自利利他的心思及作為。甚至，彼人也注重個人言行及外在儀表，由於對環境人事物的敏感度佳，常能顧及別人觀感（這是因為命宮文曲會將吉氣帶到遷移宮的緣故）。或彼人在才華表現上，易引人注目，得人賞識，或常得有緣者的協助與提攜。或者彼人也注重人際往來的和諧氣氛，雖然擁有很好的創思及辯才能力，但也喜以平和、圓融的方式處事，雖帶點嚴肅感，卻也平易近人。或彼人也擁有博學多才之能，在處事及決策執行的效率高，所以，彼人處世風格頗有特色。

⊙陷地文曲星在命宮：（午戌宮位為文曲落陷之地）

文曲陷地坐命宮所帶來的健康訊息，則與「陰水」的運作機能有關聯，若有此種格局者要做好養生與保健才是。不過，若**命宮**文曲「化科、自化科」，或遷移宮有「化科、自化科」回頭生**命宮**，自然是逢凶化吉、轉逆為順的吉蔭格局。所以說，落陷文曲宮位若有吉星與其同宮或由對宮會入時，均屬化難呈祥格局，在行運當中自有轉危為安的際遇。

※ 化科飛入文曲宮位的逢凶化吉格：

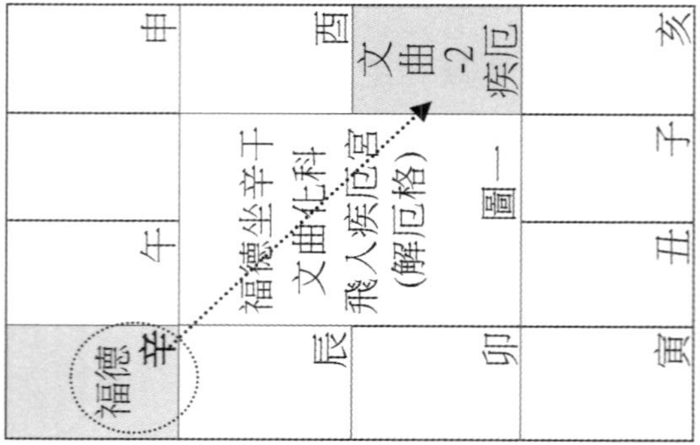

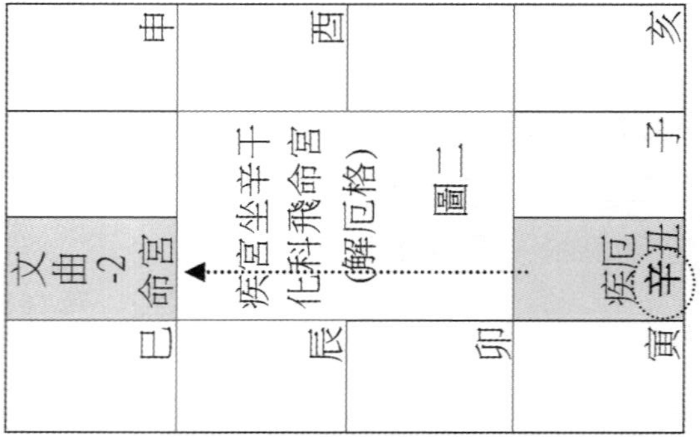

※ 化解**命宮、遷移宮**忌煞同宮，或由對宮沖入的格局：（它宮同此論）

一、**命宮、遷移宮**有「化科、自化科」或兩宮化科互飛。

二、「天梁化科—自化科。它星化科—自化科」在命宮、遷移宮。

三、「天魁、天鉞、左輔、右弼」在命宮、遷移宮。

四、「火星得地」、「地空」在命宮、遷移宮。

五、「父、兄、夫、子、僕」五宮，若有化科星飛入**命宮、遷移宮**者，所飛入的宮位即是貴人與逢善緣的所在。

命宮文曲因居於陷地的緣故，在運程走勢多少會有挫折感，因此，在彼人生運程裡，往往有如浪裡行舟的考驗一般。或彼人心地善良、多愁善感，所以，易感召愛見悲的惜情心態—由於不善於婉拒他人，進而給自己帶來一些無謂的困擾，或者招來無妄之災。

吉星特質若受到牽制，彼人際遇難免抑鬱愁悶，因此，往往有預事而憂的情形。甚至，彼人雖具有很好才華及專業，但在人生際遇裡，較為缺乏助緣而難展其才。或彼人口才、溝通能力俱佳，但易疏於互動氣氛及美感的營造，由於直白的個性，偶有得罪於人尚不自知的窘境，導致有先親後疏或初善終惡的呈象。彼人在學業、職場表現上，雖想積極有所作為，唯其想法較為缺乏通權達變的因應力。

以上就文曲坐「午、戌」的**命宮**而論，不過若有下列化科、飛星格局與陷地文曲在**命宮**互相涉入，當屬於先苦後甘、逢凶化吉、化難呈祥的好格局：

一、生年或流年逢「**辛年**」文曲化科在午、戌兩宮位—科臨解難格。

二、**命宮**文曲坐「**辛干**」使其得到自化科的吉蔭。

三、**遷移宮**有化科、自化科回頭**生命宮**文曲，彼人運勢走向得以化難呈祥。

四、**遷移宮**化科飛入**命宮**的文曲位，此為「化科生命格」。

◎文曲在命宮、疾厄宮的健康訊息：

命宮是依個人出生時空所決定的先天論，因此，該時空落點對個人一生的健康狀態，以及行運的吉凶呈象不可忽視，命宮隱藏著宿命的密碼，可從命宮結構及星性組合來推理，至於，大限、流年的預測走向可以同理推論之。

疾厄宮屬個體際遇所感召的健康狀態，包括坐息、飲食、勞動、所感召的疾患等，也有依於流行病學的含意，當**疾厄宮**走到「**大限、流年**」逢忌煞侵臨時，彼人易感召身體方面的疾患，因此，**疾厄宮**與**命宮**之間的預測角度有所不同。

一、**命宮是宿命的軌跡**——一生行運的密碼庫，包括個性、人格特質、宿命帶來的先天體質、運勢走向的旺衰程度。

二、**疾厄宮**為生命活動所感召健康與否的呈象。

文曲屬「陰水」，主**腎臟、膀胱**的運作機能（泌尿、生殖系統、婦科、腺體、攝護腺、筋骨關節等）。凡陷地文曲坐**疾厄宮**者，應多加留意上述問題，並做好個人養生與保健，以下引用相關資料來說明。

《黃帝內經 • 金匱真言論篇第四 • 第三章》

北方（註一）**黑色，入通於腎，開竅於二陰**（註二）**，藏於腎，故病在谿**（註三）**，其味鹹，其類水，其畜彘**（註四）**，其穀豆，其應四時，上為辰星**（註五）**，是以知病之在骨也，其音羽，其數六，其臭腐**（註六）**。**

◎註：

一、「**北方**」：是五行方位的一方，北方屬水。

二、「**二陰**」：指前陰為尿道，後陰為肛門。

三、「**谿**」：肉之小會之處。

四、「**彘**」：音「滯」，同「豕」，就是「豬」的意思。

五、「**辰星**」：指水星，這是一種隱喻。

六、「**腐**」：腐味入腎，腎主神智，過度飲食腐味易傷神智。

文曲	品類	五穀	五音	五色	五味	五臭	五臟	九竅	五體	五聲	五志	病變	病位
陰水	水	豆	羽	黑	鹹	腐	腎	二陰	骨	呻	恐	慄	腰股（四肢）

《靈樞．本神篇》

腎盛怒而不止則傷志（註一），志傷則喜（註二）忘其前言。

◎註：

一、「志」：有通智之意。

二、「喜」：有容易怎樣……的意思。

《醫學真傳》

喜通心，怒通肝，憂通肺，悲思通脾，恐通腎，驚通心與肝。

《三因極．病症方論》

恐傷腎者，上焦氣閉不行，下焦回還不散，猶豫不決，嘔逆噁心，故經曰註恐則精卻，驚傷膽者，神無所歸，慮無所定，說物不竟而迫，故經曰驚則氣亂。

◎註—「**經曰**」：指《黃帝內經》，此經又分成兩大篇幅（**素問**與**靈樞**）。

《結論》

文曲星來坐命宮，得地陷地已說明，
以下來說四化事，祿權科忌須區分，
文曲化科臨命宮，心地善良且耿直，
才藝思辯能超群，人緣頗佳口才好，
若有遷移科照命，博學多才有名聲，
命宮文曲自化科，或對宮飛科入命，
或命飛科入遷移，助長文曲好運至。
若有化權臨命宮，文曲同坐也得勢，
才藝思辯有作為，專業得顯有企圖，
或有對宮化權照，在外威權有主張，
或有命宮自化權，命遷化權互飛入，
權星助長文曲勢，勞而有獲得成就。
若有化祿坐命遷，文曲得勢受其生，
生來福分本自有，或者命宮自化祿，
命遷兩宮祿互飛，才智思辯勝眾人。
文曲化忌入命宮，命宮文曲自化忌，
或有陷煞同宮坐，命宮它星化忌至，

命宮坐干自化忌，前後忌煞夾命宮，
概論其運勢有滯，宜尋方法來改善，
一者常懷感恩心，心境若善事事善。
二者養生保健法，身體健康無煩憂。
三者宜廣結善緣，直方大則貴人至，（正直、有原則、大方處事）
四者能常習靜坐，心性穩定來理事。
五者博學有助益，應用日常生活裡。
六者人際往來事，凡事隨順勿強求。
七者愛語來利人，善緣處處好做事。
八者凡事宜保守，初善終惡須記得。
日日常念行好事，冥冥之中有回應。

※文曲在兄弟宮：（兄弟姐妹、好友、股東、合夥人）

⊙得地文曲星在兄弟宮：（無忌煞同宮或由對宮沖入）

在兄弟姐妹之間或在往來的友人裡，其中不乏有多才多藝、直言、大方、創思辯說能力佳且為人熱心者。與彼互動令人有好感，通常能得自對方的關懷與鼓勵。或與對方互動頗能從他淵博的學識，以及為人處事的言行裡，增長個人的見識。或在手足、友人中有好人緣者，頗有豐富的人脈資源，交友廣闊，為人正直有特色。或對方的口才表達及說服能力佳，處理事務的因應態度柔和有原則，頗能受到眾人的肯定與賞識。或與彼人聊天時，不但創思能力佳，博學有素養，喜談風雅之事，若有學術及知識方面的交流，從彼處受益良多。

※陷地文曲星在兄弟宮：

在兄弟姐妹或往來友人裡，雖也有如前所述的一些特色，只是文曲勢力稍嫌不足，導致兄弟宮的運勢較為單薄。或與彼宮人物互動時，其表達、思辯能力、才華、專業較有強勢的作為。因此，在往來互動上較為缺乏流暢的美感。或對方也較為缺乏與我互動的意願，令人覺得似有疏離感，或彼此在理念、做法、價值觀的認知上，往往有所差異且不易達成共識。

《結論》

文曲化科兄弟宮，或有本宮自化科，
對宮化科回頭生，手足友人有情義，
本命大限或流年，得彼善緣來相助，
兄僕兩宮相依附，化科會照蒙其利。
若有化祿同宮臨，或兄僕宮自化祿，（文曲與化祿星同宮）
僕宮化祿回頭生，易得好友來關照。
若有化權同宮坐，兄弟宮中自化權，（文曲與化權星同宮）
僕宮化權入兄弟，或僕宮干自化權，
化權助長文曲勢，權柄在兄僕兩宮，
助長其勢帶權令，勢在兄僕不在己。

兄僕兩宮之格局，若有陷煞坐或沖，
前後陷煞夾兄僕，文曲勢力受其挫，
互動之間頗辛苦，只好低調來因應。
若有陷煞忌同坐，兄僕宮中自化忌，
兄僕化忌飛命宮，命宮化忌飛兄僕，
手足情緣及友人，或有先親而後疏，
若有如此之格局，當得思量來改善，
一者當重手足情，平輩自有貴人至，
兄僕兩宮可同論，彼此運勢相依附。
二者應對以謙遜，友情自可長綿延。
三者待人以誠意，自有善緣來會至。
四者宜廣結善緣，借力使力有助益。
五者處世直方大，無怨無悔有情義。
六者親近善友人，受其薰習有益處，
若能知解來因應，轉逆為順運自通。

※文曲星在夫妻宮：

⊙得地文曲—夫妻宮：（無忌煞同宮或由對宮沖入）

配偶或伴侶氣質高雅，多才多藝、思辯、口才、說服及溝通能力佳，性情溫和，喜以柔性融洽方式處事，注重決策及執行效率。或對方個性耿直做事有擔當，只要認定之事通常能勇於承擔地去做，對兩性感情的互動頗為投入，且能以其才智協助另一方成就人生的企圖。或對方心地善良，富有同情心，在能力所及之處，頗有熱心助人的善行，在人際往來應對方面，具有溝通、協調、說服的人際魅力，所以，常逢善緣，且有廣闊的人脈資源。對方也善於料理家庭事務，幫助家人有所成就，甚至引導家人往善美的境地成長。凡有類似格局者，伴侶是自己人生中的貴人，因為，對方具有輔助自己的吉助力，對個人行運有加分的效果。

⊙陷地文曲—夫妻宮：

「午、戌」兩宮位的陷地文曲坐在**夫妻宮**時，伴侶仍具有輔助的能量來幫助自己，只是在付出過程，彼此較為缺乏共識及默契，所以，對方頗有勞碌身心的辛苦之象。然而伴侶也有多愁善感的特質，往往預事而憂或常因顧慮對方的需求，而忽略了自己在身心靈方面的成長。文曲化氣為辯才，當坐在「午、戌」的夫妻宮位時，伴侶在言詞表達及溝通上，顯得過於耿直，快言快語，導致兩性感情的緊繃，若能以「婉轉、愛語」來緩和說話的氣氛，當可避免無謂的溝通不良現象。若是難以引導對方以「愛語」來互動時，只要自己能以耐心毅力來施行「愛語行動」總有感動伴侶的時候。俗語說：「**以言教者訟，以身教者從**」，唯有從自身做起，才可能進而影響對方，這是夫妻（伴侶）之間如何相處的一種修練。

《結論》

夫妻宮中坐文曲，得地陷地如上說，
夫妻融洽事業興，感情交流當更親，
凡逢忌煞不須驚，文曲化難且呈祥，
包容關愛是前提，感情互動須用心，
耐心婉轉以引導，以靜應動來調濟，
夫妻姻緣本殊勝，或許前世已註定，
夫妻同心家運興，子女也能承家蔭，
夫妻對宮為官祿，夫妻感情若調順，
事業運勢也無憂，兩宮運勢相依附，
若能知此中要點，善加經營有效果，
轉化思維是關鍵，何愁忌煞來侵襲。

※文曲星在子女宮：

⊙得地文曲—子女宮：（無陷煞、化忌同宮或由對宮沖入）

子女有才華、口才及思辯能力佳、個性溫和、善解人意者，為人心地善良熱心，有獨立的自主性，能協助處理家中事務，為家庭分擔辛勞。或與兄弟姐妹之間的互動融洽，也想盡其才智發揮關愛及照顧，即使與家人聚少離多，也能維繫著親密感。或其口才、溝通能力佳，在外有好人緣，在事業及才華展現上，通常能獲得多數人的肯定與賞識，與人往來頗能周旋及擁有廣闊人脈資源。子女有專業智能以及淵博的學識，甚至，有好學不倦的積極動能，樂於將好處與人分享，甚至也有帶動別人成長的能量。子女也喜歡家中熱鬧的氣氛，美好的氛圍，居家空間的佈置與擺設等。

⊙陷地文曲─子女宮：

陷地文曲的勢力受到「**午、戌**」宮位的牽制，致使其勢被消弱了，但仍具有如前所述的諸多特質，只是文曲落陷的能量稍嫌不足而已。因此，子女的個性耿直、有點任性，與其對話之間，直言快語，較為缺乏婉轉的柔性，但仍頗為顧家且有所擔當。若論求學過程（讀書運），雖然能盡力而為，但在逢遇重要考試或決選時，往往有不如預期的受挫感，或雖歷經艱辛才能有成。

若有文曲化科臨，子女宮中自化科，
或有它星化科至，宮中它星自化科，
或田宅宮化科照，子女通常有成就。
若有化祿同宮坐，子女宮中自化祿，
田宅化祿回頭生，前後吉星拱子女，
種種格局頗殊勝，子女逢祿福運至。
若有化權同宮坐，文曲得權來加持，
為人處事有毅力，積極經營有成就，
勉勵子女宜進取，來日當有大成就。

若有陷煞忌同宮，田宅陷煞忌來沖，
或有本宮自化忌，或見田宅自化忌，
或逢陷煞忌相夾，子女運勢受牽制，
人生行運易起伏，為人父母當審視，
宜尋方法來改善，以下建議供參考，
一者天下父母心，愛惜子女無怨尤。
二者因勢以引導，婉轉愛語來互動。
三者多親近子女，傾聽心聲無距離。
四者居家宜相親，同心家運可興隆。
五者在外常關愛，長輩貴人常會至。
六者子女好運勢，也有部屬好緣分。
對治方法若可行，子女行運轉旺勢，
家宅公司及職場，運勢興旺可期待。

※文曲星在財帛宮：

⊙得地文曲—財帛宮：

彼人對於錢財收支擅長規劃、運用與管理能力，使得錢財能累積致富。彼人對於理財、規劃、財經走勢、財物流通、投資動向頗有獨到之處，因具有敏銳的觀察力及較為保守心態，通常能從中獲利。（註：這是因為文曲五行屬水之故，水有流通、川流不息之意。）或彼人也有儲蓄、投資較為穩定性的行業（不動產、定期基金、股票、保險等），為長期獲利目標。至於，在行善積福方面有愛心，且捨得以能力或財物來幫助他人，所以，與彼往來的友人也能從中蒙其照應。

⊙陷地文曲—財帛宮：

彼人在錢財收支、規劃、管理方面的能力欠佳，雖有積極賺錢的企圖，唯在財物運用方面，較為缺乏詳實評估的觀察力，所以，易感召得而復失的效應。或者彼人在職場工作頗為辛勞，然而，對於錢財的管理與應用缺乏保守心態，導致易將辛苦賺來的錢財耗失出去。彼人也較為缺乏儲蓄、累積錢財以因應危機的習慣，往往有寅吃卯糧的窘境。不過，若在財物處於空乏狀態時，往往有貴人或冥冥之中的資源來助，不無小補（這是因為陷地文曲星，仍有財蔭的吉氣存在，只是力量較弱而已）。凡有此類似格局者，彼人在錢財花費方面，往往缺乏自制力，易受衝動心理影響，導致有先享受後負擔的壓力（譬如：購屋貸款、刷卡付費等）。

《結論》

財帛宮中坐文曲，本命大限或流年，
若逢陷煞忌同坐，對宮陷煞忌沖入，
運用錢財一字守，知於進退是智者。
文曲化科臨財帛，或有它星科臨照，（同宮或在福德宮）

財宮文曲自化科，福宮化科飛財帛，
助長文曲受蔭照，窘境之時困得解。
若有化祿同宮坐，財帛宮中自化祿，
福宮化祿回頭生，助長財宮好運勢，
財物擁有好福分，逢運來時要把握。
若有化權同宮坐，財帛宮中自化權，
對宮化權回頭生，理財運用有特色，
彼人財運得權勢，事宜進取勿蹉跎。
文曲化忌在財宮，財帛宮中自化忌，
對宮化忌回頭尅，或有陷煞忌沖入，
財福兩宮皆受制，於人財運有阻滯，
若論本命及大限，或逢流年得保守，
先得後失終須記，否則財物易耗失。
若遇逆境來考驗，當尋方法來突破，
一者愛惜不浪費，惜福則能少耗失。
二者花錢須慎重，衝動心理招損失。
三者儲蓄有益處，以應資糧不足時。
四者投資宜慎思，得少失多要留意。

五者行善要量力，心生歡喜最重要。
命中若有終須有，命中若無莫強求，
惜福愛物是本分，冥冥自有福報來。

※文曲星在疾厄宮：（不分得地與陷地）

文曲星五行屬「**陰水**」，陰者為臟，陽者屬腑，陰陽兩者有君臣相依之謂，文曲主膀胱、泌尿系統、婦科、腺體、生殖系統、攝護腺等。若有文曲坐**疾厄宮**者，在逢遇**己流年—文曲化忌**入疾厄宮時，或有陷地四煞—羊陀火鈴及陰煞、地劫與其同宮，或有忌煞由**父母宮**沖入**疾厄宮**，以上格局若成立的話，彼人應加強身體健康方面的保健，因為**疾厄宮**與**父母宮**有互為影響的作用力。

疾厄宮隨流年的異動，個人健康狀況多少會受到些許影響，本盤命宮與疾厄宮的區別，在於「個體出生的時空點，即帶有父母的遺傳因素，關係著個人一生的身體健康狀態。因此，本命宮可推理為宿命—先天帶來的體質。在《紫微斗數》疾厄預測上，除本命外，尚有大限、流年的健康訊息。整體來說，個人健康狀態仍離不開「**本命宮**」以及「**本盤疾厄宮**」。這兩個本盤基礎宮位是生命原動力的來源，**命宮是內因，疾厄宮是外緣感召**。基本盤是「本體論」，至於，他力或因環境所造成的健康問題，則是依時空異動變數來推演。所以說，**疾厄宮**是「感召論」。因此，如何維護個人身心健康，往往需要有養生常識來調節生活上的各個面向，方能怡然自得，少病即能減少一些無謂的煩惱。

※疾厄宮有下列兩種化忌的基本盤局：

一、「**父母宮**」有化忌星沖入「疾厄宮」，意謂著：「個人的身體狀態，在出生的時空裡，可能帶有遺傳方面的因素，彼人應注重身體的養生保健」。

二、「**疾厄宮**」坐化忌星者，意謂著：「在生命活動的際遇裡，易感召健康方面的疑慮，這其中包括飲食、坐息、勞動所產生的種種問題」。

上述兩種化忌現象，離不開個人與父母親緣的狀態，疾厄宮雖與父母宮遙遙相對，但彼此均有互為影響的作用力，尤其「忌星」當令時，與父母親的互動較少。若在職場上則與主管、老闆、長輩在理念或做法上較為缺乏共識及默契。

◎疾厄宮、命宮尚有下列化忌及飛星變化的格局：（大限、流年月日時適用）

一、**命宮坐化忌星**—主要行運及顯性健康本體論。

二、**遷移宮化忌沖命宮**—在外活動行運與感召健康狀態的關係。

三、**命宮化忌飛入疾厄宮**—宿命狀態所帶來遇緣感召的健康訊息。

四、**疾厄宮化忌飛入命宮**—因生命活動的種種際遇而引動宿命健康問題。

五、**化忌星、自化忌坐疾厄宮**—因飲食、坐息、勞動的失調，進而影響身體健康。

六、**命宮、疾厄宮被前後宮忌煞相夾**—彼人的健康狀態，易受周遭人事物的擾動。

※命宮、疾厄宮—化忌格局例解：圖一～圖六

天機 0
紫微 +4
破軍 +2
七殺 +4
命宮或疾宮
逢庚年
天同化忌
圖一
天梁 +4 太陽 +4
天府 +4 廉貞 +1
天相 +4 武曲 +2
巨門 -1 天同 -1 忌
命・疾
貪狼 +3
太陰 +4

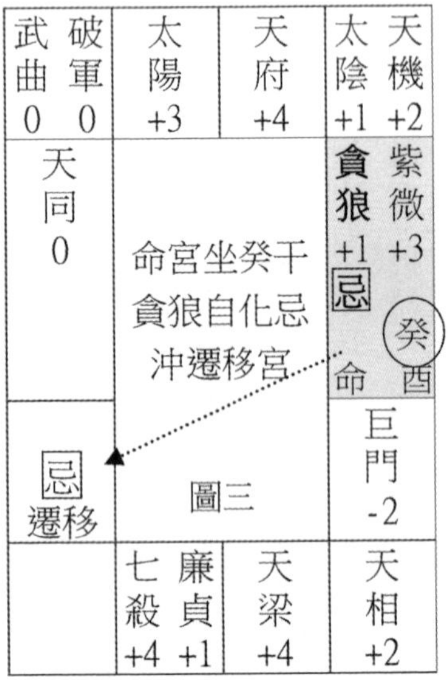
武曲 0 破軍 0
太陽 +3
天府 +4
太陰 +1 天機 +2
天同 0
命宮坐癸干
貪狼自化忌
沖遷移宮
貪狼 +1 紫微 +3
忌
癸
命 酉
忌
遷移
圖三
巨門 -2
七殺 +4 廉貞 +1
天梁 +4
天相 +2

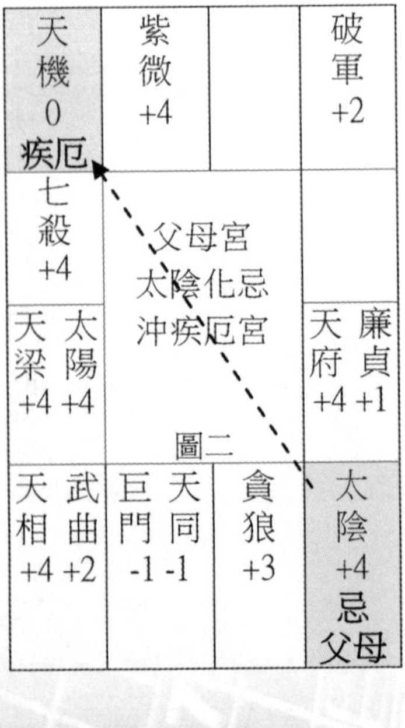
天機 0
疾厄
紫微 +4
破軍 +2
七殺 +4
父母宮
太陰化忌
沖疾厄宮
天梁 +4 太陽 +4
天府 +4 廉貞 +1
圖二
天相 +4 武曲 +2
巨門 -1 天同 -1
貪狼 +3
太陰 +4
忌
父母

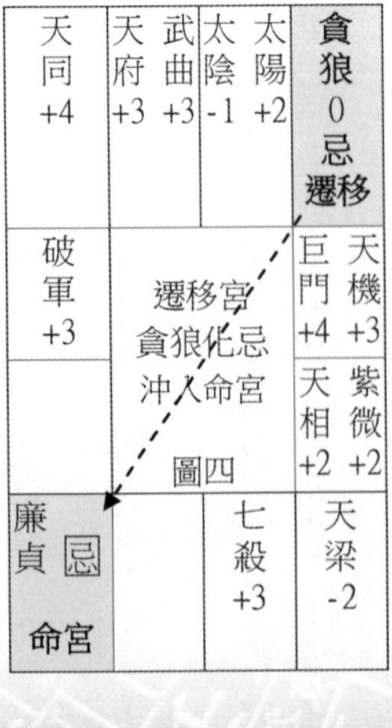
天同 +4
天府 +3 武曲 +3
太陰 -1 太陽 +2
貪狼 0
忌
遷移
破軍 +3
遷移宮
貪狼化忌
沖入命宮
巨門 +4 天機 +3
天相 +2 紫微 +2
圖四
廉貞 忌
命宮
七殺 +3
天梁 -2

《結論》

文曲星坐疾厄宮，主腎膀胱與泌尿，
五行屬水當善調，水火既濟心腎足，
疾宮文曲化科臨，或對宮化科會入，
疾厄宮中自化科，它星化科同宮臨，
就醫看病好醫緣，冥冥之中受蔭至，
科星喜入疾厄宮，逢凶化吉恩光照。
文曲與化祿同宮，疾宮宮中自化祿，

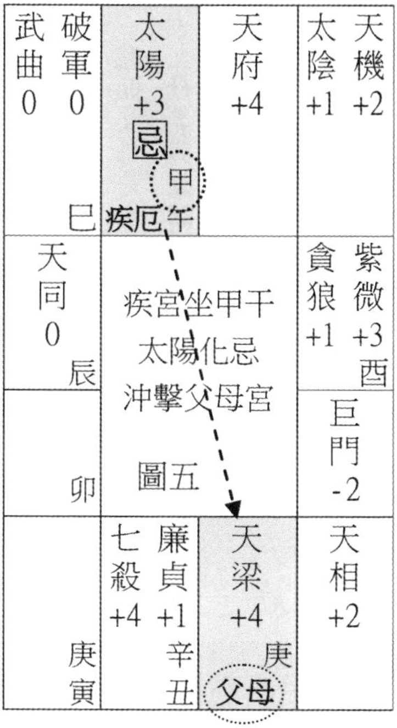

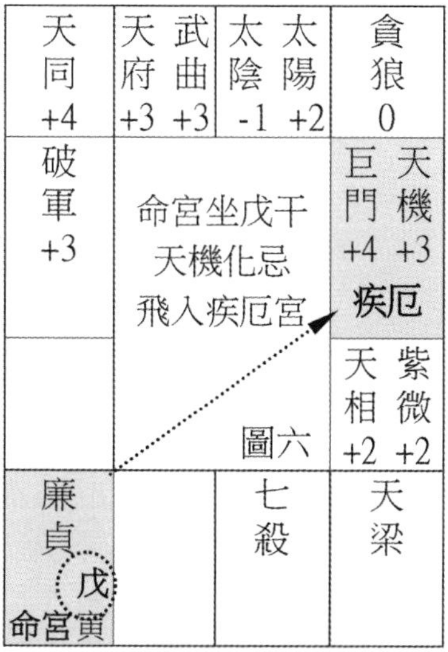

或父母宮化祿生，祿入疾厄主食祿，
處處皆有貴人蔭，唯在飲食須節制。
若有化權坐疾宮，疾厄宮中自化權，
奔波勞碌難得閒，縱遇大限或流年，
到底忙祿是為何，宜防過勞累身心。
疾宮文曲化忌至，疾厄宮中自化忌，
或有陷煞忌同坐，或父母宮煞忌沖，
腎泌尿以及婦科，宜尋方法來改善。
一者動靜循常道，坐息失常要調節。
二者飲食重養生，過與不及要審視。
三者理性循醫道，習得養生保健法。
四者當敬順父母，疾父兩宮互影響，
體貼父母是本分，身體訊息自平順，
父母等同老闆運，長輩處處常蔭至，
欲得貴人來提攜，事業順心得利益，
若從根本來改善，忌煞得解運勢通。
五者應愛護生態，隨緣量力行仁善，
心常思善常迴向，父母與我也安康。（註）

※註：

凡**命宮**、**疾厄宮**坐化忌星，或有其他化忌星、陷煞（陷地：羊陀火鈴、地劫）、陰煞與之同宮者。或父母宮有化忌星、陷煞沖入**疾厄宮**，彼人日常活動易感召氣虛之患。因此，如上所提及的常行善事注重在發心，比如：將每日善行養成習慣，並將此善行特別迴向給家人、自己或周遭的友人同事們，往往能得到善意的回饋。以下提供唸禱迴向文：（僅供參考）

《迴向文》

願我○○○今日所做的些微善事，迴向於家人○○○，祈求家人身體健康安泰，並願將此善行的福田，再迴向予我所面對的人事○○○等，願與有緣大眾同霑迴向法樂。南無觀世音菩薩（三稱）

※ 文曲星在遷移宮：

⊙得地文曲─遷移宮：（無忌煞同宮或由對宮沖入）

彼人在外一切活動的旺衰運勢，除基本盤外，尚有隨著大限、流年輪值的**遷移宮**走向。**遷移宮**結構與星性組合狀態，對個人行運具有重要的影響力。**遷移宮**也是在外活動能量及人格特質的顯現。**命宮**常受**遷移宮**的引動，因此，外在環境與生命作用之間，彼此能產生「**吉、凶、悔、吝、盛衰、消長、成敗等**」的交互影響現象。

得地文曲坐**遷移宮**意謂著：「彼人在外具有廣結善緣的人際魅力，也擁有豐富的人脈資源，心地耿直，說話直接了當，是非善惡分明，不但熱心且善解人意，不但好學且博學多聞，才華創思佳，對潮流與時尚趨勢具有敏銳的觀察力。彼人也頗具溝通說服能力，在處事與氣質展現上，常為眾人注目的焦點。彼人思路活躍、口才好，往往有突破性的見解與作為，也有著樂觀的性格，能在人際互動裡帶來愉悅的氣氛，給人美好的感覺與印象。

⊙陷地文曲—遷移宮：

文曲雖然坐在陷地宮位，但也有如前所述的特質，唯其勢力稍減而已，不過，若逢大限、流年的「**辛干**—文曲化科」進入「命、財、官、遷」三方四正宮位時，往往有逢凶化吉的好處。

陷地文曲在**遷移宮**，凡在外的一切活動不宜躁進，即能避免先盛後衰之勢，尤其在說話表達方面應多加謹慎，凡事若能順勢低調、愛語與人，當有超越宿命的可能。

《結論》

遷移宮中坐文曲，得地助長其勢力，
才華創思能出眾，溝通說服有道理。
陷地文曲較弱勢，宜當借力且使力，
若有化科在命遷，縱使文曲居陷地，
得科加持轉好勢，先苦後甘終如願。
命遷若有陷煞忌，或遷移宮自化忌，
或命自忌剋遷移，凡事保守以因應，
先盛後衰未得利，動輒得咎當須記。

文曲與祿臨命遷，人際往來人氣旺。
文曲與權坐命遷，話語宜以柔克剛。
命遷兩宮很重要，縱遇流年也如此，
一陰一陽喻進退，消長起伏是常態，
知於應對離過失，勝不驕敗不氣餒。

※文曲星在僕役宮：

⊙得地文曲—僕役宮：（無忌煞同宮或由對宮沖入）

在一般人際往來裡，不乏有博學、多才多藝、思辯敏捷、具有好口才及溝通能力者，與其互動流暢，彼此在經驗與知識方面的交流，通常能從其中獲益良多，有利於自我成長。甚至，在同事友人裡，也有心地耿直、快言直語、為人熱心頗能情義相挺，受益良多，彼方擁有廣闊的人際資源，與彼信實往來有誠意，為眾人中所喜與相處的對象。如上所述，也意謂著：「在往來的人事裡，易結識與自己默契相投者，而將其列入知心好友且視同兄弟姐妹般，這股文曲得地的能量即匯入兄弟宮」。

⊙陷地文曲—僕役宮：

在往來的人事際遇裡，雖有如前所述的諸多特點，唯與對方的互動較為缺乏共識，或彼此之間的做法在認知上有所差距。或於人事上雖與同事友人維持平淡的關係，但對方往往缺乏主動聯繫的意願，令人覺得有先親後疏的現象。或者說，在個人運程裡，較為缺乏同事、友人的助緣，從表面上來看，個人似有廣闊的人脈，但在關鍵時刻卻難以發揮患難見真情的窘境。

《總結》

僕役宮中坐文曲，才華思辯頗出眾，
本命大限及流年，文曲化科在僕役，
知心好友易逢至，處處常有貴人蔭。
文曲化忌入僕役，謹言慎行要低調。
文曲化祿同宮坐，人事照應資源多。
文曲化權同臨至，常為友人費心力。
僕宮文曲它忌坐，人事往來要慎應，
出外雖然靠朋友，善觀局勢要保守，
僕宮化忌是非多，明哲保身離過失。
若逢文曲化科臨，僕宮文曲自化科，
或見對宮化科照，此年常遇好朋友。
僕宮忌煞同宮坐，僕役宮中自化忌，
或有對宮忌煞沖，人事勢弱防過失。
僕宮飛忌入命宮，人事問題是非多，

初善終惡須謹慎，信實以對離過失。
凡有兄弟姐妹者，宜當友愛相關照，
兄僕兩宮互影響，手足情誼能融洽，
人事難題則化解，處處皆有好友緣，
好友如同善知識，如沐春風互成長，
損友利害善計較，當防初善變終惡。

※文曲星在官祿宮：（求學、職場運勢呈象）

⊙得地文曲—官祿宮：（無忌煞同宮或由對宮沖入）

在學業、職場工作上，具有積極企圖心，通常能展現個人專業並受到眾人的肯定。甚至，頗為重視人際往來之間的互動緣分，個人的**才華、創思、口才、溝通能力佳**，做事講求簡明重效率，因此，具有人際魅力的好緣，為眾人喜與相處的對象，不但做事積極能量強，有熱心助人的雅量，並樂觀他人成就。或彼人所從事的行業，傾向於人際應對、人事管理、教學、創意行銷、專業理念的推廣，或者與人脈資源方面的整合運用相關。彼人因具備受吉星庇蔭的福分，所以，能在職場展現專業、信實盡責。彼人面對工作事務，在因應上頗有創思以及通權達變的作為，對於時尚潮流的走向，通常能掌握時代脈動並從中研擬對策因應。彼人雖熱衷於工作，但也能顧及家庭的生活層面，這是因為**官祿宮**文曲吉星的能量匯入夫妻宮的緣故。

⊙陷地文曲—官祿宮：

陷地文曲在**官祿宮**，雖有前述的諸多特質，但因坐「午戌宮位」的勢力稍弱一些，所以，在學業、職場工作上，往往得歷經一番辛勞，先苦而後甘。或彼人雖有很好的才華及專業，然在發揮上有所侷限，其過程頗為勞心費力，雖有逢遇貴人的機緣，但易錯過而不自知。彼人頗為負責盡職，唯勞心勞力易造成身體負擔。至於，在人際互動方面，因言語耿直的緣故，導致易招來是是非非的困擾或無妄之災，進而影響到夫妻相處的氛圍。（這是因為陷地文曲的能量會影響夫妻宮，彼人雖盡其心力想把婚姻生活經營得更好，但往往在說話溝通上有挫折感。）

《總結》

官祿宮中坐文曲，旺陷均有吉氣臨，
若能善用祿權科，陷地也能有作為，
本命大限及流年，若能善加來運用，
趨吉避凶好處多，善補其過運勢轉。
文曲化科臨官祿，官祿宮中自化科，
逢運來時當進取，勤勉當可遂心願。
文曲化權同宮坐，官祿宮中自化權，
助長文曲能量強，事業運作頗積極，
唯於表達較強勢，須重團隊同協力。
文曲化祿同宮臨，對宮化祿回頭生，

於人行運受蔭多，事業貴人常逢至。
若有陷煞忌同宮，對宮陷煞忌沖入，
官祿宮中自化忌，事業行運考驗多，
凡事若能以保守，隱忍以待轉機臨，
若有類似格局者，當尋方法來改善，
一者觀機以待時，欲圖大舉當慎思。
二者宜廣結善緣，往往能有好緣至。
三者凡事能積極，挫折惕勵己成長。
四者儲備己專業，逢運來時恰用到。
五者忙裡調身心，謹慎因應少過失。
六者順勢來作為，謹守本分平安好。
七者信實來做事，事業自有好運勢。
官祿夫妻相照應，彼此兩宮會影響。

※文曲星在田宅宮：

⊙得地文曲—田宅宮：（無忌煞同宮或由對宮沖入）

彼人講究居家生活品質，喜家中歡樂、和諧熱鬧的氣氛，對於室內佈置有其偏好的特色，且能將心思投入家中，甚至，對子女的照顧與關愛，頗為用心，對家中成員的日常活動，總能盡心的協助他們，引導家人往善的境地。彼人有砥礪家人成長的心思，對於學問方面的追求有自我鑽研與探索動力，學識淵博且能運用所學來帶動家人。彼人個性開朗、才思敏捷，做事有效率，快言直語，做事講效率，溝通能力佳，能因勢利導帶動家庭的氛圍。

※有利於田宅宮的格局例解：

天同 +4 夫妻	武曲 +3 天府 +3 兄弟	太陽 祿 太陰 科 命宮	貪狼 0 父母
破軍 +3 子女	田宅坐庚干 太陽化祿 太陰化科 飛入命宮位		天機 +3 巨門 +4 福德
借 財帛 卯	例解		紫微 +2 天相 +2 田宅 庚戌
廉貞 +4 疾厄	借 遷移	七殺 +3 僕役	天梁 -2 官祿

⊙陷地文曲—田宅宮：

彼人能關心家人的居家生活狀態，但因個性耿直的緣故，在說話及表達方面較為直接，所以，需要加強營造柔性委婉的氛圍。彼人有出入家門頻繁之象，待在家裡的時間較少，這意謂著與家人難得有閒話家常的聚會。或在居家生活空間裡，較為缺乏妥善管理內務的習慣，給家人帶來整理家務的辛勞。或與家人在想法認知上有些看法上的不同，所以，也較為缺乏婉轉、因勢利導的技巧，導致親子之間有些許的距離感。彼人在擁有房地產時，往往在償還貸款上較為辛苦，另一方面也為維持家庭開銷而給自己帶來長期的壓力。

※田宅宮呈弱勢的格局例解：

太陽 +3 **忌** **子女**	破軍 +4	天機 -2	紫微 +3 天府 +2 命宮
武曲 +4	子女宮 太陽化忌 沖田宅宮		太陰 +3
天同 0	例解		貪狼 +4
七殺 +4 遷移	天梁 +3	廉貞 0 天相 +4	巨門 +3 **田宅**

《總結》

田宅宮中坐文曲，旺陷兩者有區分，
若能善用祿權科，本命大限及流年，
有助居家子女運，和樂家庭萬事興。
若有文曲化科臨，田宅宮中自化科，

或子女宮化科照，子女乖巧學問好。
若見化祿同宮坐，或子女宮化祿照，
田宅宮中自化祿，擁有房地產福報，
同心興家氣象新，公司運作也興旺。
若有化權同宮坐，田宅宮中自化權，
命宮化權飛田宅，田宅化權飛命宮，
家務操勞難得閒，子女化權入田宅，
子女愛家性剛毅，宜以愛心來引導。
田宅陷煞忌同坐，或田宅宮自化忌，
子女宮陷煞忌沖，選擇居所很重要，
田宅子女兩宮運，當尋方法來改善，
一者愛家是本分，愛語理家好氛圍。
二者居家重聚會，家人團結有默契。
三者置產要慎重，凡事要量力而為。
四者氛圍要祥和，引導家人向善地。
五者夫婦宜同心，田宅等同公司運。
居家能和樂融融，子女運勢也亨通。

※文曲星在福德宮：

⊙得地文曲—福德宮：（無忌煞同宮或由對宮沖入）

彼人在情緒抒發上有正面的管道，能有效的做好情緒管理，對於心靈成長方面也有著追求探索的動力，喜悠閒恬靜的環境，即使獨處也能樂在其中。對於宗教、哲學、社會、生活科學等知識方面，有某種程度的認知，能從中獲得心靈的感悟。甚至，彼人也有獲得財物支援的福分，也喜以行善為樂。（註：福德宮文曲吉氣匯入財帛宮的緣故，所以，兩宮有互為助長的作用力。）或彼人在人際往來上頗有**深緣**（註），談論之間博學多聞，在創意方面頗有新的見解，甚至在身心靈成長方面有所體悟，在逢遇逆境時，常有善緣來逢凶化吉。彼人對於休閒方面，也頗有規劃心思及獨到品味，能適時放鬆心情以紓解壓力。雖然個性顯現活潑熱情，但為人還是很內斂保守的，在應變能力方面，通常有創新突破的作為來解決問題。

※註：

「**深緣**」：指個人的人格特質，在一般人際往來之間，起初不易為人所瞭解或賞識，但透過長期的觀察與互動，進而發覺對方具有某種別人無可取代的特色與優點，也就是說：於人際的第一印象平平，但在日久相處之下，才漸漸瞭解到彼人的氣質與風度、頗有內涵。

⊙陷地文曲—福德宮：

陷地文曲坐**福德宮**雖有如上所述的一些特質，唯在人生面臨考驗時，往往會有失落感的情緒。

彼人外在個性樂觀，給人好感，所到之處喜營造活潑熱鬧的氣氛，把快樂帶給周遭的親友們，而內心深處卻有難言之隱。或者說彼人壓力往往來自於錢財方面的問題（這是因為對宮是財帛宮的緣故，兩宮之間有互為影響的作用）。甚至，雖有提升精神層次及心靈成長的想法，唯較為缺乏持續動能（毅力），這是因為受到日常瑣事干擾的緣故，所以，彼人的穩定力需待加強。在面對生活事務的處理上，有些時候缺乏決斷的魄力，憂柔寡斷，無形中給自己帶來無謂的困擾。另一方面，雖嚮往悠閒生活，但往往受困於現實生活的束縛，以致於難以將想法付諸實現，所以說，對於彼人的生涯規劃，通常想得多，做得卻很有限。

《總結》

福德宮隱含福報，代表精緒與心理，
凡有休閒及娛樂，錢財福分均相關，
續說四化涉入事，祿權科忌來作用，
本命大限及流年，均可同理來推論。
文曲化科臨福德，或本宮干自化科，
福德化科飛命宮，命宮化科飛福德，
財帛化科飛福德，彼人財物受人蔭，
化科能解諸忌煞，福德喜科入本位，
財帛福德與命宮，三宮科星互涉入，
福德有科蔭財帛，財帛有科益心靈。

若有化權坐福德，或本宮干自化權，
財宮化權飛福德，命宮化權飛福德，
福德化權飛命宮，文曲能量勢更旺，
為日常事費心思，終日忙碌難得閒，
若能常習靜坐課，穩定力增有好處。
文曲與化祿同宮，福德宮位自化祿，
財宮化祿飛福德，福德化祿飛命宮，
命宮化祿飛福德，不論文曲旺陷否，
化祿助長好福報，財物資源常受蔭，
彼人走運愛享福，心思易受役於物，
若能愛物也惜福，善行自有善回應，
福宮化祿是福分，續耕福田好處多。
若有陷煞忌同坐，或財帛宮化忌沖，
文曲勢力受其挫，不論本命及大限，
縱遇流年也不美，當思方法來突破，
一者惜福不浪費，一字須記為守字。
二者念念心在善，善心自有善回應。
三者心性不躁動，常習靜定有心得。

五者消極無濟事，積極面對可轉勢。
一切作為在認知，觀念轉化是重點。

※文曲星在父母宮：

⊙得地文曲—父母宮：（無忌煞同宮或由對宮沖入）

父母相處融洽且有經營家庭的默契，彼人在成長歷程，能承父母關愛照顧，父母喜歡家中熱鬧氣氛，與子女互動活潑有創意，能傾聽子女心聲，口才好、溝通互動的能力佳，凡事以身作則，引導子女向善的境地。父母也頗具才華及淵博的學識，個人在家庭生活裡受父母為人處事風格的薰習，對未來人生有重大影響與作用，甚至，也可能激勵個人在心靈成長方面有所體悟。父母善於應對人情世事，在個人一生的運程裡，通常能得到父母的助力，或者在面臨逆境考驗時，父母總能竭盡所能的幫助個人突破問題。另一方面，父母也擅長講解、說明、溝通口才好，在處理任何事務時，具有通權達變的因應能力。

⊙陷地文曲—父母宮：

陷地文曲雖有如上所述的特質，但因坐陷地宮位的緣故，所以，文曲勢力相對的弱了一些，並且受到時空條件的種種牽制，凡有類似此盤格者，彼人承父母、師長、老闆庇蔭的能量稍弱，這可分成兩部分來說明：

一、**父母宮**陷地文曲的吉氣匯入疾厄宮，這意謂著：「父母雖然關愛子女，但在落實於照顧與培養子女上有心力不足的負荷。」

二、對於子女身體健康方面的照顧，父母往往心有餘力不足，甚至，隨著子女成長漸漸有聚少離多之象。**父母宮**的對宮為**疾厄宮**，兩宮雖遙遙相望，但卻有相互影響的作用。因文曲落陷的緣故，所以，父母之間對於家庭經營的理念，較為缺乏共識與默契，有時候讓子女無所適從。或父母個性較為內向，雖喜營造快樂的氛圍給家人，唯易將心事往內積壓，子女也難分擔其憂勞。另一方面，父母個性耿直，說話直接，雖然較為缺乏委婉的柔性，但關愛子女之心是無與倫比的，站在子女的立場，宜應瞭解父母的苦心，並以坦然態度面對親子關係，父母宮的能量一旦加強了，在師長、主管、老闆、長輩等貴人的運勢，冥冥之中自有吉蔭到來。

※補註：

一、**父母宮**：除了代表父母親之外，也可將其宮位意義延伸為：「長輩、醫生、師長、貴人、主管、老闆、照顧我生意的客戶」，**父母宮**可呈現個人與上述對象互動緣分的旺衰程度。

二、**父母宮的對宮為疾厄宮**：兩個宮位有互為影響的作用力，因為，每個人身體的基因來自於父母親，所以，彼人與父母緣分的親疏與個人健康狀態有關。

《**總結**》

文曲化科在父母，疾厄宮位自化科，
命宮化科飛父母，父母化科飛命宮，
命疾父宮科互飛，即使陷地也吉祥，
生來受父母疼愛，師長老闆有好緣，

縱遇大限或流年，貴人處處來關照。
文曲與化權同坐，父母宮位自化權，
父母化權飛命宮，父母威權來伸張，
也為子女費心力，同理師長帶威權，
宜以柔謙來應對，權中帶蔭有助益，
父疾兩宮有權星，彼人勞碌難得閒，
日常勞動與坐息，調節得當免疲勞。
文曲化祿同宮坐，回饋父母盡心力。
疾宮化祿有口福，凡有飲食重養生。
父母宮有陷煞忌，或疾厄宮忌煞沖，
父母化忌飛命宮，命宮化忌飛父母，
本命大限及流年，宜尋方法補其過，
一者當敬順父母，自有貴人常蔭至。
二者親情最殊勝，父母不親與誰親。
三者欲健康且壽，敬順奉養有道理。

◎本篇後記：

解析命盤裡**父母宮**的結構狀態時，能從盤中訊息瞭解父母親相處及其運勢呈象。**父母宮**對個人一生的行運有重大關係，所以，應正視**父母宮**所呈現的訊息場。有關父母宮的論述，茲引用佛家經典來說明父母親對待子女的恩德，做為子女面對父母宮的省思與建議，並以實際作為來促進親情關係，**從根本來改善與父母親的互動，將有助於一生行運的提升，甚至常逢師長、醫生、長輩、貴人、主管、老闆的賞識與提攜**。在《佛說父母恩重難報經》裡，特別提到子女對母親，應懷十種報恩的內容：

《大藏經・佛說父母恩重難報經》

第一、懷胎守護恩。
第二、臨產受苦恩。
第三、生子忘憂恩。
第四、咽苦吐甘恩。
第五、迴乾就濕恩。
第六、哺乳養育恩。
第七、洗濯不淨恩。
第八、遠行憶念恩。
第九、深加體恤恩。
第十、究竟憐憫恩。

八、右弼星

右弼、**左輔**是六吉星中，具有實力的輔助星座，兩星有化解忌煞侵臨的功能，兩星所入宮位皆是吉祥的象徵。凡是**右弼**（左輔）所在宮位，即能助長該宮及提升對宮的能量。在本命盤或逢大限、流年時，可善加運用這股吉祥能量來成就個人的企圖，這是基於借力使力的順勢法則。

星名	五行	化氣	司主	代表涵意（在六親宮）	四化
右弼星（六吉星）	**陰水**	**助力**	**執行 吉蔭**	助緣、輔佐、籌謀劃策、信實、熱心、善良、直率、柔性之德。	戊年化科

※註：（右弼、左輔為一對吉祥星座，兩星經常合在一起論之）

一、**右弼**屬於個人出生時空的「月系星座」—左列農曆出生月為右弼所坐的宮位。

二、正月：戌。二月：酉。三月：申。四月：未。五月：午。六月：巳。七月：辰。八月：卯。九月：寅。十月：丑。十一月：子。十二月：亥。

※右弼星入陣十二宮位圖解：

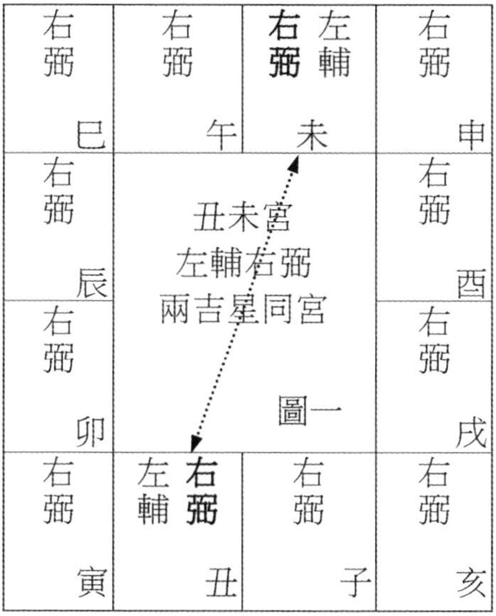

※右弼化科與自化科：

一、凡「**戊年**」生人或逢「**戊**」的流年，其盤面四化星之分布狀態為：

◎貪狼化祿。◎太陰化權。

※右弼化科。◎天機化忌。

二、右弼宮位坐「戊干」，該宮位即形成「右弼自化科」格局。

※右弼與科星會照、同宮圖解：（左輔星以此類推）

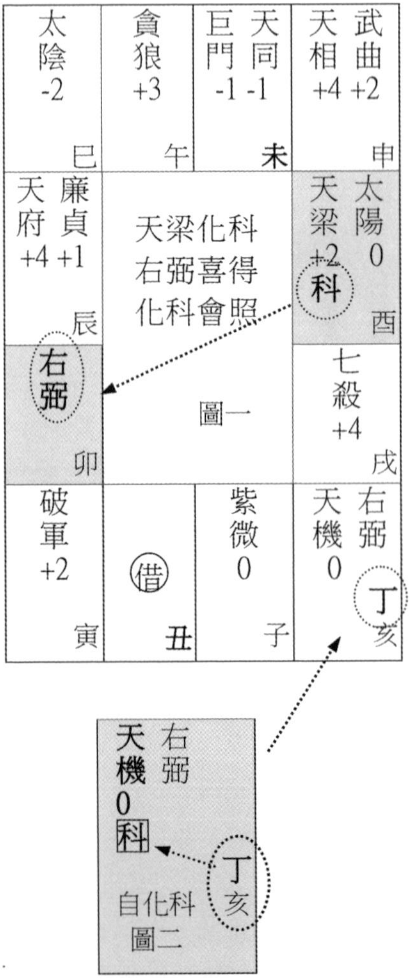

※註：

一、圖一—己年—天梁化科會照卯宮「右弼」助長其勢。

二、圖二—亥宮坐「丁干」，天機自化科增益「右弼」之勢。

三、諸星凡是化忌不化科的星座，喜逢右弼（左輔）化科來化難呈祥，甚至，無四化的甲級星也是如此。

⊙右弼（左輔）—在命宮、遷移宮：

彼人具有輔佐的能力，為人心地善良，有樂於助人的好心腸，面對事情主動積極、配合作為的因應力佳。為人講求信實，率直的個性，使其有直言不諱的特色。在表達、說服、溝通及談判方面能力佳，自信心強，因此，在人際往來上，通常能令人感受到與彼相處的安全感及信賴感。彼人也具有樂觀積極的特質，當面對逆境時，能以豁達心態因應，且對於風險與危機管理的能力佳。彼人也注重人際往來的流暢度及好感，且有提攜他人的雅量，所以，擁有廣闊的人脈資源，彼人也喜廣結善緣、助人為樂，所到之處常有逢遇貴人的際遇。

有此格局者，彼人注重個人威儀、形象及操守，且能顧及周遭人的處境，在必要之時，能適時協助他人度過危難。彼人也是得力助手（宰輔），對於策略規劃與執行心思細膩，能適應潮流及趨勢走向，具有通權達變的調適能力，另一方面，也擁有廣博的學識、風度及素養，由於待人誠懇，常得友人的關懷與支持，帶有左右逢源的福報。

《總結》

右弼左輔坐命遷，吉星臨至化助力，
或有丑未兩宮裡，左右同宮好際遇，
左右化氣入命遷，輔助執行好效率，
一者輔佐以信實，二者平輩助緣多，
命遷易得他助緣，左右逢源益處多，
常能為他人設想，利他利己令人誇，
付出常能獲回饋，而且處處逢好緣，

左輔右弼是吉星，可解陷煞忌侵臨。

※右弼化科吉蔭對宮例解：（逢戊、壬年）

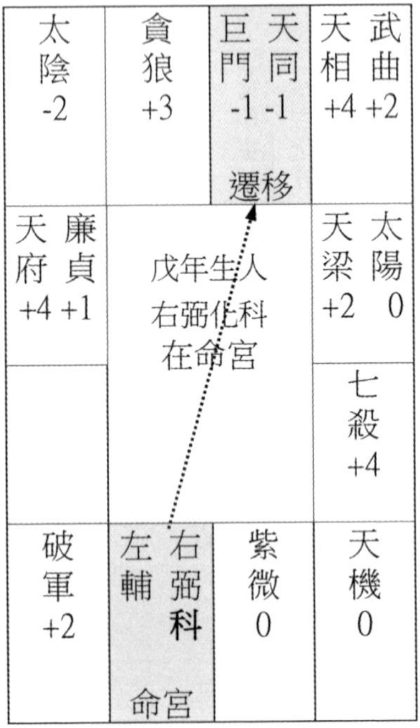

太陰 -2	貪狼 +3	天同 -1 巨門 -1 遷移	武曲 +2 天相 +4
廉貞 +1 天府 +4	戊年生人 右弼化科 在命宮		太陽 0 天梁 +2
			七殺 +4
破軍 +2	右弼 **科** 左輔 命宮	紫微 0	天機 0

◎註：

一、戊、壬年（宮干）－右弼化科、左輔化科。

二、**命宮**右弼化科將吉星化氣的特質帶到**遷移宮**。

三、若逢**壬**年，左輔化科也會將能量匯入對宮，助長遷移宮運勢，使彼人生運途發揮逢凶化吉的功能。

※右弼宮位自化科的吉勢例解：

廉貞 -2 貪狼 -2 丁巳	右弼 科 巨門 +3 戊 命宮 午	天相 +2 己未	左輔 天同 +3 天梁 -2 庚申
太陰 -2 丙辰	命宮坐戊干 右弼自化科		武曲 +1 七殺 +3 辛酉
天府 +2 乙卯			太陽 -1 壬戌
甲寅	紫微 +4 破軍 +3 乙丑	天機 +4 甲子 遷移	癸亥

⊙右弼（左輔）—兄弟宮、僕役宮：（無忌煞同宮或由對宮沖入）

在兄弟姐妹之間，或與友人往來裡，不乏有性情中人，彼人心善言直，有樂於助人的雅量，也常有得自他人助緣的福分，進而化解所面臨的處境，有助於彼人運勢的發展。彼人與兄弟姐妹之間互動融洽，通常有互相體諒的雅量，因此，手足之間感情的和諧，能將這種善的能量擴展開來，使得彼人在外常有人際好緣的際遇，不論本命、大限、流年，凡有此命格者，彼我之間能受益良多。

《總結》

右弼左輔坐兄僕，手足情誼當更深，
在外人際有好緣，易逢好友與知己，
平輩貴人處處有，友朋助力常會至，
若逢大限及流年，兄僕宮中坐左右，
宜加善用此時機，借力使力有助益。
若逢戊壬兩流年，左右兄僕化科臨，
彼我兩宮相助長，從彼受益好處多。
若有兄僕兩宮干，戊壬左右自化科，
貴人隱隱在其中，若有忌煞同宮坐，
或見對宮煞忌沖，或有兄僕兩宮位，
它星化忌自化忌，左右吉星能消解，
逢凶化吉無不利，善用此局好處多。

⊙右弼（左輔）—夫妻宮、官祿宮：

一、右弼（左輔）—夫妻宮：

夫妻宮的對宮為**官祿宮**，兩宮位有相互助長或牽制的因果關係，通常會對個人的婚姻及事業有所影響。**右弼**、**左輔**兩吉星進入夫妻宮位，配偶或伴侶對個人事業的發展，以及兩性在生活面上能有較好的穩定度。**左輔、右弼**兩星化氣為助力，對外關心或協助配偶（伴侶）的事業，對內擅長理家，在兩性感情互動上，具有細膩體貼對方的心意，注重家庭和諧氣氛，兩人在心靈上往往有共同的交集與默契。

二、右弼（左輔）—官祿宮：

右弼（左輔）坐**官祿宮**，其輔助能量會形成命、財、官、遷在三方四正的連動效應，這表示彼人在職場上，不但具有積極企圖心，且有適應、變通的創思力，在展現才華上通常能得心應手，帶來工作上的效益。凡有此命格者，在職場運作上可堪為得力輔佐，容易獲得師長、主管、老闆的賞識及提攜，也意謂著：能為主管或老闆分憂解勞。所以，彼人所到之處常能逢遇好緣，為工作上帶來好運勢。彼人除了工作態度積極之外，也能以細膩的心思來關愛配偶（伴侶）的日常生活，並願以其才智來輔佐對方成長，以興盛家運為己任。（註：**官祿宮**的對宮為**夫妻宮**，兩個宮位雖然遙遙相對，但只要有任一宮有吉星坐鎮的話，可將吉氣能量匯入對宮，帶來化難呈祥的喜氣。）

《總結》

夫妻官祿左右臨，兩宮因緣頗殊勝，
左右若臨夫妻宮，愛家有道來扶持，
若在官祿事業穩，回饋家庭好品質。
若有左右化科臨，或有它星化科至，
夫妻官祿則為美，大限流年亦同論，

左右宮坐戊壬干，視同宮位自化科，
化科夫官相蔭照，兩宮相生吉呼應，
錦上添花家興隆，事業運勢才氣顯。
左右與化祿同宮，或見對宮化祿生，
夫官宮位自化祿，或有對宮自化祿，
如此化祿互生扶，兩宮受益好福分。
左右化權坐官祿，命宮化權飛官祿，
或官祿宮自化權，本命大限及流年，
官祿得權運勢通，須防亢龍有悔隨。（註）
化權入彼夫妻宮，兩性相處要委婉，
柔順平和興家運，甚勿強勢招過失。
夫妻宮中坐化權，或者化權飛命宮，
夫妻宮位自化權，本命大限及流年，
伴侶主觀意志強，彼此對待要包容，
互相體諒興家運，輔助對方事業穩。
夫官忌煞同宮坐，對宮煞忌來沖入，
夫妻宮位自化忌，官祿宮忌回頭剋，
事業運勢有阻滯，夫妻情分也似疏，

宜尋方法來對治，調節兩宮轉好運。

《古賢勸誡良文》

男子休嫌妻貌醜，婦人不怨夫家貧，

貧窮富貴皆由命，夫婦相處要真誠，

和氣家中少禍端，剛柔相濟兩相安，

同甘共苦好度日，清寒亦覺有溫暖，

夫妻本是前世緣，感情融洽家運興，

夫婦如賓互尊敬，百年連理樂無窮。

※註：

◎「**亢龍有悔**」：本語出自《易經乾卦．上九爻辭》：意謂著：「在運勢亨通的旺盛時期，應存危慎意識，並採取保守因應的態度，以物極必反為惕己之道，否則，局勢一旦盛極轉衰之際，便會措手不及，進而轉入混亂難以收拾的地步」。

《易經．乾卦—卦辭》：

乾為天：元。亨。利。貞。

《乾卦—爻辭》：

初九：潛龍勿用。

九二：見龍在田，利見大人。

九三：君自終日乾乾，夕惕若，厲無咎。

九四：或躍在淵，無咎。
九五：飛龍在天，利見大人。
上九：亢龍有悔。
用九：見羣龍無首，吉。

⊙右弼（左輔）—子女宮、田宅宮：（無忌煞同宮或由對宮沖入）

「田宅」是養育子女的根據地，凡有左輔、右弼入此格局者，意謂著：父母對我的照顧與愛護無微不至，甚至，父母也願以才智、資源來輔助子女學習成長，引導子女走向善的境地。至於，與家人互動，喜歡和樂、熱鬧的氣氛，帶給家裡溫馨的感受，本身也盡可能體貼父母心意，分擔父母辛勞。

彼人展現在對家庭的關照上，並願將個人所學及才華傳授於子女。在房地產方面有置產的企圖心，也意謂著彼人擁有房地產的福報。

「田宅宮」代表家運、學校—教室、工作場所、辦公室、公司、處理業務的場所，**右弼、左輔**有助於這方面的能力發揮，並從中常有善緣的支持，帶來正面的效應。

「子女宮」坐**右弼、左輔**格局者，意謂著：在子女中有善解父母心意、體貼家人者，凡事能主動幫忙家務，分擔父母辛勞，給家庭帶來溫馨和樂、有志一同的默契感。甚至，子女的自主性、獨立性強，能積極追求個人的理想，博學多聞。子女的主觀意志雖強，但也頗為注重人際往來的流暢及和諧，因此，在友群當中，頗有人際好緣，彼人才華及能力展現，通常成為眾人注目的焦點。

《總結》

子女田宅兩宮位，右弼左輔在其中，
逢運處處有善緣，逢凶化吉最吉利，
兩宮雖然遙相對，彼此支持好效應。
子女宮左右化科，或田宅宮化科照，
大限流年也同論，趁勢作為好處多。
田宅運勢是家運，事業場所可同論，
若有化祿臨**田宅**，置產福分常常有，
祿星生扶家運勢，家宅所需可安然。
若有化權臨**田宅**，家務公司好繁忙，
子女宮中坐化權，為子煩勞難悠閒。
田宅陷煞忌同宮，**子女**宮陷煞忌沖，
或**田宅**宮自化忌，或**子女**宮自化忌，
命宮化忌飛**子女**，**命宮**化忌飛**田宅**，
田宅化忌飛**命宮**，**子女**化忌飛**命宮**，
欲興家運要費心，引導子女向善地，

右弼左輔在**子田**，愛家有道護子女，
物資不缺則安穩，學校公司也獲益，
只要家人能同心，家宅事業運勢興。

⊙右弼—疾厄宮、父母宮：

右弼屬**陰水**坐疾厄宮，意謂著：「彼人身體處於佳能狀態。不過，若有化忌星、陷地煞星、地劫、陰煞同宮或由父母宮沖入時，在**身體上就要善加保健**」。**泌尿系統**是膀胱與腎為臟腑相依的重要器官，主體內水分的排解。在人體也包括：「膀胱、尿道、攝護腺、腺體、婦科、筋骨關節、牙齒、眼睛、視力、血壓、耳疾有關」。吉星若坐父母宮對個人健康有加分的效果，假使身體偶有不適，只要及時就醫，通常能得到良醫藥的照護，緩解病況或痊癒。

※五行屬「水」相應於天地人歸類表：（依據陰陽應象大論篇選列）

五行		水
天	方位	北
	季節	冬
	氣候	寒
地	五音	羽
	五色	黑
	五味	鹹
	五臭	腐
人	五臟	腎
	九竅	二陰
	五體	骨
	五聲	呻
	五志	恐
	病變	慄
	病位	腰股

◎註：膀胱經為循行身體經絡最長的一條路線，膀胱雖主水分的運化但在陰陽經絡裡，歸屬於**太陽經**，**符合《易經》水在上、火在下的「水火既濟」**。它循行經過**五臟**的重要穴位。

※五臟俞穴：心俞穴、肝俞穴、脾俞穴、肺俞穴、腎俞穴。

※六腑俞穴：小腸俞穴、膽俞穴，胃俞穴、大腸俞穴、膀胱俞穴、三焦俞穴。

摘錄相關醫典在養生方面的論述：

《黃帝內經・舉痛論篇第三十九》

怒則氣上，喜則氣緩，悲則氣消，恐則氣下，寒則氣收，炅則氣泄，驚則氣亂，勞則氣耗，思則氣結。（炅：音通窘）

◎意譯別解：暴怒之氣易逆上傷肝。常懷喜悅之心的人，他的氣就會順暢舒緩。哀傷嘆氣者，憂傷肺，他的氣就會耗散。恐懼驚悸的人，恐傷腎，他的氣就往下亂竄耗失。處在寒冷的環境裡，他的體內就有聚斂能量的本能。若常處在熱或溫度較高的環境時，體內的陽氣就會耗泄。因此，凡受驚者氣的流動會紊亂失調。過勞的人，生命之氣會有所耗損。思慮過度的人也會造成氣的鬱結，而有中氣不足的現象。

《黃帝內經・調經論篇第六十二》

神有餘不足何如？岐伯曰：神有餘則笑不休，神不足則悲……。

◎意譯別解：一個人神情有餘或不足的情況，要如何才能看得出來呢？岐伯說：心神如果過度旺盛或亢進的話，那人往往就會有喜笑不止的現象，但心神若萎靡或處於低落時，他的情緒就會處在憂傷、悲哀的消極狀態……。

◎右弼（左輔）─疾厄宮：

疾厄宮是飲食、勞動、坐息、日常際遇所感召身體能量旺弱的訊息場，當右弼（左輔）坐疾宮時，吉氣會匯入對宮，彼人敬順且有奉養父母親的心意。父母宮又是代表師長、老闆的宮位，因此，彼人在職場上頗為敬業。由於彼人在意父母平日的起居坐息，能盡其所能的關照，所以，與長輩們往來互動和諧，由於彼人獨立與自主性強，盡量不讓父母為其操心，且本身在有能力回饋父母親時，也很捨得付出。

另一方面，彼人愛護父母親的同時，也等同將能量回饋於師長、主管、老闆，或比我年紀大的長者，因為有這種善意的循環，所以，易得長輩的賞識與提攜，或所到之處常有逢遇貴人的機緣。疾厄宮與父母宮雖然遙遙相對，但不論坐在哪一宮位的右弼（左輔），會將助力生扶對宮形成增益的吉蔭效應。

◎右弼（左輔）─父母宮：

父母宮有右弼（左輔）坐鎮，意謂著：父母親對我的起居坐息、飲食、勞動等健康狀態頗為關心，通常能得父母的助力，來幫助或成就子女的成長與企圖。至於，彼人身體若有不適時，父母親也能盡其所能的從旁照顧。這種來自於父母親的殊勝因緣，可以延伸到彼人與主管、老闆之間的行運，有助於在職場運作的穩定度。

《總結》

疾厄宮及父母宮，兩宮雖然遙遙相對，

彼此之間有作用，本命大限及流年，
若有左右化科臨，疾父兩宮自化科，
疾宮化科飛命宮，父母化科飛命宮，
命宮化科飛疾宮，命宮化科飛父母，
命疾父化科互飛，身體康泰也吉祥，
師長貴人常逢至，疾患就醫有好緣。
左右化祿坐疾父，疾父兩宮自化祿，
疾父化祿飛命宮，命宮化祿飛疾父，
三宮飛祿相助長，自是食祿常相隨，
飲食常有好福分，易得長上來關照。
命宮化權飛疾宮，終日忙碌難得閒，
命宮化權飛父母，為人子女較任性，
疾宮化權飛命宮，際遇感召易疲勞，
父母化權飛命宮，長上權威較嚴格。
兩宮若有陷煞忌，或任一宮忌煞沖，
任一宮位自化忌，疾宮化忌飛命宮，
命宮化忌飛疾厄，出入行動要留意，
坐息飲食要有常，宜防疾災臨己身。

父母化忌飛命宮，命宮化忌飛父母，凡與長上互動時，要以敬順轉宿命。疾宮有陷煞劫忌，坐息勞動要調節，敬順父母要勤勞，貴人處處常逢至，職場主管及老闆，師長以及長輩緣，關係人生事業運，宜當重視好處多。

※右弼（左輔）—財帛宮：（無忌煞同宮或由對宮沖入）

擁有錢財的多寡與福報息息相關，在《紫微斗數》盤面結構上，財帛與福德兩宮形成互相依附的因果關係，其密碼隱藏在其中。有些人外表看起來好像很有錢，但實際上是個負債累累的人。也有很懂得享受人生，但往往花費不知節制，導致財物耗損，一蹶不振。也有視錢財如過路財神者，一生毫無積蓄。也有為了錢財，勞碌奔波一生卻所得有限。然而，有好福報的人坐擁金庫銀山，常常令人羨慕不已。

右弼、左輔坐**財帛宮**者，彼人頗有賺錢及擁有錢財的福分，在事業方面也易得有利助緣，以及擁有多管道的獲財能力，左右逢源。至於在理財方面頗有細膩的心思，擅長理財規劃，這是因為右弼、左輔兩星的吉助力匯入福德宮的緣故，這似乎隱含著「冥冥之中有財來蔭」的福報。凡有類似格局者，彼人在錢財運用上，通常有後勤資源，甚至，若逢流年不利時，往往也有貴人來化解財務上的窘境。

在賺錢及理財方面富有積極的企圖心，彼人頗有創意及執行方法，能為個人或團隊帶來源源不絕的財利，彼人也頗有善心，通常能隨緣量力做些利他或公益之事，形成善的能量循環，進而增長福德宮的能量。

※右弼（左輔）—福德宮（無忌煞同宮或由對宮沖入）

彼人重視休閒活動，對於情緒抒發有多管道的調節方式，當面臨壓力或煩擾之事時，能以豁達心態因應。彼人對於心靈成長的進化與提升，通常能積極、主動探索存在的意義，並在日常生活實踐之。另一方面，似乎也隱含著彼人領悟力佳，對於生活上的種種經驗，能透過觀察或耳聞延伸無限的創意。

有此格局者，往往能追求傳統及融合新知以及知古鑑今的應用能力。在心理方面，由於能調適壓力及適度的放鬆自己，進而激發內在潛能。彼人也具有熱誠、樂於助人的雅量，所以，常有樂善好施的積德善行。彼人也頗有良好的人際魅力，在人生際遇裡常逢好緣，若逢運不佳時，也常有後勤資源（財物）來助，並且順利的度過困境。

《總結》

財帛福德兩宮中，若有右左來坐鎮，
吉星格局好處多，財福相依互增益，
右左化科臨財帛，獲財管道以才智，
若逢逆境受囚困，冥冥自有資源至，

若在福德也為美，常有貴人來蔭至，
調適壓力有方法，精神物質能兼顧。
福宮右左化科臨，或見財宮化科照，
財福化科飛命宮，命宮化科飛財福，
化科相涉心量廣，惜福惜緣好行善，
財福它星化科臨，冥冥之中有財蔭。
福宮它星化祿至，於人財帛能積聚，
唯在福德喜享用，過度趨之要節制。
財福它星化權坐，或財福宮自化權，
命宮化權飛財福，財福化權飛命宮，
為賺錢財耗心思，終日忙碌難得閒，
縱使勞碌得財富，難比清閒無事人。
右左煞忌入財福，財福兩宮忌煞沖，
財福兩宮自化忌，財福化忌飛命宮，
命宮化忌飛財福，財運福報稍不足，
本命大限及流年，當有方法來改善，
一者惜福不浪費，善用物資少耗失。
二者惜緣結好緣，人際互助有益處。

三者隨緣做好事，知時知量在發心。
四者宜常習靜坐，心性內斂財能守。
五者量力行好事，積善之家有餘慶。

《命理寶鑒》

心好命又好，發達榮華早；
心好命不好，一生亦溫飽。
命好心不好，前程恐難保；
心命都不好，貧窮直到老。

⊙五行屬「水星」總整理：

◎陰水：貪狼、太陰、破軍、巨門、陰煞、文曲、右弼。
◎陽水：天同、天相。
◎五臟：腎臟—主行腎經。
◎延伸：腎臟、膀胱、生殖系統、婦科、隱疾、腫瘤、攝護腺、尿道、筋骨關節、牙齒、腹部、氣虛等。
◎五腑：膀胱—主行膀胱經。
◎五神：主神智。
◎九竅：二陰。
◎上行竅：耳。

◎下行竅：尿道。
◎五德：智。
◎五志：恐。
◎五色：黑。
◎五味：鹹。
◎五氣：腐。
◎五體：骨。
◎五聲：呻。
◎病變：慄。
◎病位：腰股。
◎所傷：足少**陰腎經、足太陽膀胱經**。
※眼疾、目眩、頭痛、暈眩、鼻塞、眼瞼下垂、耳鳴、肩頸僵、咳嗽、潮熱、盜汗、心悸、心痛、胸悶、失眠、健忘、脊背痛、口苦、便尿血、水腫、遺尿、月經不順、腰痠、痔瘡、便祕、泄瀉、小便不利、癃閉、腹滿、肘臂痠麻、消渴、腹痛、腸鳴、腰腿疼痛、足跟痛。小兒驚風、月經不調、小便頻數、痛經、腹脹、不孕。
◎氣候：冬季、寒。
◎月份：立冬起—十、十一、十二月。
◎卦象：坎卦。

◎方位：北方。
◎羅盤：壬子癸向。
◎奇門遁甲：休門。
◎奇門九星：天蓬。
◎九宮數：一。

第十二章

四化星的時空作用

一、四化星是什麼？

四化星的變化、輪值、落宮、流年、流月、流日、流時，扮演著重要角色，舉凡個人生命特質及運勢吉凶走向，「四化」代表了生命歷程的旺衰變化呈象，左列將四化的變易邏輯做個歸納：

一、出生年的「天干」即呈現基本盤「祿權科忌」入陣十二宮的旺衰訊息。
二、各宮位「天干」所入陣的位置，宮位本身可能形成「四化自化」現象。
三、宮位與宮位之間所產生的「四化連動」現象，產生吉凶悔咎的行運。
四、「祿權科忌」之間的交易變化與運勢旺衰呈象。
五、本命、大限、流年月日時，四化入陣十二宮能量強弱的走勢。
六、宮位重疊的「四化」微妙作用，以及宮與宮之間的因果關係。
七、本宮四化與對宮結構的交易作用。
八、四化飛入它宮旺衰吉凶的飛星作用。

《四化輪值—十天干順序》

甲年、**乙**年、**丙**年、**丁**年、**戊**年、**己**年、**庚**年、**辛**年、**壬**年、**癸**年。

◎四化星輪值對照表（適用本生年、大限、流年、月、日、時、宮干）

年干＼四化	化祿	化權	化科	化忌
甲年	廉貞	破軍	武曲	太陽
乙年	天機	天梁	紫微	太陰
丙年	天同	天機	文昌	廉貞
丁年	太陰	天同	天機	巨門
戊年	貪狼	太陰	右弼	天機
己年	武曲	貪狼	天梁	文曲
庚年	太陽	武曲	太陰	天同
辛年	巨門	太陽	文曲	文昌
壬年	天梁	紫微	左輔	武曲
癸年	破軍	巨門	太陰	貪狼

⊙四化星的特色：

十個天干年的輪轉與變化，四化計有四十顆星分別輪值，每年月日時有一組「祿權科忌」值守，四化星的特色具有「可變性」，當然也可定義為「旺衰吉凶悔咎」的徵象，「四化」所入陣的宮位可將能量扶助對宮或形成牽制的效應。因此，四化作用不可忽視，玆將四化簡意做個歸納：

一、**化祿**：資源、物資、財源、利益、好處能量的分配。

二、**化權**：支配力、動能、掌控權、主觀意志、勞碌能量的分配。

三、**化科**：才華、智慧、隨順、冥冥中的助緣、無視於利害關係的能量分配。

四、**化忌**：不順利、受困、挫折、煩惱、晦滯、障礙、窘境能量的分配。

●十二宮位可區分成兩個領域，「六親宮」與「非六親宮」：

◎**六親宮**：命宮、父母宮、兄弟宮、夫妻宮、子女宮、僕役宮。

◎**非六親宮**：財帛宮、疾厄宮、遷移宮、官祿宮、田宅宮、福德宮。

四化進入「六親宮」或「非六親宮」，其作用與呈象意義也有所區分，然就四化星的體性是存在不易的。在「**紫府星系**」裡也有不參與四化的，雖然沒有四化的作用，但也有其顧忌之處，比如：

(一)不喜與忌煞同宮或者對宮有忌煞沖入。(二)不喜前後宮位忌煞相夾。(三)不喜本宮位自化忌，或者與陷煞、地劫、陰煞同宮。

壹、不參與「四化」的甲級星：

※天府。天相。七殺。

貳、不參與「化祿」的甲級星：

※紫微。（紫微是眾祿之主，所以不化祿）

參、不參與「化權」的甲級星：

※廉貞。（此星喜穿梭於人際之間，喜動不喜靜，動者本為化權的象徵）

肆、不參與「化科」的甲級星：

※太陽。天同。廉貞。貪狼。巨門。破軍。

伍、不參與「化忌」的甲級星：

※紫微。破軍。天梁。（天梁化氣為蔭，為吉祥主，能解諸厄之吉祥星座）

六吉星系「昌、曲、左、右」也參與了四化的角色，有化科與化忌的呈象：

一、**化科**：文昌化科。文曲化科。左輔化科。右弼化科。

二、**化忌**：文昌化忌。文曲化忌。

屬於六吉星系的「文昌、文曲」若逢化忌入位時，其吉祥能量還是存在的，唯該宮「昌曲」的能量會受到削減或牽制。若「昌、曲」宮位為「丙干、辛干」時，則形成所謂的「文昌、文曲—自化科格局」，如此格局可化解「昌曲宮位化忌」的窘境。或者對宮有「化科星」匯入「文昌、文曲—化忌宮位」時，則能化解該宮所面臨的處境。所謂「自化忌」是指「文昌、文曲」所居宮位坐「**己干、辛干**」，「昌曲—即形成宮位自化忌」的條件。

⊙四化星在「六親宮」化氣及呈象：

壹、化祿星—化氣及呈象：（六親宮—包括自化祿）

甲：廉貞化祿—周旋人際，廣結善緣。
乙：天機化祿—思維細膩，機智善巧。
丙：天同化祿—福氣臨門，食祿常隨。
丁：太陰化祿—累積致富，持家有道。
戊：貪狼化祿—才華出眾，趨向時尚。
己：武曲化祿—財物福報，理財有道。
庚：太陽化祿—熱衷事業，行善為樂。
辛：巨門化祿—飲食之福，愛語與人。
壬：天梁化祿—受蔭蔭人，利他為樂。
癸：破軍化祿—豪氣出眾，人脈豐厚。

貳、化權星—化氣及呈象：（六親宮—包括自化權）

甲：破軍化權—主觀強勢，掌控局勢。
乙：天梁化權—蔭他而勞，繁忙瑣事。
丙：天機化權—機智靈敏，主觀視事。
丁：天同化權—周旋人際，勞心累身。
戊：太陰化權—柔剛並濟，應事有道。
己：貪狼化權—才藝超群，眾所注目。
庚：武曲化權—擅長理財，聚財有方。

辛：太陽化權─擁權而貴，熱衷事業。
壬：紫微化權─主觀意志，自尊榮耀。
癸：巨門化權─言直出眾，易招評論。

參、化科星─化氣及呈象：（六親宮─包括自化科）

甲：武曲化科─塑造表相，注重形象。
乙：紫微化科─氣質優雅，貴氣受寵。
丙：文昌化科─才華出眾，學識淵博。
丁：天機化科─善於籌謀，創意巧思。
戊：右弼化科─善緣處處，多才多藝。
己：天梁化科─蔭人為樂，與世無爭。
庚：太陰化科─柔道處世，和以致富。
辛：文曲化科─辯才有道，擅長溝通。
壬：左輔化科─善緣處處，多才多藝。
癸：太陰化科─柔道處世，和以致富。

肆、化忌星─化氣及呈象：（六親宮─包括自化忌）

甲：太陽化忌─優柔寡斷，決策有失。
乙：太陰化忌─多愁善感，抗壓不足。
丙：廉貞化忌─囚困人情，易招訟事。

丁：巨門化忌—暗招是非，招咎自責。
戊：天機化忌—自尋煩惱，自以為是。
己：文曲化忌—言語直白，招來過失。
庚：天同化忌—有福難享，勞而少獲。
辛：文昌化忌—才華難顯，懷才不遇。
壬：武曲化忌—錢財受困，缺錢所苦。
癸：貪狼化忌—人緣侷限，姻緣路艱。

⊙四化星在「非六親宮」星象：

壹、四化在財帛宮：

一、化祿星—在財帛宮：（包括自化祿）

甲：廉貞化祿—擁財為樂。乙：天機化祿—擅長籌謀。
丙：天同化祿—財源廣進。丁：太陰化祿—儲蓄致富。
戊：貪狼化祿—投資有方。己：武曲化祿—財神常隨。
庚：太陽化祿—得財善施。辛：巨門化祿—週轉有道。
壬：天梁化祿—受蔭得財。癸：破軍化祿—資源雄厚。

二、化權星—在財帛宮：（包括自化權）

甲：破軍化權—資金運用，大進大出。乙：天梁化權—掌理財務，難享清福。

丙：天機化權—擅長謀略，交易得利。丁：天同化權—周旋財務，忙進忙出。

戊：太陰化權—保守理財，累積致富。己：貪狼化權—心思敏銳，積極企圖。

庚：武曲化權—掌控財經，理財有道。辛：太陽化權—欲圖大利，得而復失。

壬：紫微化權—常思大財，花費難制。癸：巨門化權—精於管控，暗中招失。

三、化科星—在財帛宮：（包括自化科）

甲：武曲化科—小利可得，資源永續。乙：紫微化科—順勢擁有，不善積聚。

丙：文昌化科—心思細膩，理財有方。丁：天機化科—機智創意，獲利在斯。

戊：右弼化科—左右逢源，多方獲財。己：天梁化科—受人財蔭，能施能捨。

庚：太陰化科—個性保守，積存致富。辛：文曲化科—財運平平，心誠福至。

壬：左輔化科—左右逢源，多方獲財。癸：太陰化科—個性保守，積存致富。

四、化忌星—在財帛宮：（包括自化忌）

甲：太陽化忌—得手之財，輕易耗失。乙：太陰化忌—賺錢辛勞，求不得苦。

丙：廉貞化忌—囚困錢財，入不敷出。丁：巨門化忌—財務損失，招是非事。

戊：天機化忌—思違常理，財來財去。己：文曲化忌—經手之財，風波不斷。

庚：天同化忌—為財勞碌，空忙一場。辛：文昌化忌—不善理財，帳面有失。

壬：武曲化忌—財運阻滯，負債累累。癸：貪狼化忌—欲討大利，貪得反失。

貳、四化在疾厄宮：

一、化祿星—在疾厄宮：（包括自化祿）

甲：廉貞化祿—「屬火」。乙：天機化祿—「屬木水」。

丙：天同化祿—「屬水」。丁：太陰化祿—「屬水」。

戊：貪狼化祿—「屬水木」。己：武曲化祿—「屬金」。

庚：太陽化祿—「屬火」。辛：巨門化祿—「屬水」。

壬：天梁化祿—「屬土」。癸：破軍化祿—「屬水」。

二、化權星—在疾厄宮：（包括自化權）

甲：破軍化權—「水—腎、膀胱屬」。乙：天梁化權—「土—脾、胃屬」。

丙：天機化權—「木水—肝膽、腎膀胱屬」。丁：天同化權—「水—腎、膀胱屬」。

戊：太陰化權—「水—腎、膀胱屬」。己：貪狼化權—「水木—腎膀胱、肝膽屬」。

庚：武曲化權—「金—肺、大腸屬」。辛：太陽化權—「火—心、小腸屬」。

壬：紫微化權—「土—脾、胃屬」。　癸：巨門化權—「水—腎、膀胱屬」。

三、化科星—在疾厄宮：（包括自化科）

◎喜悠閒，能調節生理機制及有逢遇醫藥的好緣。

甲：武曲化科—金。　乙：紫微化科—土。
丙：文昌化科—金。　丁：天機化科—木。
戊：右弼化科—水。　己：天梁化科—土。
庚：太陰化科—水。　辛：文曲化科—水。
壬：左輔化科—土。　癸：太陰化科—水。

四：化忌星—在疾厄宮：（包括自化忌）

化忌值星易感召五行方面的疾患

甲：太陽化忌—陽火。　乙：太陰化忌—陰水。
丙：廉貞化忌—陰火。　丁：巨門化忌—陰水。
戊：天機化忌—陰木水。己：文曲化忌—陽水。
庚：天同化忌—陰水。　辛：文昌化忌—陽金。
壬：武曲化忌—陰金。　癸：貪狼化忌—陰水、陽木。

參、四化在遷移宮：（在外活動的吉凶盛衰呈象）

一、化祿—在遷移宮：（包括自化祿）

甲：廉貞化祿—知書達理，廣結善緣。　乙：天機化祿—機智善謀，行善積德。

丙：天同化祿—熱衷人際，不甘寂寞。　丁：太陰化祿—個性內斂，柔以致用。

戊：貪狼化祿—才華出眾，摩登時尚。　己：武曲化祿—財神常隨，出手大方。

庚：太陽化祿—好結友人，事業有成。　辛：巨門化祿—有好口才，食福常隨。

壬：天梁化祿—個性穩重，有利同霑。　癸：破軍化祿—人脈活絡，享福為樂。

二、化權—在遷移宮：（包括自化權）

甲：破軍化權—主觀意志，眾所注目。　乙：天梁化權—操勞瑣事，蔭他為樂。

丙：天機化權—應事善謀，貫徹意志。　丁：天同化權—周旋事務，奔波勞碌。

戊：太陰化權—個性內斂，和以致事。　己：貪狼化權—才藝雙全，眾所注目。

庚：武曲化權—外表嚴肅，威權處事。　辛：太陽化權—周旋事務，積極企圖。

壬：紫微化權—眾星拱月，尊榮自處。　癸：巨門化權—直言不諱，剛毅出眾。

三、化科—在遷移宮：（包括自化科）

甲：武曲化科—注重威儀，形象塑造。　乙：紫微化科—學識淵博，氣質優雅。

丙：文昌化科—有好素養，和氣處事。
丁：天機化科—才智出眾，順勢處事。
戊：右弼化科—主動積極，助緣處處。
己：天梁化科—心善脫俗，獨處為樂。
庚：太陰化科—個性保守，柔道應事。
辛：文曲化科—言語有道，辯才出眾。
壬：左輔化科—主動積極，助緣處處。
癸：太陰化科—個性保守，柔道應事。

四、化忌—在遷移宮：（包括自化忌）

甲：太陽化忌—優柔寡斷，有愛見悲。
乙：太陰化忌—優柔寡斷，財易耗失。
丙：廉貞化忌—周旋人際，囚困人情。
丁：巨門化忌—言語失度，感召是非。
戊：天機化忌—自以為是，脫離現實。
己：文曲化忌—直言少柔，多言招咎。
庚：天同化忌—奔忙難息，空忙一場。
辛：文昌化忌—懷才難展，內心憂慮。
壬：武曲化忌—人際孤立，財物難守。
癸：貪狼化忌—人際侷限，姻緣路艱。

肆、四化在官祿宮：

一、化祿—在官祿宮：（包括自化祿）

甲：廉貞化祿—擅長人際，周旋有道。
乙：天機化祿—處事細心，恪守職責。
丙：天同化祿—個性大方，應酬有道。
丁：太陰化祿—柔道處事，和以致事。
戊：貪狼化祿—掌握時尚，應變有道。
己：武曲化祿—經營有道，財利常隨。
庚：太陽化祿—樂在工作，豪爽大方。
辛：巨門化祿—積極事業，擴展版圖。

壬：天梁化祿—眾利為樂，有利同霑。癸：破軍化祿—應酬人事，左右逢源。

二、化權—在官祿宮：（包括自化權）

甲：破軍化權—展現權威，欲圖大業。乙：天梁化權—操勞瑣事，事必恭親。

丙：天機化權—通權達變，常出奇策。丁：天同化權—奔波事務，難享清閒。

戊：太陰化權—謹守本分，進退有道。己：貪狼化權—隨順趨勢，變通應事。

庚：武曲化權—主觀意志，伸張威權。辛：太陽化權—運作有道，擴展有方。

壬：紫微化權—領導統御，尊貴自處。癸：巨門化權—旺盛企圖，周旋招咎。

三、化科—在官祿宮：（包括自化科）

甲：武曲化科—展現才華，有好形象。乙：紫微化科—學識淵博，名揚四方。

丙：文昌化科—學有成就，眾望所歸。丁：天機化科—創意才智，籌謀利眾。

戊：右弼化科—鑽研有成，博學出眾。己：天梁化科—利眾事業，有好名聲。

庚：太陰化科—忠於職守，柔以致事。辛：文曲化科—才華洋溢，論說有道。

壬：左輔化科—鑽研有成，博學出眾。癸：太陰化科—忠於職守，柔以致事。

四、化忌—在官祿宮：（包括自化忌）

甲：太陽化忌—優柔寡斷，事業起伏。乙：太陰化忌—職場起伏，內心不樂。

丙：廉貞化忌─囚困人事，運滯招訟。
丁：巨門化忌─言語過當，暗藏是非。
戊：天機化忌─主觀意識，判斷有誤。
己：文曲化忌─溝通不良，人情違和。
庚：天同化忌─奔波勞碌，拖累身心。
辛：文昌化忌─才華難展，鬱鬱寡歡。
壬：武曲化忌─剛愎自用，初善終惡。
癸：貪狼化忌─人際孤立，心想願違。

伍、四化在田宅宮：

一、化祿─在田宅宮：（包括自化祿）

甲：廉貞化祿─居家熱鬧，氣氛活絡。
乙：天機化祿─心思在宅，利家為樂。
丙：天同化祿─居家寬敞，享福為樂。
丁：太陰化祿─愛家有道，置產增利。
戊：貪狼化祿─熱鬧氣氛，裝扮居家。
己：武曲化祿─家宅豪華，精心佈置。
庚：太陽化祿─居宅亮麗，愛家有道。
辛：巨門化祿─一團和氣，飲食為樂。
壬：天梁化祿─承祖蔭德，福蔭家人。
癸：破軍化祿─置產有方，好客來往。

二、化權─在田宅宮：（包括自化權）

甲：破軍化權─居處威權，主觀理事。
乙：天梁化權─望蔭家業，勞煩瑣事。
丙：天機化權─心思細膩，好理家事。
丁：天同化權─居處事繁，難享清福。
戊：太陰化權─愛家有道，操持家事。
己：貪狼化權─展現才智，統理家務。
庚：武曲化權─財物蔭家，威權理事。
辛：太陽化權─事必躬親，操勞家務。

壬：紫微化權─個性嚴肅，尊貴自處。　癸：巨門化權─說話少柔，難免過失。

三、化科─在田宅宮：（包括自化科）

甲：武曲化科─居處格局，頗獲好評。　乙：紫微化科─居處悠閒，清高自處。

丙：文昌化科─居處好學，鑽研有成。　丁：天機化科─居處求知，學識淵博。

戊：右弼化科─置產有道，左右逢源。　己：天梁化科─獨處為樂，激發潛能。

庚：太陰化科─持家有道，旺家運勢。　辛：文曲化科─愛語蔭家，互動流暢。

壬：左輔化科─置產有道，左右逢源。　癸：太陰化科─持家有道，旺家運勢。

四、化忌─在田宅宮：（包括自化忌）

甲：太陽化忌─親子緣疏，聚少離多。　乙：太陰化忌─操勞家務，困於財務。

丙：廉貞化忌─少人往來，家事繁雜。　丁：巨門化忌─宅運阻凝，家人少和。

戊：天機化忌─自尋煩惱，坐息顛倒。　己：文曲化忌─任性直言，周旋反覆。

庚：天同化忌─居家事繁，勞累身心。　辛：文昌化忌─居處少言，鬱鬱寡歡。

壬：武曲化忌─寡言自處，家業難守。　癸：貪狼化忌─默契少合，聚少離多。

陸、四化在福德宮：

一、化祿—在福德宮：（包括自化祿）

甲：廉貞化祿—人際好緣，周旋有度。

乙：天機化祿—思維創意，帶來利益。

丙：天同化祿—享樂主義，心受物役。

丁：太陰化祿—個性內斂，聚財為樂。

戊：貪狼化祿—裝扮悅意，擁財為樂。

己：武曲化祿—善於施捨，財神常隨。

庚：太陽化祿—個性大方，得財好施。

辛：巨門化祿—設想財務，大膽理財。

壬：天梁化祿—積善福厚，財常蔭至。

癸：破軍化祿—樂活人生，享樂主義。

二、化權—在福德宮：（包括自化權）

甲：破軍化權—威權意志，主觀理事。

乙：天梁化權—心欲悠閒，困於瑣事。

丙：天機化權—心思繁雜，定力不足。

丁：天同化權—不甘寂寞，難享清福。

戊：太陰化權—動靜有道，謀定而動。

己：貪狼化權—趨向時尚，企圖大業。

庚：武曲化權—個性嚴肅，掌控局勢。

辛：太陽化權—個性豪爽，直來直往。

壬：紫微化權—尊貴自處，主觀理事。

癸：巨門化權—心思不定，大起大落。

三、化科—在福德宮：（包括自化科）

甲：武曲化科—注重形象，喜好名聲。

乙：紫微化科—孤芳自賞，清高自處。

丙：文昌化科—氣質優雅，好學不倦。

丁：天機化科—探索事物，創思出眾。

戊：右弼化科—心善熱忱，博學多聞。

己：天梁化科—探索生命，激發潛能。

庚：太陰化科—個性內斂，柔以致事。

辛：文曲化科—見多識廣，論說有道。

壬：左輔化科—心善熱忱，博學多聞。　癸：太陰化科—個性內斂，柔以致事。

四、化忌—在福德宮：（包括自化忌）

甲：太陽化忌—缺乏自信，優柔寡斷。　乙：太陰化忌—損己利他，難見開朗。

丙：廉貞化忌—表相人際，內心寂寞。　丁：巨門化忌—難擋挫折，心窗自鎖。

戊：天機化忌—思維難展，自尋煩惱。　己：文曲化忌—多言好動，定力不足。

庚：天同化忌—終日忙碌，難享清閒。　辛：文昌化忌—過度思慮，預事而憂。

壬：武曲化忌—內心孤獨，鬱鬱寡歡。　癸：貪狼化忌—孤芳自賞，姻緣路艱。

⊙四化星入宮及會沖：

祿權科忌四化星坐鎮某宮時，能將其四化之氣匯入或沖擊對宮，盤面十二宮可分成六組相對的宮位，如下列：

第一組：**命宮—遷移宮**↓個人外出運勢的消長吉凶狀態。

第二組：**兄弟宮—僕役宮**↓手足好友及人事往來的運勢呈象。

第三組：**夫妻宮—官祿宮**↓婚姻生活與職場運勢的發展狀態。

第四組：**子女宮—田宅宮**↓養育子女與家運興衰的呈象。

第五組：**財帛宮—福德宮**↓財物運勢和精神生活層面的消長狀態。

第六組：**疾厄宮—父母宮**→健康狀態與父母親的互動關係。

如上六組十二個宮位彼此形成「相生、相剋」、比和的連帶關係，所以，凡欲瞭解盤面重要訊息時，「四化星」所在宮位是容易解讀的消息來源，彼宮位與對宮恰又息息相關，「祿權科忌」可形成多樣性的會沖格局，以下用範例來圖解說明。

※**祿權會照、同宮—例解：**

巨門 +3	廉貞 0 天相 +4	天梁 +3 權	七殺 +4
貪狼 +4	乙年干四化 **祿權交會** 祿隨權走		天同 0
太陰 -2 忌	圖一		武曲 +4
紫微 +3 科 天府 +4	天機 -2 祿	破軍 +4	太陽 -2

天府 +2	天同 -2 太陰 -1 祿 權	武曲 +4 貪狼 +4	太陽 +2 巨門 +4
	丁年干四化 祿權同宮 會入對宮 祿隨權走		天相 -2
廉貞 0 破軍 -2	圖二		天機 +1 天梁 +4
		祿 權 借	紫微 +3 七殺 0

◎說明：圖一、圖二—是指出生年或流年「乙、丁」四化，「天機化祿、天梁化權」或「太陰化祿、天同化權」兩宮雖遙遙相對，但「**祿權同坐**」會將能量匯入對宮帶來效應，**祿隨權走**意謂著：「欲得財利，奔波勞碌，周旋反覆」。

⊙四化星同宮、會沖的格局：

四化星入陣的格局有**交易變化的特性**，不論盤面結構如何，可歸納下列四種狀態：

壹：祿權科忌中，有兩個四化星同宮者，包括自化。

貳：本宮及對宮各有四化星遙相對應者，包括自化。

參：對宮無主星**借本宮**四化星入其位。

肆：本宮或對宮均有四化星，包括自化。

⊙四化的交易變化邏輯及重要論理：

如上四種變化裡，可因基本盤、大限、流年月日時盤來比量推理，左列七種四化交易變化邏輯論理：（四化在本宮或對宮會沖的交叉呈象）

一、**祿隨忌走**—先順後逆，先得後失，先盛後衰，初善終惡。

二、**祿隨權走**—想要有所獲得，就得擁有強烈的企圖心，勞碌奔波。

三、**祿隨科走**—擁有物質條件的同時，就會想進一步追求高層次的精神生活。

四、**權隨科走**—忙忙碌碌的背後，會去思考如何擁有悠閒及高尚的生活品質。

五、**權隨忌走**—奔波忙碌當中，成就有限，或有空忙一場之憾。

六、**雙科坐會**—能隨順因緣，遇事不強求，或者易觸緣領悟、激發潛能。

七、**科解忌厄**—從挫折與逆境當中，知進退之道，進而以智慧化解危難。

※四化星同宮、會沖—例解：

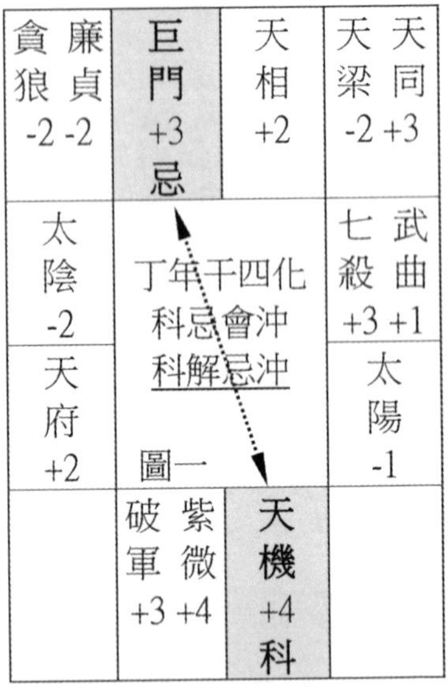
廉貞 貪狼 -2 -2
巨門 +3 忌
天相 +2
天同 天梁 +3 -2
太陰 -2
天府 +2
丁年干四化
科忌會沖
科解忌沖
圖一
武曲 七殺 +1 +3
太陽 -1
紫微 破軍 +4 +3
天機 +4 科

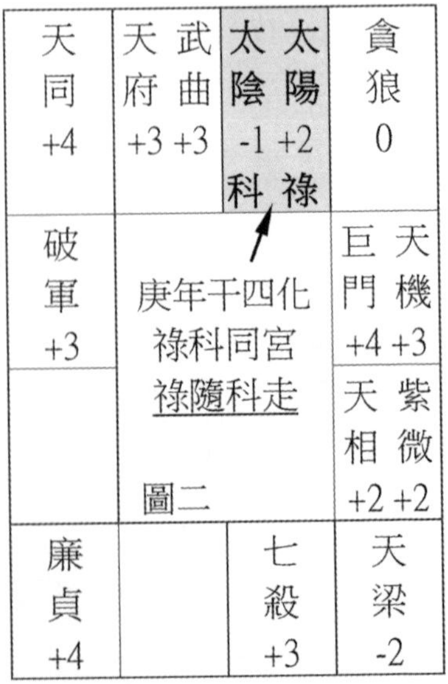
天同 +4
武曲 天府 +3 +3
太陽 太陰 +2 -1 祿 科
貪狼 0
破軍 +3
庚年干四化
祿科同宮
祿隨科走
圖二
天機 巨門 +3 +4
紫微 天相 +2 +2
廉貞 +4
七殺 +3
天梁 -2

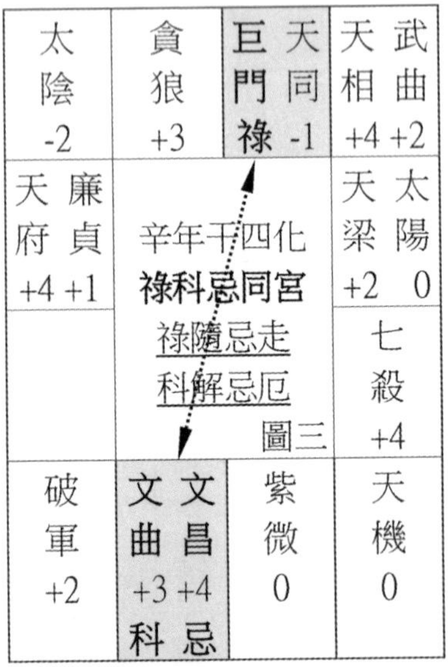
太陰 -2
貪狼 +3
天同 巨門 -1 祿
武曲 天相 +2 +4
廉貞 天府 +1 +4
辛年干四化
祿科忌同宮
祿隨忌走
科解忌厄
圖三
太陽 天梁 0 +2
七殺 +4
破軍 +2
文昌 文曲 +4 +3 忌 科
紫微 0
天機 0

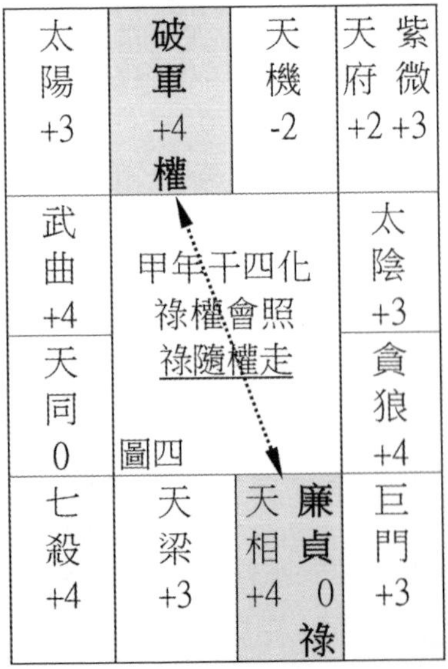
太陽 +3
破軍 +4 權
天機 -2
紫微 天府 +3 +2
武曲 +4
甲年干四化
祿權會照
祿隨權走
圖四
太陰 +3
天同 0
貪狼 +4
七殺 +4
天梁 +3
廉貞 天相 0 +4 祿
巨門 +3

太陰 忌	貪狼 +3	巨門 -1 天同 -1	天相 +4 武曲 +2
天府 +4 廉貞 +1	乙年干四化 祿忌會沖 祿隨忌走		天梁 +2 太陽 0
			七殺 +4
破軍 +2		紫微 0	天機 祿

圖五

七殺 0 紫微 +3	陰同 借	貪武 借	巨陽 借
天機 +1 天梁 +4	己年干四化 祿權同宮 祿隨權走		破軍 -2 廉貞 0
天相 -2			機梁 借
巨門 +4 太陽 +3	貪狼 權 武曲 祿	太陰 +4 天同 +3	天府 +2

圖六

四化星在論盤的訊息預測上，佔有非常重要的比例，本節僅就四化變易所產生的呈象整理其要義，讀者可從中推理應用。

二、生年四化星與運程走向

⊙基本盤四化入陣狀態：

基本盤為一生行運的基礎訊息，當某人的出生時空一經解碼之後，盤面所展開的十二宮即有「四化—祿權科忌」入陣，而且分布在相應於旺弱的宮位，四化所在旺宮者盛，弱宮則衰，或者有旺中受剋、弱中得到生扶的格局也是很常見的。譬如圖一所示：

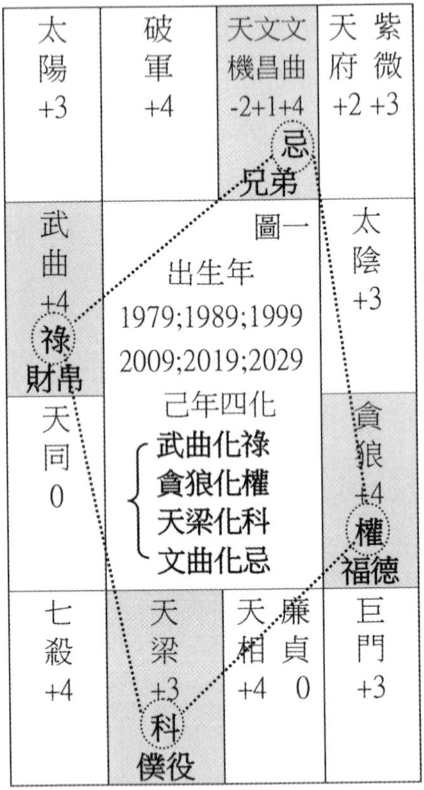

※圖一略解：

◎彼人財帛宮武曲財星坐鎮，又逢己年—武曲化祿財物資源豐厚。

◎兄弟宮文曲化忌，但有對宮的天梁化科會入，緩解化忌格局。

※圖二例解—丙年生者：

天同 +4 祿 兄弟	天府 武曲 +3 +3 命宮	太陰 太陽 -1 +2	貪狼 0
破軍 +3 夫妻	出生年 1976;1986 1996;2006 2016;2026		**巨門 天機 +4 +3 權 田宅**
巨 機 借	天同化祿 天機化權 文昌化科 廉貞化祿	圖二	天相 紫微 +2 +2
廉貞 文昌 +4 -2 忌 科 財帛	陰 陽 借	七殺 +3	**天梁 -2 僕役**

※圖二略解：

一、此盤「財帛宮化忌」一生賺錢辛苦，「**廉貞化氣為囚**」，此格局顯然呈現財運囚困之象，幸有「文昌化科」與其同宮，轉危為安。

二、「兄弟宮化祿」承受兄弟姐妹、友人襄助的福報，處處有好緣。

三、「田宅宮化權」可解讀為：

a：在家主觀意志強，雖能顧及家人，唯處事有強勢主導的傾向。

b：職場上活動力旺盛，具有積極的企圖心，有主導事務的領導與管理能力。

⊙基本盤的涵蓋範圍：

基本盤涵蓋了「大限、流年、流月、流日、流時」的時空變易作用，簡言之，就是一生行運各個落點的走勢，均架構在原盤之下。如左圖大限例解：

<table>
<tr><td>七殺 紫微
0 +3
僕役
56-65</td><td>陰 同
借
遷移
66-75</td><td>貪 武
借
疾厄
76-85</td><td>巨 陽
借
財帛
86-95</td></tr>
<tr><td>天機 天梁
+1 +4
科
官祿
46-55</td><td colspan="2" rowspan="2">丁年生者
陰女;火六局

1：陽男；陰女
大限採取
順行佈列。
2：陰男；陽女
大限採取
逆行佈列。</td><td>破軍 廉貞
-2 0
子女
96-105</td></tr>
<tr><td>天相
-2
田宅
36-45</td><td>機 梁
借
夫妻
106-115</td></tr>
<tr><td>巨門 太陽
+4 +3
忌
福德
26-35</td><td>貪狼 武曲
+4 +4
(大命)
父母
16-25</td><td>太陰 天同
+4 +3
祿 權
命宮
6-15</td><td>天府
+2
兄弟
116-125</td></tr>
</table>

※大限走向說明：

一、父母宮為第二個大限的命宮，基本盤「福德宮」為第三個大限命宮……以此類推。

二、第二大限的命宮與本命父母宮重疊，武曲、貪狼進入第二大限十年行運的命宮。

⊙大限四化與基本盤的宮位重疊作用

宮位重疊論在紫微論盤是屬重要的部分，人一生的大限走向與基本盤只會重疊一次，人生就像一個現在進行式的時鐘般，時間的推移代表著生命只進不退，不會再回到過去了。當論及大限時，可從基本盤及大限盤重疊狀態，來推理彼人在大限期間與原盤重疊的交集狀態。因此，凡是「**陽男、陰女**」**順行大限**，「**陰男、陽女**」**逆行大限**。如下圖解：

本僕 6限命	本遷 7命限	本疾 8限命	本財 9限命
本官 5限命	陽男、陰女 順行大限		本子 10限命
本田 4限命			本夫 11限夫
本福 3限命	本父 2限命	本命宮 1限命	本兄 12限命

本僕 8限命	本遷 7限命	本疾 6限命	本財 5限命
本官 9限命	陰男、陽女 **逆行大限**		本子 4限命
本田 10限命			本夫 3限命
本福 11限命	本父 12限命	本命宮 1限命	本兄 2限命

每個大限有十年，除了第一大限不動之外，順行或逆行的大限一旦進入第二大限後，皆與本命十二宮形成「雙宮重疊現象」，這意謂著：「兩宮在大限十年走勢裡，將有運勢重疊交集的**因果關係**，有生旺與衰弱的宮位」。

※圖一──陽男、陰女順行大限宮位重疊圖解：

大限＼本盤	命宮	父母	福德	田宅	官祿	僕役	遷移	疾厄	財帛	子女	夫妻	兄弟
1 限	**命宮**	父母	福德	田宅	官祿	僕役	遷移	疾厄	財帛	子女	夫妻	兄弟
2 限	兄弟	**命宮**	父母	福德	田宅	官祿	僕役	遷移	疾厄	財帛	子女	夫妻
3 限	夫妻	兄弟	**命宮**	父母	福德	田宅	官祿	僕役	遷移	疾厄	財帛	子女
4 限	子女	夫妻	兄弟	**命宮**	父母	福德	田宅	官祿	僕役	遷移	疾厄	財帛
5 限	財帛	子女	夫妻	兄弟	**命宮**	父母	福德	田宅	官祿	僕役	遷移	疾厄
6 限	疾厄	財帛	子女	夫妻	兄弟	**命宮**	父母	福德	田宅	官祿	僕役	遷移
7 限	遷移	疾厄	財帛	子女	夫妻	兄弟	**命宮**	父母	福德	田宅	官祿	僕役
8 限	僕役	遷移	疾厄	財帛	子女	夫妻	兄弟	**命宮**	父母	福德	田宅	官祿
9 限	官祿	僕役	遷移	疾厄	財帛	子女	夫妻	兄弟	**命宮**	父母	福德	田宅
10 限	田宅	官祿	僕役	遷移	疾厄	財帛	子女	夫妻	兄弟	**命宮**	父母	福德
11 限	福德	田宅	官祿	僕役	遷移	疾厄	財帛	子女	夫妻	兄弟	**命宮**	父母
12 限	父母	福德	田宅	官祿	僕役	遷移	疾厄	財帛	子女	夫妻	兄弟	**命宮**

※圖二—陰男、陽女逆行大限宮位重疊圖解：

本盤／大限	命宮	兄弟	夫妻	子女	財帛	疾厄	遷移	僕役	官祿	田宅	福德	父母
1限	**命宮**	兄弟	夫妻	子女	財帛	疾厄	遷移	僕役	官祿	田宅	福德	父母
2限	父母	**命宮**	兄弟	夫妻	子女	財帛	疾厄	遷移	僕役	官祿	田宅	福德
3限	福德	父母	**命宮**	兄弟	夫妻	子女	財帛	疾厄	遷移	僕役	官祿	田宅
4限	田宅	福德	父母	**命宮**	兄弟	夫妻	子女	財帛	疾厄	遷移	僕役	官祿
5限	官祿	田宅	福德	父母	**命宮**	兄弟	夫妻	子女	財帛	疾厄	遷移	僕役
6限	僕役	官祿	田宅	福德	父母	**命宮**	兄弟	夫妻	子女	財帛	疾厄	遷移
7限	遷移	僕役	官祿	田宅	福德	父母	**命宮**	兄弟	夫妻	子女	財帛	疾厄
8限	疾厄	遷移	僕役	官祿	田宅	福德	父母	**命宮**	兄弟	夫妻	子女	財帛
9限	財帛	疾厄	遷移	僕役	官祿	田宅	福德	父母	**命宮**	兄弟	夫妻	子女
10限	子女	財帛	疾厄	遷移	僕役	官祿	田宅	福德	父母	**命宮**	兄弟	夫妻
11限	夫妻	子女	財帛	疾厄	遷移	僕役	官祿	田宅	福德	父母	**命宮**	兄弟
12限	兄弟	夫妻	子女	財帛	疾厄	遷移	僕役	官祿	田宅	福德	父母	**命宮**

順行第二大限的命宮與本盤父母宮重疊時，意謂著：「此大限的生命活動與父母、師長、主管、老闆之間有重要的因果關係」。當走到第四大限時，大限命宮與本盤田宅宮重疊，代表著：「此大限十年與家庭、公司運勢的盛衰有關聯」，讀者可從上列圖表對照之。以下再將「順行大限」與「逆行大限」宮位重疊的邏輯，茲舉第三大限為例說明之。

壹、第三大限宮位重疊現象分析：（順行大限）

⊙順行第三大限走十年—體例一：

一、大限命宮→原福德宮：精神層面、情緒心理狀態，以及個人福報旺衰程度的關聯性。

二、大限父母宮→原田宅宮：此運十年與父母、師長、主管、老闆、貴人等，以及與家庭、學校、公司，或者經常出入場所運勢的關聯性。

三、大限福德宮→原官祿宮：大限的情緒心理狀態與讀書、研習、進入職場運作的適應程度與旺衰呈象的關聯性。

四、大限田宅宮→原僕役宮：大限十年家庭與人事往來的關聯性。

五、大限官祿宮→原遷移宮：求學、進修、研習、就業與個人在外行動的關聯性。

六、大限僕役宮→原疾厄宮：人事往來與勞動、坐息、飲食等健康狀態的關聯性。

七、大限遷移宮→原財帛宮：在外行動與個人理財運用的關聯性。

八、大限疾厄宮→原子女宮：勞動、坐息、飲食的健康狀態與子女的關聯性。

九、大限財帛宮→原夫妻宮：理財運用與伴侶之間的關聯性。

十、大限子女宮→原兄弟宮：子女與親朋好友往來的關聯性。

十一、大限夫妻宮↓本命宮：夫妻相處與個人宿命之間的關聯性。

十二、大限兄弟宮↓原父母宮：兄弟姐妹、友人與父母往來的關聯性。

貳、第四大限宮位重疊呈象：（逆行大限）

⊙逆行第四大限走十年—體例二：

一、大限命宮↓原子女宮：個人與子女緣分親疏的關聯性。

二、大限兄弟宮↓原財帛宮：兄弟姐妹及友人，彼此在財務往來上的關聯性。

三、大限夫妻宮↓原疾厄宮：婚姻及兩性生活的相處，與個人坐息、勞動、飲食等，在健康狀態的關聯性。

四、大限子女宮↓原遷移宮：子女運勢與個人在外行動的關聯性。

五、大限財帛宮↓原僕役宮：個人財務狀況與人事往來的關聯性。

六、大限疾厄宮↓原官祿宮：坐息、勞動、飲食的健康狀態，與讀書、工作的關聯性。

七、大限遷移宮↓原田宅宮：在外行動與家庭、公司運勢的關聯性。

八、大限僕役宮↓原福德宮：所往來的人事活動與心理狀態、福報多寡的關聯性。

九、大限官祿宮↓原父母宮：就學、職場運勢與師長、主管、老闆、貴人的關聯性。

十、大限田宅宮↓本命宮：家運、公司盛衰程度，與宿命感召大限十年的關聯性。

十一、大限福德宮↓原兄弟宮：心理層面、福報多寡，與兄弟姐妹、友人往來的關聯性。

十二、大限父母宮↓原夫妻宮：父母行運（師長、主管、老闆）與伴侶之間的關聯性。

⊙流年與本盤宮位重疊現象：（兩宮重疊呈象的論述同前）

隨著時間、環境變動因素的影響，流年成為推理「當年運勢」的重要訊息，每個流年有不同的「天干輪值」，譬如 2024 年為農曆 113 年—甲辰年值守，如左例流年圖解。

巨門 +3 流父 本財	廉貞 0 祿 天相 +4 流福 本子	天梁 +3 流田 本夫	七殺 +4 流官 本兄
貪狼 +4 2024 甲辰 流命 本疾	2024 甲辰年 宮位重疊 **甲年四化** 廉貞化祿 破軍化權 武曲化科 太陽化忌 例解		天同 0 流僕 本命
太陰 -2 流兄 本遷			武曲 +4 科 流遷 本父
紫微 +3 天府 +4 流夫 本僕	天機 -2 流子 本官	破軍 +4 權 流財 本田	太陽 -2 忌 流疾 本福

◎例解說明：

一、流年命宮與原盤疾厄宮重疊。

二、流年疾厄宮與原盤福德宮重疊。

三、以此類推。

第十三章

各種格局案例略解

各種格局案例論述原則

自本章起的案例解，採比例原則論述，至於未提及的宮位解析問題，讀者可參考拙著《大師教你學紫微斗數》，書中有詳細解析，可予以兩相參照。

一、命宮—遷移宮。二、疾厄宮—父母宮。
三、福德宮—財帛宮。四、田宅宮—子女宮。
五、官祿宮—夫妻宮。六、兄弟宮—僕役宮。

有關於四化的解析問題，可參閱前章「四化的時空作用」，以下將「化祿、化權、化科、化忌」以簡意論之。

一、化祿：好處、利益、資源來處、受蔭照的分配宮位。
二、化權：主觀意志、主導權、勞碌、繁忙焦點的分配宮位。
三、化科：展現智慧、隨順局勢及化難呈祥的分配宮位。
四：化忌：挫折、煩惱、阻滯運勢的分配宮位。

讀者可依簡意套用到盤面解析上，每顆星性的化氣與五行屬性分類，可參閱前些章節裡的論述，以下虛擬七十則範例供予參考。

一、紫微、天府坐命宮（寅位）

巨門 文昌 天鉞 天空 +3+2 田宅 乙	天相 廉貞 地空 年解 +4 0 官祿 丙	天梁 火星 +3 +2 祿 僕役 丁	七殺 天馬 +4 遷移 戊
貪狼 地劫 解神 天貴 +4 福德 甲	壬年生人		天同 文曲 天廚 0 +2 忌 疾厄 己
太陰 天魁 鈴星 -2 +2 父母 癸	天梁化祿 紫微化權 左輔化科 武曲化忌 例1		武曲 陀羅 陰煞 +4 +2 忌 財帛 庚
天府 紫微 右弼 天哭 +4+3 權 權 命宮 壬寅	天機 破碎 寡宿 -2 兄弟 癸	破軍 左輔 擎羊 +4 科 -2 夫妻 壬	太陽 祿存 紅鸞 -2 子女 辛

※略解：（權—自化權。忌—自化忌）

一、**命宮**坐紫府在寅位，生年「壬」逢紫微化權，**命宮**為宿命所在，紫微相應人體在頭部，因此，宜尋求對治之道來改善頭痛、暈眩之患。

二、天哭在**命宮**，逢遇不順之境，易導致情緒低落，內心不樂。

三、**命宮**坐壬干，紫微雙化權，彼人主觀意志明顯，處事決斷及執行效率強，面對人生擁有積極的企圖心，在眾人中具有領導統御的特質，彼人個性剛毅有原則，外表儀態較為嚴肅，令人近之有威。

四、**遷移宮**「七殺」得到紫微化權的扶持，天馬助長在外奔馳的能量—屬於奮戰打拼的格局，彼人的活動能量旺盛，凡事總想事必躬親，相對的也易感召勞累之患。

五、**疾厄宮**坐「己干」文曲自化忌，彼人在生活坐息、飲食、勞動上若失調，易感召「婦科、腺體、泌尿系統」等方面的疾患，過度勞累也可能導致腎臟負擔及氣虛現象，此宮位應積極尋求改善之道。

六、天廚在**疾厄宮**，彼人有飲食方面的福報，但對於引起腎泌尿系統負擔的食物要有所節制，可應用養生常識來改善「文曲化忌」所導致的困擾或疾患。

七、**福德宮**坐貪狼，心思易傾向於時尚潮流的活動，宮中地劫令彼人思緒繁雜，穩定力有所不足，也難得讓自己的忙碌放鬆下來。

八、**財帛宮**武曲化忌沖入福德宮，彼人常為周旋財務所困擾，導致愁憂不樂。

九、**財帛宮**坐陰煞化氣為暗昧，此星與化忌結合，強化了忌煞能量，將其氣沖入**福德宮**，形成常為調度錢財所苦的窘境。

十、**命宮**坐干壬武曲化忌飛入**財帛宮**，形成「命忌入財」的格局。

※備註：保持開朗的心情，以積德行善來彌補**財**、**福**兩宮的缺陷，進而轉化格局的束縛。

二、天同、巨門坐命宮（未位）

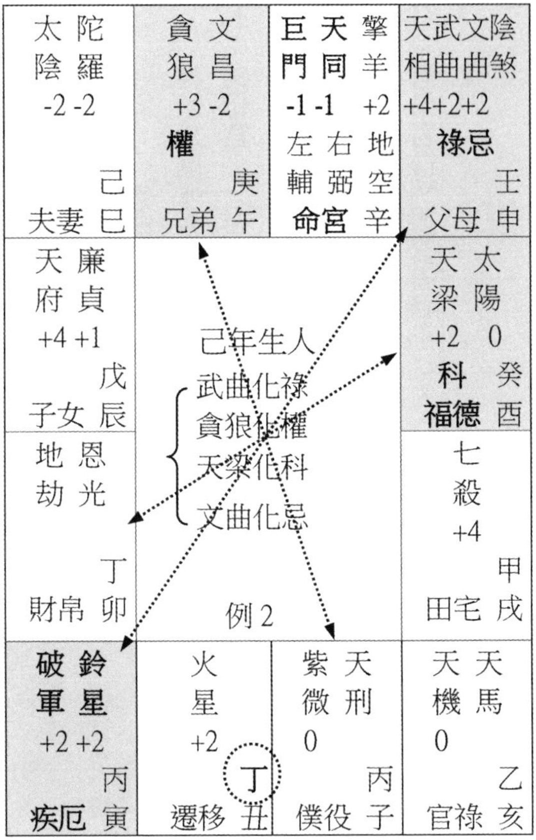

※略解：

一、**命宮**「巨門、天同」兩水星坐「未土宮」為土剋水象，**遷移宮**坐丁干—巨門化忌飛入命宮，凡有類似格局者，在宿命所感召的健康問題上，應多加留意腎臟、婦科、膀胱、泌尿系統、腺體、攝護腺、筋骨關節、耳朵方面的疾患，尤其忌入不明水域。

二、**疾厄宮**「破軍、鈴星」入陣，兩星雖得地，唯鈴星屬火、破軍屬水形成火水未濟格局。**父母宮**「文曲化忌、陰煞」沖入疾厄宮，致使彼人在飲食、坐息、勞動狀態，易感召下列需要注意的事項：

A：破軍在**疾厄宮**，在飲食方面易傾向偏食、墮性食物，導致營養失調，或多或少引起腎臟、婦科、泌尿系統方面的負擔（尿酸、血糖、血脂、血壓、氣虛的問題）。

B：鈴星屬陰火帶有內熱體質，因此，凡屬於墮性或火性過盛的油炸食品要有所節制，避免引起心血方面的疾患。

C：**父母宮**坐文曲化忌、武曲自化忌意謂著：「與父母在溝通上有距離感，除了難以閒話家常之外，也有聚少離多之象，所以，在奉養方面往往有其難處」。

D：文曲化忌、陰煞沖**疾厄宮**，彼人在日常行動上，往往有不經意的碰撞損傷，甚至有莫名的氣虛現象，只要過度勞累的話，在泌尿系統或婦科方面，往往形成某種程度的困擾，「腎勞」是一種因過度疲累所導致的效應。

E：**父母宮**坐「壬干」武曲自化忌，本宮位忌煞形成與父母親緣較疏格局，**父母宮**也是「師長、主管、老闆、貴人」的宮位，此宮位沖**疾厄宮**，所以，還是要尋求改善之道才好。

F：**福德宮**坐天梁化科意謂著：「彼人心地善良，喜探索生命科學與存在的意義，對於壓力的調適，能以隨順世俗的心態面對，處事常存倫理與道德之心。」

G：**財帛宮**得到對宮天梁化科的扶持，彼人雖有地劫缺錢所苦的困擾，但冥冥之中常有好緣來化解難關。

三、文昌、文曲坐命宮（丑位）

天相+2 陀羅-2 天刑 官祿 己	天梁+4 科 祿存 天空 僕役 庚	七殺+4 廉貞+1 擎羊+4 鈴星+1 遷移 辛	地劫 天鉞 天廚 天馬 孤辰 **疾厄** 壬
巨門-2 天喜 寡宿 田宅 戊	己年生人 武曲化祿 貪狼化權 天梁化科 文曲化忌 例3		天官 截空 天姚 破碎 財帛 癸
貪狼+1 **權** 紫微+3 恩光 **福德** 丁			天同0 陰煞 紅鸞 子女 甲
太陰+3 天機+2 右弼 地空 父母 丙	天府+4 文昌+4 **文曲**+3 **忌** 天哭 **命宮** 丁	太陽-2 兄弟 丙	破軍0 武曲0 **祿** 夫妻 乙

※略解：

一、**命宮**文曲化忌主婦科、腎泌尿系統，**遷移宮**辛干文昌化忌飛命宮，在外易感召肺鼻支氣管方面的問題。**疾厄宮**天廚喜美食－偏食。地劫、天馬主坐息失調或因過度勞累引起虛火上升之患，孤辰主身體偶有違和之時，天鉞是逢凶化吉之星，帶有逢好醫藥的福分。

二、**福德宮**貪狼化權主心思活絡，富有創意及激發潛能的動力，唯勞心費神在財務。

四、太陽坐命宮（巳位）

太陽 +3 權 辛 **命-身宮**巳	破軍 天廚 +4 壬 父母 午	天機 左輔 右弼 天哭 -2 祿 癸 **福德** 未	天府 紫微 天鉞 陰煞 +2+3 科 甲 田宅 申
武曲 擎羊 文曲 紅鸞 +4+4+2 庚 兄弟 辰	乙年；子午時生	天機化祿 天梁化權 紫微化科 太陰化忌	太陰 火星 +3 +2 忌
天同 祿存 0 己 夫妻 卯	例4		貪狼 文昌 鈴星 天喜 +4 -2 +2
七殺 陀羅 孤辰 恩光 +4 -2 戊 子女 寅	天梁 +3 權 己 財帛 丑	天相 廉貞 天魁 天空 +4 0 天刑 戊 **疾厄** 子	巨門 地劫 地空 天馬 +3 忌 丁 遷移 亥

※略解：

一、**命宮**太陽自化權，遷移宮巨門自化忌回頭剋，彼人有頭痛、暈眩視力方面的問題。

二、**疾厄宮**坐天刑，身體偶有不適感，但天空不知問題所在，然就醫可得好醫藥—天魁。

三、**福德宮**天機化祿頗有創思力，唯化祿易傾向於物化。

四、**財帛宮**天梁化權又自化科，**福德宮**有化祿來助長，理財能力福報好。

五、太陽坐命宮（子位）

天相 文昌 陀羅 +2 +4 -2 僕役 己	**天梁** **地空** 祿存 +4 **科** 遷移 庚	七殺 廉貞 左輔 擎羊 +4 +1 +2 右弼 疾厄	天鉞 **陰煞** 天廚 財帛 壬
巨門 -2 官祿 戊	己年生人 武曲化祿 貪狼化權 天梁化科 文曲化忌 例 5		文曲 **忌** 子女 癸
貪狼 紫微 鈴星 +1 +3 +2 **權** 田宅 丁			天同 0 夫妻 甲
太陰 天機 火星 +3 +2 +4 **權** 福德 丙	天府 +4 父母 丁	**太陽** 天魁 天刑 天空 -2 **命宮** 丙	破軍 武曲 0 0 祿 兄弟 乙

※略解：

一、**命宮**太陽落陷加天刑、天魁均屬火，綜論易感召心血循環、頭疾或視力方面的問題，天空主心思偶有放空之象，天魁是受人蔭照的吉星，對宮天梁化科有化煞解厄作用，此盤為逢凶化吉格，天梁與地空同宮，所以，能化解人生行運所面臨的種種困難。

二、**福德宮**天機自化權，自我要求甚高，對宮陰煞來犯，所以，常為周旋財務所困擾。

六、天梁坐命宮（子位）

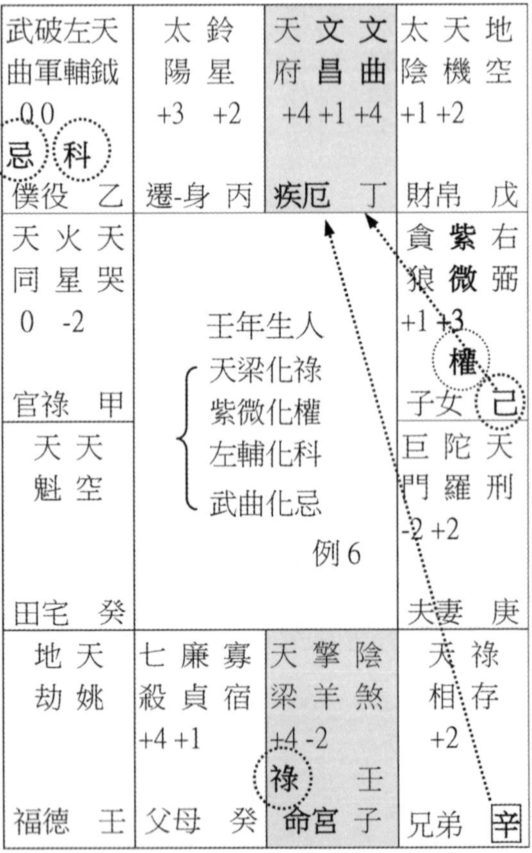

※略解：

一、**命宮**坐陰煞易感召流行性或莫名疾患，或於日常勞動易致氣虛之象，天梁雙化祿有飲食之福，擎羊落陷主肺經—呼吸道，彼人易預事而憂。

二、**疾厄宮**昌曲坐鎮，此局本為雙吉同臨格，唯身體若勞累或有所不適時，其因可能來自於**兄弟宮**與**子女宮**，這兩宮分別昌曲化忌飛入疾厄宮的緣故。

七、天機、巨門坐命宮（卯位）

<table>
<tr><td>天梁
-2

福德</td><td>七殺 文昌 擎羊
+3-2-2
科
田宅</td><td>

官祿</td><td>廉貞 文曲
+4+2
忌
僕役</td></tr>
<tr><td>天相 紫微
+2 +2

父母</td><td colspan="2" rowspan="2">**丙年生人**
左輔、天鉞具有化煞解厄的吉祥力，此局為能力展現格，雖然運勢起伏大，但往往能逢凶化吉，轉危為安。
例 7</td><td>左輔 天鉞 紅鸞 天才
丁
遷移 酉</td></tr>
<tr><td>巨門 天機 地劫 天喜
+4+3
祿**權** 辛
命宮 卯</td><td>破軍
+3

疾厄</td></tr>
<tr><td>貪狼
0

兄弟</td><td>太陰 太陽
+4 -1

夫妻</td><td>天府 武曲
+4 +3

子女</td><td>天同
+4
祿
財帛</td></tr>
</table>

※略解：命宮天機屬木—肝膽、四肢、筋路、腦神經系統。化權使得彼人筋骨及四肢常有緊繃之象，甚至偶有頭疾之患。彼人天機化權思路活絡、反應靈敏、自我要求與主觀意志強，籌謀劃策能力佳。天喜、紅鸞相對，彼人擁有很好的人際魅力。地劫主忙碌而不得閒。**遷移宮**丁干巨忌回頭剋，所以，在外活動易感召莫名是非的困擾，**命宮**巨門自化祿是常有美食的福報。

八、文曲坐命宮（戌位）

七殺 紫微 0 +3 疾厄	借 財帛	借 子女	借 夫妻
天機 天梁 擎羊 鈴星 +1 +4 +4 -2 祿 權 文昌 寡宿 遷移	**乙年生人-女** 天機化祿 天梁化權 紫微化科 太陰化忌		破軍 廉貞 -2 0 兄弟
天相 -2 僕役	例 8		文曲 陰煞 解神 恩光 -2 丙 命-身 戊
巨門 太陽 +4 +3 官祿	貪狼 武曲 +4 +4 田宅	太陰 天同 +4 +3 福德	天府 +2 父母

※**略解**：命宮坐文曲落陷者言語直白，遷移宮又有鈴星沖入，因此，易因說話、溝通不良而感召無妄之災。陰煞平添過失的煩惱，**文曲**主泌尿系統，宜有方法來做好養生保健。對宮寡宿的能量會影響**命宮**，所以，彼人在兩性姻緣事上，挫折考驗多，若能隨遇而安，凡事不強求，則可理性的面對問題，因為命宮文昌化科飛入遷移宮的緣故，所以化難呈祥。

九、七殺坐命宮（戊位）

太陰 -2 疾厄	**貪狼**擎羊火星地空 +3-2+4 **祿** ← 戊 財帛 午	巨門天同天鉞天空 -1-1 子女	天相武曲鈴星孤辰 +4+2-2 庚 夫妻 申
天府 廉貞 +4 +1 遷移	戊年生人一陽女 貪狼化祿 太陰化權 右弼化科 天機化忌		**天梁**太陽紅鸞 +2 0 兄弟
天喜三台天官天福 僕役	例 9		**七殺** 天刑 +4 壬 **命宮** 戌
破軍 +2 官祿	天魁 田宅	**紫微陰煞天哭**天虛 0 甲 福德 子	天機 0 父母

※**略解：**

一、**命宮**壬干天梁化祿飛入兄弟宮，對兄弟姐妹及友人甚好，為人個性大方捨得付出。

二、**財帛宮**貪狼雙化祿生**福德宮**，紫微承化祿之福，所以，在物質享用層次上，喜高尚生活格調與休閒品質，也意謂著彼人有心受物役的傾向。

三、**福德宮**中有天哭、陰煞，內心苦悶無人知，但要說給誰人聽，只好抑鬱在內心。

十、巨門坐命宮（子位）

僕役	天紅天截 機鸞廚空 +4 忌　　壬 遷移 午	破 紫 軍 微 +3 +4 科 疾厄	財帛
太 陽 +3 官祿	戊年生人 貪狼化祿 太陰化權 右弼化科 天機化忌		天 府 +3 子女
七 武 殺 曲 +3 +1 田宅	例 10		太 陰 +3 權 夫妻
天 天 梁 同 +4 +1 福德	天 相 +4 父母	巨天火陰 門魁星煞 +3　-2 戊 命宮 子	貪 廉 狼 貞 -2 -2 祿 兄弟

◎**略解：命宮**巨門化氣為暗，與陰煞同宮產生相乘效應，火星極陽之氣雖有解厄制煞的能量，唯因火星落陷的緣故，導致命宮形成「火水未濟」格局。「巨煞同宮」在宿命結構裡，易感召身體莫名或隱而難察的疾患。天魁蔭星有解煞呈祥之功，若有疾患雖然治療過程艱辛，但若搭配宗教信仰可使身心得到較好的調節。

十一、太陽坐命宮（巳位）

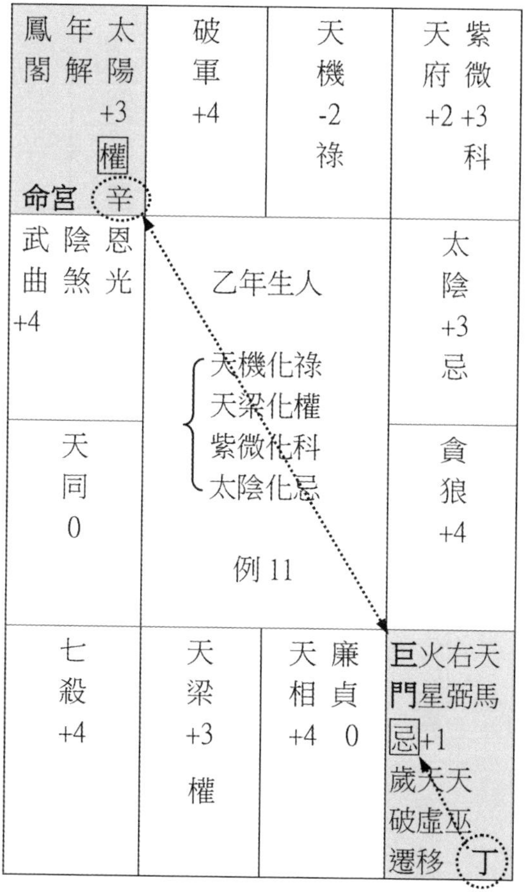

※**略解：命宮**坐「辛干—太陽自化權」，五行屬陽火主「心臟、血循、頭部、眼睛、小腸、炎症」等，**遷移宮**丁干巨門自化忌回頭剋，若有類似格局者，彼人往往有經常性頭痛、暈眩或視力方面的問題。**遷移宮**天馬喜動不喜靜，火星雖有解煞功能，但出門在外還是低調、保守、凡事謹慎安全為要。

十二、紫微貪狼坐命宮（酉位）

武曲 0 忌 破軍 0 左輔 科 財帛	太陽 +3 子女	天府 +4 夫妻	太陰 +1 天機 +2 兄弟
文昌 +2 鈴星 -2 天同 0 疾厄 甲辰	壬年生人 天梁化祿 紫微化權 左輔化科 武曲化忌 例 12		貪狼 +1 權 紫微 +3 權 命-身 己酉
貪 紫 借 遷移			巨門 -2 文曲 -2 陀羅 +2 父母
陰 機 借 僕役	七殺 +4 廉貞 +1 官祿	天梁 +4 祿 田宅	天相 +2 福德 辛亥

※**略解：**

一、**疾厄宮天同**化氣為福，有飲食之福，宮中鈴星落陷屬陰火主心臟、頭部、血循系統，開竅在眼，下行走小腸。

二、**福德宮**辛干文昌化忌飛入疾厄宮，彼人常憂慮自己的身體狀況，但卻不知如何是好。

十三、太陽坐命宮（戌位）

廉貞 -2 貪狼 -2	巨門 +3	天相 +2	天同 +3 天梁 -2
陰煞 太陰 -2 科 丙辰 遷-身	癸年生－陰男 破軍化祿 巨門化權 太陰化科 貪狼化忌 例 13		武曲 +1 七殺 +3
天府 +2			旬空 天空 太陽 -1 壬戌 命宮
	紫微 +4 破軍 +3	天機 +4	

※**略解**：**命宮**太陽與**遷移宮**太陰形成「陰陽反背格局」，太陽屬火主心臟、眼睛、頭部、小腸血循等，平日宜做好養生保健。陷地太陽在**命宮**，可能有頭疾方面的問題。**命宮**天空、旬空，令彼人偶有心思不能專注的現象。**遷移宮**陰煞沖入**命宮**，使得在外易招無妄之災、勞累與氣虛。幸有太陰化科來排解危難，「化科」是化難呈祥的蔭星，即使與忌煞同宮也能化解諸難。

十四、命宮無主星（辰位）

天府 +2 父母 巳	天同 -2 太陰 -1 福德 午	武曲 +4 科 貪狼 +4 田宅 未	太陽 +2 忌 巨門 +4 官祿 申
三台 蜚廉 天姚 借 命宮 辰	甲年生人－陽男 廉貞化祿 破軍化權 武曲化科 太陽化忌	例 14	天相 -2 僕役 酉
廉貞 0 祿 破軍 -2 權 兄弟 卯			天哭 地空 天機 +1 天梁 +4 忌 遷移 戌
祿存 化忌沖 夫妻 寅	子女 丑	財帛 子	紫微 +3 七殺 0 疾厄 亥

※略解：（地空、火星、左右魁鉞、化科等星皆有解厄呈祥的作用）

一、**命宮無主星**，借遷移宮紫府星系的「天機、天梁」入位，由於**遷移宮**宮坐戊干—天機自化忌回頭剋，所以，視同**命宮**為天機自化忌格局。

二、天機五行屬木，相應人體的「肝膽、四肢、筋骨關節、神經傳導、開竅在眼」，此格局幸有**遷移宮**天梁（蔭）、地空（空出）來解難。

十五、廉貞、天府坐遷移宮（辰位）

太陰 -2 權 疾厄	貪狼 +3 祿 財帛	天同 -1 巨門 -1 子女	武曲 +2 天相 +4 夫妻
廉貞 +1 忌 天府 +4 遷移 丙	戊年生人		右弼 科 太陽 0 天梁 +2 兄弟
三台 天官 天福 僕役	貪狼化祿 太陰化權 右弼化科 天機化忌 例 15		天刑 七殺 +4 命宮
破軍 +2 官祿	旬空 天魁 田宅	紫微 0 福德	天機 0 忌 父母

※略解：

一、**遷移宮**坐丙干廉貞自化忌、化氣為「囚」，此為囚困人情格，意謂著：在外的人際活動，不善於婉拒或推卻可能給自己帶來的困擾，所以，往往易攬事上身或招來無妄之災。

二、**父母宮**天機化忌，意謂著：「彼人與父母有疏離感，**父母宮**又是師長、主管、老闆、貴人的宮位，若要在學校、職場上常逢好緣的話，父母宮的結構很重要。」

十六、天同、巨門坐遷移宮（丑位）

天機 0 丁巳	紫微 +4 戊午	恩光 天哭 借 己未 命宮	破軍 +2 庚申 父母
七殺 +4 丙辰	丁年生人-陰男 太陰化祿 天同化權 天機化科 巨門化忌 例 16		
太陽 +4 天梁 +4 乙卯			廉貞 +1 天府 +4
武曲 +2 天相 +4 甲寅	擎羊 +2 天同 -1 權 巨門 -1 忌 乙丑 遷移	貪狼 +3	太陰 +4

※**略解：命宮**無紫府星系，天哭意謂著：「彼人在情緒上較為壓抑，或者逢遇挫折易心生退卻而悶不樂。」彼人在外充滿動能活力十足。因為，**遷移宮**有天同化權坐鎮，化權是掌控與能量的象徵，天同本為福星，因化權導致周旋事務、勞碌奔波，難得讓自己清閒。

命宮借同巨主星入位，所以，在外行動易感召莫明是非及無妄之災，在身體方面，過度勞累易感召腎勞及泌尿系統、婦科方面的問題。

十七、天機、天梁坐遷移宮（戌位）

天府 +2 父母	天同 -2、太陰 -1 福德	武曲 +4 科、貪狼 +4 田宅	太陽 +2 忌、巨門 +4 官祿
天姚、蜚廉、三台 借 命宮 戌	甲年生人－陽男		天相 -2 僕役
廉貞 0 祿、破軍 -2 權 兄弟	廉貞化祿 破軍化權 武曲化科 太陽化忌	例 17	天梁 +4、天機 +1、地空、天哭 甲戌 遷移
借 夫妻	借 子女	借 財帛	紫微 +3、七殺 1 疾厄

※**略解**：天哭在**遷移宮**，逢遇挫折時情緒易低潮或面帶愁容，地空帶有從困境中領悟的智慧。命宮戌干天機化忌飛入**遷移宮**，在外行事風格及判斷決策方面，往往與事實有所差距，導致有常招過失的無妄之災。**命宮無主星**借機梁入位形成天機自化忌格局，天機相應人體主「肝膽，神經傳導、筋骨關節」，肝開竅在眼—視力，肝主魂，肝氣失調時易引起疲勞、頭痛、暈眩等，也可能有全身緊繃的不舒服感，所以，坐息調節是很重要的養生之道。

十八、天機、太陰坐遷移宮（寅位）

天相 +2 子女	天梁 +4 權 夫妻	七殺 +4 廉貞 +1 兄弟	天鉞 天喜 天福 借 命宮 甲申
巨門 -2 財帛	乙年生人－陰女 天機化祿 天梁化權 紫微化科 太陰化忌		貪 紫 借 父母
貪狼 +1 紫微 +3 科 疾厄	例 18		天同 0 福德
陀羅 -2 陰煞 太陰 +3 忌 天機 +2 祿 戊 遷移 寅	天府 +4 僕役	太陽 -2 天魁 恩光 戊 官祿 子	破軍 0 武曲 0 田宅

※略解：

一、**遷移宮**祿忌同宮，陰煞、陀羅化氣為暗忌，本宮戊干天機自化忌，在行動上易感召筋骨關節損傷，在運勢呈象易招先得後失之過，形成祿隨忌走格局。

二、**官祿宮**坐天魁、恩光常有貴人關照的際遇，但命宮有甲干太陽化忌飛入**官祿宮**，所以，在學業或職場常有無力感，**官祿宮**戊干又化忌飛入**遷移宮**，這屬於化忌連動現象。

十九、武曲、天相坐遷移宮（寅位）

天機 0 子女	紫微 地空 +4 權 夫妻	火星 +2 兄弟	破軍 天刑 +2 忌-忌 命宮
七殺 +4 財帛	壬年生人－陽男 天梁化祿 紫微化權 左輔化科 武曲化忌		文曲 天廚 月德 +2 父母
左輔 天梁 太陽 +4+4 **科祿** 疾厄	例 19		天府 廉貞 +4 +1 福德
天哭 天相 **武曲** +4 +2 **忌** 壬 **遷移** 寅	巨門 天同 -1 -1 僕役	貪狼 +3 官祿	太陰 +4 田宅

※略解：遷移宮武曲化忌入陣，「武忌」化氣為寡宿，**遷移宮**又坐壬干，形成武曲雙化忌格局，彼人在外的行動有兩種可能的呈象：

一、人際活動先熱後冷，先得後失，或有導致初善終惡的現象。

二、於人際往來上，易感召財物方面的損失—武曲化忌主財物。

二十、貪狼坐疾厄宮（寅位）

天梁 -2 夫妻	七殺 +3 兄弟	陰陽 借 命宮	廉貞 +4 甲申 父母
天相 +2 紫微 +2 子女			巨機 借 福德
巨門 +4 天機 +3 財帛	例 20		破軍 +3 田宅
天廚 天馬 左輔 **貪狼** 祿 八座 **恩光** 戊寅 **疾厄**	太陰 +4 太陽 -1 遷移	天府 +4 武曲 +3 僕役	天同 +4 官祿

※略解：

一、疾厄宮坐「戊干」形成貪狼自化祿格局，天廚、恩光又來助長，彼人常有飲食美味的福報，唯易傾向於精緻或時尚飲食，所以，在飲食上應有所節制。

二、貪狼五行本體屬水，化氣為陽木。水主腎、婦科、泌尿系統，陽木主四肢及筋骨關節，疾厄宮自化祿者，彼人飲食若偏向墮性食品時，易感召上述疾患的困擾。

二十一、天同坐疾厄宮（辰位）

武曲 破軍 0 0 財帛	太陽 +3 子女	天府 +4 夫妻	太陰 天機 火星 +1+2 -2 兄弟
天同 文昌 鈴星 0+2-2 忌 甲 **疾厄** 辰			貪狼 紫微 天喜 +1+3 權 命宮
紅鸞 天魁 遷移	例 21		巨門 文曲 陀羅 **天刑** -2 -2+2 庚 **父母** 戌
僕役	七殺 廉貞 +4 +1 官祿	天梁 +4 田宅	天相 +2 福德

※**略解：疾厄宮**鈴星落陷，五行屬陰火主與心臟相應的血循系統，**父母宮**坐庚干天同化忌飛入疾厄宮，天同屬陽水主婦科、腺體及泌尿系統，腎主骨，齒為骨之餘，開竅在耳，因受到飛忌沖剋的影響，彼人生活坐息易失規律，導致有體力消耗的氣虛之象。（註：敬順父母是對治**疾厄宮**的根本之道，因為，化忌飛出的宮位恰好在父母宮。）

二十二、太陽、天梁坐疾厄宮（卯位）

天機 0 子女	紫微 地空 +4 權 夫妻	火星 +2 兄弟	**破軍** 天刑 +2 **命宮**
七殺 +4 財帛	壬年生人－陽男		文曲 天廚 月德 +2 父母
天魁 左輔 **天梁** 太陽 鈴星 +4+4 科 **祿** 癸 **疾厄** 卯	天梁化祿 紫微化權 左輔化科 武曲化忌	例22	天府 廉貞 +4 +1 福德
天哭 天相 武曲 +4+2 忌 遷移	巨門 天同 -1 -1 僕役	貪狼 +3 官祿	太陰 +4 田宅

※**略解**：

一、**疾厄宮**天梁化祿者有飲食的福報，唯宮中太陽、天魁、鈴星五行皆屬火，彼人體質有陽實之象，因此，對於易引起心血循環問題的飲食及坐息勞動，應有所調節以遠離憂患。

二、**疾厄宮**坐癸干化祿飛入**命宮**破軍位，這有一種訊息的預告，即可能在飲食或應酬方面，由於調節失當的緣故，易感召五行屬水「腎臟、膀胱」兩系統方面的隱患，宜慎之。

二十三、武曲、七殺坐疾厄宮（酉位）

貪 廉 狼 貞 -2 -2 田宅	巨 門 +3 官祿	天 相 +2 僕役	天 天 梁 同 -2 +3 **遷移**
太 陰 -2 福德	論宮中四化 涉入現象		七 武 殺 曲 +3 +1 **疾厄**
天 府 +2 父母		例 23	太 陽 -1 財帛
同 梁 借 壬 **命宮**寅	破 紫 軍 微 +3 +4 兄弟	天 機 +4 夫妻	子女

※略解：

一、**命宮無主星**借遷移宮星「同梁」入位，**命宮**借「同梁雙星」坐壬干，命遷一線視同天梁自化祿，彼人行運常有貴人蔭照，人脈資源豐富及常有飲食之福，天同化氣為福，彼人生性樂觀，總想把快樂帶給周遭的友人。

二、**命宮**壬干武曲化忌飛入**疾厄宮**，彼人在日常坐息、飲食及工作活動上，易感召坐息失調的過勞問題，或者也可能有肺、呼吸道、皮膚、大腸排解、中氣不足的氣虛之象，武曲屬金在情緒上主憂慮，因此，若遇難處時，往往有愁悶抑鬱的心情。

二十四、天機、巨門借入疾厄宮（酉位）

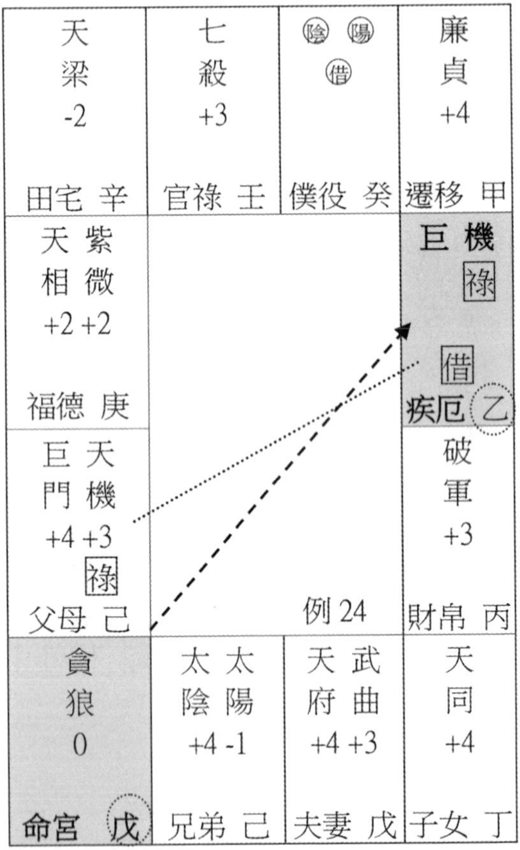

※略解：

一、**疾厄宮**坐乙干天機自化祿（借父母宮天機、巨門入位），彼人在飲食上有所偏好，得有所節制以保護肝膽的運行，日常可做些較為緩和的運動以活絡筋骨關節。

二、**命宮**戊干化忌飛入疾厄宮天機位，彼人先天體質易感召坐息失調、過勞、筋骨緊繃、眼睛疲勞、肝氣虛耗、四肢碰傷，或者要留意神經傳導方面的問題。

二十五、天機、天梁坐疾厄宮（辰位）

七 紫 殺 微 0 +3 財帛	陰 同 借 子女	貪 武 借 夫妻	巨 陽 借 兄弟
天 天 **機** 梁 +1 +4 權 **疾厄** 丙			破 **廉** 軍 **貞** -2 0 忌 **命宮**
天 相 -2 遷移 乙		例 25	機 梁 借 父母
巨 太 門 陽 +4 +3 僕役 甲	貪 武 狼 曲 +4 +4 官祿 乙	太 天 陰 同 +4 +3 田宅 甲	天 府 +2 福德

※**略解**：（疾厄宮屬生活際遇所感召的疾患）

一、**疾厄宮**丙干天機自化權，彼人在日常生活上，體力旺盛活動量大，有運動家的精神，彼人思維敏捷做事效率高，但也易感召四肢筋骨挫傷、頭痛、視力疲勞等現象。

二、**疾厄宮**丙干廉貞化忌飛入**命宮**，易引動宿命隱藏的疾患，尤其是心血循環方面的問題，**廉貞**屬陰火─體有內熱，因此，不論坐息、工作、飲食、行動等方面，宜有養生保健的常識與策略來對治，此例是「**疾忌入命格**」的訊息警示。

二十六、七殺坐疾厄宮（午位）

天梁 -2 遷移	**七殺** +3 **甲** **疾厄** 午	陰陽 借 財帛	廉貞 +4 子女
天相 紫微 +2 +2 僕役	本命大限盤 流年盤適用		巨機 借 夫妻
巨門 天機 +4 +3 官祿		例 26	破軍 +3 兄弟
貪狼 0 田宅	太陰 **太陽** +4 -1 忌 **福德**	天府 武曲 +4 +3 父母	天同 +4 命宮

※略解：

疾厄宮甲干太陽化忌飛入**福德宮**意謂著：「彼人逢遇身體不適之年，所感召的疾患易導致個人在精神層面上的憂慮，也有為疾患所苦的困擾，**疾忌**飛入**福宮**的太陽落陷在心情似有鬱鬱寡歡傾向。」

二十七、破軍坐父母宮（寅位）

太陰 -2 官祿	貪狼 +3 權 僕役	巨門 天同 -1 -1 遷移	天相 武曲 **文曲** 陰煞 +4+2+2 祿**忌** 疾厄
天府 廉貞 +4 +1 田宅	己年生-陰男 疾厄宮為 祿隨忌走格		天梁 太陽 +2 0 科 財帛
借 福德	例 27		七殺 +4 子女
鈴星 破軍 +2 +2 **父母** 寅	借 命宮	紫微 0 兄弟	天機 0 夫妻

※略解：

一、彼人疾厄宮坐文曲化忌，文曲之水反應在腎臟、膀胱、攝護腺、泌尿系統方面的問題，陰煞易導致身體過勞、疲累、氣虛現象，宜應對治才是。

二、**父母宮**受到**疾厄宮**文曲化忌及陰煞沖入的影響，導致彼人與父母親情有疏離感，甚至有聚少離多之象，所以，在奉養父母的作為上，往往心有餘而力不足。

二十八、破軍坐父母宮（亥位）

天相 +2 **疾厄**	天梁 +4 財帛	七殺 +4　廉貞 +1 子女	夫妻
巨門 -2 權 遷移	癸年生 或逢流年癸		兄弟
貪狼 +1 忌　紫微 +3 僕役	破軍在亥位 是得勢的旺地 例 28		天同 0 命宮
太陰 +3 科　天機 +2 官祿	天府 +4 田宅	太陽 -2 福德	**破軍 0 祿**　武曲 0 **父母** 亥

※略解：

一、**父母宮**破軍化祿是後勤支援豐富的星座，父母不但疼惜子女，也樂於將資源或財物給子女，彼人也有很好的師長、主管、老闆、長輩及貴人的緣分。

二、疾厄宮得到**父母宮**破軍化祿的助長，彼人在飲食享用無缺，雖有口福但要有所節制，破軍屬水主腎臟及泌尿系統，破軍化祿易感召**火水未濟**的心腎問題。

二十九、巨門坐父母宮（午位）

貪狼 -2 廉貞 -2 命宮 丁	巨門 +3 父母 戊	天相 +2 福德	天梁 -2 天同 +3 田宅
太陰 -2 兄弟 丙			七殺 +3 武曲 +1 官祿
天府 +2 夫妻 乙	例 29		太陽 -1 僕役
借 子女 甲	破軍 +3 紫微 +4 財帛 乙	天機 +4 疾厄 甲	借 遷移

※略解：

一、**父母宮**坐戊干天機化忌飛入**疾厄宮**回頭剋，彼人與父母的親情關係較有疏離感，或者父母也較疏於照顧子女。**父母宮**也是師長、主管、老闆、長輩、貴人的宮位，若能化解這方面的問題，應有轉化宿命的可能。

二、**命宮**丁干巨門化忌飛入**父母宮**，婉轉、愛語、敬順是促進親情氛圍的良方。

三十、紫微、破軍坐父母宮（未位）

兄弟	天機 +4 命宮	鈴星 擎羊 破軍 紫微 +1 +4 +3 +4 父母 丁	福德
太陽 +3 夫妻	丁年生 或逢宮干丁		天府 +3 田宅
七殺 武曲 +3 +1 子女	例 30		太陰 +3 官祿
天梁 天同 +4 +1 財帛	天相 +4 疾厄	巨門 月德 陰煞 +3 忌 遷移 壬	貪狼 廉貞 -2 -2 僕役

※略解：

一、**遷移宮**巨門化忌在外行運有未濟之勢，巨門化氣為暗，主是非無妄之災，今彼人出門在外應謹言慎行，態度低調保守方可明哲保身。

二、**父母宮**丁干巨門化忌飛入**遷移宮**，彼人在外行運難得父母的支援，此盤為白手起家格，不過，若能敬順且以實質行動來回饋父母親，應有轉化宿命的可能。

三十一、七殺坐父母宮（子位）

天同 +4 遷移	天府 武曲 +3 +3 忌 疾厄 午	太陰 太陽 -1 +2 財帛	貪狼 0 子女
破軍 +3 僕役	壬年生 或逢流年壬 天梁化祿 紫微化權 左輔化科 武曲化忌 例 31		巨門 天機 +4 +3 夫妻
  官祿			天相 紫微 +2 +2 兄弟
廉貞 +4 田宅	 福德	七殺 陰煞 +3 王 父母 子	天梁 -2 命宮

※略解：

一、**疾厄宮**武曲化忌主肺經，此局易感召肺部、呼吸道、大腸排解及過勞的氣虛之象。

二、**父母宮**王干與疾厄宮武曲化忌互沖，父母之間的相處頗為不易，所以，彼人的師長、主管、老闆、長輩貴人的運勢有待加強。

三十二、太陽、巨門坐夫妻宮（申位）

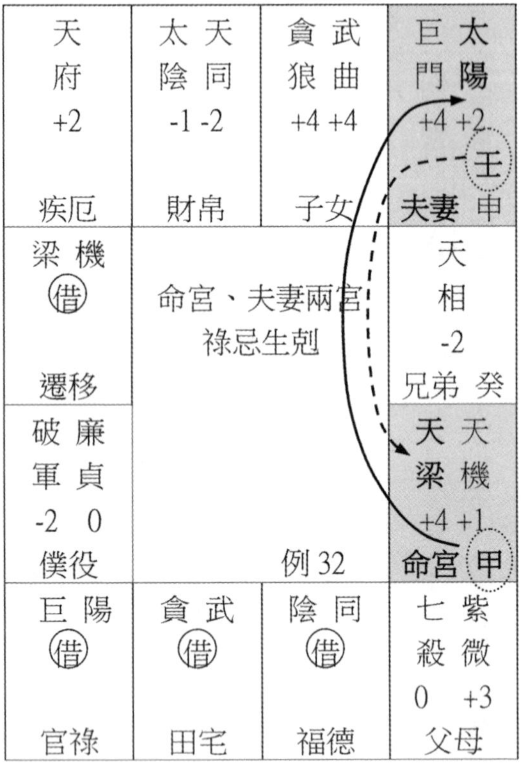

※略解：

一、**夫妻宮**壬干天梁化祿飛入彼人**命宮**，天梁是蔭星，伴侶倍加關愛對方，付出甚多。

二、此格局美中不足的是彼人命宮坐甲干太陽化忌飛入**夫妻宮**，這意謂著：對方蔭我甚多，但我卻缺乏善解人意的敏感度，導致在感情互動上，呈現較為冷漠的態度，甚至對物事的價值觀在認知上也有所差距。

三十三、太陰坐夫妻宮（戌位）

貪 廉 借 僕役	天 機 +4 祿 遷移	破 紫 軍 微 +3 +4 科 疾厄	梁 同 借 財帛
太擎天 陽羊刑 +3 +2 官祿	乙年生者		天 府 +3 子女
七 武 殺 曲 +3 +1 田宅	天機化祿 天梁化權 紫微化科 太陰化忌 例33		太 天 陰 空 +3 忌 **夫妻** 戌
天 天 梁 同 +4 +1 權 福德	天 相 +4 父母	巨火陰 門星煞 +3-2 **命宮**	貪 廉 狼 貞 -2 -2 兄弟

※略解：

一、**夫妻宮**坐太陰化忌，兩性相處考驗多多，姻緣路艱，若能以和為貴，應有美好的未來。

二、彼人**命宮**坐巨門、火星，主說話表達較為缺乏愛語的婉轉心態，當巨火煞同坐**命宮**或**疾厄宮**，在身體上往往有暗疾難察之象，不可等閒視之。

三十四、地空坐夫妻宮（寅位）

廉貞 -2 貪狼 -2	巨門 +3	天相 +2	地劫 天同 +3 忌 天梁 -2 官祿
太陰 -2 科	庚年生或流年庚 太陽化祿 武曲化權 太陰化科 天同化忌 例 34		武曲 +1 權 七殺 +3
天府 +2			太陽 -1 祿
地空 恩光 天廚 夫妻 寅	紫微 +4 破軍 +3	天機 +4	廉貞 貪狼 借

※略解：

一、彼人夫妻宮坐四馬地，**地空**有感情受挫，促使彼人從中改變思維導向善的境地，此格局的夫妻相處，宜有心靈成長的修練來圓滿婚姻。

二、彼人官祿宮天同化忌不論在學業或職場上易見起伏之象，當化忌與地劫沖入**夫妻宮**使得彼人的工作呈現不穩定狀態，也因此，夫妻應相互包容才是。

三十五、寡宿坐夫妻宮（戌位）

天梁 -2 **科** 僕役	七殺 +3 遷移	疾厄	廉貞 +4 財帛
天相 紫微 +2 +2 官祿	己年生-**陰男** 武曲化祿 貪狼化權 天梁化科 文曲化忌		文曲 +2 **忌** 子女
巨門 天機 +4 +3 田宅	例 35		**寡宿** 破軍 解神 +3 **夫妻**
貪狼 0 **權** 福德	太陰 太陽 +4 -1 父母	天府 武曲 +4 +3 **祿** 命宮	天同 +4 兄弟

※略解：彼人**夫妻宮**坐寡宿，在兩性相處或婚姻生活上，需要面對種種的考驗，若能晚婚或待心智較為成熟之際，因為知解人性及瞭解婚後家庭如何經營之道，即可超越宿命的束縛，過著幸福生活。

此盤**夫妻宮**是兩性往來或成婚對象的人格特質及行運。

三十六、孤辰坐夫妻宮（寅位）

太陰 -2 祿	貪狼 +3	天同 -1 巨門 -1 忌	武曲 +2 天相 +4
左輔 廉貞 +1 天府 +4 甲 辰 命宮	丁年生-陰女 太陰化祿 天同化權 天機化科 巨門化忌		太陽 0 天梁 +2
陽 梁 借		例36	右弼 七殺 +4 遷移
破鈴陰孤 軍星煞辰 +2+4 夫妻 寅	巨 同 忌 借	紫微 0	天機 0 科

※略解：

一、女命**夫妻宮**是指男方的人格特質及婚姻訊息，宮中有孤辰入陣，彼女在兩性往來姻緣路艱，或在婚姻生活上，應以智慧來化解所面臨的問題。

二、彼女命宮坐甲干破軍化權飛入**夫妻宮**，兩性之間的相處自我意志較強，此局為「夫妻相處爭權格」，若能調和並彌補個人的弱點，應有轉化宿命的可能。

三十七、天同坐夫妻宮（卯位）

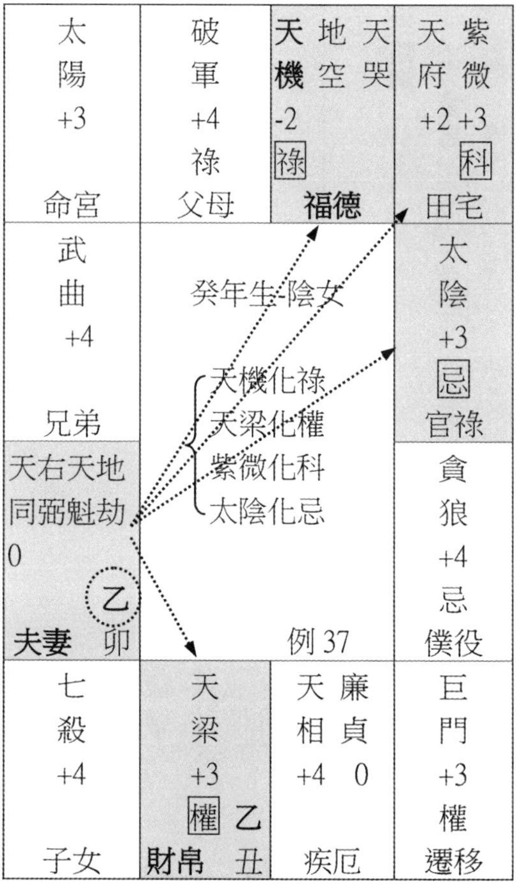

※略解：夫妻宮乙干天機化祿飛入**福德宮**，伴侶對我甚為關愛。天梁化權飛入我的**財帛宮**，伴侶對我的財務運用很關切，也是家裡的掌理財務者。唯彼人**財帛宮**乙干自化權，此局將可能形成財務上的「雙權相爭格」。**夫妻宮**紫微化科飛入**田宅宮**，伴侶理家有道，喜將住家佈置得典雅有氣氛。**夫妻宮**乙干太陰化忌飛入我的**官祿宮**，伴侶對於我的工作事業幫不上忙。

三十八、巨門坐夫妻宮（午位）

貪狼 -2 廉貞 -2 子女	巨門 +3 擎羊 -2 庚 **夫妻** 午	天相 +2	天梁 -2 **天同** +3 壬 **命宮** 申
太陰 -2 財帛	本命、大限、流年 可同理推論		七殺 +3 武曲 +1 父母
天府 +2 疾厄		例 38	太陽 -1 福德
借 遷移	破軍 +3 紫微 +4 僕役	天機 +4 官祿	借 田宅

※略解：

一、**夫妻宮**坐巨門、擎羊，代表**伴侶**的巨門星主說話及溝通能力，今**夫妻宮**擎羊落陷，化氣為刑，這使得伴侶說話直白，缺乏溫柔委婉的對待。

二、**夫妻宮**坐庚干天同化忌飛入**命宮**，彼人在生活面上常令伴侶勞碌難閒。

三十九、天梁坐夫妻宮（午位）

天相 +2	天梁 +4 權 天貴 天廚 夫妻 壬	廉貞 +1 七殺 +4	天福 天喜 天鉞 命宮 甲
巨門 -2	乙年生-陰女 天機化科 天梁化權 紫微化科 太陰化忌 例 39		
紫微 +3 科 貪狼 +1			天同 0
天機 +2 祿 太陰 +3 忌 紅鸞 遷移 戊	天府 +4	太陽 -2 天魁 恩光 戊 官祿 子	武曲 0 破軍 0

※略解：

一、**命宮**甲干太陽化忌飛入**官祿宮**，這意謂著：「彼人求學過程艱辛，在職場運勢挫折較多，或者偶有工作中斷導致所學專業難以有效的展現。」

二、**夫妻宮**天梁雙化權的蔭氣匯入**官祿宮**，伴侶關心自己的事業及工作狀態，總想盡可能的協助自己有所成就。

四十、太陰坐夫妻宮（卯位）

天天天**巨** 福巫鉞**門** +3 **權** **命宮** 巳	天 廉 相 貞 +4 0 父母	天 梁 +3 福德	七 殺 +4 田宅
天恩左貪 才光輔狼 +4 **忌** **兄弟** 辰	癸年生-陰女 破軍化祿 巨門化權 太陰化科 貪狼化忌		天天破 同刑碎 0 官祿
龍台天**太** 池輔魁**陰** -2 **科** **夫妻** 卯	夾宮 例 40		武 曲 +4 僕役
陰地天紫 **煞空**府微 +4+3 **子女** 甲	天 機 -2 財帛	破 軍 +4 祿 疾厄 甲	太 陽 -2 遷移

※略解：彼女**夫妻宮**是指對方的人格特質及運勢發展狀態，夫妻宮被**兄弟宮**及**子女宮**忌煞相夾，這意謂著：伴侶的運勢，受到兩面勢力的牽制，第一種壓力是來自於兄弟姐妹或友人。第二是：子女與其親子互動的問題。**子女宮**也是兩性親密與否的宮位，既有煞星坐其中，兩性更應柔情以對，以寬恕、包容來化解問題。

四十一、巨門坐夫妻宮（午位）

貪狼 -2 廉貞 -2 子女	巨門 +3 忌 **夫妻** 午	天相 +2 兄弟	天梁 -2 天同 +3 權 命宮
太陰 -2 祿 財帛	丁年生-**陰男**		七殺 +3 武曲 +1 父母
天府 +2 疾厄	太陰化祿 天同化權 天機化科 巨門化忌 例 41		太陽 -1 福德
梁同 借 遷移	破軍 +3 紫微 +4 僕役	天機 +4 科 **官祿** 子	貪廉 借 田宅

※略解：（愛語可化解夫妻宮坐巨門化忌的缺失）

一、**夫妻宮**可取用神為伴侶的命宮，彼方坐巨門化忌，相應人體為「婦科、腎泌尿系統」，因化忌之故，彼女身體屬陰虛體質，往往有氣虛之象，巨門星又主筋骨關節、脊椎，牙齒、眼睛，耳為腎之竅，如上所述問題應有養生常識來做好保健。

二、**官祿宮**化科入**夫妻宮**，自己用心良苦，總想幫助伴侶一路成長。

四十二、太陽、巨門坐官祿宮（申位）

天府 +2 父母 巳	太陰 天同 -1 -2 福德 午	貪狼 武曲 +4 +4 科 田宅 未	巨門 太陽 +4 +2 忌 **官祿** 申
天姚 蜚廉 三台 命宮 辰	甲年生人-陽男 廉貞化祿 破軍化權 武曲化科 太陽化忌	例42	天相 -2 僕役 酉
破軍 廉貞 -2 0 權 祿 兄弟 卯			天梁 天機 地空 天哭 +4 +1 甲 遷移 戌
祿存 忌 借 **夫妻** 寅	借 子女 丑	借 財帛 子	七殺 紫微 2 +3 疾厄 亥

※略解：

一、**官祿宮**太陽化忌，彼人在求學時期或進入職場的運程有阻滯之象。**遷移宮**甲干太陽化忌飛入官祿宮，在外難展才華，每逢挫折往往有失落感。。

二、**夫妻宮**受太陽化忌沖的緣故，使得兩性在婚姻生活上，往往有理念、價值觀上的認知差距，因此，如何維持工作的穩定度，將有利於化解夫妻相處的難處。

四十三、紫微、天相坐官祿宮（辰位）

天梁 -2 祿 僕役	七殺 +3 遷移	右弼 左輔 科 疾厄	廉貞 +4 財帛
紫微 +2 **權** 天相 +2 **官祿** 辰	壬年生 天梁化祿 紫微化權 左輔化科 武曲化忌 例 43		借 子女
天機 +3 巨門 +4 田宅			破軍 +3 **夫妻**
貪狼 0 福德	太陽 -1 太陰 +4 父母	武曲 +3 天府 +4 **命宮**甲	天同 +4 兄弟

※略解：

一、**官祿宮**紫微化權為尊中帶權，彼人在求學時代、職場或所參與的團體中，具有領導統御的特質，彼人頗有積極的企圖心以及處事決斷的獨特風格。

二、**命宮**坐甲干破軍化權飛入**夫妻宮**，此為「命權涉入夫妻宮格」，若擁有婚姻生活時，宜自我克制，調柔與伴侶互動的過剛性格，夫妻和諧與事業是息息相關的。

四十四、無主星在官祿宮（寅位）

武 破 曲 軍 0 0 疾厄	擎太文 羊陽昌 -2+3-2 科 財帛	天 府 +4 子女	孤文太天 辰曲陰機 +2+1+2 權 丙 夫妻 申
天 同 0 祿 遷移	丙年生-陽女 天同化祿 天機化權		貪 紫 狼 微 +1 +3 兄弟
旬天天地 空傷喜劫 僕役	文昌化科 廉貞化忌 夾擊	例 44	巨 門 -2 命宮
蜚 陰 廉 煞 借 庚 官祿 寅	七 廉 殺 貞 +4 +1 忌 田宅	天 梁 +4 福德	天 相 +2 父母

※略解：彼女**官祿宮**無主星，陰煞是顆變異不定的干擾星座，所以，在工作上呈不穩定狀態，**夫妻宮**天機雙化權匯入**官祿宮**，這是伴侶想協助或分擔彼人在工作上的辛勞事務。**官祿宮**庚干太陰化科飛入**夫妻宮**：「彼女頗為隨順對方的日常活動」。彼女**官祿宮**有**田宅**、**役僕**兩宮忌煞相夾，因此，在工作上易有人事異動問題，以及公事繁雜—廉貞化忌的影響。

四十五、紫微、貪狼坐官祿宮（卯位）

天相 +2 遷移	天梁 +4 疾厄	七殺 廉貞 +4 +1 財帛	借 子女
巨門 -2 僕役	戊年生-陽男 貪狼化祿 太陰化權 右弼化科 天機化忌		紅鸞 借 **夫妻**
天鈴貪紫 喜星狼微 +1+1+3 **祿**科 乙 **官祿** 卯	例 45		天同 0 兄弟
太陰 天機 +3 +2 權 忌 田宅	天府 +4 福德	太陽 -2 父母	破軍 武曲 0 0 命-身

※略解：

一、**官祿宮**貪狼化祿又坐乙干紫微自化科，此為科祿同宮將其吉氣匯入**夫妻宮**，彼人在職場頗能得心應手，伴侶承其福蔭，互動良好。

二、**夫妻宮**無主星借**官祿宮**諸星入位，此局為「事業蔭妻格」。

四十六、紫微、貪狼坐官祿宮（卯位）

天相 +2 遷移	天梁 +4 疾厄	七殺 廉貞 +4 +1 財帛	借 子女
巨門 -2 僕役	戊年生-陽男 貪狼化祿 太陰化權 右弼化科 天機化忌 例 46		紅鸞 借 夫妻
天喜 鈴星 貪狼 紫微 +1 +1 +3 祿 乙 官祿 卯			天同 0 兄弟
太陰 天機 +3 +2 權 忌 忌 祿 田宅	天府 右弼 左輔 天魁 科 福德	太陽 -2 父母	破軍 武曲 1 0 命-身

※略解：

一、**田宅宮**天機化忌、太陰化權掌理家務，形成權隨忌走格局，彼人雖盡其所能為家庭付出，希望興隆家運，但往往備感辛勞且與家人聚少離多。

二、**官祿宮**乙干天機化祿、太陰化忌飛入**田宅宮**—在學校或職場上，形成祿權忌變化格局，彼人對公司付出甚多，唯在周旋忙碌裡，也要預防過度勞累的問題。

四十七、武曲、七殺坐官祿宮（卯位）

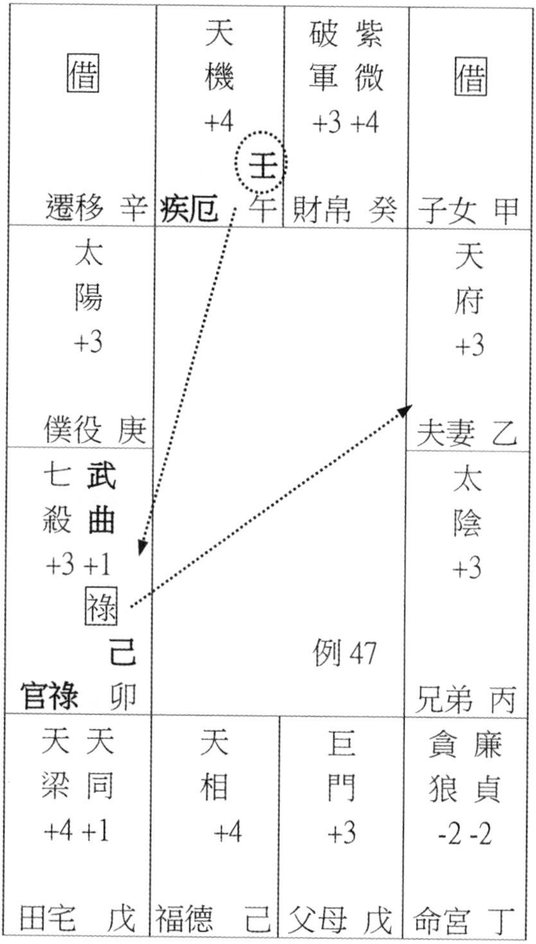

※略解：

一、**官祿宮坐**己干武曲自化祿，彼人在學業、職場上擁有豐厚的人脈與物質資源，此局為事業化祿蔭夫妻格。

二、**疾厄宮**壬干武曲化忌飛入**官祿宮**，彼人面對學業、工作有過勞、氣虛之象，而且疾患在武曲屬金方面，因此，宜尋求方法來改善才是。

四十八、七殺坐官祿宮（辰、天羅位）

天機 0 僕役	紫微 +4 遷移	借 疾厄	破軍 +2 財帛
七殺 +4 壬 官祿 辰			借 子女
天梁 太陽 +4 +4 祿 田宅 辛		例 48	天府 廉貞 +4 +1 夫妻
天相 武曲 +4 +2 忌 福德 庚	巨門 天同 -1 -1 父母 辛	貪狼 +3 命宮 庚	太陰 +4 兄弟

（圖中箭頭：官祿宮壬干→田宅宮天梁化祿；官祿宮壬干→福德宮武曲化忌）

※略解：

一、**官祿宮**七殺坐天羅位，面對事業有強烈的企圖心與突破重圍的動力。

二、**官祿宮**坐壬干天梁化祿飛入**田宅宮**，彼人在工作場所頗得人緣，捨得付出。

三、**官祿宮**壬干武曲化忌飛入**福德宮**，彼人工作繁忙瑣事多，易逢挫折導致承受極大壓力，而且難得見其開朗。

四十九、太陽坐子女宮（亥位）

巨門 +3 **田宅**	天相 +4 廉貞 0 祿 官祿	天梁 +3 僕役	七殺 +4 遷移
貪狼 +4 福德	甲年生-陽男 廉貞化祿 破軍化權 武曲化科 太陽化忌		天同 0 疾厄
太陰 -2 父母		例 49	武曲 +4 科 財帛
天府 +4 紫微 +3 命宮	天機 -2 兄弟	破軍 +4 權 夫妻	**太陽** -2 **忌** **子女** 亥

※略解：

一、**子女宮**是兩性肌膚之親的宮位，所以，宜彼此互相包容來使家運興旺起來。

二、**子女宮**化忌的緣故，彼人在生育、養育照顧子女上頗為辛勞。

三、**田宅宮**巨門受化忌沖的影響，夫妻在家應以和為貴來共同經營家務。

五十、武曲、破軍坐子女宮（巳位）

破軍 0　武曲 0　乙（巳）→命宮 **子女** 巳	太陽 +3 夫妻	天府 +4 兄弟	天機 +2 祿　太陰 +1 忌 **命宮**
天同 0 財帛 甲	子女宮 祿忌飛入命宮		紫微 +3　貪狼 +1 父母宮
疾厄 癸	例 50		巨門 -2 福德宮
借 遷移 壬	廉貞 +1　七殺 +4 僕役 癸	天梁 +4 官祿 壬	天相 +2 田宅宮

※略解：

一、**子女宮**天機化祿飛入命宮，子女頗能體貼父母心意，然太陰化忌也同時飛入**命宮**，子女常令父母操勞生活起居，日後也常有聚少離多的現象。

二、**子女宮**坐武破雙星頗有才華充滿積極企圖，無論做任何事情都能勇往直前，所以，在外擁有很好的人際善緣。

五十一、武曲、破軍坐子女宮（取用神）

破軍 0 武曲 +1 **子之命** 子女宮	太陽 +3 夫妻宮	天府 +4 兄弟宮	天機 +2 太陰 +1 **命宮**
天同 0 財帛宮	子女宮用神論		紫微 +3 貪狼 +1 父母宮
疾厄宮	例 51		**巨門 -2** **子之僕** 福德宮
借 遷移宮	廉貞 +1 七殺 +4 僕役宮	**天梁** 祿 **子之疾** 官祿 壬	天相 +2 田宅宮

※略解：

一、**子女宮**可立太極取用神為子女的命宮，原盤的官祿宮轉為子女的疾厄宮—子之疾宮，宮中坐壬干天梁自化祿，子女帶有飲食的福報，喜美食。

二、**子之僕役宮**主其人事往來狀態，宮中巨門落陷化氣為暗，代表子女的人際往來易招是非的紛擾或無妄之災，也可能在人際上有初善終惡的呈象。

五十二、天機、巨門在子女宮（卯位）

天梁 -2 兄弟 乙	七殺 +3 甲 命宮 午	乙 父母 未	廉貞 +4 祿 丙 福德 申
天相 +2 紫微 +2 夫妻 甲	甲流年盤 廉貞化祿 破軍化權 武曲化科 太陽化忌		巨 機 借 子之遷 丁 田宅 酉
巨門 +4 忌 天機 +3 科 子之命 子女 癸	例 52		破軍 +3 權 官祿 戌
貪狼 0 財帛 壬	太陰 +4 太陽 -1 忌 疾厄 辛	天府 +4 武曲 +3 科 遷移 庚	天同 +4 僕役 己

※略解：

一、甲流年盤**子女宮**坐「天機、巨門」，彼人**田宅空宮**借機巨入位，丁干機科、巨忌飛入**子女宮**，意謂著：彼人當年與子女互動較少，但仍關心子女的日常生活。

二、以**子女宮立太極**，**子之命**即為彼子女的**命宮**，**子之遷**見「機科、巨忌」意謂著：彼子女當年在外的人事活動，易感召莫名是非的困擾，但也能逢凶化吉。

五十三、貪狼、廉貞坐子女宮（亥位）

廉 貪 -2 -2 借 **田宅**	天 機 +4 官祿	破 紫 軍 微 +3 +4 祿 僕役	借 遷移
太 陽 +3 福德	癸年生-陰女		天 府 +3 疾厄
七 武 殺 曲 +3 +1 父母	破軍化祿 巨門化權 太陰化科 貪狼化忌 例 53		太 陰 +3 科 財帛
天 天 梁 同 +4 +1 命宮	天 相 +4	巨 門 +3 權 夫妻	**貪** 廉 **狼** 貞 -2 -2 **忌** **子女** 亥

※**略解**：貪狼化忌坐子女宮，彼人在兩性生活及姻緣路上考驗頗多，婚後在照顧養育子女過程也較為辛勞。**田宅宮**借廉貪入位，因受貪忌沖的影響，彼人在家心情較悶，友人少來訪，與家人也較少閒話家常。凡有類似格局者，在購置房地產時，還是謹慎選擇為要，才能突破格局的束縛。

五四、廉貞、火鉞坐田宅宮（申位）

天梁 -2 權 命宮	七殺 +3 父母	借 福德	廉火天右 貞星鉞弼 +4-2 田宅　申
天紫 相微 +2 +2 科 兄弟	乙年生-陰女 天機化祿 天梁化權 紫微化科 太陰化忌 例 54		借 官祿
巨天 門機 +4 +3 祿 夫妻			破軍 +3 僕役
貪陀天孤 狼羅馬辰 0 -2 子女	太太 陰陽 +4 -1 忌 財帛	天武 府曲 +4 +3 疾厄	天同 +4 遷移

※**略解：田宅宮**火星與**子女宮**陀羅、天馬相會，**子女宮**坐在動盪的四馬地，子女在外活動能量強，此為出外打拼型，所以，日後常與家人聚少離多。火星、天鉞在**田宅宮**意謂著：彼人住家或出入的場所與宗教有關，唯火星落陷導致彼人欠缺內務整理的心思。

五十五、地劫坐田宅宮（申位）

七 紫 殺 微 0 +3 **命宮** 巳	借 父母	借 福德	**地** 天 解 **劫** 馬 神 **田宅** 申
天 天 機 梁 +1 +4 兄弟	丁年生人 或逢丁流年		破 廉 軍 貞 -2 0 官祿
天 相 -2 夫妻	例 55		借 僕役
巨太**地**陰 門陽**空**煞 +4+3 **忌** **子女** 寅	貪 武 狼 曲 +4 +4 財帛	太 天 陰 同 +4 +3 疾厄	天 府 +2 遷移 亥

※略解：四馬地裡的**田宅宮**見天馬與地劫動盪之星同坐，彼人童年居家好動，日後在外時間較多，與家人相聚時間少。**子女宮**巨忌、空煞將能量沖入**田宅宮**，此盤局最弱之處在**子女宮**與**田宅宮**。因此，愛家有道是珍惜與回饋家人最佳的良方，為改善**田宅宮**化忌沖的問題，在購置房地產時，應謹慎為要。

五十六、巨門坐田宅宮（辰位）

天相 +2 官祿	天梁 +4 科 僕役	廉貞 +1 七殺 +4 遷移	天廚 天鉞 天馬 地劫 疾厄
巨門 天喜 寡宿 解神 -2 田宅 辰	己年生-陰男 武曲化祿 貪狼化權 天梁化科 文曲化忌 例 56		截空 破碎 龍池 天官 財帛
			紅鸞 陰煞 天同 0 子女
天機 +2 太陰 +3 父母	天府 +4 文昌 +2 文曲 +3 忌 天哭 丁 命宮 丑	太陽 -2 丙 兄弟 子	武曲 0 祿 破軍 0 夫妻

※**略解**：**田宅宮**坐寡宿、巨門意謂著：彼人在家的心緒穩定力不足，與家人在溝通或認知上有所差距。對宮陰煞沖入使得彼人在家較為懶散或內務不整。**命宮**丁干巨門化忌飛入田宅宮凸顯彼人家運較為弱勢。**田宅宮**也可延伸為：「陽宅運勢、學校、公司、工作場所」，如上所述會影響子女及家運的發展，所以說，居家的空間與格局佈置很重要。

五十七、貪狼坐田宅宮（子位）

祿存 紅鸞 天機 0 忌 財帛	紫微 +4 右弼 科 子女	**天鉞** **寡宿** 天才 **夫妻 己**	破軍 +2 兄弟
七殺 +4 疾厄	戊年生-陽男 貪狼化祿 太陰化權 右弼化科 天機化忌		陽梁 借 命宮
天梁 +4 太陽 +4 遷移	例 57		天府 +4 廉貞 +1 父母
天相 +4 武曲 +2 僕役	**文曲** +2 文昌 +2 巨門 -1 天同 -1 忌 官祿	**貪狼** +3 **祿** 鈴星 -2 田宅 **甲**子	太陰 +4 權 天空 孤辰 天喜 福德

※略解：

一、**田宅宮**貪狼化祿為愛家有道的格局，願盡其所能的讓家人生活無憂。

二、**鈴星落陷**在田宅宮顯得美中不足，彼人在家說話耿直，然愛語有利興家。在內務整理方面有待加強，居家格局的規劃與佈置也很重要，若要購屋的話也要謹慎抉擇。

五十八、地空、天空坐田宅宮（丑位）

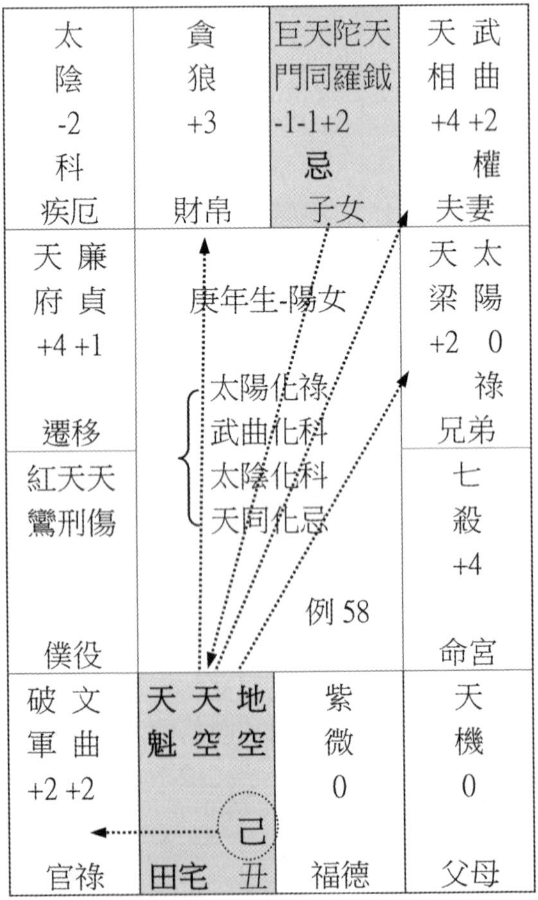

※**略解**：（田宅宮飛出四化入它宮）

一、**田宅宮**受天同化忌沖入的影響，居家常為子女奔勞操心，導致難得清閒。

二、地空、天空坐鎮的緣故，彼人在居家生活上顯得有些空虛、落寞感。

三、**田宅宮**武祿飛**夫妻宮**對先生甚好，貪權飛**財宮**擅長打理居家財務，梁科飛**兄弟宮**對待兄弟姐妹及友人甚好，頗受好評。曲忌飛**官祿**，居家不喜談論公司的事。

五十九、貪狼坐財帛宮（寅位）

天梁 -2 兄弟 乙	七殺 +3 命宮 甲	天姚 天才 天虛 父母 乙	**廉貞** +4 祿 福德 丙
天相 紫微 +2 +2 夫妻 甲	甲年生-陽女 廉貞化祿 破軍化權 武曲化科 太陽化忌 例 59		借 田宅 丁
巨門 天機 +4 +3 子女 癸			破軍 +3 權 官祿 戊
貪狼 0 **財帛** 王	地劫 太陰 太陽 +4 -1 忌 疾厄 辛	天府 武曲 +4 +3 科 **遷移** 庚	天同 +4 僕役 己

※略解：

一、**福德宮**廉貞化祿助長財帛宮，彼人常有錢財方面的福報，**貪狼**坐財帛宮帶點偏財運，況且彼人在賺錢方面也擁有積極的企圖心。福德宮廉祿擁有物質生活的福報，但坐丙干廉貞自化忌意謂著：彼人心思舉棋不定，往往有優柔寡斷的傾向，導致有錯失得財的機會。

二、**財帛宮**壬干武曲化忌飛入**遷移宮**，彼人在外的錢財花費應知所節制。

六十、擎羊坐財帛宮（午位）

破軍 0 武曲 0 疾厄	擎羊 -2 文昌 -2 科 太陽 +3 甲 財帛 午	天府 +4 子女	天機 +2 太陰 +1 夫妻
天同 0 遷移	丙年生-陽女 天同化祿 天機化權		紫微 +3 貪狼 +1 兄弟
僕役	文昌化科 廉貞化忌 例 60		巨門 -2 命宮
官祿	廉貞 +1 七殺 +4 田宅	天哭 天廚 天梁 +4 庚 福德 子	天相 +2 父母

※**略解**：

一、**財帛宮**擎羊落陷化氣為刑，本宮位甲干太陽自化忌，彼人在財物花費上顯得乾脆俐落，文昌化科使得彼人個性慷慨，在眾人中頗有好名聲，也常有後援來支助。

二、**福德宮**庚干太陽化祿飛入**財帛宮**，意謂著：彼人在錢財運用上，常有冥冥之中的福報來蔭—福德宮喜坐蔭星的天梁。

六十一、廉貞坐財帛宮（申位）

天梁 -2 科 僕役	七殺 +3 遷移	左輔 右弼 擎羊 +2 疾厄	廉貞 火星 天鉞 陰煞 +4-2 壬 財帛 申
天相 紫微 +2 +2 官祿	己年生-陰女		文曲 +2 忌 子女
巨門 天機 +4 +3 田宅	武曲化祿 貪狼化權 天梁化科 文曲化忌	例 61	破軍 +3 夫妻
天福 天空 貪狼 0 權 福德 丙	太陰 太陽 +4 -1 父母	天魁 天府 武曲 +4+3 祿 命宮 丙	天同 +4 兄弟

※略解：

一、彼人命宮甚美，武曲化祿是正財星坐鎮，天魁使彼人生來即得男性長輩與貴人的關照，所以，在生活所需上很有福報。

二、**財帛宮**壬干武曲化忌飛入命宮，命、福兩宮丙干廉貞化忌同時飛入**財帛宮**，此為**命福財**三宮化忌連動格局，彼人的財物福報甚為豐厚，日後財物的耗損也是一個隱憂。

六十二、空劫坐財帛宮（巳位）

地空 地劫 左輔 祿存 **財帛** 巳	天機 +4 忌 子女	破軍 +3 紫微 +4 夫妻	孤辰 恩光 解神 兄弟
太陽 +3 疾厄	戊年午時生-陽女		天府 +3 右弼 科 命宮
七殺 +3 武曲 +1 遷移	貪狼化祿 太陰化權 右弼化科 天機化忌	例 62	太陰 +3 權 父母
天梁 +4 天同 +1 僕役	天相 +4 官祿	巨門 +3 田宅	**貪狼** -2 **祿** **廉貞** -2 **福德** 亥

※略解：

一、空劫坐四馬地，地劫有損耗錢財之象。地空為錢財不知所措，當空劫沖入**福德宮**時，彼人在財務方面的壓力甚大，幸有左輔、祿存吉星同坐，使彼人漸趨保守。

二、**福德宮**貪狼化祿生扶**財帛宮**，使得彼人在面臨財務困境時，常有財物來蔭的福報。

六十三、天梁坐財帛宮（丑位）

太陽 +3 命宮	破軍 文昌 +4 -2 **祿** **父母**	天機 -2 **己** **福德** 未	天府 紫微 +2 +3 田宅
武曲 +4 兄弟	癸年生-陰女 破軍化祿 巨門化權 太陰化科 貪狼化忌 例 63		太陰 +3 科 官祿
天同 0 夫妻			貪狼 +4 忌 僕役
七殺 +4 子女	**天梁** 火星 擎羊 +3+2+2 權 **財帛** 乙	天相 廉貞 +4 0 疾厄	巨門 +3 權 遷移

※略解：

一、**財帛宮**有天梁蔭星坐鎮，彼人常有逢遇貴人蔭財的際遇。

二、**財帛宮**乙干天機化祿飛入**福德宮**，彼人注重物質方面的享用，火星、擎羊同宮易導致在花費上難以節制，**福德己干**天梁化科飛**財帛宮**，在財務上往往有冥冥之中的後援。

三、**父母宮**破軍化祿是後勤支援的福星，彼人擁有父母親、師長、老闆關照的好福分。

六十四、紫微、天府坐福德宮（寅位）

巨門 +3 僕役	天相 廉貞 +4 0 遷移	天梁 +3 疾厄	七殺 +4 **財帛** 申
貪狼 +4 官祿	**紫微、天府坐福德宮**		天同 0 子女
太陰 -2 田宅	例 64		武曲 +4 夫妻
天府 紫微 +4 +3 **福德** 寅	天機 -2 父母	破軍 +4 命宮	太陽 -2 兄弟

※**略解**：

一、**福德宮**紫微、天府帝后雙星同坐，紫微化氣為**尊**，天府化氣為**令**，**福德宮**是精神生活以及享有物質福報的宮位，彼人在生活層面上傾向於擁有高尚的生活品質，唯需稍加節制，以免心受物役，導致心靈空虛。

二、**財帛宮**七殺雖不化忌但化氣為**耗**，得財難守或有先得後失之象，一字需記－「守」。

六十五、太陰、太陽坐福德宮（丑位）

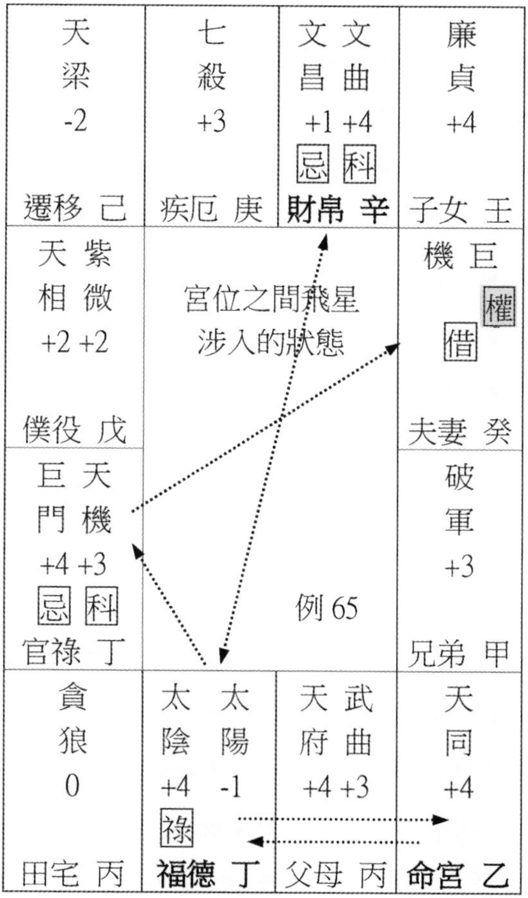

※略解：（**忌**—自化忌。**科**—自化科）

一、**福德宮**丁干太陰自化祿，享有物質回饋的福報，講究生活品質帶來心情的愉悅感。

二、**財帛宮**辛干文昌自化忌，彼人在理財運用及管控上，往往有不得力之處，甚至在資金調度上，造成心裡極大的壓力，幸有宮中文曲自化科來化解窘境，使得財庫漸至豐盈。

三、此盤**命宮**乙干太陰化忌飛入**福德宮**意謂著：「彼人面臨壓力或困境時，在排憂解難或抗壓方面稍嫌不足，所以，常有囚困於事的煩惱」。

四、**官祿宮**天機、巨門同宮代表著「讀書、考運、職場運勢」，官祿宮丁干巨門自化忌、天機自化科意謂著：「彼人一路走來，不論在讀書、考運或在職場上，難免會遇上一些挫折，或者是是非非的困擾，幸好總能逢凶化吉，平安吉祥。」

五、**夫妻宮**無紫府星系甲級星，借**官祿宮**中的天機、巨門入位，**夫妻宮**癸干巨門自化權，伴侶的主觀意志強，尤其在說話表達上較為缺乏婉轉愛語的柔情。若有類似格局者，當珍惜兩性相處姻緣，慎於初善終惡。

六、**福德宮**丁干天同化權飛**命宮**，彼人自我要求甚高，事必恭親或凡事總想做到完善美好，相對的，也常給自己壓力，導致難以悠閒自處。

六十六、天同、巨門坐福德宮（未位）

太陰 -2 科 命宮	貪狼 +3 父母	天同 巨門 文曲 文昌 -1-1++4+1 忌 陀羅 天鉞 **福德** 癸	天相 武曲 +4 +2 權 田宅
天府 廉貞 +4 +1 兄弟	庚年生-陽男 太陽化祿 武曲化權 太陰化科 天同化忌		天梁 太陽 +2 0 祿 官祿
天空 天刑 夫妻	例 66		七殺 +4 僕役
破軍 +2 子女	天魁 寡宿 天壽 **財帛** 己	紫微 0 疾厄	天機 0 遷移

※略解：

一、彼人天同化忌在福德宮，心思操勞難得見其清閒，做事常給自己無形的壓力，或在日常生活裡閒不住，偶遇事來或挫折時，心緒易困其中，周旋反覆。

二、財帛宮己干文曲化忌飛入**福德宮**化剋，此為囚困於財易招壓力的格局。

六十七、無主星在福德宮（亥位）

貪狼 -2 廉貞 -2 陀羅 -2 權 財帛	巨門 +3 子女	天相 +2 文昌 +1 文曲 +4 忌 夫妻	天梁 -2 科 天同 +3 兄弟
紅鸞 太陰 -2 權 疾厄 戊	己年生-陰女		七殺 +3 武曲 +1 祿 命宮
天府 +2 遷移	例 67		太陽 -1 天喜 寡宿 父母
梁 同 借 僕役	破軍 +3 紫微 +4 官祿	天機 +4 田宅	天姚 鳳閣 年解 借 乙 福德 亥

※略解：

一、**福德宮**無主星，借**財帛宮**廉貪入位，貪狼化權匯入**福德宮**易驅使彼人常有想賺大錢的企圖心與慾望，唯陷地陀羅沖入，易令彼人因困在財務的周轉上。

二、**福德宮**乙干太陰化忌飛**疾厄宮**，彼人心緒常為身體不適而困擾，疾厄宮太陰自化權，易因勞動、坐息、飲食失調，導致有婦科、齒骨、關節、腎、泌尿系統方面的問題。

六十八、太陽、天梁坐福德宮（卯位）

天機陀羅地空地劫 0 -2 官祿	紫微 +4 僕役	擎羊天貴八座 +2 遷移	破軍 +2 疾厄
七殺 +4 田宅	己年生-陰女 武曲化祿 貪狼化權 天梁化科 文曲化忌 例 68		左輔火星年解 財帛
天梁 太陽 +4 +4 **科** 福德 丁			天府廉貞文曲寡宿 +4+1 子女
天相 武曲 +4 +2 父母	**巨門** **天同** 恩光 -1 -1 忌 權 命-身 丁	貪狼 +3 兄弟	**太陰** +4 夫妻

※略解：

一、**福德宮**坐天梁化科是逢凶化吉能解諸難之星，彼人心地慈善，內心嚮往自然、不受拘束的生活。

當化科匯入**財帛宮**時，彼人在財物方面冥冥之中有受蔭的福報。

二、**福德宮**與**命宮**坐干丁：

◎**命宮、福德宮**太陰化祿飛**夫妻宮**：彼女願盡其所能的助夫興家。彼女愛戀對方頗有情意，不論在物質或精神上的投入都捨得付出。
◎**命宮**丁干天同自化權，**福德宮**天同化權飛入**命宮**：彼女的日常活動裡，總是讓自己很忙碌，難以悠閒自處。自化權在**命宮**意謂著：「彼女注重個人意志的展現，遇事經常親力親為，容易把生活步調變得緊湊。」
◎**命宮**天同自化權要預防過度勞累之患—腎勞—腎及泌尿系統負擔過重。
◎**命宮**、**福德宮**天機化科飛入**官祿宮**，彼人**官祿宮**雖不美，幸有**命宮**及**福德宮**天機化科來補其不足，所以，彼人縱使在讀書、考運或職場上，凡逢遇不如意事時，彼人通常能透過自我激勵發揮智慧來化解所面臨的問題。
◎**命宮**巨門自化忌五行屬水化氣為**暗**、主是非，彼女宜留意下列事項：
1、婦科、泌尿、免疫系統、齒骨、關節要注重養生保健。
2、坐息、飲食失調或過度勞累易感召腎、泌尿系統方面的負擔與疾患。
3、巨門之水化忌為暗險，忌近水玩耍。
4、在外的人際活動宜低調保守，因**命宮**巨門自化忌的能量會沖剋**遷移宮**，易感召是非或無妄之災的困擾。
5、**福德宮**巨門化忌飛入**命宮**，當逢遇挫折時，彼人易為問題所困惑，招致抑鬱寡歡，幸有**福德宮**天梁化科的智慧來化解疑難。

六十九、太陽、太陰—兄宮弟、僕役宮

貪 廉 借 命宮	天機 +4 父母	破軍 紫微 +3 +4 福德	 田宅
太陽 鈴星 +3 -2 **兄弟宮**	己年生 武曲化祿 貪狼化權 天梁化科 文曲化忌		天府 +3 官祿
七殺 武曲 +3 +1 **祿** 夫妻			太陰 文曲 陰煞 +3 **忌** **僕役** 甲
天梁 天同 +4 +1 **科** 子女	天相 +4 財帛	巨門 +3 疾厄	貪狼 廉貞 -2 -2 **權** 遷移

※略解：

一、兄弟宮受文曲化忌沖入的緣故，彼人的手足之情較疏，其中不乏有說話直白者，然於往來密切的友人裡，也不乏對我關照有加者，太陽是關愛付出不求回報的吉祥星座。

二、僕役宮有文曲化忌及陰煞，此局易形成人事往來上的初善終惡或招來無端的損失。

七十、破軍、武曲、天相—兄弟宮、僕役宮

太陰 -2 科 福德	貪狼 +3 忌 田宅	巨門 -1 權 天同 -1 官祿	天相 +4 武曲 +2 **僕役**
天府 +4 **廉貞** +1 父母	癸年生人 破軍化祿 巨門化權 太陰化科 貪狼化忌 例 15		天梁 +2 太陽 0 右弼 遷移
天福 天官 三台 命宮			七殺 +4 天刑 疾厄
破軍 +2 **祿** **兄弟**	天魁 旬空 夫妻	紫微 0 子女	天機 0 財帛

※略解：

一、兄弟姐妹裡有對我特別疼愛者，凡有好處總會與我分享，或在人生成長過程益我甚多。

二、於往來友人、事業伙伴裡，從其處獲益甚多，所以，彼此互動頻繁，不乏美食之事。

三、化祿匯入僕役宮，使得在職場上的人事往來交際頻繁，且有獲得這方面資源的益處。

四、人事交際頻繁之象，唯在飲食交際上還是要有所節制較好。

第十四章

日常數術的一些事

一、喝好水——生命的泉源

地球上的水佔了百分之七十的面積，人體身上的水分也佔有類似的比例，日本研究水結晶與意念之間的關聯結構專家「江本勝」，在紐約聯合國總部舉行水與精神世界為主題的演講，獲得極大的迴響與讚譽。《水可以改變我生命》是其中一本重要的著作。書中介紹人類正面、負面意念與水之間的聯結，作者將水結晶狀態以精彩的顯微圖片呈現出來，令人嘆為觀止。原來人的意念可以與水溝通並產生極其微妙的水結晶狀態。當一個人發出正向或負面的意念時，水能夠接收到這樣的訊息，應證了人體內的水分是接收意念最直接的訊息場。

水是接收訊息場的受體，人體內每天所消耗的水分也需要靠喝水來補充，問題是「你喝對了水嗎？」或者說「你喝了好水嗎？」好水可以調節身體的機能，**好水**也隨時在跟自己的意念之間聯結，這種**精神—意念與物質**，所轉化的生物心理—**量子能量**是很不可思議的，本世紀已被證實念力能量對水有重大的影響作用。

水的來源與淨化處理很重要，若以一個體重六十公斤的人來計算，每日的喝水量應在 2040CC 左右，成人每日排出的尿量約為 1440CC 左右，一個人每日喝水量若低於排尿的量時，就是一種缺水狀態，人體內一旦長期處在缺水狀態時，勢必會漸漸影響身體其他機能的運作，進而產生一些不明原因的疾患，所以說，**喝好水**是生命賴以生存的基本需求。

市面上有數之不盡的淨水器、飲水機等等，但問題是你選對且符合生理需求的飲水機了嗎？喝好水需要有產生好水的條件，目前我們能做的只有透過資訊去瞭解，進一步來解決日常生活的飲水問題。若以一個家庭有三人為單位來計算每日喝水量的話，其需求量將超過 6000CC 以上，從節省開銷及飲水健康的角度來計算分析，裝一部精緻且品質好的淨水器，實在是有其必要的。

喝好水，
可與生理機能產生良質的波動能量，
這種有機優質的健波能量水，
好水與精神層面的意念一旦結合，
身體的機能運作將會輕鬆很多，
水是生命的泉源，
也是提升心靈不可或缺的生物能量。

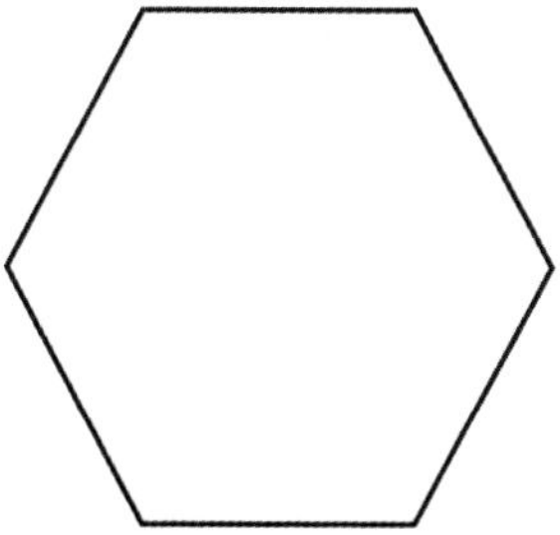

水結晶的基本狀態－六角水

二、養生的祕訣——泡腳、踩地、曬太陽

生命的能量在腳底，打從嬰兒時期學走路開始，直到年齡漸增，腳底的生命能量漸漸退化，老年人最常見的問題是雙腳退化，**生命的能量既由腳底開始，也終於腳底**。因此，自古以來，人們極其注重腳力的保健，**藥王孫思邈**在《千金翼方》中記載著「足下保暖」的科學見解，甚至還有如何泡腳的方法。

《養生銘、唐—孫思邈》

怒甚偏傷氣，思多太損神。神疲心易疫，氣弱病來侵。
勿使悲歡極，當令飲食均。再三防夜醉，第一戒晨嗔。
亥寢鳴天鼓，寅興漱玉津。妖邪難侵犯，精氣自全身。
若要無諸病，常當節五辛。安神宜悅樂，惜氣保和純。
壽夭休論命，修行在本人。倘能遵此理，平地可朝真。

踩地、曬太陽也是養生保健的重要活動，甚至，也有以每日日出的一小時內，或日落的前一小時，進行凝視太陽以激發松果體開發內在無限的潛能，這種方法廣泛的被稱為「以太陽為食物」(Sun Gazing / Solar Gazing / Sun Eater)。

三、專注呼吸與六字訣吐納法

現代人的生活忙碌到作息顛倒，壓榨了個人休閒放鬆的空間，四處而來的瑣事更平添無謂困擾，我們的眼界受限於生存壓力而有所侷限，人們一味傾向於物化的結果，在心靈成長方面自會有所欠缺，心靜不下來，躁動不安是時下人們心理所反應出來的集體意識現象。

專注呼吸的好處實在太多了，不但可養成靜慮的習慣，心性的穩定力也會增長，由於意念專注於呼吸的緣故，所以，可藉由靜慮來釐清一些日常瑣事，或者洞察事物的道理，從中激發潛能讓創意無限的流露出來，或由**靜、定、安、慮**而有所**得**。

六字訣吐納法有益於身體能量的提升，也有放鬆心情達到內心平和的實際效益。所謂「六字訣」是：噓、呵、呼、呬、吹、嘻。噓入肝，呵入心，呼入脾，呬入肺，吹入腎，嘻入三焦。運用這「六字訣」的發音做為吐納功法，在預防及治療疾病上，「六字訣吐納法」是很好的輔助療法。

呼吸妙法是訓練專注與增強記憶力的良方，能提升身心靈的能量，從專注於呼吸的過程裡，進而深入探索生命的實相。

四、敬順長輩的好處

在**《紫微斗數》**的盤面裡，**疾厄宮**的對宮是「**父母宮**」，**疾厄宮**是作息、勞動、飲食、養生以及接觸環境所感召健康狀態的訊息場，也可說是父母基因遺傳的一部分，「父母宮」是親情互動的宮位，除了原生家庭的父母親之外，養父母、義父母、師長以及職場上的主管、老闆均屬於「父母宮」運勢旺弱的範圍。

楚漢之爭項羽中了陳平所設下的反間計，將其亞父范增辭退，導致項羽功虧一簣，自刎烏江。雖是歷史典故，卻也顯示項羽的父母宮甚弱，導致剛愎自用的結果，讓出了大好江山予漢高祖劉邦。清朝雍正皇帝賜死年羹堯的公案，或許與以下犯上有所關聯，皇帝是大臣的**父母宮**，此宮位若有左列格局之一者，即需想法改善與父母的互動關係。

一、父母宮坐化忌、陷地煞星、空劫或由對宮沖入。
二、父母宮化忌飛入命宮。
三、命宮化忌飛入父母宮。
四、命宮的前後宮位（父母宮、兄弟宮）有忌煞相夾。

俗語說：「在家靠父母，出外靠朋友」，在現代化的社會來說，出外的貴人不管是師長、主管、老闆或友人來說，都是同等的重要。靠朋友的提攜可以讓我們運勢加分，然而透過師長、主管、老闊的賞識可讓我們的運勢平步青雲，一路扶搖直上。有人與生俱來就有好的父母緣，無往不利，但對多數人來說，卻總是在力爭上游，費力甚鉅。

父母宮的因緣殊勝與否，可以看本宮位與疾厄宮的結構而論，敬順父母是給自己現在及未來的貴人緣分加分，也是改善這方面運勢最直接的根本所在。

※父母宮運勢強弱的運動關係：

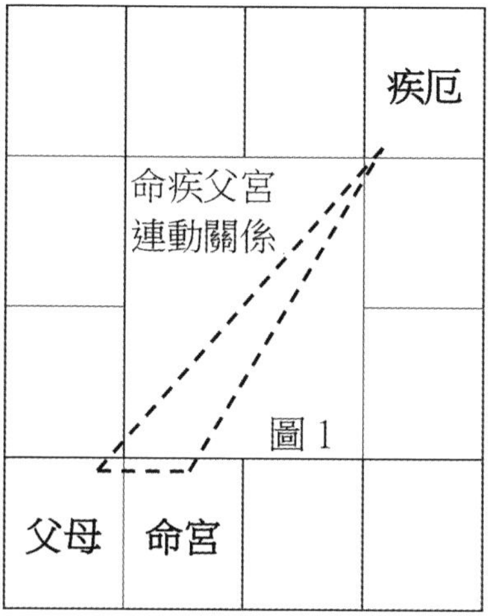

圖 1

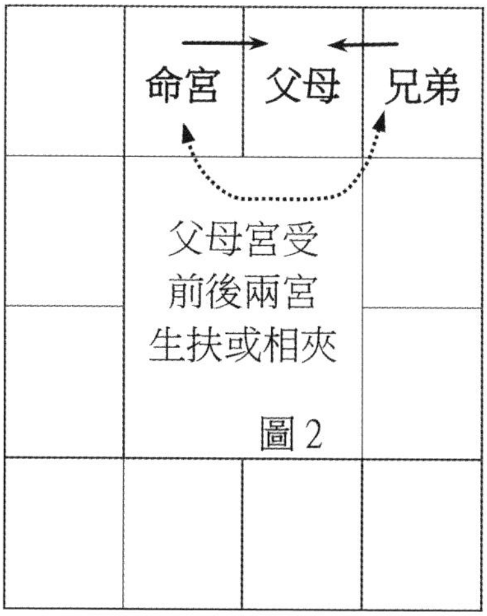

圖 2

五、愛語與人的好處

好話一句即使寒冬也覺得溫暖，損人之語炎炎夏日也感到心寒，「說話」是人與人之間互動溝通的橋樑，說好話可為自己帶來好運，不但擁有好的人際關係，也常能逢凶化吉。在《紫微斗數》星群裡，有關於說話表達的重要星座有：

一、**天府星**—化氣為令—指令的疏失。二、**巨門星**—化氣為暗—因言招是非。

三、**鈴星**—化氣為**殺**—直白的過失。　四、**文曲星**—化氣為辯—言辯的過失。

巨門有「化忌」呈象，凡巨門所坐宮位也可能形成「自化忌」的格局。至於，**文曲**、**鈴星**入陣的宮位也有「旺地、陷地」之分。每人盤面的府、巨、曲、鈴會進入相應的宮位裡，在宿命、大限、流年啟動宮位的旺衰運勢。若本命為**丁**、**己年**或逢**丁己年**時，將會在彼宮或以飛星入宮啟動一些是非的紛擾，一旦化忌能量沖入對宮將形成某種程度的困擾。

一、**丁年**—**巨門化忌**、自化忌、化忌回頭剋，或丁干化忌飛入巨門宮位。

二、**己年**—**文曲化忌**、自化忌或化忌回頭剋，或己干化忌飛入文曲宮位。

為了化解**宿命**或**流年**所帶來的諍訟、是非或無妄之災，學習「愛語與人」顯然是一門需要修練的功課，「愛語」不是諂媚，「愛語」也非一味的逢迎他人，和顏待人本是人際往來的基本禮儀，因為，尊重他人及愛語可以廣結善緣，所到之處無所不利。

※巨門、文曲、鈴星入陣的範例：

七 紫 殺 微 0 +3			
天 天 機 梁 +1 +4	天府坐命 化氣為令 言語剛直 愛語對治		破 廉 軍 貞 -2 0
天 相 -2	例 1		
巨 太 門 陽 +4 +3	貪 武 狼 曲 +4 +4	太 天 陰 同 +4 +3	**天** **府** +2 **命宮**

		文 **文** 昌 **曲** +1 **忌** **命宮**	
	遷移宮干己 文曲化忌 回頭剋命宮 言語有失 招無妄之災 例 2		
	昌 曲 遷移 **己**		

太 陰 -2 田宅	貪 狼 +3 官祿	巨 天 門 同 -1 -1 僕役	天武**文** 相曲**曲** +4+2+2 **忌** 遷移
天 廉 府 貞 +4 +1 福德	命宮坐破鈴 遷宮文曲化忌 愛語與人 互蒙其利 例 3		天 太 梁 陽 +2 0 疾厄
父母			七 殺 +4 財帛
破 **鈴** 軍 **星** +2 +2 **命宮**	兄弟	紫 微 0 夫妻	天 機 0 子女

天 相 +2 父母	天 梁 +4 福德	七 廉 殺 貞 +4 +1 田宅	官祿
巨 鈴 **門 星** -2 -2 **命宮**	巨鈴同宮 雙星落陷 愛語與人 轉化宿命 例 4		僕役
貪 紫 狼 微 +1 +3 兄弟			天 同 0 遷移
太 天 陰 機 +3 +2 夫妻	天 府 +4 子女	太 陽 -2 財帛	破 武 軍 曲 0 0 疾厄

六、每日一善的好處

日行一善可為自己建立很好且正面思維的善念與行動，《了凡四訓》的典故值得我們參考學習，人們一生的盛衰際遇往往與宿命結構有關，因生命活動的時空移動而有禍福吉凶呈象，所謂的運勢走向可分成三類：一、可控制的。二、不確定性的。三、不可控制的。

縱使是可控制性的事物，也可能是宿命所感召的一部分，至於，不確定因素以外的事情，由於生命活動的際遇錯綜複雜，已非個人能力所及。因此，從世事變化的陰陽兩面來看，「**積陰德**」顯然是個耕耘福田的好方法，因為念念在善的緣故，所以，彼人的心靈變得很美，所面對的人事物自然散發出一種祥和的磁場，周遭人會感受到這種正面積極的能量。人們的潛意識竟然擁有無限的潛能，若能善用心靈的能量，即可將積極的善念發揮到極致，進而轉化宿命的束縛，這與蝴蝶效應似有異曲同工之妙。

「行善」可以有具體的作為，也可以在內心常存善念，具體的做法是身體力行，在心理層面強化自己，以及希望周遭人都能得到圓滿幸福的意識。每日做一件有利於他人的事，想一個積極自我勉勵的暗示，或者祝福朋友們都能過著美滿幸福的生活，持續的**日行一善**，自有否極泰來的時候，相信冥冥之中，命運自有轉化的契機，甚至超越宿命的束縛。

七、轉化宿命的祕訣

一、每日一善：每日至少捐出一張發票，佈施給需要經費的社會團體。或者，你也可以將所收集起來的發票，等到月底時捐給需要的機構。

二、常植福田：準備一個撲滿，在紅紙條上書寫「福田罐」三個字，並將它黏貼在投幣孔旁，每天晚上投十元入撲滿裡。

◎備註：以上兩種方法可選擇實施，並將它列為每天必要的功課，在晚上就寢前，面對撲滿，或面對有佛菩薩像處，雙手合掌，誠心唸禱如下祈福文：（僅供參考）

①、每日迴向文：（僅供參考）

願我**自己名**今日所做的些微善行，迴向予家人〇〇〇、親友、同事、主管、老闆等，願將所積累之善行法益，迴向於斯。

②、唸佛消業障：

常唸【南無阿彌陀佛】或者【南無觀世音菩薩】，可以靜心、消除業障，常蒙佛光普照，成為諸佛所護念之人，福報綿延，不可思議。

第十五章

知時知量——處世應對的智慧

☰ 乾卦──飛龍在天

乾。元，亨，利，貞。

初九：潛龍，勿用。

九二：見龍在田，利見大人。

九三：君子終日乾乾，夕惕若，厲無咎。

九四：或躍在淵，無咎。

九五：飛龍在天，利見大人。

上九：亢龍，有悔。

用九：見羣龍無首，吉。

乾卦六爻可比喻人一生在運勢發展過程裡的最佳寫照，從**乾卦—卦辭**看來是吉利的卦，然人終其一生從無到有得需經歷無數的考驗與磨難，得失往往都在一念之間，雖不能以成敗論英雄，但就結果論來說，「進、退」二字是如何拿捏的最高藝術。有人上了舞台演了一個角色，但卻演得忘乎所以，然而，戲最終是要下台一鞠躬的，上台靠機運、下台靠智慧。

☰乾卦的陽剛至極，似乎暗示著人們為人處世不可剛愎自用，獨斷處事易生弊端，強烈的主觀意識易為周遭事物所蒙蔽，因此，在視野與格局方面往往就會有所欠缺。

※註：☰乾卦為極陽之卦，與其互相對應的☷為極陰的坤卦，所以，乾卦也可以比喻為：

凡彰顯在表面上的事物，往往隱藏著難以察覺導致有被蒙蔽的過失，此乃極陽返陰的道理。

※《紫微斗數》星群裡有下列五個星系是論盤的重點：

一、紫微星系。二、天府星系。三、六吉星系。

四、七煞星系。五、四化星系。

俗語說：「人生不如意事，十有八九」，成功的背後往往隱藏著陷落的危機，由飛黃騰達的光鮮亮麗生活，一夕之間都可能化為烏有，在底層艱辛奮鬥的人們，有朝一日也可能成為眾人羨慕的成功者，成功與失落往往在一念之間的價值取向，《易經》這套人生寶貴的經典，歷經幾千年來的演繹歸納，早已形成具邏輯性、科學化、生活化的哲學與應用學。《紫微斗數》便是由《易經》的體用演化而來的生命預測學，因此，盤面十二宮代表人一生當中十二個重要的生活領域，十二宮也是人類生活空間的八個方位，十二宮也區分為三個旺衰地域：

一、子午卯酉—四旺地。

二、寅申巳亥—四馬地。

三、辰戌丑未—四墓地。

凡宮位在四旺地者，該宮位具有優於它宮的氣勢，也較有從中得到回饋的成就感，不過，若有忌煞星同宮或由對宮沖入者，處在四旺地的宮位就顯得失勢，或者受到牽制的窘困之境。

若宮位落在四馬地者，該宮位有如奔騰的野馬難得休歇下來，比如「命宮」坐在四馬地者，對宮「**遷移宮**」也在四馬之地，命遷一線帶引生命的動能如馬般的奔騰與勞碌，「陀羅」化氣為暗忌，四馬之地的陀羅星只有落陷的份，假使有盤面是「陷陀、天馬」坐在四馬地或兩宮相對，不管是哪一個宮位，彼宮位為「折足馬格」，任你一生如何奔騰與作為，彼宮耗力甚鉅，得不償失，或者有先盛後衰、先得後失、初善終惡的呈象，若無方法來改善的話，通常會隨著宿命的導向走。

人要靠著自己來突破「宿命的束縛」，基本上是不容易的，因為，個人的習慣領域與價值觀導向是一道既深厚且高的牆，所以，仍得透過種種因緣際遇的碰撞，從中激盪出思維領悟的火花，才可能突破宿命的包袱，走出屬於自己的新人生。

䷀易經─乾卦的卦辭「元亨利貞」是吉利之卦，又是六十四卦的頭籤，極陽之卦的另一面是極陰之卦的䷁坤卦，陽返陰、陰返陽，成敗與得失，往往在一念之間，能影響結果論的是際遇好壞的問題，所以說，每個人都有機會來轉化自己的命運。

初九：潛龍，勿用。

乾卦動了，有六種變化的呈象，第一爻是「潛龍，勿用」，暗示人們在機運未到之時，宜應隱忍，不可強加作為。這意謂著強摘的果實不好，事物尚未達到成熟的關鍵點時，縱使有所作為也甚為費力，或許會招來一些損耗及無妄之災。為因應個人命盤缺失或弱點所在時，以靜應動的低調作為，也許是個可以參考的方向。

九二：見龍在田，利見大人。

等不到好時機，現在總算有點眉目了，因此，就在基層裡努力打拼，這爻辭所謂的**利見大人**很重要，廣結善緣的過程要慎擇友人，人際之間往往有逢遇貴人的際遇，因為，可以走出去見識見識，這時候就要有敏銳的觀察力，以及謙卑的態度，如此的話，他的才能將有展現的機會。

九三：君子終日乾乾，夕惕若，厲無咎。

當一個人積極奮力展現他的企圖心時，有時候難免會操之過急，或者總有按捺不住的躁進感，這階段需要修練隱忍的功夫，需要等待時機成熟的耐力，或者在眾多機緣會聚時，才能有進一步的行動，這期間需要不斷的惕勵自己，凡事不可強而為之，這樣的話就能避除無謂的過失與煩惱。

九四：或躍在淵，無咎。

躍躍欲試的機會終於到來了，自己的才能在順應局勢之下，找到了可以展現的舞台，雖然一開始可能做得並不太好，但在不斷努力與克服種種困難情況，總算進入熟能生巧的階段，這期間還是要以「謙卑低調」的態度來應對人事。

九五：飛龍在天，利見大人。

一個人的運勢走到亨通之時，更不可忘記初衷，仍然要以廣結善緣來親近人群，對於底層的人們更要以同理心來對待他們，如此才能上下同心、眾志成城，成就偉大的事業。但有一種人卻背道而馳，因為站上了人生成功的最高點，卻忽視了底層人們的辛勞，甚至捨棄了擁護他的基本群眾，一味的享受權力、財力的尊榮滋味，所以說**權力易使人昏昧**，盛勢期恐怕不會太久了。

䷀乾卦六個爻均以「龍」為爻辭主體，第五爻的九五爻為至尊之卦，意思是龍往上騰空飛行，其勢不可一世。盛極之時往往潛藏衰退的危機，一陰一陽之謂道，陰陽反反覆覆，變動不居，本是人事物演化的基本道理，運勢既來到飛龍在天的盛極之勢，當要以「**物極必返**」為戒慎恐懼的惕勵之道，這是為了避免掉入危險的深淵，所以，飛龍在天總有勢衰疲極之時，一旦勢盡往往跌落得不知所措。俗語說：「上台靠機會，下台要智慧」。

上九：亢龍，有悔。

龍飛行到達了最高點，勢力在極盛的巔峰狀態，有如仰箭射向虛空一般，其勢最終還是要落地的，第六爻上九經歷了九五至尊的過程後，衰頹之勢隨之而來，這是因為缺乏危機意識的結果。人生也是如此，某人有朝一日終於躍上了成功的舞台，但卻迷失了自己，隨著時空的推移，招致盛極轉衰的命運，本卦惕勵人們凡事不可勢力使盡，為人處事需留餘地，避免招來無妄之災，或者是初善終惡的窘境。

《唐 布袋和尚、插秧偈》

手把青秧插滿田，低頭便見水中天
心地清淨方為道，退步原來是向前

用九：見羣龍無首，吉。

極陽的另一面返陰，全陽的乾卦䷀在另一面的反應是全陰之卦，坤卦六爻皆陰䷁其象為至柔，乾卦至剛，坤卦至柔，乾坤兩卦反應了人生的兩個極端，生理與心理的情緒狀態也是如此。至剛之人必有柔性的一面，至柔之人必有剛毅的潛在特性。如何調和自己的人生，避免走向剛愎自用的禍患。因此，學習坤卦如大地般能承載萬物的厚德，恰好給心性過剛之人的建議。乾卦象徵龍行於天，坤卦是能忍辱負重的母馬，兩者是截然不同的體性。但也可比喻父親為乾卦，母親為坤卦，夫為乾、妻為坤，老闆為乾、員工是坤，兩者是不相牴觸的，只要調和得當，乾坤得宜，乾天坤地各歸本位—**地天泰**，世間上的人事物自然協調。

䷁坤卦──牝馬利貞

坤卦䷁六爻全陰，陰氣下沉穩重主至柔，與乾卦䷀的至剛之性，形成一個強烈的對比，乾卦以「龍」為卦的象徵，坤卦喻以「馬」承載萬物的厚德。乾為天☰，坤為地☷，兩象交互作用形成以下兩個卦：

䷋天地否卦。☰↑陽氣上升。☷↓陰氣下降。天地不交，上下背離：否也。

䷊地天泰卦。☷↓地氣下降。☰↑陽氣上升。天地協調，陰陽相合：泰也。

為人處事個性過剛有如䷀乾卦之極陽，這將會帶來剛愎自用的過失，或者感召勢極必反的憾事。䷁坤卦調和乾卦以至柔承載萬物如大地之德，任勞任怨，無怨無悔的如「母馬」遍行無疆。

《紫微斗數》裡的太陰星與坤卦有相通之處，太陰是田宅主，田宅也代表家運、學校、工作場所、公司、房地產……等等。太陰不管坐落在命盤的哪個宮位，逢流年月日發動時，太陰星也會隨著時空向度移宮換位，進而引動禍福盛衰的呈象。

《坤卦●、卦辭》

坤，元，亨，利牝馬之貞。君子有攸往，先迷后得主，利西南得朋，東北喪朋。安貞，吉。

《象曰》

地勢坤，君子以厚德載物。

《文言曰》

坤至柔，而動也剛，至靜而德方，后得主而有常，含萬物而化光。坤其道順乎？承天而時行。

《坤卦—爻辭》

初六：履霜，堅冰至。

俗語說：「冰凍三尺非一日之寒」，當**霜降**的季節來臨時，想必大寒將至，因此，就要未雨綢繆以度寒冬。世事也是如此，好壞、成敗、盛衰的事相，通常在起始的時候，往往能看出一些端倪，坤卦所發動的第一爻告誡人們：「**履霜，堅冰至**」。大意是說：踩在冰凍的地面或水面時，要很小心，否則可能有滑落或招至滅頂的危險。坤卦第一爻喻以人們做事在剛開始的階段要謹慎小心，凡事要穩紮穩打，不可躁進，因為，坤卦初爻動，極陰反陽形成一**陽初動**之象，第一爻化出了**地雷復卦**䷗五陰朝一陽之象，初六陰爻變初九的陽爻，這意謂著：「在一片沉寂的土地裡，忽見春分以來的**驚蟄**之雷，大地萬物從冬眠狀態漸漸甦醒過來，唯陽氣尚弱的緣故，因此，需待能量充足之時，才能有所作為。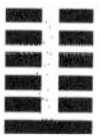地雷復初九爻也可以雷動之象解讀為「潛龍勿用」，凡事需要謹慎因應，不可急於一時。

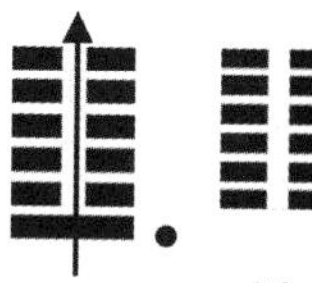

坤卦初爻動—**爻變**—至陰之氣，陰極而動。

地雷復—能量初起，潛龍勿用。

六二：直，方，大，不習無不利。

為人處事之道應秉持正直、謹守規範、大方的氣度，具有這樣胸懷的人，縱使他沒有什麼大學問或作為，但不管走到哪裡，他的運勢是亨通的。坤卦的陰氣往上走到第二爻產生爻變，形成「地澤臨卦」，一二爻的陽氣往上升起與五六爻的陰氣交會，顯然是好現象。

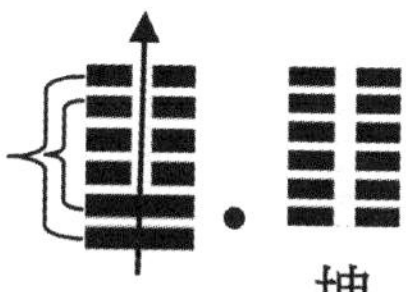

坤卦二爻變。

地澤臨。

六三：含章可貞。或從王事，無成有終。

一個人秉持著忠誠、謹守分寸，堅守崗位，任勞任怨，縱使在職場上為人謀事沒有太大的作為，但因保守處事的態度，讓他能進退得宜。俗語說：「創始艱鉅，守成有餘」，能進而不知退的人容易給自己招來險境，縱使打下了一片江山，無法守成的話，終究會招致先盛後衰、初善終惡，因此，

坤卦往上走到第三爻，爻變形成「**地天泰卦**」，一看卦名是「泰」當然是吉祥的。

坤卦—三爻變。

三陽與三陰協調—地天泰。

六四：括囊；無咎，無譽。

為人處世還是謙虛一點的好，即使你有崇高的地位、有錢有勢，或者你很有才華，收斂一下張揚心態是好的，這就好像你的口袋裡裝了很多錢，但錢不可露白，最好還是把口袋收好，雖然這樣做稍嫌保守，縱使別人對我的做法有點不以為然，可是，保守的做法往往是安全的，不至於給自己招惹禍害或無妄之災，因為，這是謹守分寸的自我要求，當然不需要別人來誇獎。坤卦四爻變出「雷天大壯」，當運勢走到正旺的時候，不可志得意滿，凡事以收斂為要。

坤卦四爻變—雷天大壯。

六五：黃裳，元吉。

有朝一日獲得了大成就，集名利於一身，或者得到了晉升的機會，這是很好的事情，畢竟都是辛苦過來的成果。坤卦五爻變「**澤天夬卦**」，「**夬**」者決也、潰也、快意也。俗語說：「自認成功者，往往因自得意滿，而失去了自我節制的省察力，以致於可能在一夕之間化為烏有」。**澤天夬卦**暗示著即將決堤的危險，因為水庫裡的水太滿了，已到崩潰決堤的險境，隨時都可能泛濫成災，人事的道理也是如此，謙受益、滿招損，應以此為惕勵之道。

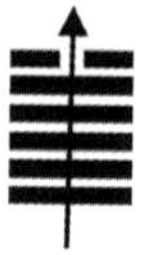

坤卦五爻變—澤天夬。

上六：龍戰於野，其血玄黃。

擁有厚載之德的坤母，有朝一日得到掌理的機會，就想擴張自己的權勢，終日費盡心機想要實現個人的意志，但卻遇上了障礙，陰不在陰之位，卻躍升為上六之尊陰極轉陽的上九爻—亢龍有悔，於是產生了爭執與對立，坤馬欲取乾龍而代之，形成互不相讓的戰格，結果牝馬傷痕累累，得不償失，歷史上已有明鑑。漢高祖劉邦的元配皇后呂雉，在高祖年邁之際，開始佈局後宮的勢力，極盡所能的剷除政治障礙，呂后專權是歷史上第一個臨朝稱制的女皇，也開了外戚專權的先例，在呂后命終時，呂姓諸王謀反，被周勃、陳平剿滅，殺其宗室三千餘人，消滅了**呂氏之禍**。

坤卦六爻全變—陰取陽代之變**乾為天卦**。

用六：利永貞。

地山謙卦

六十四卦的卦辭有吉凶悔咎的敘述，卦中爻辭也是如此，「謙卦」是唯一大吉大利之卦，六爻皆吉，要卜到這麼好的卦實屬不易，僅有六十四分之一的機會。「地山謙」高山處於地下之卦，人生處世不管走到哪裡，謙卑、低調是一種美德，明哲可以保身，以德服人才是重點。因為，人事之間的互動與相處是一種很複雜的學問，人性往往在隱晦之間讓人迷惑，所以，面對身處的境地，言行還是保守一點的好，凡事卑以自牧能避除一些無謂的過失及災難，所謂的「高高山頂立，深深海底行」，可以此為處世惕勵之道。

《謙卦—卦辭》

謙．亨．君子有終。

本卦卦辭喻以「謙卑為處世之道」，所行之處是無往不利的。若將**地山謙**上下卦置換，即變成「山地剝卦」，「剝」有剝落、損失、動盪、崩危之意，「**剝卦**」是小人道長、君子失勢之卦，因此，局勢已至衰落之際，縱使想要有所作為，往往也時不我與。

《剝卦．卦辭—剝．不利有攸往。》

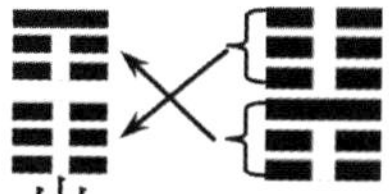

地山謙—謙・亨・君子有終。

山地剝—剝・不利有攸往。

《地山謙卦 ● 爻辭、象曰》

初六：謙謙君子。用涉大川。吉。

象曰：謙謙君子，卑以自牧也。

六二：鳴謙。貞吉。

象曰：鳴謙貞吉，中心得也。

九三：勞謙君子。有終吉。

象曰：勞謙君子，萬民服也。

六四・無不利。撝謙。

象曰：無不利，撝謙；不違則也。

六五：不富以其鄰。利用侵伐。無不利。

象曰：利用侵伐，征不服也。

上六：鳴謙。利用行師。征邑國。

象曰：鳴謙，志未得也。可用行師，征邑國也。

䷎地山謙卦，上卦為坤地，下卦為艮山，坤艮五行皆屬土，以土有承載萬物的厚德，喻以「高山處於地下」之意。本卦三爻陽氣上升與四爻陰氣下降相調和，此三四爻為卦之中心得正位，比喻為人心直守正、是非分明，唯因一、二、五、六爻皆為陰爻，比喻外在環境陰氣過重，小人當道，不利於我，所以，謙卑以待有利時機到來，才能有所作為。

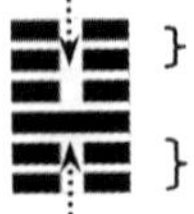

上下陰爻夾擊，小人當道，謙以應事，明哲保身。。

《序卦傳》

有大者不可以盈，故受之以謙。

有大而能謙，必豫，故受之以豫。

知時知量的智慧

「**知時**」是指時間與環境的向度，人一生所活動的時間與環境，離不開時空的作用，就像一個現在進行式的輪子向前轉般，直到生命盡頭的那一天。人們在生活上的種種面向，有順就有逆，有好也有壞，有成功但也有失落的時候，有先盛而後衰，先失而後得，初善卻終惡。可見運勢走向有點像股市波動的走勢圖。易經的《易》字上日下月，生生不息的日月運行之道，日陽月陰也代表「陰陽運轉之道」。陰陽既能維持平衡，也可能有失衡的時候，比如陰盛陽衰或者陽盛陰不足，陰陽兩者可引伸「為人處世」的持平、盛衰、成敗與吉凶。

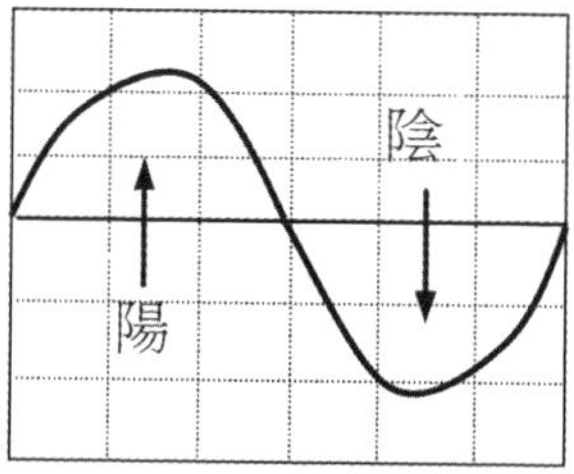

人生走勢圖

陰陽魚

人來到這世上，依據彼人出生時空背景已帶來冥冥之中的宿命，出生時空的密碼隱含著每個人在生命活動過程中的盛衰運勢軌跡。紫微盤面十二宮帶著生命領域的各種特質，宮中星性結構形成運勢起伏的狀態，除了基本盤外尚有「大限十年」的走向，也包括流年月日時的運勢走向，生生不息的推動著每個生命前進著。

《道德經・第五十八章》

禍兮福之所倚，福兮禍之所伏。

「**知量**」是衡量個人才智與能力多寡的智慧，「才智」屬於心理層面的潛能，它也屬於處理事務應變能力的一部分。「能力」是處世應對以及擁有資源多寡的實力。然世事總有順逆兩面局勢的走向，當需要做出決策與行動的時候，我們所面對的態度通常受到習慣領域驅使，而做出符合本身宿命走向的結果。「命宮」是與生俱來的顯性人格特質，而「福德宮」是精神層面的潛意識領域，人們的生命活動與思維結構，往往會導向自己往那個方向，所以，可推理：

突破思維領域的人，即可能超越宿命的束縛，
因為他能以生生不息的創意，豁達的心態面對人生，
以平和之心來面對生活上的事務，生命變得無限寬廣。

「知時知量」是一種生活境界，我們通常喜以順境為快樂之道，在遇上逆境挫折時，往往內心不樂、鬱鬱寡歡。順勢—順應局勢來定奪下一步的走向如何，其中隱含著個人智慧的展現。

依據時空條件來順勢因應，

並且衡量個人及團隊能力的強弱，
透過風險的評估，
適時做出正確的判斷與行動，
進退之間展現知時知量的智慧，

「**順勢**」有兩個層面，第一種是順著局勢導向配合因應—主動因應。第二種是靜觀局勢走向，冷靜看待發展—客觀看待。對事物因應的主、客觀取捨與個人的「知時知量」有關。應對事情若過於勉強，做起事來往往總覺得似欠東風，或者條件尚未俱足，難免帶來得失與煩惱之間的糾纏，事態若未能及時處理的話，將可能成為難以擺脫的夢魘。

《道德經・若水章第八—七善》

居善地，心善淵，與善仁，言善信，正善治，事善能，動善時。

此章內容以「水之德」來銓釋七種善處，「七善」與「知時知量」也有相關的奧妙之處，如下白話略解：

一、**居善地**：面對所處的環境，能夠隨遇而安。
二、**心善淵**：處事心能沉靜，並且去觀察事物運作的機制。
三、**與善仁**：為人處事能出自於仁愛之心，己所不欲，勿施於人。
四、**言善信**：處事以言而有信為誠實之道。
五、**政善治**：處事應物能如水一般的利及萬物而不與其相爭。

六、**事善能**：盡其所能的使人事皆能蒙受其益。

七、**動善時**：做任何事情能合乎天時、地利、人和的趨勢，不妄作、不妄言。

楚漢之爭的劉邦終於獲得最後的勝利，建立漢朝的新國政權，漢高祖劉邦在晚年受臣子蠱惑英布有造反意圖，高祖一氣之下御駕親征，沒料到兩軍在交戰之際，高祖身受一箭，眾人見狀著急勸醫，據史料記載：

高祖謾罵之曰：「吾以布衣提三尺劍取天下，此非天命乎？命乃在天，雖扁鵲何益！」遂不使治病，賜金五十斤罷之。

雍正時代顯赫一時的封疆大吏年羹堯曾經屢立戰功、威鎮西陲，滿朝文武無不服其神勇，同時也得到皇帝的特殊寵遇，唯因個性張揚犯了為臣大忌，此乃宦海浮沉，亢龍有悔。

《清・年羹堯—引以為鑑》

功高震主，權大欺主，財大壓主，

《易經》第四十六卦地風升，「升者上也」有乘風而上之勢，順勢晉升之意，接下來的第四十七卦澤水困，「困者囚也、難也」，成功與失敗，盛衰乃於一念之間便見分曉。《周易》六十四卦以每兩組為一個相對應的演化事相，形成三十二對卦說盡了人生百態，卦中也隱含著如何面對及解決問題的道理，以下將三十二對卦詳列予以參考。

◎周易六十四卦—每兩卦為一對：

一　乾—坤：從創始到任勞任怨的承擔。

二　屯—蒙：創始的艱難到啟蒙自我成長。

三　需—訟：期待事物有所發展，卻於人際之間產生溝通障礙。

四　師—比：因認知差異導致對立，所以需要講求和平相處。

五　小畜—履：即使積存小小的實力，做任何事情也要戰戰兢兢。

六　泰—否：總有走到好運的時候，可是卻難以守成使得盛運轉衰。

七　同人—大有：廣結善緣往往能獲得眾人的支持，使自己的運勢漸至亨通。

八　謙—豫：處世常懷謙虛態度的人，他的生活狀態就會悠然自在。

九　隨—蠱：凡事若過於隨便，往往會失去個人的堅持，事物便會走向腐敗的趨勢。

十　臨—觀：面對事情應有高度及廣度的視野，透過細膩的觀察才去因應。

十一　噬嗑—賁：要想除去所面臨的問題或障礙，不能只是處理表面的問題。

十二　剝—復：運勢遇到剝落的時候，總能在機會中找到一線生機。

十三　無妄—大畜：遇上了無妄之災，元氣受損需要儲備實力來因應日後的事。

十四　頤—大過：安逸過度的話，往往會消弱企圖心，長此以往就會有大的過失。

十五　坎—離：即使在重重的險難裡，也要生起積極的意念，如同經歷黑暗看見光明一般。

十六　咸—恆：以誠待人者，別人與他往來就有默契，彼此所建立的關係就會長久。

十七 遯—大壯：想要脫離現狀的人，往往就會有所作為。

十八 晉—明夷：運勢正旺的時候，忘乎所以，接著令人不如意的事就來了。

十九 家人—睽：與家人或團隊的相處本來一團和氣，但日子久了，氣氛就不對了。

二十 蹇—解：人生總有遇到阻礙的時候，恰好在這時候來找出解決問題的方法。

二一 損—益：付出不求回報的人，往往能得到冥冥之中的回饋。

二二 夬—姤：面對事情最好是即時處理，否則拖延日久就會愈來愈離譜。

二三 萃—升：積聚人脈與物力資源，就會有利於運勢的升起。

二四 困—井：處在困境者，需要敞開心胸或釋出一些有利他人的資源。

二五 革—鼎：遇到改革瓶頸時，應當建立領導者的威信，才能得到眾人的支持。

二六 震—艮：遇事雖餘悸猶存，但應引以為鑑，否則還是會有重重的阻礙出現。

二七 漸—歸妹：處事應物應循序漸進，否則會感召有失立場的過失。

二八 豐—旅：人在運勢順遂之際，在外的活動最好低調一點，明哲保身。

二九 巽—兌：隨順局勢配合因應者，於人際往來之間不但協調，也有悅意的生活情趣。

三十 渙—節：運勢處在渙散的低潮期時，凡事要能有所節制，不可剛愎自用。

三一 中孚—小過：以誠信為待人為本，只要無愧於心，縱使有些閒言閒語，也不要太在意。

三二　既濟—未濟：運勢正旺的時候，當以盈滿為戒，否則物極必反，那就要走下坡了。

《增廣賢文》裡談到「誰人背後無人說，哪個人前不說人」，人與人之間只要信實往來，問心無愧，心境才能有所悅意。

知足常足，終身不辱。
知止常止，終身不恥。

《黃石公素書全文》

夫志心篤行之術，長莫長於博謀；
安莫安於忍辱，先莫先於修德；
樂莫樂於好善，神莫神於至誠；
明莫明於體物，吉莫吉於知足；
苦莫苦於多願，悲莫悲於精散；
病莫病於無常，短莫短於苟得；
幽莫幽於貪鄙，孤莫孤於自恃；
危莫危於任疑，敗莫敗於多私。

附錄

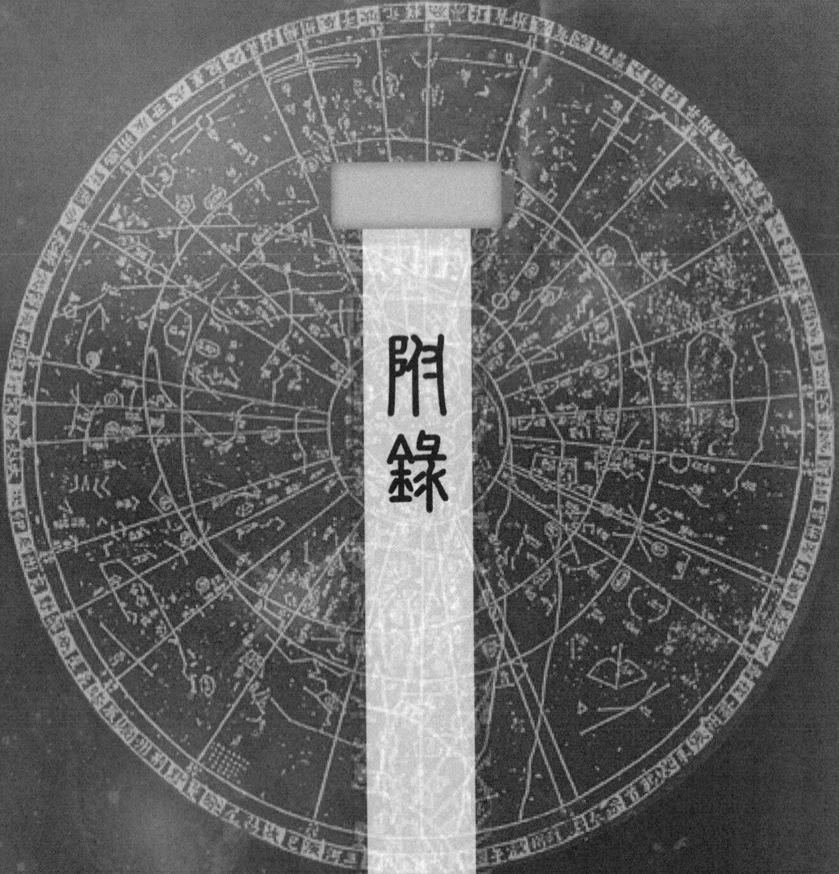

備急千金要方、養性

唐・孫思邈

……夫養性者，欲所習以成性，性自為善，不習無不利也，性既自善，內外百病皆悉不生，禍亂災害亦無由作，此養性之大經也，善養性者則治未病之病，是其義也，故養性者，不但餌藥食霞，其在兼於百行，百行周備，雖絕藥餌足以遐年，德行不克，縱服玉液金丹未能延壽，故夫子曰，善攝生者，陸行不遇虎兕，此則道德之祜也，豈假服餌而祈遐年哉，聖人所以藥餌者，以救過行之人也，故愚者抱病歷年而不修一行，纏痾沒齒終無悔心，此其所以岐和長逝彭跗永歸，良有以也。

嵇康曰，養生有五難，名利不去為一難，喜怒不除為二難，聲色不去為三難，滋味不絕為四難，神慮精散為五難，五者必存，雖心希難老，口誦至言，咀嚼英華，呼吸太陽，不能不迴其操不夭其年也，五者無於胷中，則信順日躋，道德日全，不祈善而有福，不求壽而自延，此養生之大旨也，然或有服膺仁義無甚泰之累者，抑亦其亞歟。

黃帝問於歧伯曰，余聞上古之人，春秋皆度百歲而動作不衰，今時之人，年至半百而動作皆衰者，時代異邪，將人失之也。歧伯曰，上古之人，其知道者法則陰陽，和於術數，飲食有常節，起居有常度不妄作勞，故能形與神俱，而盡終其天年，度百歲乃去，今時之人則不然，以酒為漿以妄為常，醉以入房，以欲竭其精，以耗散其真，不知持滿不時御神，務快其心，逆於生樂，起居無節，故半百而衰也，夫上古聖人之教也，下皆為之，虛邪賊風避之有時，恬憺虛無，真氣從之，精神守內，病安從來，是以其志閒而少慾，其心安而不懼，其形勞而不倦，氣從以順，各從其慾，皆得所願，故甘其食，美其服，素問作美其食，任其服，樂其俗，高下不相慕故其民曰朴，是以嗜慾不能勞其目，淫邪不能惑其心，愚智賢不肖，不懼於物，合於道數故皆能度百歲而動作不衰者，其德全不危也。是以人之壽夭在於樽節，若消息得所，則長生不死，恣其情慾，則命同朝露也。

岐伯曰：人年四十而陽氣自半也，起居衰矣。年五十體重耳目不聰明也。年六十陽痿，氣力大衰，九竅不利下虛上實涕泣俱出，故曰知之則強。不知則老，同出名異，智者察同，愚者察異，愚者不足，智者有餘，有餘則耳目聰明，身體輕強，年老復壯，壯者益理，是以聖人為無為之事，樂恬淡之味，能縱慾快志，得虛無之守，故壽命無窮，與天地終，此聖人之治身也。

春三月，此謂發陳，天地俱生，萬物以榮，夜臥早起，廣步於庭，被髮緩形，以使志生，生而勿殺，與而勿奪，賞而勿罰，此春氣之應，養生之道也，逆之則傷肝，夏為寒為變，奉長者少。

夏三月，此謂蕃秀，天地氣交，萬物華實，夜臥早起，毋厭於日，使志無怒，使華英成秀，使氣得泄，若所愛在外，此夏氣之應養長之道也，逆之則傷心，秋為痎瘧，奉收者少，冬至重病。

秋三月，此謂容平，天氣以急，地氣以明，早臥早起，與雞俱與，使志安寧，以緩秋刑，收斂神氣，使秋氣平，無外其志，使肺氣清，此秋氣之應養收之道也，逆之則傷肺，冬為飧泄，則奉藏者少。

冬三月，此謂閉藏，水冰地圻，無擾乎陽，早臥晚起，必待日光，使志若伏若匿，若有私意，若已有得，去寒就溫，無泄皮膚，使氣亟奪，此冬氣之應養藏之道也，逆之則傷腎，春為痿厥，則奉生者少。

天有四時五行以生長收藏以寒暑燥濕風，人有五藏，化為五氣，以生喜怒悲憂恐，故喜怒傷氣，寒暑傷形，暴怒傷陰，暴喜傷陽，故喜怒不節，寒暑失度，生乃不固，人能依時攝養，故得免其夭枉也。

仲長統曰，王侯之宮，美女兼千，卿士之家，侍妾數百，晝則以醇酒淋其骨髓，夜則房室輸其血氣，耳聽淫聲，目樂邪色，醼內不出，遊外不返，王公得之於上，豪傑馳之於下，及至生產不時，字育太早，或裡孺而擅氣，或疾病而構精，精氣薄惡，血脈不充，既出胞藏，養護無法，又蒸之以綿纊，爍之以五味，胎傷孩病而脆，未及堅剛，復縱情慾，重重相生，病病相孕，國無良醫，醫無審術，姦佐其間，過謬常有，會有一疾，莫能自免，當今少百歲之人者，豈非所習不純正也。

抱朴子曰，或問所謂傷之者，豈色慾之間乎，答曰，亦何獨斯哉，然長生之要，其在房中，上士知之，可以延年除病其次不以自伐，若年當少壯，而知還陰丹以補腦，採七益於長谷者，不服藥物，不失一二百歲也，但不得仙耳，不得其術者，古人方之於凌盃以盛湯，羽苞之蓄火，又且才所不逮而強思之傷也，力所不勝而強舉之傷也，深憂重恚傷也，悲哀憔悴傷也，喜樂過度傷也，汲汲所慾傷也，戚戚所患傷也，久談言笑傷也，寢息失時傷也，挽弓引弩傷也，沈醉嘔吐傷也，飽食即臥傷也，跳足喘乏傷也，懽呼哭泣傷也，陰陽不交傷也，積傷至盡，盡則早亡，盡則非道也，是以養性之士，唾不至遠，行不疾步，身不極聽，目不極視，坐不久處，立不至疲，臥不至懽，先寒而衣，先熱而解，不欲極飢而食，食不可過飽，不欲極渴而飲，飲不欲過多，飽食過多。則結積聚，渴飲過多則成痰癖，不欲甚勞，不欲甚佚，不欲流汗，不欲多唾，不欲奔走車馬，不欲極目遠望，不欲多啖生冷，不欲飲酒當風，不欲數數沐浴，不欲廣志遠願不得規造異巧，冬不欲極溫夏不欲窮涼，不欲露臥星月，不欲眠中用扇，大寒大熱大風大霧皆不得冒之。

五味不欲偏多，故酸多則傷脾，苦多則傷肺，辛多則傷肝，鹹多則傷心，甘多則傷腎此五味克五藏五行，自然之理也，凡言傷者，亦不即覺也，謂久即損壽耳，是以善攝生者，臥起有四時之早晚，興居有至和之常制，調利筋骨，有偃仰之方，祛疾閑邪，有吐納之術，流行榮衛，有補瀉之法，節宣勞逸，有與奪之要。忍怒以全陰，抑喜以養陽，然後先服草木以救虧缺，後服金丹以定無窮，養性之理盡於此矣。

夫欲快意任懷，自謂達識知命，不泥異端，極情肆力，不勞持久者，聞此言也，雖風之過耳，電之經目，不足喻也，雖身枯於留連之中，氣絕於綺紈之際，而甘心焉，亦安可告之以養性之事哉，非唯不納，乃謂妖訛也，而望彼信之，所謂以明鑒給矇瞽以絲竹娛聾夫者也。

魏武與皇甫隆令曰，聞卿年出百歲，而體力不衰，耳目聰明，顏色和悅，此盛事也，所服食施行道引，可得聞乎，若有可傳，想可密示封內，隆上疏對曰，臣聞天地之性，唯人為貴，人之所貴莫貴於生。唐荒無始，劫運無窮，人生其間，忽如電過，每一思此，罔然心熱，生不再來，逝不可追，何不抑情養性以自保，惜今四海垂定，太平之際又當須展才布德當由萬年，萬年無窮，當由修道，道甚易知，但莫能行。臣常聞道人蒯京已年一百七十八，而甚丁壯，言人當朝服服食玉泉、琢齒，使人丁壯有顏色，去三蟲而堅齒。玉泉，口中唾也，朝旦未起，早嗽津令蒲口乃吞之，琢齒二七遍，如此者乃名曰練精。

嵇康云，穰歲多病，饑年少疾，信哉不虛，是以關中土地，俗好儉嗇，廚膳餚饈，不過菹醬而已，其人少病而壽。江南嶺表，其處饒足，海陸鮭餚，無所不備，土俗多疾，而人早夭。北方仕子，遊宦至彼，遇其豐贍，以為福祐所臻，是以尊卑長幼，恣口食噉，夜長醉飽，四體熱悶，赤露眠臥，宿食不消，未逾期月，大小皆病，或患霍亂腳氣脹滿，或寒熱瘧痢惡核丁腫，或癰疽痔漏，或偏風猥退，不知醫療以至於死，凡如此者，比肩皆是，惟云不習水土，都不知病之所由，靜言思之可謂太息者也，學者先須識此，以自戒慎。

抱朴子曰，一人之身，一國之象也，胷腹之位，猶宮室也，四肢之列，猶郊境也，骨節之分，猶百官也，神猶君也，血猶臣也，氣猶民也，知治身則能治國也，夫愛其民，所以安其國。惜其氣，所以全其身，民散則國亡，氣竭則身死，死者不可生也，亡者不可存也，是以至人消未起之患，治未病之疾，醫之於無事之前，不追於既逝之後，夫人難養而易危也，氣難清而易濁也，故能審威德所以保社稷，割嗜慾所以固血氣，然後真一存焉，精神守焉，百病卻焉，年壽延焉。

相關參考表

※紫微斗數命盤的十二種基本陣列：

太陰 -2	貪狼 +3	天同 -1 巨門 -1	武曲 +2 天相 +4
廉貞 +1 天府 +4	A-1 表		太陽 0 天梁 +2
			七殺 +4
破軍 +2		紫微 0	天機 0

廉貞 -2 貪狼 -2	巨門 +3	天相 +2	天同 +3 天梁 -2
太陰 -2			武曲 +1 七殺 +3
天府 +2	A-2 表		太陽 -1
	紫微 +4 破軍 +3	天機 +4	

巨門 +3	廉貞 0 天相 +4	天梁 +3	七殺 +4
貪狼 +4			天同 0
太陰 -2	A-3 表		武曲 +4
紫微 +3 天府 +4	天機 -2	破軍 +4	太陽 -2

天相 +2	天梁 +4	廉貞 +1 七殺 +4	
巨門 -2			
紫微 +3 貪狼 +1	A-4 表		天同 0
天機 +2 太陰 +3	天府 +4	太陽 -2	武曲 0 破軍 0

天梁 -2	七殺 +3		廉貞 +4
紫微 +2 天相 +2			
天機 +3 巨門 +4	A-5 表		破軍 +3
貪狼 0	太陽 -1 太陰 +4	武曲 +3 天府 +4	天同 +4

紫微 +3 七殺 0			
天梁 +4 天機 +1			廉貞 0 破軍 -2
天相 -2	A-6 表		
太陽 +3 巨門 +4	武曲 +4 貪狼 +4	天同 +3 太陰 +4	天府 +2

武曲 0　破軍 0	太陽 +3	天府 +4	太陰 +1　天機 +2
天同 0	B-4 表		貪狼 +1　紫微 +3
			巨門 -2
	七殺 +4　廉貞 +1	天梁 +4	天相 +2

天機 0	紫微 +4		破軍 +2
七殺 +4	B-1 表		
天梁 +4　太陽 +4			天府 +4　廉貞 +1
天相 +4　武曲 +2	巨門 -1　天同 -1	貪狼 +3	太陰 +4

天同 +4	天府 +3　武曲 +3	太陰 -1　太陽 +2	貪狼 0
破軍 +3	B-5 表		巨門 +4　天機 +3
			天相 +2　紫微 +2
廉貞 +4		七殺 +3	天梁 -2

	天機 +4	破軍 +3　紫微 +4	
太陽 +3	B-2 表		天府 +3
七殺 +3　武曲 +1			太陰 +3
天梁 +4　天同 +1	天相 +4	巨門 +3	貪狼 -2　廉貞 -2

天府 +2	太陰 -1　天同 -2	貪狼 +4　武曲 +4	巨門 +4　太陽 +2
	B-6 表		天相 -2
破軍 -2　廉貞 0			天梁 +4　天機 +1
			七殺 0　紫微 +3

太陽 +3	破軍 +4	天機 -2	天府 +2　紫微 +3
武曲 +4	B-3 表		太陰 +3
天同 0			貪狼 +4
七殺 +4	天梁 +3	天相 +4　廉貞 0	巨門 +3

◎諸星在十二宮廟旺得陷對照表

宮位／強度	子	丑	寅	卯	辰	巳	午	未	申	酉	戌	亥
廟 +4	機府陰相梁破祿	紫武府陰貪曲相殺昌羊陀	廉府巨殺祿火鈴相梁	陽巨梁祿	武殺羊府陀貪梁	同昌曲祿	祿鈴破火紫機相梁	貪殺紫武陀府羊	廉巨相殺祿	巨昌曲祿	武府貪羊陀火鈴梁殺	同陰祿
旺 +3	武同貪殺巨	梁破	紫陽陰	紫曲機殺	陽破	紫陽巨	陽武府貪巨殺	梁破曲	紫同	殺機府陰紫	陰破	紫巨曲
得地 +2	昌曲	火鈴	機武破	府	紫相昌曲	府相火鈴		陽相	昌機武府破曲陽	梁火鈴	紫相	府相
利 +1		廉	同	武昌火鈴貪	機廉			廉昌火鈴	陰	武貪	機廉	昌火鈴
平和 0	紫廉		貪曲	同廉	同	破機武殺	廉		貪	陽同廉	同	破機武殺
不得地 -1		陽同巨					陰	同陰巨			陽	
陷 -2	陽羊火鈴	機	昌陀	陰相破羊	陰巨火鈴	廉陰陀梁貪	同昌曲羊	機	梁陀火鈴	相破羊	巨昌曲	陽廉貪梁陀

◎年干、宮干四化表：

年干／四化	甲干	乙干	丙干	丁干	戊干	己干	庚干	辛干	壬干	癸干
化祿	廉貞	天機	天同	太陰	貪狼	武曲	太陽	巨門	天梁	破軍
化權	破軍	天梁	天機	天同	太陰	貪狼	武曲	太陽	紫微	巨門
化科	武曲	紫微	文昌	天機	右弼	天梁	太陰	文曲	左輔	太陰
化忌	太陽	太陰	廉貞	巨門	天機	文曲	天同	文昌	武曲	貪狼

※諸星化氣及五行分類速見表

星曜	化氣	五行
擎羊	刑	陽金
陀羅	忌	陰金
火星	殺	陽火
鈴星	殺	陰火
地空	精神	陰火
地劫	物質	陽火
天刑	剋	陽火
天馬	驛馬	陰火
祿存	富貴	陰土
左輔	助力	陽土
右弼	助力	陰水
文昌	文魁	陽金
文曲	舌辯	陰水
天魁	陽貴	陽火
天鉞	陰貴	陰火
陰煞	小人	陰水
天府	令	陽土
太陰	富	陰水
貪狼	桃花	陽木
巨門	暗	陰水
天相	印	陽水
天梁	蔭	陽土
七殺	權耗	陰金
破軍	權耗	陰水
紫微	尊	陰土
天機	善	陰木
太陽	貴	陽火
武曲	財	陰金
天同	福	陽水
廉貞	囚	陰火
天傷	破耗	陽水
天使	災禍	陰水
解神	化難	*
恩光	殊恩	陽火
天貴	貴人	陽土
三台	貴	陽土
八座	科甲	陰土
台輔	台閣	陽土
封誥	封章	陰土
咸池	桃煞	陰水
天姚	好動	陰水
紅鸞	親切	陰水
天喜	外向	陽水
化祿	財祿	陰土
化權	權勢	陽木
化科	隨順	陽水
化忌	障礙	陰水
天官	貴顯	陽土
天福	爵福	陽土
天空	空亡	陽火
華蓋	名聲	陽木
天才	才能	陰木
天壽	長壽	陽土
蜚廉	孤剋	陽火
破碎	損耗	陰火
天巫	蔭	*
天月	疾	*
龍池	福貴	陽水
鳳閣	福貴	陽土
天哭	刑剋	陽金
天虛	空亡	陰土
孤辰	孤獨	陽火
寡宿	孤寡	陰火

後記

本書從構思至定稿前後三年有餘，書中將拙著《大師教你學紫微斗數》未提及六吉星「天魁、天鉞、文昌、文曲、左輔、右弼」的部分補齊，本書內容著重飛星四化的邏輯論理及案例推演，為便於閱讀與即時對照，書中附註資料偶有重複之處，但願能盡量地把內容說清楚，唯恐仍有疏漏之處，敬請多多指教。

《紫微斗數》是一門浩瀚如宇宙般的學問，涉及天文、人事、地理無所不包，尤其對於過去經歷、現在所進行，以及日後將可能面臨的生命活動等等，**紫微預測學**在這方面有其揮灑的空間，重點是在所預測的方向，以及如何提出因應的策略。比如某人把盤面說得很有道理，卻苦無對治的方法。然卻有人能點出盤面的幾個重點，卻能以四兩撥千金的方式，適時的化解困難，度過危機，因此，**紫微斗數**成為預測學家所需的重要工具。

書中末章以《易經》來論述人生哲學與對治之道，文中也偶有引用《奇門遁甲》的敘述，主要是因為這門學問與《紫微斗數》之間有互補的功能，兩者可以並用、相輔相成，《奇門遁甲》是一門太陽與地球之間的「時空磁場能量學」，舉凡人一生的運勢走向，離不開空間與方位，所以，兩種學問之間是相通的。但願將個人所瞭解的些微心得彙集成書與讀者分享，日後若有機緣再來書寫相關論述的主題，謹此，感謝您。

國家圖書館出版品預行編目資料

紫微算病／許永安著.
－－第一版－－臺北市：知青頻道出版；
紅螞蟻圖書發行，2016.06
面　；　公分－－(Easy Quick；149)
ISBN 978-986-5699-76-5（平裝）

1.紫微斗數

293.11　　105007661

Easy Quick 149
紫微算病

作　　者／許永安
發 行 人／賴秀珍
總 編 輯／何南輝
校　　對／周英嬌、謝容之、許永安
美術構成／Chris' office
出　　版／知青頻道出版有限公司
發　　行／紅螞蟻圖書有限公司
地　　址／台北市內湖區舊宗路二段121巷19號（紅螞蟻資訊大樓）
網　　站／www.e-redant.com
郵撥帳號／1604621-1　紅螞蟻圖書有限公司
電　　話／(02)2795-3656（代表號）
傳　　真／(02)2795-4100
登 記 證／局版北市業字第796號
法律顧問／許晏賓律師
印 刷 廠／卡樂彩色製版印刷有限公司
出版日期／2016年 6 月　第一版第一刷

定價 450 元　港幣 150 元

ISBN 978-986-5699-76-5　　Printed in Taiwan